DARWINs KAPITÄN

EUROPA VERLAG

Darwins Kapitän

Das dunkle Schicksal des Mannes, der Charles Darwin um die Erde segelte

Peter Nichols

Deutsch von Hans Link

Für Roberta
meine Arche, meine Evolution

Die Deutsche Bibliothek – CIP-Einheitsaufnahme
Ein Titeldatensatz für diese Publikation ist bei
Der Deutschen Bibliothek erhältlich.

Originalausgabe:
»Evolution´s Captain«

Published by arrangement with HarperCollins Publishers, Inc.

Erstausgabe

Umschlaggestaltung: Frauke Weise/Ingo Engel
Innenlayout und Satz: Ingo Engel
Druck und Bindung: sachsendruck, Plauen
ISBN: 3-203-80526-X

Informationen über unser Programm erhalten Sie beim
Europa Verlag, Neuer Wall 10, 20354 Hamburg
oder unter www.europaverlag.de

Die wahre Geschichte
des Diebstahls eines Walboots
und
der anschließenden Entführung
von vier Wilden aus Feuerland

* * *

deren schockierende Verfehlung
an der Vorschule in Walthamstow
zu
Charles Darwins
Fahrt an Bord der Beagle

* * *

zur Zerstörung
der tiefsten Glaubensüberzeugungen
der Menschheit
und
zum höchst ironischen und
melancholischen Schicksal
von deren
Kapitän Robert FitzRoy
führte.

Aber von den Früchten des Baumes
mitten im Garten hat Gott gesagt:
Esset nicht davon, rühret sie auch nicht an,
daß ihr nicht sterbet!

Da sprach die Schlange zum Weibe:
Ihr werdet keineswegs des Todes sterben,
sondern Gott weiß: an dem Tag,
da ihr davon esset, werden eure Augen aufgetan,
und ihr werdet sein wie Gott …

– 1. Moses, 3: 3-5

TEIL EINS

1

Port Famine, Magellanstraße, 2. August 1828. Am Südende der Welt herrscht tiefster Winter. Über dem kleinen Schiff, das hier vor Anker liegt, tobt ein Schneesturm. Tageslicht: Das bedeutet wenige trübe Stunden Halbdunkel, das am Nachmittag wieder völliger Finsternis weicht. Vier Jahre später wird am gleichen Ankerplatz und auf dem gleichen Schiff ein junger Mann von ungewöhnlich sonnigem Gemüt – der vierundzwanzigjährige Charles Darwin – in sein Tagebuch schreiben: »Ein freudloserer Anblick ist mir niemals begegnet: Die vom Schnee scheckigen, düsteren Wälder waren nur verschwommen auszumachen durch eine Atmosphäre, die aus zwei Teilen Regen und einem Teil Nebel bestand; der Rest war, wie die Iren sagen, sehr kalte, unangenehme Luft.«

Der Kapitän des Schiffes, ein Mann von noch nicht dreißig Jahren, sitzt allein in seiner Kabine unter der Poop. Er hat das letzte Stadium der Verzweiflung erreicht; für ihn ist die Zeit stehengeblieben – ein endloser, unerträglicher Stillstand. Er sieht keinen Ausweg mehr. Seit zwei Jahren befährt er nun diese trostlosen Gewässer, und weitere Jahre stehen bevor. Die Heimat – England, so weit entfernt von dieser kalten Unterwelt wie ein anderer Planet – liegt jenseits aller Vorstellung, ist unerreichbar geworden.

Er hebt eine kleine Taschenpistole hoch, richtet sie gegen seinen Kopf. Er ist sich seiner Sache sicher, hat darauf gewartet. Schließlich drückt er mit dem Finger entschlossen den Abzug durch.

Aber die Zeit spielt ihm einen Streich: In der langen, zäh sich dehnenden Sekunde zwischen dem Auslösen des Hahns, dem Funkenflug, dem Aufblitzen des Pulvers und der Explosion, die das Geschoß auf seinen Weg bringt, zittert ihm die Hand. Und das ist entscheidend.

Der Mann war Captain Pringle Stokes, sein Schiff die HMS *Beagle*. Es lag zusammen mit einem größeren Schiff, der HMS *Adventure*, in Port Famine vor Anker. Die beiden Schiffe waren 1826 von der britischen Admiralität unter dem gemeinsamen Oberkommando von Captain Philip Parker King ausgesandt worden, um die Südküste Südamerikas von Montevideo am Atlantik bis zur Insel Chiloé im Pazifik zu erkunden. Sie hatten vor allem den Auftrag, die immer noch größtenteils unbekannte Küste von Feuerland – der öden, verworren labyrinthischen, südlichen Spitze der versunkenen Anden – zu kartieren, so gut es ihnen möglich war.

Die erste Durchfahrt vom Atlantik in den Pazifik war 1520 von dem portugiesischen Seefahrer Ferdinand Magellan entdeckt worden. Er suchte, genau wie Kolumbus und alle anderen, nach der westlichen Route zu den Gewürzinseln Indiens. Kolumbus starb 1506, ohne zu wissen, daß er sie nicht gefunden hatte. Es war der Spanier Vasco Núñez de Balboa, der am sechsundzwanzigsten September 1513 von einem Hügel auf der Landenge von Darien im heutigen Panama aus als erster die Südsee sah: Sie erstreckte sich von dort, jenseits dessen, was Kolumbus fälschlicherweise für den Orient gehalten hatte, in die

Ferne. Diese Entdeckung vergrößerte den bekannten Umfang der Welt um mehr als ein Drittel. Sieben Jahre später suchte Magellan einen Zugang zur Südsee und fand eine breite, schiffbare Passage, die zwischen dem Südende Amerikas und einer kalten Terra incognita noch weiter im Süden lag. Sein Chronist, Antonio Pigafetta, der mit ihm segelte, verzeichnete diese Entdeckung mit triumphalem Stolz:

> Wir haben ein Wunder entdeckt, eine Meeresstraße, die wir die Straße der elftausend Jungfrauen genannt haben; diese Straße ist einhundertundzehn Leghe lang, was vierhundertvierzig Meilen entspricht, und fast so breit wie eine knappe halbe Lega. Sie mündet in ein anderes Meer, das wir das Friedliche Meer genannt haben; umgeben ist sie von sehr großen und hohen, schneebedeckten Bergen. Ich glaube nicht, daß es irgendwo auf der Welt ein schöneres Land oder eine bessere Straße gibt als diese.

Die Magellanstraße ist in Wirklichkeit vom Atlantik bis zum Pazifik dreihundertzehn Seemeilen lang, aber Magellan und die vier Schiffe seiner Flotte segelten in den Wochen, die sie für die Passage benötigten, vermutlich das Fünffache dieser Distanz. Auf ihrem endlosen Kreuzkurs gegen westliche Winde sahen sie an Backbord, im Süden, an der Küste der Terra incognita schwache Feuer und Rauch – Anzeichen für Eingeborene. Später, als die Entdecker in Spanien Bericht erstatteten, nannten sie das Land südlich der Meeresstraße Tierra del Fuego, Feuerland.

Der einzige andere Weg vom Atlantik in den Pazifik wurde 1616 von dem holländischen Kapitän Willem Schouten aus Hoorn entdeckt. Auf hoher See führt er um einen Felsen herum, den man fälschlicherweise für das südliche Ende Feuerlands hielt. Dieser Weg bot keinerlei Schutz. Dort wüten die eisigen Fallwinde von den Andengletschern in Orkanstärke gegen ungeheure Wellen an. Ungehindert durch jedes Land, peitscht der auf den südlichen Ozeanen übliche Westwind die Wassermassen auf und jagt sie rund um die Erdkugel. Vor Schoutens falschem Kap treffen sie in einem alptraumhaften Malstrom aufeinander, der jedem Schiff zum Verhängnis werden kann. 1788 versuchte William Bligh auf der Suche nach einem schnellen Weg nach Tahiti sein Schiff, HMS *Bounty,* am Kap Hoorn vorbeizuzwingen. Über einen Monat lang kreuzte er gegen Wind und Wellen an und gewann dabei doch nur wenige Meilen in Richtung Westen. Er und vor allem seine Mannschaft waren schließlich so demoralisiert, daß er kehrtmachte und in der Gegenrichtung nach Tahiti segelte, ostwärts rund um den größten Teil des Globus, nur um endlich vor dem Wind laufen zu können.

Bligh wußte zu wenig über die gewundene Magellanstraße, die nicht weit nördlich von ihm lag. Sonst hätte er das Schiff mit seiner aufsässigen Mannschaft auf diesem Weg in den Pazifik gebracht. Vierzig Jahre später versuchten die *Adventure* und die *Beagle*, von Schneestürmen an der Nordküste der Magellanstraße festgehalten, eine sichere Durchfahrt durch die Straße zu kartieren. Sie hofften, damit der gesamten Schiffahrt einen weniger furchteinflößenden Weg vom Atlantik in den Pazifik zur Verfügung zu stellen als den um Kap Hoorn.

* * *

Port Famine, ungefähr auf halbem Weg durch die Magellanstraße (etwa fünfzig Kilometer südlich des heutigen Punta Arenas) gelegen, diente den beiden Schiffen als Ausgangsbasis. Der Name des Hafens spielt auf das Schicksal seiner ersten europäischen Bewohner an. Sie waren 1584 von dem spanischen Seefahrer Pedro Sarmiento dort abgesetzt worden, um eine spanische Kolonie zu gründen, die Sarmiento nach seinem König San Felipe nannte. Der Platz erschien im Sommer 1584 vielversprechend: Damals wie heute ein natürlicher Hafen mit bequemer Ein- und Ausfahrt, von den vorherrschenden Winden gut geschützt, mit ausreichend tiefem Wasser für Schiffe jeder Größe und mit gutem lehmigem und sandigem Ankergrund. Das Ufer bot Plätze, an denen man leicht landen konnte, und die dicht bewaldeten Hügel versprachen reichlich Holz als Brenn- und Baustoff. Aber als es Winter wurde, hungerten und froren Sarmientos Siedler. Die wenigen Überlebenden wurden von einem englischen Schiff gerettet, dessen Kapitän, Thomas Cavendish, dem Ort den Namen gab, der an ihm haften bleiben sollte. Heute gehört der Flecken zu Chile und heißt Puerto Hambre, Hafen des Hungers.

Captain Philip Parker King war sich der grausigen Geschichte des Ortes durchaus bewußt, als er sich entschloß, Port Famine mit all seinen Vorzügen zum Ausgangspunkt der Vermessungsarbeiten seiner Expedition zu machen. Schließlich waren die *Adventure* und die *Beagle* mit Proviant und Ausrüstung wohl versehen. Er teilte die Arbeit zwischen den beiden Schiffen auf. Er selbst segelte mit der *Adventure* nach Osten und Süden. Captain Pringle Stokes schickte er mit der *Beagle* westwärts durch die im Vergleich zum Ostweg engere Meeresstraße zur wilderen, labyrinthischeren Pazifikküste. Dies war das Gebiet, für das ihre Karten die größeren weißen Flecken aufwiesen. Stokes segelte buchstäblich aus den Karten heraus.

Unsere durch Satellitenbilder korrigierten Atlanten des einundzwanzigsten Jahrhunderts zeigen diese Küste als ein Gewirr gebirgsgroßer, langgestreckter Inseln und Halbinseln, durch die sich große Ströme von Gletschereis ziehen und zwischen denen Stürme und wilde Gezeitenströme eiskaltes Seewasser hindurchtreiben. Die Seeleute von heute befahren diese Gewässer mit Hilfe kleiner, handlicher GPS-Empfänger, die sich die Signale von Satelliten zunutze machen. Wenn sie an Deck müssen, tragen sie unter ihren Gore-Tex-Kapuzen warme Fleecemützen. Ihr Blick wandert zwischen der Digitalanzeige und den wolkenverhangenen Meeresarmen und Fjorden, die einer wie der andere aussehen, hin und her. Es ist fast unmöglich, sich vorzustellen, wie jemand hier vorwärts kommen sollte ohne diese an ein Wunder grenzende Technik und ohne eine Schiffsmaschine, die einen großen Propeller antreibt, ohne Zentralheizung und die Kleider des Raumfahrtzeitalters, die den Seemann heute warm und vor allem trocken halten.

Vor der Einrichtung des globalen Positionierungssystems (GPS) mußten die wenigen Seeleute, die sich hier herwagten, auf der Karte jeden einzelnen Landvorsprung und jeden Felsen abhaken wie jemand, der mit einem Baedeker in einer Nebelnacht seinen Weg durch eine unbekannte Großstadt finden will. Aber selbst dann noch konnte das Wetter mit Nebelbänken selbst den sorgfältigsten Navigator zum Narren halten. Auch Stokes hatte Karten, ältere spanische und diejenigen, die der englische Seefahrer Sir John Narborough gezeichnet hatte. Letztere waren etwas besser. Die verläßlichsten Navigationsinstrumente seines Zeitalters, Sextant und Chronometer, ließen eine Positionsbestimmung nur zu, wenn Sonne, Mond oder Sterne sichtbar waren und deren Höhe gemessen werden konnte – aber diese Voraussetzung war in der unablässigen Abfolge von Stürmen, die vom Südpazifik her diese Küsten heimsuchten, oft nicht gegeben. Die Wirklichkeit sah so aus, daß Stokes mit der völligen, rahgetakelten *Beagle* bei Winden von Orkanstärke durch dichten Nebel fuhr.

Drei Monate lang, von Februar bis April 1827, erkundete die *Beagle* den Westteil der Magellanstraße. Die zerrissene Küstenlinie vollständig zu kartieren war ein unmögliches Unterfangen und wurde erst gar nicht versucht. (Auf einer modernen, bis zum Jahre 2001 korrigierten Karte sind immer noch größere Teile des Küstenverlaufs im westlichen Abschnitt der Magellanstraße mit gepunkteten Linien markiert, als Zeichen dafür, daß noch heute der genaue Verlauf unsicher ist. Und es fehlt nicht die schriftliche Warnung: »Wegen unvollständiger Vermessung sollte diese Karte mit Vorsicht benutzt werden.«) Stokes' Ziel war es vielmehr, die für den Seefahrer wichtigen Punkte genau zu vermessen und zu verzeichnen. Mit einer Abweichung von vielleicht ein oder zwei Seemeilen zu modernen Karten ermittelte er die Position von Kap Victory, bei dem es sich in Wirklichkeit um eine schmale Insel handelt, und Kap Pillar, der Nordspitze von Desolation Island, die beide zusammen die westliche Einfahrt zur Magellanstraße markieren. Außerdem vermaß und verzeichnete er eine Reihe von sichtbaren, aber wie willkürlich verstreuten Felsen, die von den Spaniern die Evangelisten (Islas Evangelistas) genannt worden waren. Hinzu kamen einige Buchten und Ankerplätze. Den Positionsbestimmungen fügte er kurze Anmerkungen hinzu, was ein Schiff dort Nützliches vorfinden würde. Und Tag für Tag war es Stokes' größter Erfolg, den Verlust seines Schiffes zu verhindern. Diese Gefahr drohte ständig und schien viele Male wahrscheinlich. Der Preis, den der verantwortliche Mann dafür zu bezahlen hatte, war höher, als selbst er es damals ahnte. Schließlich brachte er im April sein Schiff vor den Wind und machte sich zum Treffen mit der

Adventure auf den Rückweg nach Port Famine. Von dort aus segelten beide Schiffe nordwärts nach Montevideo und Rio de Janeiro, wo sie den Südwinter verbrachten und ihre Vorräte ergänzten.

Bei der Rückkehr zu ihrer zweiten Erkundungskampagne bekam Stokes Order, wieder in den Westteil der Straße zu segeln und von dort aus die Erkundung nach Norden bis zur Insel Chiloé fortzusetzen. Im März 1828 machte er sich also erneut von Port Famine aus auf den Weg, und sein vorgesetzter Offizier, Captain King, ging davon aus, daß er seine Arbeit vom Vorjahr fortführen würde. Aber diese zweite Fahrt veränderte ihn. In sein schlicht gehaltenes Tagebuch eine für gewöhnlich biedere, wenn nicht stumpfsinnige Aufzählung der navigatorischen Daten jedes Tages und bemerkenswerter Merkmale der passierten Küste, schlich sich ein dissonanter Ton. Dies war ein erstes Anzeichen der Krankheit, die ihn unausweichlich verwüsten und schließlich zerstören sollte:

> Bei Kap Notch ragen die Berge mit Gipfeln von großer Höhe empor, die seltsam zerrissen und durch schroffe Grate verbunden sind. An ihrem Fuße finden sich im allgemeinen ein paar Flecken grünen Urwaldes; aber aufs Ganze gesehen gibt es nichts Sterileres und Abstoßenderes als diesen Anblick.

Die Landschaft an der Magellanstraße hätte Stokes eigentlich nicht abstoßend vorkommen sollen. Teilweise ähnelt sie den europäischen Alpen oder der großartigen Schönheit des schottischen Hochlands, die Sir Walter Scott in seiner Dichtung rühmt.

Aber Stokes sah nichts dergleichen. Für ihn wurde das Land zu einer bösen Vision. Er begann es zu hassen, und das Gift dieses Hasses durchdrang ihn, durchdrang sein Tagebuch und schien unausweichlich:

> Es ist gefährlich, sich zwischen Kap Isabel und Kap Santa Lucia der Küste auf mehr als zehn Meilen zu nähern, denn bis zu dieser Entfernung sind dem Land viele versunkene Felsen vorgelagert ... Der Gesamteindruck dieses Küstenabschnitts ist ähnlich dem der trostlosesten Teile der Magellanstraße.

Die Bedingungen, durch welche er die *Beagle* führen mußte, trugen nicht dazu bei, seine Sicht der Dinge zu ändern.

> Um acht Uhr abends fuhren wir nur noch das stark gereffte Groß-Marssegel und die gereffte Fock. Der Sturm hielt mit unverminderter Kraft während des sechsten, siebten und achten (April) von Nord, Nordwest und Südwest an, mit einer ungleichmäßigen, riesigen See. Unsere Decks wurden ständig überflutet ... Das kleine Boot, das wir achtern auf Deck mitführten, wurde von einer schweren See, die über uns brach, weggespült ... Das Schiffsbarometer zerbrach bei einer heftigen Bewegung des Schiffes ...
>
> Die Wirkung dieses nassen und erbärmlichen Wetters, das wir seit Port Famine so häufig hatten, wurde durch die Krankenliste nur allzu deutlich, auf der jetzt viele Patienten mit katarrhalischen, Lungen- und rheumatischen Beschwerden standen ...

Häufig hielten Stürme das Schiff auf und behinderten Stokes' Arbeiten.

> Nichts hätte schlechter sein können als das Wetter, das wir während unseres neuntägigen Aufenthalts hier (in Port Santa Barbara) hatten; der Wind, ganz gleich aus welcher Richtung er wehte, brachte dicke, schwere Wolken, die sich einmal in Sturzregen, einmal in Nieselregen entluden ...

Das Schiff war immer schwierig zu manövrieren. Manchmal mußten Boote zu Wasser gelassen werden und die *Beagle* schleppen, um sie vor möglichem Schiffbruch zu bewahren.

Nachdem wir zwei Meilen durch ein Labyrinth von Felsen und Tang gelaufen waren, blieb uns nichts anderes übrig, als das Schiff zu verholen, und dabei gelang es uns gegen den Wind nur knapp und mit gerade einer Schiffslänge Abstand, die äußere Insel zu passieren. Da es nutzlos schien, weitere Zeit auf die Erkundung dieses gefährlichen Teils des Golfes zu verwenden, fuhren wir nach Kap Tres Montes weiter ...

Stokes fuhr noch zwei Monate lang die Westküste Patagoniens hinauf. Sein Tagebuch zeigt eine immer längere Liste von Qualen und Mißerfolgen und eine krankhafte Entfremdung von seiner Arbeit.

Äußerst schlechtes Wetter hielt uns an diesem Ankerplatz fest. Von unserer Ankunft am Abend des Einundzwanzigsten bis Mitternacht des Zweiundzwanzigsten regnete es in Strömen, ohne auch nur eine Minute innezuhalten, bei starkem und böigem Wind aus West, West-Nordwest und Nordwest ...

Wieder ein Tag und eine Nacht unablässigen Regens. Am Morgen des Fünfundzwanzigsten hatten wir einige Hagelschauer und stellten bei Tageslicht fest, daß sich über den ganzen Hafen eine Eisdecke gelegt hatte, die etwa so dick war wie ein Dollar ...

Hier wurden wir durch das schlechteste Wetter, das ich je erlebt habe, bis zum 10. Juni festgehalten ... Nichts hätte trostloser sein können als die Szene, die uns umgab. Die hohen, düsteren und kahlen Höhen, die das unwirtliche Ufer dieser Bucht säumen, waren bis in die niedrigsten Teile der Hänge hinab mit dichten Wolken verhangen, denen selbst die heftigen Böen, denen wir immer wieder ausgesetzt waren, nichts anhaben konnten ... Rings um uns lagen, teilweise nicht mehr als zwei Drittel einer Kabellänge entfernt, felsige Eilande, die eine gewaltige Brandung umtoste; und wie um die Trostlosigkeit und äußerste Ödnis dieser Szene zu vervollständigen, schienen selbst die Vögel ihren Anblick zu meiden. Es war ein Wetter, in dem ... »einem Mann die Seele abstirbt.«

Es wurde noch schlimmer. Die neun Meter lange Yawl des Schiffes, »ein schönes Boot«, das für die Durchführung der Erkundungs- und Vermessungsarbeit unerläßlich war, wurde bei dem Versuch, sie im Sturm an Deck zu bergen, in Stücke geschlagen: »Wir waren gezwungen, sie loszuschneiden und treiben zu lassen ... Noch schlimmer wäre lediglich der Verlust des Schiffes selbst gewesen.«

Stokes' Mannschaft hatte gegen das schlechte Wetter Öltücher, in die sich die Männer einwickeln konnten. Allerdings verhalf ihnen das zu nichts weiterem als zu einer naßkalten Unbehaglichkeit, und so begann die Truppe dramatische Anzeichen von Schwäche zu zeigen. Es waren im Großen und Ganzen zähe junge Burschen, manche keine zwanzig Jahre alt, manche aber auch über dreißig. Da sie schon zu lange jeder Möglichkeit entbehrten, an Land zu kommen und den Schiffsproviant (Pökelfleisch, Speck und steinharten Schiffszwieback) durch frisches Fleisch zu ergänzen, litten sie an Skorbut. Ihr Zahnfleisch blutete, ihre Zähne wurden locker, alte Narben brachen auf, sie wurden lustlos und schwach, und die Kälte beschleunigte den Verfall in besorgniserregender Weise. Schließlich schien es so, als sei die Mannschaft vielleicht nicht mehr in der Lage, mit dem Schiff fertig zu werden. Nachdem er sich mit seinem Schiffsarzt, Mr. Bynoe, beraten hatte, lief Stokes einen geschützten Ankerplatz an, wo die *Beagle* für eine Erholungspause stillgelegt wurde. Rahen und Stengen wurden gestrichen, das Schiff wurde zu seinem Schutz in Segel eingehüllt, die Mannschaft auf leichten Dienst gesetzt und für die Kranken gesorgt. Aber obwohl vor Stürmen geschützt, war ihr Zufluchtshafen doch …

> … da völlig unbewohnt, ohne jede Quelle der Erholung. Der Verkehr mit irgendwelchen Menschen, wie unzivilisiert sie auch immer sein mögen, hätte der Mannschaft nach mühseliger und unangenehmer Fahrt in dieser öden Einsamkeit gut getan.

Damit bricht Stokes' Tagebuch ab. Selbst er muß der Wiederholung seiner Klagen müde geworden sein.

Nach zweiwöchiger Pause und mit einigermaßen wiederbelebter Mannschaft segelte die *Beagle* nach Süden und Osten, zurück zur Magellanstraße und nach Port Famine, wo die *Adventure* auf sie wartete. Diese Fahrt dauerte fast vier Wochen, während derer Captain Stokes ständig in seinem Quartier blieb. Geführt wurde das Schiff währenddessen vom Hilfsvermesser und ersten Offizier, Lieutenant William Skyring, und dem Steuermann, Samuel Flinn.

Bei starken Gegenwinden mitunter gezwungen, in geschützten Gewässern Zuflucht zu suchen, erreichte die *Beagle* Port Famine endlich am winterlichen Abend des 27. Juli nach Einbruch der Dunkelheit. Skyring ließ sich unverzüglich mit dem Beiboot zur *Adventure* hinüberrudern, wo er an Bord ging und Captain King über Stokes' Zustand unterrichtete. King zögerte nicht, sich selbst einen Eindruck zu verschaffen.

»Ich ging am Abend an Bord der *Beagle* und fand Captain Stokes nach den ersten zwei oder drei Minuten völlig gefaßt und mitteilsam, was alle Ereignisse seiner Fahrt anbelangte«, schrieb er später in einem langen Brief an die Admiralität. »In den darauffolgenden drei Tagen, während derer er all seine Pflichten mit zunehmender Energie wieder aufnahm, sah ich ihn täglich.«

Allerdings wies King seinen Schiffsarzt an, sich mit Benjamin Bynoe, dem Schiffsarzt der *Beagle*, zu besprechen. Er wünschte zu erfahren, wie die beiden Ärzte Stokes' Gesundheitszustand beurteilten. Sie erklärten ihm, daß Stokes zwar in den letzten Monaten gelegentlich erklärt habe, »er sei des Lebens überdrüssig und sehne seinen Tod herbei«, aber daß er sich jetzt soweit erholt zu haben schien, daß sie glaubten, es könne ihm möglich sein, seinen Pflichten weiter nachzukommen. Pflichten bedeutete in diesem Fall die Fortsetzung der Vermessungsreise mindestens für einige weitere Jahre. Während die beiden Ärzte an Bord der *Adventure* King in diesem Sinne Bericht erstatteten, kam von der *Beagle* die Nachricht, daß Stokes sich erschossen habe.

Sie fanden ihn in seiner Kabine inmitten einer Blutlache auf dem Boden, den Kopf blutüberströmt, das Leinenhemd und die Kleider blutdurchtränkt. Aber er war bei Bewußtsein und äußerte sogar noch sein Bedauern, den anderen Unannehmlichkeiten zu bereiten. Die beiden Ärzte taten für ihn sogleich, was sie konnten, aber das war nicht viel: Es gab eine Wunde, wo die Kugel in den Schädel eingedrungen war, aber keine zweite, wo sie wieder ausgetreten wäre – die Kugel mußte also noch irgendwo im Schädel stecken. Sie machten ihn sauber und legten ihn in seine Koje.

In den nächsten drei Tagen verbrachte King viele Stunden zusammen mit Stokes, der »vollkommen gesammelt« blieb, an Bord der *Beagle*. Während sie miteinander sprachen, ging King Stokes' Papiere durch, sein Tagebuch und seine Vermessungsunterlagen sowie die täglichen Aufzeichnungen zum Schiffsalltag, zu Berechnungen und Befehlen. All das war »so konfus und ungeordnet«, schrieb King, »daß ich die Hoffnung aufgab, es jemals ordnen zu können.«

Stokes war von Reue geradezu überwältigt. Er sagte King, der Hauptgrund für sein »unglückliches Leiden« sei seine Furcht, daß er seiner Aufgabe nicht gewachsen sei und daß seine Unzulänglichkeiten als Vermesser ans Licht kommen würden. Dem war tatsächlich so, denn King sah bald, daß die meisten Ergebnisse der Fahrt der *Beagle* – Karten, Hafenpläne sowie die mühsamen Bestimmungen des Azimuts, Teilungen und Berechnungen, die für die Vermessungen notwendig gewesen waren – die Arbeit Lieutenant Skyrings und eines weiteren Offiziers waren. Bei den Berechnungen, die von Stokes' eigener Hand aufgezeichnet worden waren, handelte es sich tatsächlich um Abschriften dessen, was die anderen gemacht hatten. Allerdings gab King das in seinem danach veröffentlichten Bericht über die Kreuzfahrten der *Beagle* und der *Adventure*, in der er Captain Stokes für seine Arbeit und seinen Stoizismus lobte, nicht zu. In seinem Brief an die Admiralität war es nicht mehr Captain Stokes, sondern Flinn, der Steuermann des Schiffes, der gelobt wurde. Er habe die *Beagle* aus bedrohlichen Gefahren gerettet, in die ihr Kapitän sie voreilig, unbedacht und ohne jede Rücksicht auf das Leben der vielen Menschen unter seiner Verantwortung gebracht hatte... Sein Geisteszustand trieb Captain Stokes manchmal zu Verzweiflungstaten, was die Führung des Schiffes anbelangte, ohne daß jemand eingegriffen hätte. Nur Steuermann Flinn handelte, wenn äußerste Gefahr herrschte. Vor seiner Rückkehr nach Port Famine hatte Stokes seinen Offizieren einen Eid abgenommen, daß sie Stillschweigen bewahren würden über alles, was geschehen war. Aber während er jetzt in seiner Koje lag, wurde sein Betrug offenbar; er schenkte King reinen Wein ein und lobte Flinn mit genau den gleichen Worten, die King in seinem Bericht gebrauchen sollte.

Es gab sogar Momente, da Stokes in seiner blutigen

Koje davon sprach, wieder das Kommando zu übernehmen, wenn er wiederhergestellt sei, und er beteuerte zu spüren, daß das bald der Fall sein werde. Aber nach drei Tagen erregter Gespräche und Bekenntnisse verschlechterte sich sein Zustand. Ein Gangrän breitete sich langsam in seinem Gehirn aus. Er brauchte zwölf Tage, um zu sterben. Die erste Eintragung im Logbuch der *Beagle* für den 12. August 1828, aufgezeichnet unmittelbar nach Mitternacht, lautet: »Leichte Winde und wolkig. Dies Leben beendete Pringle Stokes, Esq., Commander.« Nach seinem Tod wurde die Leiche untersucht. Der zitternden Hand zum Trotz hatte der Pistolenschuß letztlich zum Ziel geführt.

Die Schiffsärzte, die zu einer Obduktion verpflichtet waren, öffneten den Schädel und fanden die kleinkalibrige Pistolenkugel in dem zerstörten Gehirn.

Außerdem fanden sie sieben fast verheilte Messerwunden in Stokes Brust: Der unzulängliche Kapitän hatte schon seit Wochen versucht, sich umzubringen.

Die beiden Schiffe segelten nach Norden, um den Winter in freundlicheren Breiten zu verbringen. Die Mannschaften waren geschwächt, nachdem sie Monate harten Dienstes bei unzureichenden Rationen hinter sich hatten. Sie hatten zwar gefischt und so viel Wild geschossen, wie sie finden konnten, aber das hatte nicht ausgereicht, um ihnen die Geißel des Skorbuts zu ersparen. In Montevideo bunkerten sie Bitterorangen, deren Verzehr allein schon nach wenigen Tagen zu einer allgemeinen Besserung führte.

Die *Beagle* blieb sechs Wochen in Montevideo, damit Reparaturen am Rumpf durchgeführt werden konnten. Währenddessen segelte King mit der *Adventure* weiter nordwärts nach Rio de Janeiro, um Sir Robert Otway, dem

Oberkommandierenden der südamerikanischen Flotte, an Bord seines Flaggschiffs, HMS *Ganges*, Bericht zu erstatten. Nach zwei Fahrten in den entlegenen Süden war vieles von der Vermessungsarbeit, die die Lords der Admiralität in Auftrag gegeben hatten, noch unvollendet. Ungeachtet der Härten, die sie dort erwarten würden und die bereits einen Kapitän zum Selbstmord getrieben, zum Tod mehrerer Offiziere geführt und die Mannschaften beider Schiffe durch Skorbut geschwächt hatten, sollten die *Adventure* und die *Beagle* abermals nach Süden fahren und ihre Mission fortsetzen.

Nach Stokes' Tod hatte King Lieutenant Skyring zum amtierenden Kommandanten der *Beagle* ernannt. Diese Beförderung vom 12. August 1828 war zunächst inoffiziell; erst mit der Bestätigung durch Sir Robert Otway würde Skyring offiziell als der neue Kapitän der *Beagle* anerkannt werden. Allerdings schien ihm die Position angesichts seiner Verdienste an Bord des Schiffes unter schwierigsten inneren und äußeren Bedingungen so gut wie sicher zu sein.

Aber Otway hatte seine eigenen Vorstellungen. Er löste Skyring durch einen eigenen Favoriten ab, den dreiundzwanzigjährigen Robert FitzRoy, Lieutenant auf der *Ganges*. Zweifellos wird King, soweit er sich dazu in der Lage sah, Otway in seiner Kabine aufgesucht und gegen diese Entscheidung Einwände erhoben haben. Dem Anschein nach sprach alles für Skyring: Er war mit der *Beagle* genauestens vertraut, er war sowohl mit dem Schiff (einschließlich des Steuermanns Flinn) und seinem ehemaligen Kapitän auf geschickte und dennoch zurückhaltende Art fertiggeworden, und obwohl er nominell nur Hilfsvermesser war, hatte er den größten Teil der Erkundungs- und Vermessungsarbeiten erledigt, während Stokes in seiner Kabine langsam zugrunde ging. Aber Otway ließ sich nicht erweichen. Auch Stokes war Kings' Wahl gewesen, und jetzt wollte Otway einen Mann seiner Wahl an Bord der *Beagle* haben.

King blieb nichts anderes übrig, als sich dem Wunsch seines Vorgesetzten zu fügen. Jahre später trug er in dem Bericht, den er über seine Südamerikafahrten veröffentlichte, immer noch höfliche Einwendungen vor:

> Obwohl es unzweifelhaft das Recht des Oberkommandierenden war, die Dinge auf diese Art zu regeln ... erschien es hart, daß Lieutenant Skyring, der diese Beförderung auf jede Weise so wohlverdiente, eine Ernennung vorenthalten werden sollte. Er nahm natürlich an, daß sie ihm zustand ... (Lieutenant) FitzRoy galt als qualifiziert für das Kommando über die *Beagle*, und obwohl es mir leid tat, daß Lieutenant Skyring bitter enttäuscht sein mußte, hatte ich keinen anderen Grund zur Unzufriedenheit.

Als die *Beagle* von Montevideo aus in Rio eintraf, wurde Skyring seines Kommandos enthoben. Robert FitzRoy ging am 15. Dezember 1828 um sechs Uhr morgens an Bord und übernahm die Führung des Schiffes. Lieutenant Skyring erhielt wieder seine frühere Stellung als Hilfsvermesser und diente seinem neuen Kapitän treu, gutwillig und ohne Bitterkeit.

Ebenso wie ein Kommandeur, der auf dem Schlachtfeld fällt, durch einen Unbekannten ersetzt wird, der den Ausgang eines Krieges völlig verändert, trat Robert FitzRoy nun in das Licht seiner besonderen Bestimmung. Er hoffte auf Aufstieg und Auszeichnung, und beides wurde ihm zuteil. Aber er sollte mit beidem im Schatten eines Ruhmes stehen, der seine Erfolge überstrahlte. Man erinnert sich seiner nur noch wegen seiner Schlüsselstellung in einer Erfolgsgeschichte, die er schließlich gründlich verabscheuen und hassen sollte.

2

1934 besuchte Nora Barlow, die Enkeltochter Charles Darwins, Robert FitzRoys ältliche, unverheiratet gebliebene Tochter Laura FitzRoy in deren Zuhause in London. Der dunkle, nach viktorianischer Manier überladene Salon, der jedem Einfluß des zwanzigsten Jahrhunderts erfolgreich widerstanden hatte, wurde dominiert von einer großen weißen Marmorbüste des Vaters von Miß FitzRoy. »Ein bemerkenswertes Gesicht«, schrieb Nora Barlow später, »empfindsam, streng und fanatisch; es vereinigte eine starke Zielstrebigkeit mit einer gewissen Schwäche oder Unsicherheit.«

Außerdem war er ein gutaussehender Mann gewesen. Zeichnungen des jungen FitzRoy zeigen eine lange, schmale, adlerartige Nase, die Andeutung eines dünnen Schnurrbarts, klare, weibliche Augen mit langen Wimpern und eine hohe Stirn, die darauf hindeutete, daß das auf dem Scheitel und an den Schläfen nach vorn gekämmte Haar eine Stirnglatze bedeckte. Er hatte in der Tat ein empfindsames, schmales, introspektives, fein gemeißeltes Gesicht. Und im Zug der dünnen Lippen, in einem gewissen Hochziehen der Augenbrauen findet sich mehr als nur ein schwacher Hinweis auf ein brisantes Gemisch aus intellektueller Brillanz, Intoleranz und Arroganz. Es könnte das Gesicht eines hochmütigen, jungen Gelehrten der klassischen Sprachen in Oxford sein, der sich seiner eigenen Möglichkeiten allzu gewiß ist, oder das eines jungen Sherlock Holmes – man denke nur an dessen erste Verkörperung in Hollywood, den kühlen, langnasigen Schauspieler Basil Rathbone als Dreiundzwanzigjährigen. Und zweifellos fand FitzRoy am eigenen Äußeren Gefallen und widmete ihm einige Aufmerksamkeit.

Er war ein großer Anhänger der Phrenologie, einer im neunzehnten Jahrhundert verbreiteten Pseudowissenschaft. Die Anhänger dieser Lehre glaubten, aus Schädelform und -größe eines Menschen auf dessen Charakter und geistige Fähigkeiten schließen zu können. FitzRoy war mit Urteilen über andere anhand dieser Kriterien schnell bei der Hand. Er mißtraute Menschen mit groben Zügen oder breiter, spatelförmiger Nase, denn er hielt sie aufgrund dieser Ausprägungen für unzuverlässig und minderwertig.

Robert FitzRoy selbst war genau das, was er zu sein schien: Ein übererregbarer Aristokrat. Die FitzRoys waren die Herzöge von Grafton, ein bevorzugter, allerdings illegitimer Zweig der königlichen Familie, der einer Liaison zwischen Barbara Villiers und König Karl II. entstammte. Seit Generationen nahmen die Graftons in der britischen Gesellschaft höchste Positionen ein. Sie gehörten dem Hof an, sie stellten hochrangige Mitglieder der Regierung, und sie besaßen in England und Irland große Ländereien. Wenigstens drei Herzöge von Grafton waren Admirale, Männer, die es in jeder Weise gewohnt waren, ihren Weg zu gehen. Einer von ihnen, Lord Augustus FitzRoy, der dritte Herzog von Grafton, befahl eines Tages im Jahre 1737 in der Karibik seiner Flotte von vier Schiffen, das Feuer auf vier vorüberfahrende französische Schiffe zu eröffnen. Sie hatten auf seinen Anruf hin nicht beigedreht. Daraus entwickelte sich eine ausgewachsene Seeschlacht zwischen allen acht Schiffen. Britannien und Frankreich befanden

Robert FitzRoy etwa zur Zeit seiner zweiten Reise auf der *Beagle*, als Darwin ihn kennenlernte.

sich zur fraglichen Zeit nicht im Krieg; die Schlacht endete schließlich mit liebenswürdigen Entschuldigungen beider Seiten, und die Schiffe segelten weiter.

Ein anderer Herzog von Grafton war 1767 zwischen der Regierung des kränklichen William Pitt des Älteren und Lord North für kurze Zeit amtierender Premierminister gewesen. FitzRoys Vater, Lord Charles FitzRoy, war General im britischen Heer, Adjutant Georgs III. und Mitglied des Parlaments. Robert FitzRoys Mutter, Lady Frances Anne Stewart, stammte aus einer gleichermaßen hervorragenden Familie; sie war die älteste Tochter des ersten Marquis von Londonderry.

FitzRoys familiärer Hintergrund war makellos – bis auf einen Punkt: das Erbe geistiger Labilität, das er der Familie seiner Mutter verdankte. Im Jahre 1820, als Robert FitzRoy fünfzehn Jahre alt war, beging sein Onkel, der dritte Marquis von Londonderry, Selbstmord. Er hatte schon seit Jahren am Rande des Wahnsinns gestanden und setzte seinem Leben schließlich auf besonders furchtbare Weise ein Ende, indem er sich mit dem Rasiermesser die Kehle durchschnitt. Der Tod seines Onkels und dessen nähere Umstände prägten sich dem Jungen unauslöschlich ein. Es war etwas, worüber er sein Leben lang sprach und was er sein Leben lang fürchten sollte. Es war in seinem Denken ständig präsent – als Gespenst seiner eigenen Veranlagung.

Sir Robert Otways Vertrauen in den jungen Aristokraten war durchaus gerechtfertigt: FitzRoy war gewiß ein fähiger Mann. Was sein Können und seinen Eifer anbelangte, trennten ihn Lichtjahre von Pringle Stokes.

Er hatte in Portsmouth das Royal Naval College, die königliche Marineakademie, besucht, und zwar ab seinem zwölften Lebensjahr. Möglicherweise hatte er bei seinen Studien damals schon eine außergewöhnliche Frühreife erkennen lassen, die es geraten scheinen ließ, ihn höheren Anforderungen auszusetzen. Wahrscheinlicher ist es jedoch, daß es sich einfach um die in der englischen Oberklasse verbreitete, gefühlskalte Praxis handelte, Kinder schon in zartem Alter auf auswärtige Schulen zu schicken und so deren Kindheit auf einen Schlag zu beenden. In Portsmouth umfaßte der Lehrplan außer dem überall Üblichen (Griechisch, Latein, Mathematik einschließlich der asphärischen Trigonometrie, soweit sie für die astronomische Navigation erforderlich war, Französisch, Malen und Zeichnen, Fechten und Tanzen) die folgenden Fächer:

> Geschichte der Seefahrt und der nautischen Entdeckungsreisen, Schiffsbau, Astronomie, Bewegung der Himmelskörper, Gezeiten und lunare Unregelmäßigkeiten, die *Philosophiae naturalis principia mathematica* (die *mathematischen Principien der Naturlehre)* und andere Teile der Philosophie Newtons, Geschoßkunde und ihre Anwendung im Geschützwesen, Prinzipien der Krümmung und ihre Anwendung auf die Messung von Oberflächen und Körpern, Erzeugung verschiedener Kurven und Widerstand gegen bewegte Körper; Mechanik und Hydrostatik.

FitzRoy absolvierte die auf drei Jahre angelegte Ausbildung in Portsmouth in weniger als zwanzig Monaten und schloß sie mit Bestnoten und einer Goldmedaille ab – weder das eine noch das andere war je einem Kadetten zuerkannt worden. Den Dienst auf See trat er 1819 im Alter von vierzehn Jahren an, auf Schiffen im Mittelmeer und bei der südamerikanischen Flotte, wo Sir Robert Otway bald auf ihn aufmerksam wurde. Er hatte eine Neigung zu Forschung und Wissenschaft, und als nach Pringle Stokes' Selbstmord dessen Stelle »wegen Todesfalles frei geworden war«, war

FitzRoy auf dem Laufenden über die jüngsten Erkenntnisse der Geologie, der Paläontologie und der »Naturphilosophie«, wie damals die Naturwissenschaften genannt wurden. Es war eine glückliche Fügung für ihn, daß Otway Gefallen an ihm gefunden hatte und seine Familie über enge Verbindungen zur Admiralität und zu denjenigen Kräften verfügte, die über den Aufstieg eines jungen Mannes entschieden. Er benötigte diese Verbindungen allerdings kaum, um vorwärts zu kommen. Aber ein Mann von seinen blendenden und hervorragenden Fähigkeiten, der dazu selbstbewußt, eitel, zielstrebig und vermögend war, fand vermutlich kaum Freunde. Man bewunderte ihn, aber kaum jemand mochte ihn. Otway hatte bei Kopenhagen unter Nelson gekämpft und war Kapitän des Flaggschiffs des legendären Admirals gewesen; vielleicht erkannte er in dem ehrgeizigen jungen FitzRoy ein Stück von sich selbst wieder.

Es war eine traumhafte Ernennung. Die Führung der *Beagle* verschaffte FitzRoy die in Friedenszeiten – im Krieg gab es viele Möglichkeiten sich auszuzeichnen – seltene Chance sich zu beweisen, und zwar mehr, als er sich hätte vorstellen können.

FitzRoy und die *Beagle* waren füreinander bestimmt.

Das neue Kommando des jungen Kapitäns war eine siebenundzwanzig Meter lange, mit zehn Kanonen bestückte Zweihundertfünfunddreißig-Tonnen-Brigg der *Cherokee*-Klasse (genannt nach dem ersten Schiff der Baureihe), entworfen 1807 von Sir Henry Peake, Inspekteur der Marine. Ihre Bewaffnung bestand aus acht sechzehn- oder achtzehnpfündigen Carronaden und zwei sechspfündigen Bug- bzw. Heckkanonen. Carronaden (benannt nach dem ersten Hersteller der Carron Iron Founding and Shipping Company) waren kurze Lafettengeschütze für schweres Feuer auf kurzer Distanz. Sie waren für den kleinräumigen Schlagabtausch in den napoleonischen Seeschlachten des späten achtzehnten und frühen neunzehnten Jahrhunderts entwickelt worden. Diese kleinen, aber dennoch schweren Geschütze konnten auch von kleineren Schiffen gefahren werden, so daß sich die Größe und die Kosten für ein Schiff bestimmter Feuerkraft senken ließen.

Die Schiffe der *Cherokee*-Klasse waren ihrer Größe und Bewaffnung nach handliche, wirtschaftliche Kriegsschiffe für beengte Verhältnisse. Nachdem die Kriege vorüber waren, wurden viele von ihnen im Frieden weiter benutzt, und man entdeckte, daß sie auf See zu einem Risiko werden konnten. Sie hatten einen niedrigen Freibord, so daß eine See leicht einsteigen konnte; aber hohe, massive Schanzkleider verhinderten, daß das Wasser schnell genug wieder abfloß. Ein paar schwere Wellen, die sich auf Deck eines Schiffes dieser Klasse brachen, konnten es schnell zu kopflastig machen und dazu führen, daß es in einer steifen Brise kenterte. Fast ein Viertel der insgesamt etwa einhundert jemals gebauten Schiffe der *Cherokee*-Klasse erlitten Schiffbruch oder sanken in schwerem Wetter. Die Seeleute nannten diese Schiffe deshalb »Sargbriggs«.

Trotzdem ließen sie sich für ein rahgetakeltes Schiff gut segeln; sie waren handlich und zeichneten sich durch angenehme Bewegung aus; tiefe, geräumige Frachträume boten Platz für enorme Mengen von Vorräten und Ersatzteilen, auf den unverbauten Decks ließen sich zahlreiche Boote und weitere Ausrüstung unterbringen – Eigenschaften, wie man sie sich auch für eine moderne Segelyacht wünscht.

Das fünfundvierzigste Schiff dieser Klasse war 1818 auf der Werft Woolwich an der Themse auf Kiel gelegt worden. Genau zwei Jahre später lief es vom Stapel; die Kosten für den Segler beliefen sich auf siebentausendachthundertunddrei Pfund. Das Schiff wurde auf den Namen *Beagle* getauft – warum, ist unbekannt; vielleicht aus der Laune irgendeines jagdbegeisterten Admirals heraus. Die *Beagle* wurde für fünf Jahre »außer Dienst« gestellt – das heißt stillgelegt und nicht benutzt –, bis man sie 1825 dem Vermessungs- und Erkundungsdienst der Marine zuteilte, der sie zusammen mit HMS *Adventure* nach Südamerika schickte. Inzwischen faulte die Beplankung des Schiffes im Brackwasser des Flusses bereits; deshalb brachte man die *Beagle* noch einmal zurück zur Werft, um sie auszubessern und für die bevorstehende Fahrt auszurüsten. Die Schanzkleider wurden niedriger gezogen, damit übergenommenes Wasser besser ablaufen konnte. Über dem Quarterdeck baute man einen Kartenraum, und vor dieser neuen Poop weitere Kabinen für zusätzliche Vorräte und einen Hilfsvermesser. Das Quartier des Kapitäns und die Offiziersmesse, der Schlaf- und Speiseraum der Offiziere, bekamen Oberlichter. Und am Heck wurde ein Besanmast für zwei Schratsegel aufgestellt, der die Manövrierfähigkeit des Schiffes sehr verbesserte. Dadurch wurde die zweimastige Brigg zu einer Bark.

Sechs Monate, nachdem sie auf die Werft gekommen war, am 22. Mai 1826, lief HMS *Beagle* unter dem Kommando ihres ersten Kapitäns, Pringle Stokes, zu ihrer Jungfernfahrt von England nach Feuerland aus.

Das für den Krieg entworfene, zusammen mit seinen Schwesterschiffen zum Einheitspreis in Serie gebaute Schiff segelte hinaus, um eine unbekannte Welt zu erkunden. In einem wahren Malstrom höllischer Stürme und Unwetter sollte es sich dabei als einer der tüchtigsten kleinen Segler erweisen, die je auf den Weltmeeren kreuzten.

3

Im Jahre 1829 segelten HMS *Adventure* unter Captain King, HMS *Beagle* unter ihrem neuen Kapitän Robert FitzRoy und ein kleinerer Schoner, HMS *Adelaide*, auf ihrer Vermessungsmission wieder nach Süden. (Die weniger bekannte *Adelaide*, benannt nach der englischen Königin, der Gemahlin Wilhelms IV., war von Captain King im Verlauf der Expedition erworben worden und hatte die *Adventure* bereits den größten Teil des Jahres 1828 begleitet. Da sie statt Rahsegeln Schratsegel fuhr, war sie leichter zu handhaben und konnte höher am Wind segeln als die beiden anderen Schiffe, so daß sie sich gut für die Arbeit in engeren Kanälen und Häfen einsetzen ließ.)

Das Kommando Captain FitzRoys wurde schon sehr bald von einem Unglück überschattet. Am 20. Januar geriet die *Beagle* vor Maldonado an der Küste von Uruguay in einen *pampero*, einen plötzlichen, überaus heftigen Sturm mit wilden Böen, der von der Pampa kommend die Küste heimsuchte; später hieß es, es sei der schlimmste seiner Art seit vielen Jahren gewesen. Der kurze Sturm dauerte nur zwanzig Minuten, aber die bis zum Rand mit Vorräten beladene und dadurch noch kopflastigere *Beagle* wurde auf die Seite gelegt und blieb in den Sturmböen lange Minuten so liegen. Eine Kenterung schien unvermeidlich. Stengen, Topsegel sowie weitere Segel und Spieren brachen, wurden abgerissen und vom Sturm zertrümmert. Zwei Matrosen, die in der Takelage damit beschäftigt gewesen waren, Segel einzuholen, wurden mit den Segeln ins Meer geschleudert und blieben verschollen.

Solche plötzlichen »weißen Böen«, Fallböen oder Sturmböen aus heiterem Himmel, überraschen ein Schiff nur allzu leicht und können es in Sekundenschnelle auf die Seite legen, bevor noch Zeit ist, zu begreifen, was geschieht, und die Segel zu streichen. Das Unglück war nicht FitzRoys Schuld (obwohl er sich in späteren Jahren den Vorwurf nicht ersparte, aufgrund seiner Unerfahrenheit nicht genügend aufmerksam und ausreichend gut auf eine solche Möglichkeit vorbereitet gewesen zu sein). Aber dennoch mußte der Verlust von Männern gleich zu Anfang seines Kommandos bei seiner Mannschaft (Seeleute sind bekanntlich sehr abergläubisch) die Befürchtung wecken, ihr neuer Skipper bringe dem Schiff Unglück.

Zwei Monate später erreichten die Schiffe die östliche Einfahrt der Magellanstraße.

Als die *Beagle* am 13. April nahe Kap Negro gegen leichten Wind aus Süden in die Meeresstraße aufkreuzte, sichtete die Mannschaft einige Eingeborene: Zwei Frauen und ein Kind in einem Kanu nicht weit von der Küste und zwei Männer mit ihren Hunden ganz in der Nähe davon am Ufer. FitzRoy ließ ein Walboot (ein großes, vorn und hinten scharf geschnittenes, karweelbeplanktes Beiboot, wie es auch zum Walfang benutzt wird) zu Wasser bringen und sich von einigen Matrosen ans Ufer rudern, um »die ersten Wilden, denen ich jemals begegnete«, näher in Augenschein zu nehmen.

Sie erschienen den Engländern bemerkenswert reizlos. »Scheußlich … schmutzig und höchst unappetitlich«, das war Captain Kings‘ erster und bleibender Eindruck.

Feuerländischer Indianer vom Stamm der »Yapoo Tekeenika« – einem Stamm, der unter diesem Namen gar nicht existierte. FitzRoy hatte Worte von völlig anderer Bedeutung mißverständlich für die Selbstbezeichnung dieser Eingeborenen gehalten.

Für die Feuerländer waren die britischen Marineoffiziere und ihre Mannschaften, die in ihrer geschniegelten Kleidung, mit ihren Geräten und unerklärbaren Kräften in großen, kompliziert aufgebauten Schiffen vom Meer her kamen, Wesen aus einer anderen Welt – bloß daß die Eingeborenen darüber schon lange nicht mehr staunten. Solche Besucher tauchten seit einiger Zeit ab und an bei ihnen auf; waren sie zuerst nur sehr vereinzelt gekommen – ein Magellan, Sarmiento oder Schouten – so gab es inzwischen einen beinahe regelmäßigen Verkehr. Als die königliche Expedition 1827 zum ersten Mal in die Magellanstraße einlief, befuhren seit über fünfzig Jahren Robbenjäger und Walfänger auf dem Weg in ihre Jagdgründe die Gewässer rund um Feuerland. Aber diese Männer wurden von der Geschichtsschreibung gewöhnlich ignoriert, weil sie nirgendwo Land in Besitz nahmen, die Eingeborenen abschlachteten, Kolonien gründeten oder Ansprüche für weit entfernte Souveräne erhoben. Sie erbeuteten dort Robben und Pinguine und trieben Handel mit den Eingeborenen. Die Beziehungen hatten sich seit der ersten Kontaktaufnahme deutlich weiterentwickelt. Die Feuerländer hatten ihre anfängliche Furcht größtenteils abgelegt und sich zu dreisten Opportunisten entwikkelt. Es waren die Spätankömmlinge in dieser Welt, die Engländer des Jahres 1827, die hier die Rolle der Naiven gaben. Sie waren selbstgefällig und amüsierten sich köstlich über die Möglichkeit, die Eingeborenen mit Perlen und billigem Zauber zu beeindrucken, und unterschätzten dabei nicht nur die Schlauheit, sondern auch die Selbstachtung der Feuerländer.

»Sie waren angetan von einer tickenden Taschenuhr«, schrieb King 1827 von seiner ersten Begegnung mit einer Gruppe von Feuerländern. Während er sie mit seiner Uhr ablenkte, überraschte er einen der Feuerländer und schnitt ihm mit einer Schere eine Locke seines Haupthaars ab (vielleicht war er auf eine kleine Trophäe aus, einen Pinsel, den ihm der Schiffszimmermann aus dem festen Haar fertigen sollte – dergleichen war durchaus üblich). Der Mann protestierte, bis King ihm sein Haar zurückgab. »Mit ernster Miene wickelte er sein Haar sorgfältig ein und gab es einer Frau im Kanu, die es ebenso vorsichtig in einen Korb legte ... Dann drehte der Mann sich um und verlangte von mir mit großem Ernst, die Schere wegzutun. Ich folgte seiner Aufforderung, und das brachte ihn wieder in heitere Stimmung.«

Bei einer anderen Begegnung »spuckte mir einer von ihnen, der nicht ganz bei Verstand zu sein schien, ins Gesicht; aber da er es offensichtlich nicht im Zorn getan hatte und von seinen Gefährten ermahnt wurde, ward ihm sein unhöfliches Betragen vergeben.« Die Feuerländer spuckten die Engländer an, die ihrerseits den Eingeborenen auf hinterhältige Weise das Haar abzuschneiden versuchten; was höflich oder idiotisch war, wurde von beiden Seiten mißverstanden.

Zwei Jahre später sah Robert FitzRoy die Feuerländer im gleichen Licht: Sie waren schmutzig und primitiv. Im übrigen bediente er sich bei ihrer Beurteilung dessen, was er gelernt hatte. Dazu gehörte vor allem die Phrenologie, anhand deren er den Charakter der Feuerländer aus ihrem Äußeren herzuleiten versuchte. Eine Frau, die er zusammen mit einer jüngeren Begleiterin in einem Kanu sah, beschrieb er so:

> Ihre Gesichtszüge ... waren eigentümlich; und wenn man der Physiognomie trauen kann, deuteten sie auf Gerissenheit, Trägheit, auf die ausgeprägte Fähigkeit, Widrigkeiten zu ertragen, auf eine Unzulänglichkeit des Verstandes und einen Mangel an Energie hin. Ich stellte fest, daß sie eine sehr schmale und miß-

gestaltete Stirn, eine lange, zwischen den Augen schmale und am Ende breite Nase sowie eine lange, vorstehende Oberlippe hatte. Das Kinn war klein und fliehend; sie hatten schlechte Zähne, hohe Wangenknochen, kleine, schrägstehende, chinesische Augen ... Der Schädel war sehr klein, vor allem am Scheitel und Hinterkopf, und hatte sehr wenige Erhebungen, die einem Kraniologen hilfreich hätten sein können.

Die jüngere der beiden Frauen im Kanu beurteilte FitzRoy allerdings nicht ganz so wissenschaftlich. Sie »hätte gar nicht schlecht ausgesehen, wenn sie einmal ordentlich geschrubbt und all der gelbe Lehm, mit dem sie beschmiert war, abgewaschen worden wäre.« Es war sein Vorgänger als Kommandant der *Beagle* gewesen, der allzu zart besaitete Pringle Stokes, der den klarsten Blick auf diese Menschen hatte. Seine Tagebucheintragung über seine erste Begegnung mit Feuerländern im Jahre 1827 bietet eine Fülle sorgfältig beobachteter Einzelheiten und kommt größtenteils ohne den Filter der Vorurteile europäischer Selbstgerechtigkeit aus.

Wie angesichts des unfreundlichen Klimas, dem sie ausgesetzt sind, nicht anders zu erwarten, zeigt die persönliche Erscheinung dieser Indianer weder bei den Männern noch den Frauen die geringsten Anzeichen für Agilität oder Kraft. Ihre Durchschnittsgröße beträgt einen Meter fünfundsechzig; sie sind schlank mit schwer gekrümmten und wenig muskulösen Gliedmaßen; das Haupthaar ist schwarz, glatt und grob; Bart, Backenbart und Augenbrauen, die von Natur aus ohnehin sehr spärlich wachsen, zupfen sie sich sorgfältig aus ... Der Mund ist groß mit dicker Unterlippe; die Zähne sind schmal und regelmäßig, aber verfärbt. Die Farbe ihrer Haut ist ein schmutziger Kupferton, ihr Gesichtsausdruck stumpf und ausdruckslos. Zum Schutz gegen die Härten dieser unfreundlichen Region ist ihre

Kleidung völlig ungeeignet, denn sie besteht nur aus dem Fell einer Robbe oder eines Seeotters, das sie mit dem Pelz nach außen über der Schulter tragen.

Sie schmierten sich außerdem mit Robbenöl und Speck ein, was nach Captain King »zusammen mit ihrem eigenen Schmutz zu einem höchst widerlichen Geruch führte.« Daß die unwissenden Wilden sich in Schmutz wälzten, schien ihren niedrigen Stand nur allzu deutlich zu machen. Die Engländer begriffen nicht, daß die Eingeborenen damit einen wirksamen Wetterschutz erzielten, der optimal auf das Klima Feuerlands abgestimmt war. Keine andere Kleidung der damaligen Zeit, keine geölten oder gewachsten Stoffe konnten einem das nasse Wetter Feuerlands vom Leib halten. Sich selbst in klamme, feuchtigkeitsstauende Lagen von Stoff einzuwickeln, wie es die englischen Seeleute taten, konnte nur für ein anhaltendes Elend sorgen: »In einem offenen Boot ging es uns außerordentlich schlecht, weil wir ständig naß waren bis auf die Haut«, beklagten sie sich.

Stokes zeichnete sorgfältig auf, wovon sich die Eingeborenen ernährten: Von Schalentieren, Robben, Seeottern, Schweinswalen und Walen, von wild wachsenden Beeren und bestimmten Arten von Seetang. Und er bemerkte auch, daß sie in diesem Punkt nicht wählerisch waren.

Schon frühere Reisende haben die Gier bemerkt, mit der sie den widerwärtigsten Abfall verzehrten, zum Beispiel verfaulende Robbenfelle, ranzige Robben, Walspeck und so weiter. An Bord meines Schiffes aßen und tranken sie gierig alles, was ihnen angeboten wurde, gepökeltes Rinder- und Schweinefleisch, eingekochtes Fleisch, Pudding, Erbsensuppe, Tee, Kaffee, Wein und Branntwein – sie ließen nichts verkommen.

Stokes gab sich auch bei den typischen Behausungen der Feuerländer, die von den Europäern generell »Wigwams« genannt und als »im äußersten Grad erbärmlich« charakterisiert wurden, nicht mit Beschreibungen aus zweiter Hand zufrieden, sondern stellte eigene, genaue Beobachtungen an.

Ihre Behausungen sind in verschiedenen Reisebeschreibungen Hütten, Wigwams und so weiter genannt worden; aber angesichts ihres Aufbaus glaube ich, daß der Ausdruck, den Sir John Narborough dafür fand, dem englischen Leser die beste Vorstellung davon gibt; er nannte sie »Laubhütten«. Sie bestehen aus einigen Dutzend Ästen, die am dickeren Ende angespitzt und rings um eine runde oder elliptische Fläche von ungefähr drei mal zwei Metern in die Erde gesteckt werden; die oberen Enden werden mit aus Gras gedrehten Seilen zusammengebunden, und über die Zweige wird eine Abdeckung aus Gras und Robbenfellen gelegt. An der Seite läßt man eine Öffnung, die als Eingang dient, und an der Spitze eine, damit der Rauch abziehen kann.

Mit anderen Worten: Die Feuerländer hatten genau wie die nordamerikanischen Indianer Methoden und Techniken entwickelt, um sich ihrer Umwelt und ihrem Klima gut anzupassen. Das wurde von den Europäern allerdings nur selten erkannt. Das, was sie zu sehen bekamen, bezeichneten sie ausnahmslos als Schmutz und unchristliche Trägheit.

Mehr als es jedem anderen bei seiner ersten Begegnung mit ihnen gelang, konnte Stokes den Feuerländern sogar einige freundlichere Züge abgewinnen.

Mit ihren Kindern gehen sie liebevoll und behutsam um. Ich habe oft beobachtet, mit welcher Zärtlichkeit sie versuchten, ihnen die Angst zu nehmen, die unsere Gegenwart zu Anfang hervorrief, und mit welcher Freude sie es aufnahmen, wenn wir ihren Kleinen irgendwelchen unbedeutenden Schmuck schenkten ... Einmal gefiel mir ein Hund, der in der Nähe einer der Frauen lag ... und ich bot ihr einen Preis dafür ... Sie lehnte es ab, sich von dem Hund zu trennen ... Schließlich wurde mein Angebot so beachtlich, daß sie einen kleinen Jungen aus dem dichten Busch (wohin er bei unserem Erscheinen geflüchtet war) zu sich rief. Ihm gehörte der Hund. Die Waren, die ich angeboten hatte, wurden ihm gezeigt, und alle anwesenden Eingeborenen drängten ihn, den Hund zu verkaufen, aber der kleine Strolch willigte trotz alledem nicht ein.

Sie waren nur allzu menschlich, und die Geschichte ihrer Beziehung zum technologisch höher entwickelten weißen Mann, der aus dem Nichts jenseits des Horizonts erschien, folgte dem gleichen unausweichlichen Muster, wie sie es überall tat. Jahrelanger Handel mit den Robbenfängern hatte sie zuerst auf den Geschmack an Perlen und Spiegeln und später dann an nützlicheren Dingen gebracht: Metallen, Kleidern, Werkzeugen und Waffen. In Nordamerika war das bei weitem Nützlichste, was die Eingeborenen ihrer ersten Begegnung mit den Europäern, in diesem Fall den spanischen Konquistadoren, verdankten, das Pferd gewesen. Das Pferd machte sie schneller, effizienter und mächtiger; es veränderte ihr Bild von der Welt und davon, was sie darin auszurichten vermochten.

In der vom Wasser geprägten Welt Feuerlands begehrten die Ureinwohner nichts mehr als die Boote der weißen Männer. Für den eleganten, aristokratischen, erfolgreichen Robert FitzRoy waren die Feuerländer, wenn er von der erhabenen Höhe des Decks der *Beagle* auf diese nackten, verschmierten Primitiven in ihren Kanus hinabblickte, nicht viel mehr als eine eigenartige lokale Fauna. Es gab keine Verbindung zwischen ihnen und ihm oder seiner Welt. Er war hier, um im Auftrag der britischen Admiralität Vermessungen durchzuführen, um die bemerkenswerten Fähigkeiten, die er sich angeeignet hatte, zu nutzen und sich in der Welt, die er kannte, einen Namen zu machen. Und trotzdem war es eine außerordentlich schicksalsträchtige Begegnung. Sein Leben und sein einzigartiger Platz in der Geschichte des gesamten wissenschaftlichen und religiösen Denkens des 19. Jahrhunderts sollten sich nach diesem Treffen zwischen ihm und den »Wilden« wenden.

Als die Vermessungsschiffe Feuerland erreichten, war es auf der Südhalbkugel bereits Herbst. Die *Beagle* und der Schoner *Adelaide*, der inzwischen unter dem Kommando Lieutenant Skyrings stand, erhielten den Auftrag, den westlichen Teil der Magellanstraße zu erkunden.

Anders als Stokes bewunderte FitzRoy die Landschaft: »Ich muß zugestehen, daß mir die Landschaft heute großartig erschien«, schrieb er am 14. April nahe Port Famine in sein Tagebuch. Und ähnliche Bemerkungen finden sich an vielen anderen Tagen.

Im Mai ließ FitzRoy die *Beagle* vor Anker gehen, den kleinen Kutter des Schiffes und eines der Walboote zu Wasser bringen und mit Vorräten für einen Monat ausrüsten. Mit einem Teil seiner Mannschaft befuhr er mit diesen beiden sehr manövrierfähigen, ruder- und segelbaren Booten kleinere Buchten und engere Kanäle, in die ein größeres Schiff nur unter Schwierigkeiten hätte gelangen können. Die Fahrt dauerte länger als einen Monat; nachts lagerten die Männer an Land. Sie folgten einem engen, gewundenen Kanal, der von der Magellanstraße aus durch hohe schnee- und eisbedeckte Berge nach Norden führte, wo sie schließlich zwei große, seeartige Buchten entdeckten und teilweise vermaßen. Jede von ihnen war etwa vierzig Seemeilen lang; ein schmaler Kanal verband sie. Fitz-

Roy benannte eine davon nach seinem Gönner Otway Water und die andere – eine Geste der Anerkennung – nach seinem loyalen Untergebenen, der ihm liebenswürdigerweise Platz gemacht hatte, Skyring Water. Sie wurden auch Otway- und Skyring-Sund genannt.

Er genoß die Strapazen der abenteuerlichen Fahrt in den kleineren Booten. Als mit dem Fortschreiten der Jahreszeiten das Wetter kälter wurde, mußte er feststellen, daß sein Marinemantel, mit dem er sich nachts bedeckte, morgens steifgefroren war. »Und dennoch habe ich niemals besser geschlafen oder mich bei besserer Gesundheit befunden.« An einem späten Nachmittag wurde FitzRoy mit seiner Mannschaft im Walboot von einem plötzlichen Sturm überrascht und mußte fünf Stunden in der Dunkelheit gegen den immer stärkeren Sturm und die immer höheren Wellen pullen und gleichzeitig nach Leibeskräften Wasser ausschöpfen lassen, damit das Boot nicht sank. Erst als der Sturm schließlich ebenso schnell wieder erstarb, wie er gekommen war, erreichten sie das Ufer. Dieser Zwischenfall und die Härten, die FitzRoy mit seinen Männern teilte (ebenso wie sein Rasiermesser) und sogar genoß, schufen ein starkes Band zwischen dem neuen Kapitän und seinen Leuten.

Im Juli, als der Winter mit einem Schneesturm kam, segelten die *Beagle* und die *Adelaide* nach Westen aus der Magellanstraße in den Pazifik hinaus und dort nach Norden zur Insel Chiloé, um sich mit Captain King und der *Adventure* zu treffen. Als auf dem Weg dorthin ein Südoststurm aufkam, lief die *Beagle* infolge einer winzigen Unaufmerksamkeit aus dem Ruder, so daß eine brechende See über Deck gehen und eines der Walboote, die achtern außenbords in Davits hingen, losreißen konnte.

Die drei Schiffe lagen während des Südwinters vor einer kleinen Siedlung auf der Insel Chiloé vor Anker. Die Mannschaften besserten die Schiffe aus und bereiteten sie für die Arbeit der nächsten Saison vor. Jonathan May, der Schiffszimmermann der *Beagle*, baute als Ersatz für das verlorengegangene ein neues Walboot. May war ein bemerkenswert geschickter Bootsbauer mit viel Erfahrung, und das neue Boot wurde aus abgelagerten Planken gebaut, die an Bord der *Beagle* von England aus eigens für einen solchen Fall mitgeführt worden waren. FitzRoy war mit dem neuen Walboot sehr zufrieden. Er wußte nicht, daß es der Angelpunkt seines Schicksals werden sollte.

Im November, mit dem Nahen des Frühjahrs, gab Captain King FitzRoy für die kommende Saison den Auftrag, allein mit der *Beagle* (die *Adelaide* wurde für andere Zwecke abkommandiert) so viel wie möglich von den zerklüfteten, zerrissenen südlichen Küsten Feuerlands vom westlichen bis zum östlichen Ende der Magellanstraße zu erkunden und zu kartieren. Keiner der beiden Kapitäne konnte ermessen, wie gewaltig dieser Auftrag war. Keiner von ihnen hatte auch nur die geringste Vorstellung von der Ausdehnung der öden Welt rasiermesserscharfer Felsen und Inseln dieser nebelhaften Region, die über ein Gebiet von über fünfundzwanzigtausend Quadratseemeilen verstreut lagen, begrenzt von der Magellanstraße im Norden und Kap Hoorn im Süden. FitzRoy hatte einige unzureichende Karten, und diese waren dermaßen übersät mit kleinen Sternchen, mit denen Felsen bezeichnet wurden, daß sie mehr (wie es auch mit modernen Karten des Gebietes noch der Fall ist) einer Himmelskarte als einer Seekarte ähnelten. Die Karten waren ungenau, aber sie gaben doch einen deutlichen Fingerzeig auf die Beschaffenheit der Gegend, die vor FitzRoy lag.

King wies FitzRoy an, das ihm Mögliche zu tun und sich mit der *Adventure* entweder am ersten April in Port Famine oder am 20. Juni in Rio de Janeiro zu treffen.

Am 19. November 1829 ging die *Beagle* auf südlichen Kurs.

4.

Es war kein Wunder, daß Pringle Stokes über seine Aufgabe den Verstand verloren hatte. Ein plumpes rahgetakeltes Schiff durch Gewässer zu führen, in denen ständig Schiffbruch droht – durch Felsen, die in den Karten nicht verzeichnet sind, Wirbelstürme, die wie aus dem Nichts kommen und Orkanstärke erreichen, reißende Gezeitenströme und Schneestürme, die zu jeder Jahreszeit auftreten können und plötzlich alle Sicht nehmen – durch Gewässer, die die Schiffsführer damals wie heute als letzte Probe auf ihre Seemannschaft und ihre Fähigkeit, ein Schiff zu befehligen, betrachteten und betrachten: Das war noch der leichteste Teil dieser Aufgabe.

Als Erkundungs- und Vermessungskapitän mußte FitzRoy in diesen Gewässern verweilen. Er mußte verantwortbare, sichere Ankerplätze finden, sein Schiff vor Anker legen, seine ersten Beobachtungen und Messungen von Deck aus anstellen – Kompaßpeilungen und Winkelmessungen mit dem Sextanten auf Landmarken und Anhöhen rings um den Ankerplatz. Als nächstes hatte er zu versuchen, beladen mit kostbaren und empfindlichen Vermessungsgeräten – einem schweren Theodoliten mitsamt Stativ, dem Sextanten und einem Kompaß –, einen felsigen Hügel oder ein Kliff zu ersteigen und eine Vielzahl von weiteren Messungen vorzunehmen. Das alles mußte in der unmittelbaren Nachbarschaft viele Male gemacht werden, um ein einziges Resultat von brauchbarer Genauigkeit zu erzielen.

Aus FitzRoys Tagebuch, November 1829:

> 27. Ein vielversprechender Morgen veranlaßte mich zu dem Versuch, Beobachtungen und Winkelmessungen auf oder bei Kap Pillar zu erhalten. Deshalb überließ ich dem Steuermann das Schiff ... [Der Steuermann, Mr. Murray, sollte während der Erkundungsfahrt mit dem Schiff vor Kap Pillar kreuzen] und machte mich in einem Boot auf den Weg zum Kap. Es war nicht leicht, bei der starken Dünung auf den steilen und schlüpfrigen Felsen in der Nähe des Kaps zu landen; schließlich gelangten wir in einer Bucht an Land und hievten die Instrumente mit Seilen auf die Felsen, kamen jedoch wegen tiefer Schluchten nicht weiter; deshalb gab ich diesen Versuch wieder auf und fuhr um das Kap herum, um nach einem besseren Landeplatz Ausschau zu halten. Aber es schien überall das Gleiche zu sein, und da inzwischen Nebel aufkam, waren weitere Versuche sinnlos ...
>
> 28. und 29. Düstere Tage mit viel Wind und Regen; die Böen kamen so heftig von den Bergen herab, daß wir außerhalb des Schiffs zu keiner Arbeit in der Lage waren.

Ganze Wochen konnten auf diese Weise vergehen: Anstrengende, gefährliche Versuche, die zu keinem Ergebnis führten. Der Auftrag verliert seine klaren Umrisse und verblaßt, Ziele werden aufgegeben und nach aktueller Einschätzung des Machbaren neu definiert. Die Aussichten für die eigene Karriere – ganz zu schweigen für das Leben und die Sicherheit der gesamten Schiffsbesatzung – werden immer prekärer.

Oft war es gar nicht das Problem, einen Schiffbruch an der Küste zu vermeiden, sondern schlicht und einfach überhaupt nahe genug an die Küste heranzukommen.

Kurz danach wurde es so unsichtig, daß ich nichts mehr vom Ufer sehen konnte; deshalb hielt ich das Schiff in Erwartung einer schlimmen Nacht mit reduzierten Segeln vor der Küste ... Das dicke Wetter und eine starke Dünung bewogen mich, das Schiff weiter seewärts zu halten, als ich zunächst vorgehabt hatte ... Nachmittags wurde es klarer, und wir nahmen wieder Kurs auf die Küste, mußten aber feststellen, daß der Strom uns so schnell nach Süden setzte, ... daß wir auf unserem Kurs nicht mehr vorankamen ... Man mag sich vielleicht eine zutreffende Vorstellung von dem Strom bilden, der uns nach Südosten setzte, wenn man weiß, daß wir selbst bei frischem und günstigem Wind den ganzen Tag benötigten, um wieder dorthin zu gelangen, wo wir am Abend zuvor gestanden hatten ...

5. Dezember. Zu unserer Schmach fanden wir uns sehr weit vor der Küste wieder; und die Landfall-Insel, die wir am Abend zuvor acht Meilen in Lee hatten, lag jetzt ungefähr sechs *leagues* [achtzehn Seemeilen] von uns entfernt genau im Wind.

Als Segler weiß man vielleicht, wie FitzRoy sich an diesem Tag fühlte, als er feststellte, wie viel Höhe er eingebüßt hatte und gegen den Wind und einen gegenläufigen Strom wieder gutmachen mußte mit einem Schiff, das im günstigsten Fall bis zu etwa fünfundsiebzig Grad gegen den Wind gesegelt werden konnte.

Aber anders als Stokes war FitzRoy für dergleichen wie geschaffen. Er war hartnäckig, entschlossen und einfallsreich. Er begriff rasch, daß er nicht viel ausrichten konnte, wenn er versuchte, mit der *Beagle* die Küste entlangzufahren, häufig vor Anker zu gehen und im Beiboot mit den Instrumenten an Land zu gehen, um danach wieder weiterzusegeln. Auf diese Weise verlor man zu viel Zeit damit, sich mit der Unbill des Wetters auseinanderzusetzen und das Schiff überhaupt die Küste entlang zu quälen. Er kam zu dem Schluß, daß es sehr viel besser wäre, die *Beagle* an einem geschützten Platz vor Anker zu legen, sie dort zu lassen und die Küste dann abschnittsweise mit kleineren Booten zu befahren – mit ausreichend Vorräten, um für eine Woche oder länger vom Schiff unabhängig zu sein. So hatte er es in der vorhergehenden Saison schon an der Nordküste der Magellanstraße im Otway-Sund gemacht. Erst nach getaner Arbeit beabsichtigte er, ein Stück weiter die Küste entlang nach einem neuen Liegeplatz für die *Beagle* Ausschau zu halten. Man mußte die Zeit, da man die *Beagle* segelte, auf ein Minimum beschränken und die Erkundung von den kleinen Booten aus durchführen.

Den November und den größten Teil des Dezembers hindurch kreuzte die *Beagle* entlang der Südküste von Desolation Island nach Südosten. Dieses entlegene, vorgelagerte Bollwerk der Welt war den stürmischen Seen und der gewaltigen Dünung der südlichen Ozeane voll ausgeliefert. Und trotzdem entdeckten die Engländer auch hier am Ufer entlang der gesamten Küste Wigwams und trafen Feuerländer.

Unmittelbar vor Weihnachten entdeckten sie vor Landfall Island (heute: Isla Recalada), nur vierzig Seemeilen von Kap Pillar entfernt, einen der seltenen geschützten Ankerplätze am Westende der Magellanstraße. Rauch deutete darauf hin, daß Feuerländer am Ufer waren. Sobald die *Beagle* vor Anker gegangen war, näherte sich ein Kanu voller Männer, Frauen und Kinder, zusammen sechzehn Personen, dem Schiff. Die Eingeborenen »waren denen, denen wir schon so häufig begegnet waren, in jeder Hinsicht gleich«, schrieb FitzRoy.

Aber das waren sie nicht. Sie gehörten zum Stamm der Yamana (oder Yaghan, eine englische Entstellung dieses Namens), wie sie sich selbst bezeichneten. In ihrer Sprache bedeutete das Wort einfach »die Leute«. Die Yamana mögen den Feuerländern, die FitzRoy weiter nördlich an der Magellanstraße kennengelernt hatte, geähnelt haben, aber es war ein härterer Schlag, gestählt und widerstandsfähig gemacht vom Leben am wilden, sturmgepeitschten Rand des Südpazifiks. Die Perlen und billigen Schmuckstücke, die ihnen die Mannschaft der *Beagle* anbot, ließen sie unbeeindruckt. Sie wollten Messer, Werkzeuge, Metall, Dinge, von denen sich die Engländer nicht trennten. »Yammerschooner« war die englische Umschreibung eines Wortes, das sie von den Feuerländern ständig hörten, hier und überall auf Feuerland. Dazu pflegten die Eingeborenen auf einen begehrten Artikel zu deuten. »Gib mir«, mußte es nach Meinung der Seeleute bedeuten.

Aber trotz der Belästigung durch yammerschoonernde Indianer gefiel FitzRoy sein neuer Ankerplatz: Er bot ausreichenden Schutz und eine leichte Ansteuerung bei der Ein- und Ausfahrt, was an diesem Küstenabschnitt außerordentlich selten war, und der Grund stieg langsam an und bot den Ankern der *Beagle* guten Halt. An Land gelangen ihm gute Messungen mit dem Sextanten, so daß er die genaue Breite feststellen konnte. Danach nannte er die Bucht Latitude Bay. Am 21. Dezember schickte FitzRoy Mr. Murray, den Steuermann des Schiffes, mit sechs anderen Männern und Vermessungsinstrumenten in einem Walboot zur Ostseite – der gegenüberliegenden Seite – von Landfall Island. Am nächsten Tag setzte ein Nordweststurm ein. Am 22. und 23. nahm der Sturm an Heftigkeit zu, bis der Regen einen dichten, jede Sicht auslöschenden Vorhang um die *Beagle* zog. Murray und seine Mannschaft in dem Walboot waren auf der Leeseite der Insel unterwegs, die vor dem Sturm einigermaßen geschützt zu sein versprach, aber sie würden sicherlich nicht in der Lage sein, gegen das herrschende Unwetter zum Schiff zurückzupullen oder zu segeln.

»Yammerschooner« – die unaufhörlich aufdringlich bettelnden Feuerländer bei der Insel Button an der Murray-Meerenge.

Der Weihnachtstag und der 26. Dezember vergingen, ohne daß sich das Wetter änderte. FitzRoy machte sich langsam Sorgen um die Besatzung des Walbootes. Es war angesichts des herrschenden Wetters weder möglich, ein weiteres Boot auf der Suche nach Murray und seinen Leuten auszusenden, noch konnte man davon ausgehen, daß diese aus eigener Kraft gegen Sturm und Wind zurückkommen konnten. FitzRoy konnte nur hoffen, daß sie einen geschützten Platz gefunden hatten und in Sicherheit waren. Sie hatten, da kein längerer Aufenthalt erwartet worden war, nur für vier Tage Proviant mitgenommen, aber zu ihrer Ausrüstung gehörten ein gutes Zelt sowie Gewehre samt genügend Munition, um eine ganze Menge »Dampfschiff«-Enten zu schießen. Das waren flugunfähige, tranig schmeckende Wasservögel, die sich vorwärts bewegten, indem sie ihre kurzen Flügel wie die Schaufelräder eines Dampfers einsetzten.

Am 27. ließ der Sturm endlich nach, und FitzRoy befahl alle Mann an Deck der *Beagle*, um nach dem Walboot Ausschau zu halten. Mittags wurden zwei Männer der Bootsbesatzung entdeckt. Sie winkten von Landfall Island her dem Schiff zu. Sofort wurde ein Boot zu Wasser gelassen, und bald waren die beiden an Bord. Sie hatten die Insel durchquert und dafür den vorangegangenen Nachmittag und die Nacht benötigt. Die restliche Besatzung des Walbootes befand sich noch in einer Bucht an der Ostküste der Insel. Da den Männern vieles, so auch ihre Munition, naß geworden war, hatten sie weder ein Feuer machen noch irgendwelches Wild schießen können und zwei Tage lang nichts gegessen, nachdem sie ihren Proviant verbraucht hatten. Beinahe jeden Tag hatten sie versucht, um die Insel herum zum Schiff zu rudern, aber jedes Mal hatte das Wetter sie entweder zurück an die Küste gezwungen oder gedroht, sie auf See hinauszutreiben. Da ungewiß war, wann sich das Wetter bessern würde, hatte Murray die beiden Männer quer über die Insel geschickt, um dem Schiff Nachricht zu geben. Und als sie am Morgen des 27. zum Ankerplatz der *Beagle* hinunterkamen, waren sie, bevor sie vom Schiff aus entdeckt worden waren, von einer Gruppe Yamana-Feuerländer angegriffen worden. Die Feuerländer hatten sie geschlagen und ihnen einen Teil ihrer Kleidung geraubt.

FitzRoy war erstaunt über diese Kühnheit der Eingeborenen und entschlossen, dergleichen für die Zukunft zu unterbinden.

Inzwischen hatte es aufgeklart, und bevor eine Rettungsmannschaft es erreicht hätte, kam das Walboot und Murray mit dem Rest seiner Besatzung in Sicht.

FitzRoy ging mit einigen seiner Offiziere an Land, um nach den angriffslustigen Feuerländern zu suchen – und fand sie auch: Ein Lager mit ungefähr zwanzig Personen, von denen acht Männer waren. Sie begegneten den Engländern mit Keulen, Speeren und »Schwertern«, wie FitzRoy schrieb, »die aus Eisenreifen hergestellt worden zu sein schienen oder bei denen es sich um alte, sehr dünn gewordene Entersäbel handeln mußte ... Sie müssen sie, wie viele andere Kleinigkeiten, die uns auffielen, von Robbenfängern erhalten haben. Gelegentliche Besuche von Robbenfängerschiffen hatten sie, so vermute ich, gelehrt, ihre Felle und andere Häute zu verstecken und die Wirkung von Feuerwaffen zu fürchten.«

FitzRoy berichtet in seinem Tagebuch nicht, was bei dieser Begegnung weiter geschah. Er bricht die lebhafte und packende Schilderung, wie die Eingeborenen mit ihren Keulen und Säbeln die Briten zuversichtlich erwarteten, plötzlich ab und verfällt in eine farblose, belehrende Beschreibung ihrer Nahrung: »Der wichtigste Teil ihrer Ernährung auf dieser Insel scheinen Pinguine, Robben und junge Vögel zu sein.« Diese Feuerländer waren nicht formbar und unterwürfig. Die Konfrontation hätte ohne weiteres auf ein blutiges Handgemenge hinauslaufen können, und die Engländer waren klug genug, sich wieder zurückzuziehen. Dennoch war eine Grenze überschritten worden.

Einen Monat später, am 29. Januar 1830, lag die *Beagle* in einer Bucht (die heute Puerto Townshend heißt) von London Island vor Anker. FitzRoy wollte die Insel vermessen. Wieder schickte er Murray mit einer Mannschaft in einem Walboot aus, um Messungen durchzuführen. Diesmal war ihr Ziel ein hohes, schroffes Kliff in ungefähr fünfzehn Seemeilen Entfernung, das von Captain Cook fünfzig Jahre zuvor auf den Namen Cape Desolation getauft worden war. Bald, nachdem Murray mit seinen Männern losgesegelt war, nahm der Wind rapide zu. Bis zum Abend hatte er sich, wie FitzRoy in seinem Tagebuch (nach fast einem Jahr in diesen sturmgepeitschten Gewässern) schreibt, zu einem »schweren« Sturm ausgewachsen. Wieder zeigt sein Tagebuch, daß er um die Männer im Walboot besorgt war, aber er beruhigte sich damit, daß Murray wußte, was er tat, und »kein besseres Boot hätte zur Verfügung haben können.«

Er war mit dem Walboot gefahren, das Jonathan May, der Schiffszimmermann, erst einige Monate zuvor auf der Insel Chiloé gebaut hatte.

Der Sturm nahm weiter zu. Die hohen Gipfel, die direkt über ihrem Ankerplatz aufragten, machten die Verhältnisse noch schlimmer. Sie kanalisierten den Wind zu einem der wilden Fallstürme, für die das Gebiet um Kap Hoorn so berüchtigt ist. Böen von Orkanstärke tobten die Abhänge hinunter und wüteten in der Bucht. »Die Wirbelstürme waren so heftig, daß unser kleiner Kutter, den wir am Heck unseres Schiffes fuhren, regelrecht gekentert wurde ... Das Schiff selbst legte sich auf die Seite wie unter vollen Segeln und ließ alles, was nicht festgemacht war, mit einem lauten Knall auf die Leeseite krachen.«

Das Wetter gab FitzRoy zu denken.

> Wenn man bedenkt, daß dieser Monat in unseren Breiten dem August entspricht [die Breite von London Island entspricht mit 54 Grad und 40 Minuten der von Yorkshire auf der Nordhalbkugel], so ist ein Vergleich nur natürlich, und man könnte denken, in einem feuerländischen Sommer würden Heu und Korn gedeihen. Und dennoch habe ich bisher in Feuerland keinen Unterschied zwischen Sommer und Winter entdecken können. Außer demjenigen, daß in Ersterem die Tage länger sind und die Durchschnittstemperatur vielleicht fünf Grad Celsius höher liegt, dafür gibt es dann auch mehr Wind und Regen.

Es war eben nicht England: Die Wintertemperaturen (Juli) lagen im Durchschnitt knapp über null Grad Celsius und stiegen im Februar, im Hochsommer, auf etwa fünf Grad Celsius an.

Fünf Tage vergingen.

> Der Sturm hielt immer noch an und ließ nicht zu, daß außerhalb des Schiffes irgendetwas getan wurde. Eine wie sichere Bucht Mr. Murray auch gefunden haben mochte, seine Zeit wurde ihm sicherlich sehr lang, denn er würde sich nicht bewegt haben können seit dem Tag, da er das Schiff verließ.

Die Zeit wurde ihm mehr als lang. Am ersten Tag hatten Murray und seine Männer das Boot in Lee von Kap Desolation in eine Bucht gepullt, es vor Anker gelegt und am Ufer ein Biwak errichtet. Um zwei Uhr des folgenden Morgens schickte Murray einen seiner Männer, um nach dem Boot zu sehen; der Mann kam zurück und berichtete, das Boot liege sicher vor Anker.

Um vier Uhr ging ein anderer Mann hinaus, um nach dem Boot zu sehen, und stellte fest, daß es verschwunden war.

Zuerst glaubten sie, es sei vom Wind abgedriftet worden, und schwärmten längs des Ufers aus in der Hoffnung, es noch in der Nähe treibend zu finden. Dann aber stießen sie auf ein Lager der Feuerländer, dessen Wigwams verlassen waren und in dem die Feuer noch brannten. Daraus schlossen sie, daß das Boot gestohlen und mit den Dieben verschwunden war.

Murray ließ seine Männer ein provisorisches Boot bauen, um der *Beagle* Nachricht zu geben. Mit bemerkenswerter Phantasie brachten die Gestrandeten etwas Ähnliches wie ein irisches *Coracle* zustande, ein korbartiges Geflecht aus Zweigen, das mit aus dem Zelt geschnittener Leinwand bespannt und innen mit schwerer, lehmiger Erde ausgekleidet wurde. Aber sie mußten fünf Tage warten, bevor das Wetter sich soweit gemäßigt hatte, daß sie sich damit auf See wagen konnten. Die Männer hatten ihre Kleider, die Meßinstrumente und einen Teil ihres Proviantes an dem Abend, bevor das Boot gestohlen wurde, an Land geschafft und aßen das, was da war, während sie auf Wetterbesserung warteten.

Am 4. Februar machten sich in der Frühe zwei der Männer mit je einem Schiffszwieback für die Paddelstrecke von fünfzehn Seemeilen gegen den Wind auf den Weg. Zwanzig Stunden später, um drei Uhr früh am 5. Februar, erschöpft und hungrig in ihrem inzwischen dem Sinken nahen Korb, hörten sie einen der Hunde an Bord der *Beagle* bellen und fanden schließlich den Weg in die Bucht und zum Schiff. Die Mannschaft der *Beagle* war höchst erstaunt, daß die beiden in ihrem Behälter, der in aller Augen nicht viel mehr war als ein Korb, überhaupt so weit gekommen waren.

FitzRoy zögerte keine Sekunde, sich auf die Verfolgung des gestohlenen Bootes zu machen. In ein weiteres, mit zehn Riemen bestücktes Walboot, das ebenfalls vom Schiffszimmermann May auf Chiloé neu gebaut worden war, ließ er zwei Zelte und so viel Proviant laden, wie elf Männer in zwei Wochen benötigten. Es war noch dunkel, als er mit sechs anderen nach Kap Desolation aufbrach. Sie erreichten Murray und dessen drei Gefährten kurz vor Mittag. FitzRoy ließ sich sofort zeigen, wo und wie das verlorengegangene Boot festgemacht gewesen war – er mochte immer noch nicht glauben, daß die Eingeborenen den Mut aufgebracht hatten, es zu stehlen; viel wahrscheinlicher schien ihm, daß es sich im Strom von seiner Muring losgerissen hatte und auf See hinausgetrieben war. Aber als er den geschützten Ankerplatz mit eigenen Augen sah und von seinem Steuermann, in den er beinahe unerschütterliches Vertrauen setzte, hörte, wie das Boot festgemacht worden war, ließ er sich von Murrays Geschichte überzeugen.

Die elf Männer gingen an Bord des Walbootes und machten sich auf die Suche nach dem gestohlenen Boot. Es sollte eine der schicksalsträchtigsten Verfolgungsjagden der Geschichte werden.

5

Man hat FitzRoy so dargestellt, als hätte er die Feuerländer, die das Walboot gestohlen hatten, aus Verärgerung, Kränkung oder sogar imperialer Arroganz verfolgt, um sie für ihren Diebstahl zu bestrafen, um ihnen eine Lektion zu erteilen. Er mag ärgerlich gewesen sein, sogar zornig, aber die gewaltige Größe und Schwierigkeit seiner Aufgabe, die schiere Länge der Küstenlinie, die er zu vermessen hatte, die ständige Behinderung durch schlechtes Wetter – all das schließt die Möglichkeit jedweden Nebenunternehmens aus, es sei denn, es hätte im Dienst der Fortführung seiner Arbeit gestanden.

Die Beiboote eines Schiffes bildeten den bei weitem wichtigsten Teil seiner Ausrüstung. Sie setzten die Mannschaft in die Lage, an Land zu gehen, sich mit Brennstoff und Proviant zu versorgen, und waren für den Fall, daß das Schiff sinken sollte, die einzige Hoffnung zu überleben. Für die Vermessungsarbeit waren sie so notwendig wie ein Sextant oder ein Theodolit, zumal FitzRoy inzwischen hauptsächlich die Boote benutzte, um Inseln und Kanäle zu erkunden, während das Schiff vor Anker lag. Der Auftrag der *Beagle* konnte nicht erfüllt werden ohne eine größere Anzahl solcher Beiboote.

Auf ihren Fahrten zwischen 1826 und 1830 führte die *Beagle* im allgemeinen sechs Boote mit, und jedes einzelne davon wurde benötigt. Die Yawl von acht Meter vierzig Länge – das entsprach einem Drittel der Schiffslänge – und wahrscheinlich drei Tonnen Gewicht, das größte der Beiboote, war ein Jahr zuvor vor der patagonischen Küste von einer Welle zerschlagen worden. Dieser Zwischenfall hatte zu Pringle Stokes‘ Depression beigetragen und ihn in dem Gedanken bestärkt, ein Versager zu sein. Danach waren noch geblieben: der Kutter des Schiffes, eine sieben Meter lange Gig zum Pullen und Segeln; die vier Meter zwanzig lange Jolle; und im Normalfall drei Walboote von etwa sieben Meter fünfzig Länge, die gleichen schnellen Boote, wie sie auch die Walfänger benutzten. Die Jolle, das kleine Beiboot für alle möglichen Zwecke, hing in Davits über dem Spiegel der *Beagle*. Der Kutter und ein Walboot hingen jeweils längsschiffs auf beiden Seiten des Achterschiffs. Zwei weitere Walboote und die Yawl, bevor sie verlorenging, lagen an Deck, nahmen dort ziemlich viel Platz ein und behinderten die Mannschaft bei ihrer Arbeit. Während es vorkam, daß einige der Walboote gleichzeitig mehrere Tage selbständig auf Erkundungsfahrt waren, wurden die anderen Boote ständig für den Verkehr zwischen dem Schiff und dem Ufer benötigt. »Die Leute sind an Land mit Holzarbeiten beschäftigt«, lautete ein täglich wiederkehrender Eintrag im Logbuch der *Beagle*, wenn sie vor Anker lag. Damit war gemeint, daß ein Teil der Mannschaft an Land war, Bäume fällte und zerteilte und Brennholz für den ständigen Bedarf der Feuerstellen des Schiffes in der Kombüse, in der Schmiede usw. sammelten. Andere Gruppen waren jeden Tag unterwegs – soweit das Wetter es zuließ – um durch Jagd und Fischfang die Grundkost von Pökelfleisch und Schiffshering zu ergänzen. Die *Beagle* führte ihre eigene kleine, ständig zu ihrer Versorgung aktive Flotte mit sich – für irgendwelche überflüssigen oder nicht benutzten Boote war an Bord kein

Platz. Jedes der Boote war lebenswichtig. Für die Vermessungsarbeit war keines besser geeignet als ein leichtes Walboot: »Unser Kutter benötigte eine zu große Besatzung und war weder so handlich noch in der Lage, so hoch an den Wind zu gehen wie ein Walboot.«

Die *Beagle* hatte England mit einem ausreichend großen Vorrat an abgelagerten Planken verlassen, um mehrere neue Boote bauen zu können. Nach und nach verbrauchte der Schiffszimmermann sie bis auf den letzten Rest, denn in vier Jahren gingen sechs Boote verloren. Und nach dem jüngsten Verlust Anfang 1830 war im Frachtraum des Schiffes nicht mehr genug Holz übrig, um neue Boote auf Kiel zu legen. FitzRoy konnte sich diesen Verlust nicht mehr leisten. Und da er das Boot benötigte, machte er sich mit größter Entschlossenheit auf den Weg, um es sich zurückzuholen.

> Der erste Ort, den wir aufsuchten, eine kleine Insel in ungefähr zwei Seemeilen Entfernung, bestärkte uns in der Überzeugung, welches Schicksal unser verlorengegangenes Boot ereilt hatte, und machte uns Hoffnung, es wiederzugewinnen: Denn in einem noch vor kurzem bewohnten Wigwam fanden wir den Mast des Bootes, von dem ein Teil mit einer Axt, die sich ebenfalls in unserem Boot befunden hatte, abgetrennt worden war.

Nachdem sie die ersten Hinweise auf das gestohlene Boot gefunden hatten, pullten und segelten (die Walboote verfügten über kurze, klappbare Masten und Segel) sie nach Nordosten in eine große Bucht, die mit vielen Inseln übersät war. Kurz vor Einbruch der Dämmerung zogen sie gleich auf mit einem Kanu, das von zwei Feuerländern, einem Mann und einer Frau, gepaddelt wurde. Die Eingeborenen machten den Engländern durch Zeichen deutlich, daß sie mehrere Boote in den Nordabschnitt der

Bucht hatten fahren sehen. »Das beflügelte unsere Hoffnungen, und wir pullten weiter«, schrieb FitzRoy.

Auch wenn der Diebstahl seines Bootes ihn verärgert haben mochte, neigte er nicht dazu, von den Feuerländern ganz allgemein zu schlecht zu denken.

> Die Frau ... war die bestaussehende, die mir bisher unter den Feuerländern begegnet war, und hatte wirklich angenehme Züge: Ihre Stimme war gefällig, und ihr Benehmen weder so argwöhnisch noch so furchtsam wie das der übrigen. Obwohl sie jung war, war sie ungewöhnlich fett und tat sich an Nacktschnecken und Muscheln gütlich. Sowohl sie als auch ihr Mann waren vollkommen nackt.

Nachdem sie zwei Tage ergebnislos gesucht hatten, stießen sie schließlich nahe der Landspitze der Bucht, dreißig Seemeilen Ostnordost von Kap Desolation, auf eine Eingeborenenfamilie in zwei Kanus. Irgendetwas im Auftreten dieser Feuerländer ließ es den Engländern geraten erscheinen, ihre Kanus zu durchsuchen; im Falle des nackten Ehepaares hatten sie das nicht getan. In einem der Kanus fanden sie die Lotleine des gestohlenen Walbootes.

> Wir nahmen den Mann, der die Leine hatte, sofort zu uns ins Boot und machten ihm verständlich, daß er uns zeigen mußte, wo wir die Leute finden konnten, von denen er sie hatte. Er verstand sehr wohl, was wir von ihm wollten.

Mehr schreibt FitzRoy nicht über seine erste Geiselnahme. Für ihn war es eine Tat, die keiner Rechtfertigung bedurfte. Ihr ging eine schnelle, praktische Entscheidung voraus, wie sie sich aus der Notwendigkeit der Situation ergab. Dennoch war sie ein bemerkenswertes Anzeichen für einen Wandel in FitzRoys Beziehung zu den Feuerländern.

Wahrscheinlich vollzog sich das Ganze eher durch die Andeutung als durch tatsächliche Anwendung von Gewalt. Das Kanu der Eingeborenen wurde längsseits des viel größeren Walbootes festgehalten, während die Matrosen es durchsuchten. Auf ein Wort FitzRoys hin werden sich zwei oder drei der uniformierten Engländer erhoben und mit einem Bein in jedem der beiden Boote dem Feuerländer, der die Lotleine »hatte«, in das Walboot »geholfen« haben. Mit Zeichen wird FitzRoy zu verdeutlichen versucht haben, was er wollte, und der Feuerländer »verstand sehr wohl, was« die Engländer wollten. Dann wurde das Walboot mit dem Gefangenen weitergepullt, und die Kanus blieben in seinem Kielwasser zurück.

Der Feuerländer lotste sie in eine Bucht mit einem Lager von Wigwams, wo zwei weitere Kanus auf dem Strand lagen. Ein drittes wurde gerade gebaut. Beim Anblick der Engländer rannten die Feuerländer mit allem Besitz, den sie tragen konnten, in das nahegelegene Dikkicht, um dann mit leeren Händen und nackt zurückzukehren und sich am Strand zusammenzukauern.

FitzRoys Männer fanden weitere Teile des Bootes – das abgerissene Stück eines Segels, einen Riemen, der in zwei Teile gebrochen worden war (der Schaft war zu einer Robbenkeule behauen worden, das Blatt wurde als Paddel benutzt), und die Axt und Werkzeugtasche, die zum Boot gehörten. FitzRoy war überzeugt, daß er die für den Diebstahl verantwortliche Gruppe gefunden hatte. Abgesehen von einem alten Mann und einem etwa siebzehnjährigen Jungen waren nur Frauen im Lager. Ihre Männer, vermutete FitzRoy, waren in dem Walboot unterwegs auf Robbenjagd.

Er nahm einen zweiten Gefangenen; ob er sich den Engländern so vergnügt anschloß, wie FitzRoy es beschreibt, mag dahingestellt sein.

> Die Frauen verstanden, was wir wollten und machten eifrig Zeichen, um uns zu erklären, wo unser Boot geblieben war. Ich wollte sie nicht schädigen und nahm nur unsere eigene Ausrüstung und den jungen Mann mit, der sehr bereitwillig war, damit er uns zeigte, wo unser Boot lag. Zusammen mit dem Mann, der uns zu diesem Lager geführt hatte, hockte er sich in das Boot und war offensichtlich erfreut über einige Kleider und rote Mützen, die wir ihnen gaben.

Mit den beiden Geiseln als Lotsen ruderten die Engländer los. Sie mußten gegen einen auffrischenden Wind in der langen Dämmerung kräftig pullen und fuhren tief in den Courtenay-Sund hinein, eine sternförmige Bucht mit vielen fjordartigen Armen inmitten hoher, schneebedeckter Berge. Als es vier Stunden später zu dunkel wurde, um weiterzufahren, brachten sie das Boot ans Ufer und schlugen ein Lager auf.

Die beiden Feuerländer schienen sich, wie FitzRoy es sah, recht wohl zu fühlen; daher beschloß er, »unsere Führer« für die Nacht nicht »wie Gefangene festzusetzen«, sondern sie am Feuer schlafen zu lassen. Der Wachgänger sollte ein Auge auf sie halten. Aber in der Dunkelheit vor Anbruch der Morgendämmerung schlichen sich die beiden Eingeborenen davon und verschwanden im Dickicht, natürlich mitsamt den beiden Öltuchjacken, die man ihnen gegeben hatte, um sich damit zuzudecken.

Mit dem ersten Tageslicht ruderten die Engländer längs der Küste zurück und hielten Ausschau nach ihren Flüchtlingen. Dann kehrten sie zum Lager der »Familien der Bootsdiebe« zurück, wo sie am Vortag die zweite Geisel genommen hatten. Wieder flüchteten die Feuerländer sich in den Wald, als die Engländer erschienen. Das Walboot landete, und seine Besatzung zerstörte die Kanus der Eingeborenen – um zu verhindern, daß sich die Nachricht von ihrer Suche nach dem gestohlenen Walboot über die unmittelbare Umgebung hinaus verbreitete, wie FitzRoy schrieb. Trotz dieser Erklärung hatte das Ganze viel Ähnlichkeit mit einem aus Enttäuschung geborenen Racheakt.

Während der nächsten Tage pullten und segelten sie, so gut sie konnten, in einem starken Südsturm durch die geschützten Arme des Courtenay-Sund. Sie fanden nichts. FitzRoy beschloß, noch einmal zum Lager der »Familien der Bootsdiebe« zurückzukehren, aber diesmal in einem Überraschungsangriff so viele Geiseln wie möglich zu nehmen, um sie gegen das gestohlene Walboot auszutauschen.

Die Feuerländer hatten sich – vernünftigerweise – inzwischen verflüchtigt. Aber von einem Hügel aus erspähten die Engländer sie: Sie hatten ihr Lager in eine andere Bucht verlegt. Der Angriff wurde für den kommenden Tag geplant.

Da er nicht wußte, ob die Männer der Familien inzwischen zurückgekehrt waren, bewaffnete FitzRoy jeden seiner zehn Männer mit einer Pistole oder Muskete, einem Säbel und einem Seil, um einen Gefangenen zu binden. Gegen Morgen krochen sie durchs Dickicht auf die Bucht zu. Sie hatten das Lager fast erreicht, als die Hunde der Feuerländer ihre Witterung aufnahmen und anschlugen. Die Engländer stürmten das Lager.

> Zuerst versuchten die Indianer davonzulaufen, aber als sie uns von beiden Seiten aus schreien hörten, versuchten sich einige unter der Böschung eines Baches zu verkriechen ... Der Vorderste in unserer Gruppe, Elsmore, rutschte aus, als er über diesen Bach sprang, und stürzte genau dort, wo zwei Männer und eine Frau sich verborgen hatten: Sie griffen ihn sofort an, versuchten ihn niederzuhalten und ihm mit Steinen den Schädel einzu-

schlagen; und bevor noch irgendjemand ihm zu Hilfe kommen konnte, hatte er schon einige schwere Schläge erhalten. Ein Auge war durch einen gefährlichen Hieb nahe der Schläfe beinahe zerstört. Mr. Murray, der sah, in welcher Gefahr der Mann schwebte, feuerte auf einen der Feuerländer, der zurücktaumelte und von Elsmore abließ; er hatte sich aber sofort wieder gefangen, nahm aus dem Bachbett einige Steine auf und warf sie mit beiden Händen mit erstaunlicher Kraft und Genauigkeit. Der erste Stein traf den Steuermann mit einiger Wucht, zerschmetterte ein Pulverhorn, das er um den Hals trug, und warf ihn beinahe um. Die beiden anderen Steine waren so genau auf die Köpfe der neben Murray Stehenden gezielt, daß sie sich nur knapp darunter wegducken konnten. All das war die Sache von wenigen Sekunden, so schnell war er mit beiden Händen; aber es war die letzte Tat des armen Kerles. Unglücklicherweise war er tödlich getroffen, und nachdem er noch einen weiteren Stein geworfen hatte, sank er gegen die Böschung und hauchte sein Leben aus.

Nach kurzem Kampf und einigen harten Schlägen wurden jene, die versucht hatten, sich zu verbergen, aufgegriffen. Aber mehrere andere, die über den Strand geflohen waren, konnten entkommen. Ihre Frauen waren so stark und stämmig, daß ich niemals auf die Idee gekommen wäre, daß es eine Frau war, deren Arme ich und mein Steuermann zu fesseln versuchten, bis ich von jemandem darauf aufmerksam gemacht wurde. Die älteste Frau des Stammes war so kräftig, daß zwei unserer stärksten Männer sie kaum aus ihrem Versteck unter der Böschung des Baches hervorziehen konnten.

Die Engländer hatten elf Gefangene gemacht – zwei Männer, drei Frauen und sechs Kinder. Unter ihnen war der junge Mann, den sie einige Tage zuvor aus dem Lager mitgenommen hatten. Und als der getötete, widerspenstig mit Steinen werfende Feuerländer näher untersucht wurde, erkannten sie ihn als ihre erste Geisel wieder: Es war der Mann, den sie aus seinem Kanu geholt hatten, weil sie bei ihm die Lotleine des vermißten Bootes gefunden hatten – derjenige, der mit seinen Kleidern und dem roten Hut so fröhlich gewirkt hatte.

FitzRoy mag die Unterwürfigkeit der Feuerländer falsch eingeschätzt haben, aber er empfand echte Reue, einen der Ihren getötet zu haben. »Ich bedaure es zutiefst, daß der Kampf ein Leben gekostet hat, aber wenn der Feuerländer nicht auf der Stelle erschossen worden wäre, hätte sein nächster Hieb vielleicht Elsmore getötet, der schon fast unter Wasser war.«

FitzRoy wird sicherlich gewußt haben, daß er damit den ersten derartigen, von britischer Hand verursachten Todesfall dokumentierte, und das bekümmerte ihn zweifellos. Er war zu Vermessungsarbeiten ausgesandt worden, und wenn er Eingeborene tötete, so wich er damit unerlaubterweise von seinem Auftrag ab, ganz gleich, wie er sein Tun rechtfertigen mochte. Es würde ihn seinen Vorgesetzten nicht empfehlen. Aber er bedauerte nicht nur das, wie seine späteren Taten zeigen sollten.

Die Gefangenen schienen ängstlich darauf bedacht zu sein, den Engländern zu zeigen, wo sich das vermißte Boot befand, und deuteten nun in eine andere Richtung, nämlich nach Südosten und nicht mehr zum Courtenay-Sund. Aber mit zweiundzwanzig Leuten in seinem sieben Meter fünfzig langen Walboot ließ sich FitzRoy nicht auf eine weitere Verfolgungsjagd ein. Statt dessen nahm er Kurs auf die *Beagle*, die er nach zwei Tagen am 15. Februar erreichte. Die Geiseln bekamen etwas zu essen und anzuziehen, und die *Beagle* lichtete Anker und segelte in südöstlicher Richtung nach Kap Castlereagh. Dorthin hatten die Geiseln zuletzt gedeutet, und dort konnte er auch seine Vermessungen fortsetzen.

Am 17. Februar gingen FitzRoy und Murray wieder auf die Suche, in zwei Booten mit jeweils Proviant für eine Woche und feuerländischen Geiseln, die sie führen sollten. Unter den Geiseln waren auch zwei kräftige Frauen, Mütter von Kindern, die an Bord der *Beagle* zurückgehalten wurden. »Soweit wir sehen konnten, schienen sie deutlich zu verstehen, daß ihre Sicherheit und zukünftige Freiheit ...«, wie auch die Sicherheit ihrer Kinder an Bord des Schiffes, »davon abhingen, daß sie uns zeigten, wo wir unser Walboot finden konnten.«

In der ersten Bucht, die er erreichte, nur zwei Seemeilen vom Ankerplatz der *Beagle* entfernt, fand FitzRoy in einem »erst vor kurzem verlassenen« Wigwam ein weiteres Stück der Lotleine des vermißten Bootes. Es gab weitere Anzeichen, daß sich auf einigen Inseln in der Nähe eine größere Zahl von Feuerländern aufhielt. Das gab FitzRoys Hoffnungen, bald sein gestohlenes Boot wiederzufinden, neuen Auftrieb. Die Engländer schlugen ihr Lager am Strand auf, und wieder entschied FitzRoy, die Gefangenen über Nacht nicht zu fesseln, da er fest darauf vertraute, daß die an Bord zurückgebliebenen Kinder die Frauen sicherer festhalten würden als jedes Seil.

> Für die erste Hälfte der Nacht übernahm ich selbst die Wache, da die Männer den ganzen Tag gepullt hatten und müde waren. Ich gestattete den Feuerländern unvorsichtigerweise, zwischen dem Feuer und dem Dickicht zu schlafen. Sie waren mit alten Decken und meinem eigenen Poncho so gut zugedeckt, daß nichts mehr von ihnen zu sehen war. Als ich gegen Mitternacht auf der anderen Seite des Feuers stand und zu den Booten hinübersah, den Rücken den Feuerländern zugewandt, hörte ich aus ihrer Richtung ein Rascheln und drehte mich um; aber da sich unter dem Haufen von Decken nichts regte, war ich zufrieden ... Ein weiteres Rascheln und mein Hund, der auf-

sprang und anschlug, machten mir klar, daß die Eingeborenen geflohen waren. Die Decken allerdings lagen immer noch da wie zuvor, denn sie waren kunstvoll mit Gestrüpp ausgestopft worden.

Noch eine ganze Woche lang waren die Engländer in den beiden Booten im Gebiet von Stewart und Gilbert Island auf der Suche nach ihrem gestohlenen Walboot, das sie jetzt dort, in einem Labyrinth von Buchten und Kanälen, vermuteten. Sie fanden Feuer, sahen verlassene Lager und sogar Feuerländer, die bei ihrem Erscheinen die Flucht ergriffen, aber kein Boot. Schließlich kehrten sie am 23. Februar zur *Beagle* zurück, um dort zu erfahren, daß bis auf drei Kinder alle Geiseln auf dem Schiff entkommen waren.

So stand ich also nach vielen Mühen und Ängsten, nachdem viel wertvolle Zeit verloren war ... mit drei Kindern da, für die ich sorgen mußte, und ohne jede Aussicht, das Boot jemals wiederzubekommen.

Aber die Suche nach dem Boot, der angestrengte Versuch, vorauszusehen, was die Diebe tun würden, die ständige Widerlegung all seiner Erwartungen, was das Verhalten der Feuerländer anbetraf, hatte in FitzRoy eine Saat hinterlassen, die sich für ihn zu einem Hauptanliegen entwickeln sollte. Für Wochen und schließlich für Monate fanden nur noch sehr vereinzelt Aufzeichnungen über seine Vermessungsarbeiten – der einzige Grund, aus dem er in den feuerländischen Gewässern war – den Weg in sein Tagebuch. Mitteilungen über Schutzhäfen, das Wetter und die Navigation wurden immer spärlicher, bis sie schließlich fast ganz hinter seinem wachsenden Interesse an den Feuerländern zurückstanden:

> Diese Kreuzfahrt hat mir ... größeren Einblick in den tatsächlichen Charakter der Feuerländer gewährt, als ich auf andere Weise hätte erwerben können ... Ich kam zu der Überzeugung, daß wir niemals viel über sie oder das Innere ihres Landes erfahren würden, solange wir die Sprache der Feuerländer und die Eingeborenen unsere Sprache nicht kannten; und ohne solche Sprachkenntnisse würde es auch nicht die leiseste Chance geben, sie in unserer Wertschätzung steigen zu lassen.

Ende Februar segelte die *Beagle* die zerklüftete Südwestküste Feuerlands entlang und ging im Christmas-Sund vor Anker. FitzRoy vermutete, daß »an der gleichen Stelle auch die *Adventure* lag, als Cook hier war«, so schrieb er in sein Tagebuch.

Er irrte sich; er verwechselte die Schiffe. Die *Adventure* unter dem Kommando von Tobias Furneaux war zusammen mit Captain James Cooks *Resolution* im Juli 1772 von England aus zu Cooks zweiter großer Erkundungsfahrt um die Erde ausgelaufen. Die beiden Schiffe segelten teilweise im Verband bis nach Neuseeland, gerieten 1773 aber auseinander. 1774 erreichte Cook zum zweiten Mal Feuerland, von Neuseeland aus nach einer eisigen Durchquerung des Südpazifiks in den hohen Breiten. Dort hatte er gehofft, die mythische Terra incognita zu finden. Nach erfolgloser Suche schlußfolgerte er dann, daß sie überhaupt nicht existierte. (Tatsächlich verfehlte er die Antarktis nur um ein paar hundert Seemeilen.) Mitte Dezember 1774 erreichte die *Resolution* in der Nähe der westlichen Einfahrt zur Magellanstraße Feuerland und passierte einen Landvorsprung, den Cook Cape Gloucester nannte. Zwei Tage lang lief die *Resolution* weiter vor einem Weststurm Richtung Südosten ab (entlang der gleichen Route, die FitzRoy mit der *Beagle* nahm, während er Vermessungsarbeiten durchführte und nach seinem verlorenen Walboot suchte), bis sie schließlich einen schwarzen, zweihundertvierzig Meter hohen, felsigen Landvorsprung erreichte, der sich vor ihr aus der See erhob. Cook gab ihm nach der großen Kathedrale seiner Heimat Yorkshire den Namen York Minster. Cooks Schiff wurde dort von südöstlichen Winden aufgehalten, lief in einen der Kanäle ein und fand Schutz. Die *Resolution* lag über Weihnachten bei York Minster vor Anker, und Cook vermaß und kartierte den Küstenverlauf in der unmittelbaren Umgebung. Er nannte das Gebiet Christmas-Sund, und diesen Namen trägt es noch heute. Genau diese Stelle erreichte FitzRoy mit der *Beagle* fünfundfünfzig Jahre und zwei Monate später. »Seine [Cooks] Skizze des Sundes und seine Beschreibung von York Minster sind sehr gut und völlig ausreichend für die Ansteuerung dieses Ankerplatzes. Direkt östlich von York Minster lag ein noch geschützterer Ankerplatz, den Cook erwähnt, aber nicht näher untersucht und benannt hatte. In diese geschützte Bucht manövrierte FitzRoy am 1. März die *Beagle*; danach taufte er sie auf den Namen March Harbour. Der Platz schien gut geeignet zu sein, um das Schiff dort für einige Wochen vor Anker zu legen, während er und Murray wieder in zwei verschiedenen Booten unterwegs waren – aber nicht mehr auf Verfolgungsjagd, sondern um mit ihren Vermessungsinstrumenten ihrem Auftrag nachzukommen. Währenddessen sollte May ein weiteres Walboot bauen. Da dafür in den Schiffsvorräten nicht mehr genug Holz übriggeblieben war, spaltete May eine Ersatzspiere, den ehemaligen Topmast eines anderen Schiffes, der als Ersatz für die Großtopstenge der *Beagle* vorgesehen war. »Mit Widerwillen wurde diese feine Spiere … den Zähnen der Säge überlassen; aber ich war mir sicher, daß das Boot, das Mr. May davon bauen würde, uns in allen Teilen der Welt gute Dienste leisten und für unsere Fahrt unverzichtbar sein würde.«

FitzRoy schickte Murray mit dem Kutter los, um die Küste, die Kanäle und Inseln westlich von ihnen – in Richtung des Gebietes, wo sie ihr gestohlenes Walboot gesucht hatten – zu vermessen. Er gab ihm auch zwei der drei Kinder mit, die noch an Bord der *Beagle* verblieben waren. Falls sie irgendwelche Feuerländer träfen, sollten sie die Kinder bei ihnen lassen.

> Das dritte Kind, das ungefähr acht Jahre alt war, war immer noch bei uns: Das Mädchen machte einen so zufriedenen und gesunden Eindruck, daß ich beschloß, es als Geisel für das gestohlene Boot zu behalten. Ich wollte versuchen, ihm Englisch beizubringen.

Die Mannschaft der *Beagle* hatte sich angewöhnt, das Kind Fuegia Basket zu nennen. Das war eine Anspielung auf das von Murray und seinen Männern gebaute korbartige Boot, mit dem die Nachricht vom Diebstahl des Walbootes überbracht worden war.

6

FitzRoys Instruktionen durch die britische Admiralität enthielten keine Vorschriften über die Gefangennahme oder Tötung von Angehörigen fremder Völker. Er befuhr mit einem Kriegsschiff eine gesetzlose Welt, und was er tat, war seine Entscheidung. Sein Verhaltenskodex war der eines englischen Gentleman, und dazu gehörte die fest verwurzelte Vorstellung moralischer, intellektueller und religiöser Überlegenheit. Das gab ihm in seinen Augen das unangefochtene Recht, nach eigenem Gutdünken zu versuchen, das ihm gestohlene Eigentum zurückzuerlangen, und, wenn ihm das notwendig erschien, im Zuge seiner Nachforschungen Eingeborene zu verhören, gefangenzunehmen und sogar zu töten. Er versuchte, niemanden zu töten, er ging so zurückhaltend vor, wie er es für angemessen hielt, aber es machte ihm nichts aus, jemanden zu entführen. Er zögerte keinen Augenblick, bevor er diesen Schritt tat.

Die Entscheidung, Fuegia Basket zu behalten, markierte einen Wendepunkt. Es dürfte ihm inzwischen völlig klar gewesen sein, daß eine Geiselnahme ihm wohl kaum das gestohlene Walboot zurückbringen würde. Feuerländische Mütter, die vorgeblich die Engländer zu ihrem vermißten Boot brachten, waren geflohen und hatten lieber ihre an Bord der *Beagle* zurückgelassenen Kinder im Stich gelassen als den Engländern zu helfen. Und niemand war mit der Bitte an ihn herangetreten, Fuegia Basket, »das Kind der Familie der Bootsdiebe«, freizulassen. Sie war herrenloses Gut.

Das kleine Mädchen in Seemannskleidern konnte sich auf dem Schiff frei bewegen. Mit ihren acht Jahren (noch jung genug, um für den größten Teil der Mannschaft der *Beagle* sexuell nicht wahrgenommen zu werden) klein, leicht zu erheitern und ohne Zweifel amüsant, war sie, wie FitzRoy schrieb, »zum Liebling der Mannschaft geworden«. Schon in seinen frühesten Beschreibungen nimmt FitzRoy sie ganz deutlich als Persönlichkeit wahr; er sah in ihr eher das Kind als eine Ware zum Tauschen. Er war von ihr bezaubert. Er wollte sie behalten.

Während Schiffszimmermann May am Ufer von March Harbour an dem neuen Walboot arbeitete, wollten FitzRoy und Murray sich erneut ihrer Erkundungs- und Vermessungsarbeit zuwenden. Aber wieder kamen ihnen Feuerländer in die Quere. Am 3. März erschienen sie mit einem Kanu beim Schiff und versuchten, an Bord zu gelangen. FitzRoy war dieser Belästigung müde und wollte verhindern, daß die Eingeborenen etwas aus Mays Zimmermannswerkstatt, die er sich am Ufer eingerichtetet hatte, stahlen. So befahl er dem Maat, Mr. Wilson, eins der Boote zu nehmen und sie fortzujagen. Wenn nötig sollte er Pistolenschüsse über ihre Köpfe abfeuern.

Aber unmittelbar darauf gewann seine Neugier auf die Feuerländer, die sich inzwischen beinahe zu einer Obsession ausgewachsen hatte, die Oberhand, und er änderte seine Meinung. Er machte sich in einem weiteren Boot selbst auf den Weg. In einem später veröffentlichten Tagebuch hieß es dazu: »Ich überlegte, ... daß wir, wenn wir einen der Eingeborenen an Bord holten, ihm vielleicht genügend Englisch würden beibringen können, damit er uns als Übersetzer dienen könnte, und daß wir auf diese Weise vielleicht das verlorene Boot zurückbekommen könnten … Deshalb fuhr ich hinter ihnen her und sagte einem jungen Mann, nachdem wir das Kanu der Eingeborenen längsseits geholt hatten, er solle in unser Boot kommen; das tat er völlig unbesorgt und setzte sich augenscheinlich zufrieden und völlig entspannt hin.« Die übrigen Feuerländer »paddelten aus der Bucht, so schnell sie konnten.«

Zurück an Bord der *Beagle* wurde der junge Mann auf den Namen York Minster getauft, nach dem beherrschenden Landschaftsmerkmal der Umgebung. Nachdem er gesäubert worden war und etwas zu essen bekommen hatte, stellte man ihn Fuegia Basket vor. Die beiden unterhielten sich, und York Minster, der zuerst verdrießlich gewesen war, wurde »sehr viel heiterer.«

Fünf Tage später – FitzRoy stellte gerade von einem Berg aus Winkelmessungen für die Kartierung von March Harbour an – sah er aus einer Bucht nicht weit von der Einfahrt des Naturhafens Rauch aufsteigen. Er konnte der Versuchung nicht widerstehen, eilte hinunter zum Ufer und ließ sich von zwei Mann zu der Bucht hinüberrudern. Er brannte darauf festzustellen, ob die dort lagernden Eingeborenen irgendetwas besaßen, was von dem gestohlenen Walboot stammte. Aber als die Engländer erschienen, wurden die Eingeborenen »sehr dreist und bedrohlich«. Also ließ sich FitzRoy auf die *Beagle* zurückbringen, bemannte zwei Boote mit Bewaffneten und verfolgte dann die Feuerländer, die inzwischen quer durch die Hafenbucht davonpaddelten. Die Engländer verfolgten sie bis ans Ufer, wo es zum Kampf kam, einem Hin und Her von Steinwürfen und Gewehrfeuer. Außer einem Matrosen, den ein Stein traf, wurde aber niemand verletzt. Die Eingeborenen entkamen in den Wald. FitzRoys Männer fanden in den auf den Strand gezogenen Kanus einen Teil der Ausrüstung des gestohlenen Walbootes und schlossen daraus, daß die Diebe des Walbootes zu dieser Gruppe gehören mußten. (Teile aus dem gestohlenen Boot – Riemen, Leinen, Bierflaschen – schienen inzwischen so weit über Feuerland verstreut worden zu sein, daß FitzRoy die Diebe des Walbootes überall entdecken konnte.) Die Kanus wurden zerstört.

Am nächsten Morgen machte er sich noch einmal mit Bewaffneten auf den Weg, immer noch in der Hoffnung, sein Boot zurückzubekommen. Über einigen Inseln in der Nähe war Rauch gesichtet worden. Wieder trafen sie auf Feuerländer, die in ihren Kanus davonpaddelten, und schnitten ihnen den Weg ab. Als das Boot der Engländer das erste Kanu erreichte, sprangen dessen Insassen über Bord. Die Mannschaft konnte einen von ihnen packen, einen jungen Mann, der nach einem heftigen fünfzehnminütigen Kampf im Wasser in FitzRoys Boot gezogen wurde. Mit diesem neuen Gefangenen, den FitzRoy optimistischerweise Boat Memory taufte, kehrten die Engländer zur *Beagle* zurück. Trotz seiner offensichtlichen Angst aß der neue Feuerländer an Bord »große Mengen und schlief schon bald fest ein.«

FitzRoy beherbergte nun drei feuerländische Gefangene an Bord der *Beagle*. Und er war so stolz auf sie wie ein Großtierjäger auf seine Trophäen.

»Boat« sah von allen Feuerländern, denen ich bis dahin begegnet war, am besten aus – jung und gut gebaut – ein sehr einnehmendes Exemplar seiner Rasse; »York« war einer der stämmigsten Männer, die ich unter den Eingeborenen gesehen hatte; aber die kleine Fuegia war fast so breit, wie sie groß war; sie schien so fröhlich und zufrieden, daß ich nicht glaube, daß sie uns freiwillig verlassen hätte. Es waren drei Eingeborene von

Feuerland, wie wir keine besseren hätten finden können, um sie auszubilden, ihnen Wissen zu vermitteln und Informationen von ihnen zu erhalten.

In den ersten Anfängen nahm ein bestimmter Plan für sie in FitzRoys Denken Gestalt an. Die Exemplare wurden in übliche Seemannskleider gesteckt und erhielten Englischunterricht.

Nachdem Schiffszimmermann May das neue Walboot fertiggestellt hatte, verließ die *Beagle* am letzten Tag des Monats March Harbour. Das Schiff segelte längs der zerklüfteten Küste Feuerlands nach Südosten. FitzRoy hatte die Suche nach dem gestohlenen Walboot aufgegeben, hielt nicht länger Ausschau nach den Feuern der Eingeborenen und konzentrierte sich statt dessen auf seine Vermessungsarbeit. Seine Feuerländer waren nach seinen Worten »sehr heiter und offensichtlich zufrieden.«

In der Orange Bay der Hardy-Halbinsel westlich von Kap Hoorn näherte sich eine Gruppe von Feuerländern dem Schiff, um Tauschhandel zu treiben. Die Reaktion seiner Gefangenen auf diese Besucher überraschte FitzRoy. Die Neuankömmlinge sprachen einen anderen Dialekt als Boat Memory und York Minster. Dessenungeachtet schrien die beiden aber die Fremden an und nannten sie, wie FitzRoy glaubte, »Yapoo«. Sie zeigten FitzRoy Narben von Wunden, die sie im Kampf gegen die »Yapoos« davongetragen hatten. Es mußte sich, so schloß er, um einen anderen Stamm handeln. FitzRoy bezeichnete diese Leute auch als »Yahoos« – er hatte zweifellos *Gullivers Reisen* (1726) gelesen, dessen Hauptfigur die rohe, tierische Rasse dieses Namens »diese schmutzigen Yahoos« nennt. Ende April ankerte die *Beagle* vor Horn Island, dem südlichsten

Punkt Südamerikas, dem falschen Kap, dem berüchtigten Ultima Thule, das allen Seeleuten als Kap Hoorn bekannt ist. FitzRoy ruderte mit einigen Leuten an Land, bestieg die Anhöhe, die die Insel bildete, und stellte die üblichen Beobachtungen und Messungen an. Dann wurden die Instrumente beiseite gestellt, und man errichtete einen zwei Meter fünfzig hohen Steinhaufen über einem Gedenkstein. Nachdem so den Seeleuten, die hier ihr nasses Grab gefunden hatten, Ehrerbietung gezollt worden war, rollten die Männer den Union Jack aus und brachten einen Toast auf König Wilhelm IV. aus. Bevor sie zum Schiff zurückruderten, machten sie es schließlich wie die Touristen überall, wie die Griechenland plündernden Gelehrten aus Oxford und die Astronauten, die auf dem Mond waren: Sie nahmen etwas mit, und zwar ein paar Brocken des berüchtigten Kap Hoorn.

Anfang Mai lag die *Beagle* in einer Bucht an der Ostküste von Lennox Island nördlich von Kap Hoorn vor Anker. Drei Boote fuhren aus, um die Gewässer rings um die breite Nassau Bay zu erkunden. FitzRoy fuhr selbst in einem der Boote mit, zunächst nach Westen über die Nassau Bay und dann nach Norden zu einem schmalen Kanal, den Murray einige Wochen früher auf einer Bootsfahrt entdeckt hatte. Murray Narrows, wie FitzRoy diese Meerenge nannte, mündete in einen breiten, geraden Kanal, der in ostwestlicher Richtung mitten durch Feuerland zu verlaufen schien. FitzRoy gab ihm den Namen Beagle-Kanal.

An den Ufern traf FitzRoy auf Kanus mit Feuerländern, den gleichen Yapoos, denen sie schon zuvor begegnet waren. Anders als die aggressiven Bootsdiebe vom Stamme der Yamana weiter im Westen waren diese Eingeborenen hauptsächlich an Tauschhandel interessiert. Es war offensichtlich, daß sie zuvor schon Kontakt mit Robbenfängern gehabt haben mußten, deren unersättlicher Appetit auf jede Art von Fellen es den Yapoos auch jetzt nahelegte, beim Anblick der Engländer ihre Guanako-Felle zu verstecken. Statt dessen boten sie den Europäern Fisch an, den sie gegen Perlen und Knöpfe eintauschten. Bei einer Gruppe der Feuerländer tauschte FitzRoy ein Messer gegen einen »sehr schönen Hund«.

Am 11. Mai wurde FitzRoys Boot nahe der Einfahrt zur Murray-Meerenge von drei Kanus mit Indianern aufgehalten, die Handel treiben wollten.

> Wir gaben ihnen ein paar Perlen und Knöpfe für etwas Fisch; und ohne es vorher eingeplant zu haben, bat ich einen der Jungen, aus seinem Kanu in unser Boot zu steigen, und gab dem Mann, der bei ihm war, einen großen glänzenden Perlmuttknopf. Der Junge kam sofort in mein Boot und hockte sich hin. Da er und seine Freunde ganz zufrieden schienen, ließ ich weiterpullen und, da eine leichte Brise aufkam, Segel setzen. Mit dem Gedanken, daß dieses zufällige Zusammentreffen sich sowohl für die Eingeborenen als auch für uns als vorteilhaft erweisen würde, beschloß ich, es mir zunutze zu machen ... »Jemmy Button«, wie die Besatzung des Bootes ihn wegen seines Preises nannte, schien von der Veränderung für sich ganz angetan.

Da er Order hatte, bis zum 20. Juni in Rio de Janeiro zu sein, wandte sich FitzRoy mit der *Beagle* nach Osten, um die restliche Küste Feuerlands zu erforschen, bevor er wieder Kurs nach Norden, nach Rio und nach England, nahm.

Vier feuerländische Gefangene waren immer noch an Bord. FitzRoy hatte inzwischen einen Plan für sie.

> Ich hatte ... mich entschlossen, die Feuerländer ... mit nach England zu nehmen; im Vertrauen darauf, daß die letztendli-

chen Vorteile, die ihnen aus der Kenntnis unserer Sitten und unserer Sprache erwachsen würden, die zeitweilige Trennung von ihrer Heimat wettmachen werde. Ich hatte dergleichen noch nicht in Erwägung gezogen, als ich sie an Bord nahm; damals hatte ich nur vor, sie bei uns zu behalten, solange wir ihre Küsten erforschten; nachdem ich aber später fand, daß sie glücklich und bei guter Gesundheit waren, begann ich, über die verschiedenen Vorteile nachzudenken, die sich für sie, ihre Landsleute und uns ergeben könnten, wenn ich sie mit nach England nähme, ihnen eine Erziehung zukommen ließe, so weit das praktikabel war, und sie dann wieder zurück nach Feuerland brächte ... Indem ich mich für diese Möglichkeit entschied, ging ich eine große Verantwortung ein, war mir aber völlig darüber im klaren, was ich tat.

Nach FitzRoy verstanden die Feuerländer, »als wir die Küste hinter uns ließen, sehr wohl, daß sie in der Zukunft in ihr Land zurückkehren würden, mit Eisenwerkzeugen, Kleidern und Kenntnissen, an denen sie ihre Landsleute würden teilhaben lassen können.« Jedoch können die vier Eingeborenen bei den unzureichenden Verständigungsmöglichkeiten einen solchen Plan wohl kaum wirklich begriffen haben. Es wird nicht viel mehr gesagt worden sein als: »Ihr kommt mit uns, bekommt Werkzeuge, Messer, wir bringen euch zurück.« Aber gemäß FitzRoy, der das einzige schriftliche Zeugnis dessen gegeben hat, was gesagt und verstanden wurde, schienen die Feuerländer zufrieden und interessiert an ihrer Weiterbildung zu sein und machten von verschiedenen Fluchtmöglichkeiten keinen Gebrauch.

Sie halfen der Mannschaft, wann immer es verlangt wurde; sie waren außerordentlich fügsam und gutwillig, gaben sich sogar große Mühe, aufrecht zu gehen und die geduckte Haltung ihrer

Landsleute aufzugeben. Als wir in der Good Success Bay vor Anker lagen, gingen sie mehr als nur einmal mit mir an Land und griffen im Boot auch schon mal zum Riemen, ohne den geringsten Gedanken an Flucht zu hegen.

Am 7. Juni verließ die *Beagle* durch die Le-Maire-Straße die Gewässer Feuerlands und segelte nach Norden in die wärmeren Wasser des Atlantiks.

TEIL ZWEI

7

Dem Begriff »sammeln« kam im England des 19. Jahrhunderts besonderes Gewicht zu. Entdeckungsreisende in Afrika, Asien und Südamerika fühlten sich verpflichtet, Käfer, Vögel, Spinnen, Blumen und die Nasenringe von Eingeborenen zu sammeln und nach Hause zu schaffen. Jeder noch so weit entfernte Außenposten des Empire hatte irgendeinen Amateur aufzuweisen, der sich dieser Beschäftigung mit Begeisterung hingab: der Arzt auf einer Bergstation in Indien, der ein paar Schmetterlinge nach Hause schickte, der Missionar in Afrika, der sein besonderes Faible für Mistkäfer entdeckte, irgendjemand mit einem Hang zur Wissenschaft, der Exemplare der lokalen Flora und Fauna sammelte. Gewöhnlich suchte ein solcher Sammler selbst nach den Dingen, die ihn interessierten. Darüber hinaus brachten ihm sowohl seine englischen Gefährten als auch die Eingeborenen von sich aus alles, von dem sie glaubten, es sei für ihn von Interesse.

Diese Hobbywissenschaftler untersuchten ihre Funde, klassifizierten und präparierten sie, verpackten dann die besten Exemplare sorgfältig und schickten sie »heim« nach England. Manchmal war der Adressat ein Freund, der die wachsende Sammlung bei sich unterbrachte oder ausstellte. Aber ebenso oft war es das Britische Museum oder eine andere interessierte wissenschaftliche Sammlung.

Landhäuser, Museen, Universitäten und Herrenclubs füllten sich nach und nach mit Exemplaren des Pflanzen- und Tierreichs aller Länder der Erde. Es entstand eine wahre Leidenschaft für die Taxidermie. In diesem Zeitalter immer weiterführender Erkundungsfahrten und immer größerer kolonialer Besitzungen wurde England zu einem gewaltigen Lagerhaus jeder Art von transportfähigem Beweis für das Wirken und Walten von Mensch und Natur.

Bedeutende Sammler waren Lord Elgin, der 1806 eine ganze Schiffsladung zweitausendfünfhundert Jahre alter Marmorstatuen aus dem Parthenon in Athen raubte und nach England verfrachtete, und der Naturforscher Alfred Russel Wallace, der im Laufe seiner acht Jahre währenden Streifzüge durch das malaiische Archipel insgesamt 125.660 Exemplare von Pflanzen, Insekten und anderen Tieren in die Heimat schickte.

In diesem Geiste wurden auch FitzRoys Wilde betrachtet. Seit ihrem ersten Kontakt mit diesen Völkern »sammelten« europäische Forschungsreisende Eskimos, Pygmäen, Polynesier, Afrikaner und amerikanische Indianer. Captain Cook kehrte von seiner zweiten Fahrt mit einem Tahitianer, Omai, nach England zurück. Der Südsee-Insulaner ließ es sich in London zwei Jahre gutgehen, bevor er mit Cook auf dessen letzter Fahrt wieder in seine Heimat zurückkehrte. Achtundfünfzigtausend Menschen sahen 1822 in London eine dort ausgestellte Familie von Lappen mit lebenden Rentieren. Mehr als zweihundert Jahre zuvor hatte Captain George Weymouth auf einer Insel in der Nähe des heutigen Port Clyde in Maine fünf Indianer entführt und mit nach England gebracht. Sie wurden gut behandelt, und als sie schließlich wieder zurück in ihre Heimat gebracht wurden, konnten sie von den Engländern nur Gutes berichten. Einer von ihnen, Tasquantum oder Squanto, brachte einem Freund, Samoset, etwas Englisch bei, und dieser Samoset war zufällig in der Gegend des heutigen Plymouth, Massachusetts, als die *Mayflower* dort im Dezember 1620 vor Anker ging. Als die Pilgerväter an Land kamen, wurden sie von Samoset begrüßt: Er überraschte sie mit dem Wort »Welcome«, »Willkommen«, und fragte sie, ob sie Bier hätten.

Solche Entführungsopfer waren »Exemplare«, wie FitzRoy die Feuerländer ganz selbstverständlich nannte – ebenso wie eine Brotfrucht oder ein argentinisches Opossum: Man sammelte sie zum Nutzen der Wissenschaft und studierte sie um ihrer selbst willen. Kipling hatte von der Last des weißen Mannes gesprochen und meinte damit gönnerhaft, daß es eine moralische Pflicht zivilisierter Engländer sei, den unter ihnen stehenden Farbigen die Hand zu reichen, um sie emporzuziehen (meist mit Gewalt). Herumgeschubst und -gestoßen wurden sie alle. Die Glücklicheren unter ihnen behandelte man mit echtem Mitgefühl und schickte sie gelegentlich mit Truhen voller schöner Kleider, mit anderen neuen Besitztümern und erstaunlichen Geschichten, die sie ihren Nachfahren erzählen konnten, in ihre Heimat zurück. Andere landeten in rauchgeschwängerten, übervölkerten Industriestädten, wurden auf Jahrmärkten und in Theatern als Kuriositäten ausgestellt, Beispiele der absonderlichen, niederen Ränge der Schöpfung, und waren dazu verurteilt, vernachlässigt, verzweifelt und vereinsamt zu sterben.

Diese lebenden Trophäen befriedigten den missionarischen Eifer des Zeitalters, der als hochsinniges Ideal hinter dem Wettlauf um Kolonialbesitz stand. Männer wie FitzRoy und David Livingstone in Afrika glaubten, daß sie benachteiligten Völkern Verbesserungen und Kenntnisse brachten, während sie in Wirklichkeit den Weg dafür ebneten, daß die Briten eben diese Völker um ihr Land und ihren materiellen Reichtum brachten.

Was auch immer seine Motive gewesen sein mögen – die Sammlung von Eingeborenen aus dem Gebiet, das er zu erkunden hatte, gehörte nicht zu FitzRoys Aufgaben. Es war eine Tat, die weit über seine von der Admiralität klar definierte, strikte Order hinausging, und schließlich bürdete FitzRoy seinen Vorgesetzten die Verantwortung für die Feuerländer auf.

Als die *Beagle* sich im September 1830 England näherte, schrieb FitzRoy einen Brief an seinen vorgesetzten Offizier, Captain Philip Parker King von der *Adventure*, und berichtete ihm, was er getan hatte:

Beagle auf See, 12. September 1830

Sir,

ich habe die Ehre, Ihnen zu berichten, daß sich an Bord des Schiffes seiner Majestät unter meinem Kommando vier Eingeborene von Feuerland befinden.

Ihre Namen und ihr geschätztes Alter sind:

York Minster 26
Boat Memory 20
James Button 14
Fuegia Basket (ein Mädchen) . . 9

Ich habe sie ganz auf meine eigenen Kosten unterhalten und betrachte mich als verantwortlich für ihr Wohlergehen, solange sie fern ihrer Heimat sind, und für ihre sichere Rückkehr in ihr eigenes Land. Ich habe Sie als vorgesetzten Offizier der Expedition nun zu fragen, ob Sie die Möglichkeit in Betracht ziehen wollen, daß sich aus diesen Umständen Vorteile für die Allgemeinheit ergeben könnten, und ob es angemessen wäre, sie in diesem Sinne der Regierung seiner Majestät zu empfehlen.

FitzRoy gab anschließend einen kurzen Bericht über den Diebstahl eines der Walboote der *Beagle* und seine

Versuche, sich einiger Geiseln als Dolmetscher zu bemächtigen, um das Boot zurückzuerhalten. Schließlich erklärte er seine Entscheidung, die Gefangenen an Bord zu behalten:

> Ich überlegte, daß es viele gute Auswirkungen nach sich ziehen würde, wenn sie für eine kürzere Zeit in England lebten. Sie haben an Bord wie Seeleute gelebt und waren wie Seeleute gekleidet; sie erfreuen sich ausgezeichneter Gesundheit und sind sehr glücklich – so ist es, seit wir sie bei uns haben. Sie verstehen, warum wir sie mitgenommen haben, und freuen sich ebensosehr darauf, unser Land kennenzulernen, wie später in ihr eigenes zurückzukehren.
>
> Wenn seiner Majestät Regierung nichts anderes bestimmt, werde ich dafür sorgen, daß diese Menschen eine angemessene Erziehung erhalten und sie nach zwei oder drei Jahren in ihr Land zurücksenden oder mit zurücknehmen – zusammen mit einem so großen Vorrat, wie ich ihn zusammenzustellen vermag. Es werden Artikel sein, die für sie von größtem Nutzen sind und am besten dazu geeignet, die Lebensumstände ihrer Landsleute, die sich zur Zeit nur knapp über demjenigen wilder Geschöpfe befinden, zu verbessern.
>
> Robt. FitzRoy

Die Fahrt von Feuerland dauerte vier und einen halben Monat mit Aufenthalten in Montevideo und Rio de Janeiro. Die Feuerländer wurden der Mannschaft gegenüber etwas gesprächiger, eigneten sich ein elementares Matrosenenglisch an, und FitzRoy versuchte, Übersetzungen für einige ihrer Worte zu finden. Das wurde dadurch erschwert, daß Jemmy Button einen anderen Dialekt sprach als die drei anderen Gefangenen.

Die Feuerländer machten als Touristen an Bord eines Schiffes der britischen Kriegsmarine eine Art Kreuzfahrt.

Montevideo, die erste Stadt, die sie sahen, muß ein fantastischer Anblick für sie gewesen sein. Der Hafen war voller Schiffe, ein dicht bebautes Gewirr von Straßen erstreckte sich hinunter bis zum Wasser, große Bauten und Lagerhäuser säumten die Hafenbecken, und Musik aller Art klang aus Bars und Tanzsälen bis zu dem vor Anker liegenden Schiff hinüber. Hier machten alle einen Landgang. FitzRoy nahm die Feuerländer mit in das Krankenhaus am Ort, um sie gegen die Pocken impfen zu lassen; Fuegia Basket blieb ein paar Tage lang bei einer englischen Familie, und die drei Männer begleiteten den Kapitän (und vermutlich einige andere Seeleute von der *Beagle*) auf Geschäftsgängen in die Stadt.

Die Feuerländer schienen weit weniger erstaunt und verwundert, als FitzRoy erwartet hatte. Tiere und Boote – Dinge, mit denen sie vertraut waren – entlockten ihnen bewegte Reaktionen: »Ein großer Ochse mit ungewöhnlich langen Hörnern erregte ihre Bewunderung außerordentlich.« Aber was darüber hinausging, das große dichte Wirrwarr der Zivilisation, das sie umgab, der Schock des Neuen, schien ihre Sinne zu überladen und sie so zu betäuben, daß eine anhaltende Ausdruckslosigkeit die Folge war.

> Wenn irgendetwas ihre Aufmerksamkeit besonders erregt hatte, machten sie einen beinahe blöden und abwesenden Eindruck; aber das dem in Wirklichkeit nicht so war, zeigten ihr eifriges Geschnatter untereinander bei der ersten sich ergebenden Gelegenheit sowie ihre vernünftigen Bemerkungen. Letztere machten sie meist lange Zeit später, wenn wir schon glaubten, sie hätten alle unwichtigen Begebenheiten, die sich während der ersten Monate unserer Reise ereignet hatten, längst vergessen.

Erst als sie in Montevideo, weit entfernt von ihrer Heimat waren, begannen die Feuerländer sich FitzRoy anzuvertrauen und mit ihm über ihre Heimat und ihre Gebräuche zu sprechen. Als sie in dem ihnen unbekannten subtropischen Klima schmorten, erlebten sie den englischen Kapitän vielleicht zum ersten Mal als Freund und Puffer zwischen sich selbst und einer unvorstellbar fremden Welt. »Hier erfuhr ich zum ersten Mal von ihnen, daß sie die Feinde, die sie im Krieg überwältigten, zu verspeisen pflegten. Die Frauen, so erklärten sie mir, aßen die Arme, und die Männer die Beine; Rumpf und Kopf wurden stets ins Meer geworfen.«

Als die bekannte Welt im 18. und 19. Jahrhundert immer größer wurde, war Kannibalismus das lüsterne Schreckgespenst, das stets im Hintergrund lauerte, wenn von »Wilden« die Rede war. Die Furcht davor hatte Captain Bligh und seine Getreuen von der *Bounty*, die von den Meuterern ausgesetzt worden waren, bewogen, in einem offenen Boot mehr als viertausend Seemeilen über den Pazifik und durch die Timor-Straße zu fahren. Ihnen war das lieber, als auf einer der vielen Inseln oder dem australischen Festland, das sie in Sichtweite passierten, an Land zu gehen.

Man wußte, daß es in Afrika, in Polynesien und im austral-asiatischen Raum Kannibalismus gab; jeder dunkelhäutigen Rasse traute man die Fähigkeit dazu zu. Ob diese Dinge nun real waren oder nur zusammenphantasiert, sie unterstrichen jedenfalls den moralischen Imperativ, den ein gottesfürchtiger Engländer empfand, überall für eine Verbesserung der Lebensumstände der eingeborenen Kulturen zu sorgen.

Nach Meinung von Lucas Bridges, dem Sohn eines Missionars, der im 19. Jahrhundert in Feuerland aufgewachsen war, hatte es unter den Feuerländern niemals Kannibalismus gegeben. FitzRoys Fehlinformation, so spekulierte Bridges in seinem Buch *Uttermost Part of the Earth* (Am äußersten Ende der Welt), war vermutlich das Ergebnis seiner eigenen furchtsamen und bohrenden Fragen nach dem Kannibalismus. Seine feuerländischen Gefangenen hätten dies gespürt und ihm mit einem Anflug von schwarzem Humor geantwortet: »Kommt es vor, daß ihr euch in eurem Volk gegenseitig aufeßt?« – »Oh ja, die Männer essen die Arme, die Frauen die Beine.« Aber mit diesen durchaus erwarteten Enthüllungen seiner Schutzbefohlenen konnte FitzRoy sich sicherer denn je sein, daß er mit seinem Vorhaben, sie zu kleiden, sie nach England zu bringen und ihnen christliche Werte einzuimpfen, den richtigen Weg beschritten hatte.

Nach einem kurzen Aufenthalt in Rio de Janeiro ging die *Beagle* am 6. August wieder in See und hatte neun Wochen später an der englischen Küste Land in Sicht. Wie großartig Montevideo für die Feuerländer auch gewesen sein mochte, es war damals nur eine verkommene Stadt am Rand der Wildnis; England dagegen war der Mittelpunkt der wissenschaftlichen Welt, pulsierend, lärmend und rauchend auf dem Höhepunkt der industriellen Entwicklung. Im Hafen von Falmouth, Englands Vorposten zum offenen Meer, setzte die erste Begegnung mit dieser Welt die Feuerländer in blankes Entsetzen.

> Jeder, der zum ersten Mal an einem Bahngleis erlebt, wie sich eine Dampflokomotive mit einem Zug von Wagen schnell nähert und wie er rauchend und schnaubend vorüberjagt, kann sich vorstellen, wie überrascht die Feuerländer waren, als ein großes Dampfschiff mit voller Fahrt die *Beagle* ganz in der Nähe passierte. Es war dunkle Nacht, und das Ereignis hatte eine große Wirkung auf diese unwissenden, aber dennoch ziemlich intelligenten Barbaren.

Nachdem die Post für die Admiralität an Land gebracht worden war, segelte die *Beagle* weiter nach Devonport, dem Marinehafen von Plymouth. Hier brachte FitzRoy die Feuerländer abends an Land und in »bequemen, luftigen Wohnungen« unter. Am nächsten Tag ließ er einen Arzt kommen, um sie zum zweiten Mal gegen die Pocken impfen zu lassen.

Der Erreger der Pocken, ein Virus, der auf gleiche Weise übertragen wird wie derjenige einer gewöhnlichen Erkältung, hat im Laufe der Zeitalter mehr Menschenleben gefordert als alle unsere Kriege. Ein an Pocken Erkrankter scheidet durch Nase und Mund winzige Tröpfchen aus, die den Virus enthalten; jeder, der diese Tröpfchen einatmet oder sie durch Berührung an den Mund bringt, infiziert sich damit. Die Symptome sind unverwechselbar: Schmerzen und hohes Fieber, gefolgt von einem pustelartigen Hautausschlag, der zunächst das Gesicht und dann die übrige Hautoberfläche befällt. Die Pusteln werden größer und füllen sich mit Eiter. Die Krankheit tötet ungefähr zwanzig Prozent der Infizierten. Bei den Überlebenden bilden sich über den Pusteln bleibende Narben. Oft sind die Augen mit befallen, so daß die Opfer erblinden. Pockenepidemien verbreiteten sich damals über Asien, Afrika und Europa, wie es die der Grippe heute immer noch tun. Sie waren einst so häufig, daß fast jeder einmal im Leben daran erkrankte. Die Europäer verschleppten die Seuche auf ihren Erkundungsfahrten, infizierten die ganze Welt und brachten damit Millionen von Eingeborenen um, die über keinerlei Immunität gegen die Krankheit verfügten.

Bis ins späte 18. Jahrhundert war der einzige Schutz vor den Pocken die Variolation: die Impfung einer gesunden Person mit dem Eiter eines Pockenkranken. Das konnte zu einem milden Ausbruch der Krankheit und folgender Immunität gegen die Erreger führen. 1796 ging der britische Arzt Edward Jenner einen Schritt weiter und erprobte einen wirklichen Impfstoff, der aus den Erregern der Kuhpocken bestand. Die Kuhpocken waren eine mild verlaufende Form der Krankheit, die bei Melkmägden besonders häufig war. Wer einmal daran erkrankt war, sei, so sagte man, fortan gegen die Pocken immun. Jenner ging es mit seiner Forschung ähnlich wie John Harrison, dem Uhrmacher aus dem 18. Jahrhundert, dessen Arbeit (ohne die FitzRoys Positionsbestimmungen weit weniger genau ausgefallen wären) man zunächst beharrlich ignorierte oder zurückwies.

Jenners Ziel und Arbeiten wurden von seinen Kollegen verhöhnt und von der Royal Society (der ersten britischen Vereinigung von Wissenschaftlern) zurückgewiesen. Aber seine Methode der Impfung wurde andernorts rasch aufgenommen. Präsident Thomas Jefferson erprobte sie an Familienangehörigen; Napoleon ließ seine Truppen impfen; Ärzte in Europa und Rußland impften mit dem neuen Impfstoff. 1830, als FitzRoy die Feuerländer nach England brachte, war die Impfung inzwischen auch dort weit verbreitet (und Jenner war reichlich spät vom Parlament eine Belohnung von dreißigtausend Pfund zugesprochen worden). Aber die Impfstoffe waren von unterschiedlicher Qualität. Plymouth, ein volkreicher Seehafen mit einem hohen Anteil von ständig wechselnden Seeleuten und Besuchern, war eine fruchtbare Brutstätte für Krankheiten. FitzRoy war sich unsicher, was die Qualität des Impfstoffes in Montevideo anging; daher ließ er die Feuerländer so bald wie möglich noch einmal mit der ersten Impfung beginnen.

Zwei Tage später brachte er sie auf einen Bauernhof, der einige Meilen von Plymouth entfernt lag. Dort würden sie, so hoffte er, mehr Platz und frische Luft haben und keinem so hohen Ansteckungsrisiko mehr ausgesetzt sein.

Sie könnten zunächst einmal Ruhe finden, während er Arrangements für ihren weiteren Verbleib traf.

Diese Aufgabe war nicht einfach. John Barrow, der zweite Sekretär der Admiralität, hatte auf FitzRoys Initiative wohlwollend reagiert: »Ihre Lordschaften werden Commander FitzRoys Oberaufsicht über diese vier Menschen und seine wohltätigen Absichten ihnen gegenüber nicht beeinträchtigen, sondern ihm alle Möglichkeiten zu ihrem Unterhalt und ihrer Erziehung in England gewähren und für eine Schiffspassage in ihre Heimat sorgen.« Das bedeutete nichts mehr als das Einverständnis mit dem, was FitzRoy getan hatte, und die Erlaubnis, einen Teil seiner Zeit dafür aufzuwenden, sich um das Wohlergehen seiner Schützlinge zu kümmern. Die einzigen wirklichen »Möglichkeiten«, die die Admiralität zur Verfügung stellte, waren die Kojen auf ihren Schiffen, die die Feuerländer eines Tages zurück in ihre Heimat bringen sollten.

FitzRoy bat einen Bekannten, Hochwürden J. L. Harris, Pfarrer im nahegelegenen Plymstock, Devon, an die Church Missionary Society zu schreiben. Er sollte um Mithilfe bei der Unterbringung der Feuerländer bitten. Auf FitzRoys Kosten sollten die vier bei irgendwelchen guten Leuten untergebracht werden, die sie zwei oder drei Jahre lang erziehen und ihre Kenntnisse erweitern konnten. Vielleicht erzählte er Harris zu viel: »Sie sind Kannibalen, scheinen sich aber jetzt ganz gut an pflanzliche Kost gewöhnt zu haben«, schrieb Harris. Die Society, der vor allem die eigene Missionstätigkeit in Afrika und im Fernen Osten am Herzen lag, antwortete, sie glaube nicht, daß die Feuerländer in ihr »Gebiet« fielen.

In der Zwischenzeit war die *Beagle* aufgeklart und abgetakelt worden, und am 27. Oktober wurde die Flagge gestrichen – das Schiff wurde außer Dienst gestellt, bis die Marine es wieder benötigte. Die Mannschaft der *Beagle* wurde ausgezahlt und zerstreute sich. »Ich bedauerte die Trennung von meinen bewährten und geschätzten Schiffskameraden sehr«, schrieb FitzRoy. »Von den vielen, die so viele harte Stunden zusammen durchlebt haben, werden sich wahrscheinlich nur die wenigsten wiedersehen.« Seit FitzRoys Ernennung war es der Mannschaft der *Beagle* gut gegangen. FitzRoy und seine Männer hatten unter beengten Verhältnissen zwei Jahre an Bord gelebt, hatten, wenn sie wochenlang in den Booten unterwegs waren, alles geteilt, sogar das Rasiermesser, und hatten viele Stürme zusammen durchgemacht. Wenn FitzRoy nun, wie es unvermeidlich kommen mußte, ein anderes Kommando und ein anderes Schiff erhielt, würde er sich auch eine andere Mannschaft zusammensuchen, trainieren und nach seinen Vorstellungen formen müssen. Aber zunächst einmal waren seine Matrosen abgemustert, ausgestattet mit ihrer mageren Heuer und vielleicht einem Empfehlungsschreiben ihres Kapitäns, mit der sie versuchen konnten, an Bord eines anderen Schiffes anzuheuern. Einige gingen heim zu ihren Familien, auf ihre Höfe oder in die Städte, wo sie herkamen. Ob sie den Kontakt zu ihren ehemaligen Schiffskameraden verloren oder behielten, stand in den Sternen. FitzRoy übernahm allerdings den Bootsmann, James Bennett, vermutlich mit halbem Lohn in seinen Dienst und beauftragte ihn, ein Auge auf die Feuerländer zu halten, während er sich in Plymouth weiter um die Abwicklung seines Erkundungsauftrages kümmerte und weiter nach einer geeigneten Unterkunft für seine wilden Kannibalen Ausschau hielt.

Anfang November schickte ihm Bennett eine traurige Nachricht: Boat Memory schien an Pocken erkrankt zu sein. FitzRoy beriet sich mit Dr. Armstrong vom Royal Naval Hospital in Plymouth, der vorschlug, alle vier Feuerländer unverzüglich ins Krankenhaus zu bringen, wo sie isoliert und bestmöglich behandelt werden konnten. Die Admiralität gab ihre Zustimmung, und die Feuerländer wurden am 7. November ins Hospital gebracht und der Fürsorge zweier angesehener Marineärzte, der Drs. David Dickson und Sir James Gordon, anvertraut.

Die weitere Arbeit an seinen Vermessungsergebnissen führte FitzRoy nun zu Beratungen mit der hydrographischen Abteilung der Admiralität nach London. Kaum dort eingetroffen, teilte ihm Dr. Dickson in einem Brief mit, daß Boat Memory verstorben sei. FitzRoy reagierte mit echter Trauer und Reue.

> Dieser arme Kerl war der große Liebling aller, die ihn kannten, mich nicht ausgenommen. Er hatte gute Veranlagungen, eine sehr gute Auffassungsgabe und war, obwohl als Wilder geboren, von angenehmem, intelligentem Äußeren. Mit seinem guten Aussehen und seinem wohlproportionierten Körperbau war er durchaus eine Ausnahme vom allgemeinen Erscheinungsbild der Feuerländer ... Es war ein schwerer Schlag für mich, denn ich war mir zutiefst der Verantwortung bewußt, die ich übernommen hatte. Es war mir zuzurechnen, daß ich, wenn auch ohne jede Absicht, dazu beigetragen hatte, sein Leben zu verkürzen.

Auf der langen Fahrt heim nach England hatte er sich eine recht gute Vorstellung von der Persönlichkeit und den Fähigkeiten der Feuerländer gebildet. York Minster betrachtete er als ein »unerfreuliches Beispiel unzivilisierter menschlicher Natur.« Zu diesem Urteil trug zweifellos FitzRoys großes Vertrauen in die Aussagekraft der äußeren Erscheinung eines Menschen bei. Auf seinen eigenen Portraitzeichnungen der Feuerländer erscheint York Minster trotz eines hohen Kragens, eines Binders und Fracks mit viel gröberen Gesichtszügen als die anderen. Nicht zuletzt, weil er Boat Memorys äußere Erscheinung bewunderte, hatte FitzRoy in diesen Feuerländer seine größten Hoffnungen auf eine Zivilisation der Wilden gerichtet.

Nun galten all seine Sorgen und seine Hoffnungen den übrigen dreien, von denen zwei noch Kinder waren. Sie waren alle bei ihrem Eintritt in das Hospital noch einmal geimpft worden, und die Marineärzte schrieben FitzRoy, sie beurteilten ihre Chancen, der Krankheit zu widerstehen, optimistisch.

Sie bekamen auch keine Pocken. Allerdings nahm Dickson in einem unbändigen und anmaßenden Akt medizinischen Abenteurertums – und in der besten Tradition fortschrittlichen Experimentierens, denn diese beiden gehörten untrennbar zusammen – Fuegia Basket mit zu sich nach Hause, wo seine eigenen Kinder gerade Masern hatten. Er hielt das für eine ausgezeichnete Gelegenheit, »das kleine feuerländische Mädchen die Krankheit durchmachen zu lassen«, um ihr Immunsystem zu stärken. FitzRoy informierte er erst später davon und teilte ihm mit, daß er sie darauf vorbereitet habe und sie dann einen günstigen »Krankheitsausbruch« gehabt habe.

Im übrigen blieben die Feuerländer den Rest des Monats November hindurch im Marinehospital, während sich FitzRoy, der in London weiter an seinen Vermessungsergebnissen arbeitete, ängstlich fragte, was er mit ihnen tun solle, wenn sie dort entlassen würden. Die Ablehnung durch die Church Missionary Society war ein herber Rückschlag für seine Pläne, die Feuerländer zu erziehen und auszubilden.

Aber plötzlich wendete sich alles zum Besseren. FitzRoy hatte sich durch seine naiven und undurchdachten Hoffnungen für die Feuerländer einige Freunde gemacht. Die Church Missionary Society hatte sich zwar nicht in der Lage gesehen, ihm zu helfen, aber deren Sekretär, Dandeson Coates, faßte ein persönliches Interesse an der Angelegenheit und brachte FitzRoy in Kontakt mit Hochwürden Joseph Wigram, Sekretär der National Society for Providing the Education of the Poor in the Principles of the Established Church (der Nationalen Gesellschaft zur Förderung der Ausbildung der Armen nach den Prinzipien der Staatskirche). Wigram, ein Hilfsprediger, der es zum Bischof von Rochester bringen sollte, war der Sohn eines wohlhabenden Grundbesitzers und wohnte noch im Haus seines Vaters in Walthamstow, Sussex, unmittelbar östlich von London. Leidenschaftlich erfüllt von den Zielen seiner Gesellschaft, trat er an den Pfarrer von Walthamstow, William Wilson, heran, der sich von seiner Begeisterung anstecken ließ. Zusammen schmiedeten sie einen Plan für FitzRoys Wilde.

8

Anfang Dezember 1830 holten Bootsmann Bennett und der letzte Steuermann der *Beagle*, Mr. Murray, ein Mann, der inzwischen über viel Erfahrung im Umgang mit den Feuerländern verfügte, FitzRoys drei Schützlinge aus dem Marinekrankenhaus in Plymouth ab. Die Fünf fuhren in einer privat gemieteten Postkutsche nach London. Die Fahrt, während derer sie auf rauen Straßen ordentlich durchgerüttelt wurden, dauerte mehr als vierundzwanzig Stunden; dennoch ließ Murray FitzRoy wissen, daß die Feuerländer »ihre Reise zu genießen schienen … und außerordentlich beeindruckt waren vom wiederholten Wechsel der Pferde.«

Sie waren unterwegs zu ihrem neuen Zuhause. Pfarrer Wilson und Joseph Wigram hatten für die Feuerländer in Walthamstow eine Bleibe gefunden, wo sie auf FitzRoys Kosten untergebracht und an der dort ansässigen Vorschule ausgebildet werden sollten. Der Schulmeister würde sich um sie kümmern und sie unter seine Fittiche nehmen. FitzRoy war enorm erleichtert. Er holte sie mit seiner eigenen Kutsche am Kutschbüro in Piccadilly ab und brachte sie durch London nach Walthamstow.

Als wir an Charing Cross vorbeifuhren, fuhr York plötzlich zusammen. »Seht!« rief er erstaunt und starrte den Löwen von

> Northumberland House an, den er gewiß für lebendig hielt. Ich habe zu keiner anderen Zeit eine solch plötzliche Gefühlsregung bei ihm beobachtet.

Und es gab mehr zu sehen als nur das Standbild eines Löwen. Vorbei an Charing Cross lenkte FitzRoy seine Kutsche den Strand entlang nach Osten. Sie ließen Mayfair und das schicke Westend hinter sich und fuhren durch die City von London, diese Enklave von einer Quadratmeile, die Anfang des neunzehnten Jahrhunderts zum Finanz- und Geschäftszentrum der Welt geworden war. Hier waren die Straßen gesäumt von Banken, Geschäften mit ihren Auslagen, Gastwirtschaften und anderen Betrieben, auf die an den Häusern befestigte, farbig bemalte Schilder aufmerksam machten. Die buntgemischte Volksmenge drängte sich zwischen Straßenhändlern, Schuhputzern, wandelnden Reklametafeln und zweirädrigen Droschken hindurch.

Die City war ein altes, schmutziges Chaos verschiedenster Aktivitäten, begrenzt von der Themse und dem Gedränge der Märkte von Billingsgate und Smithfield, die beide an ihrem Platz schon seit über tausend Jahren stattfanden.

Nur knapp zweihundert Meter von St. Paul's Cathedral entfernt war Smithfield, der Alptraum eines Beinhauses: auf einer Fläche von zweieinhalb Hektar dicht an dicht Schlachthöfe, Abdeckereien, Knochenmühlen, Blasenbläsereien, dazwischen Straßen voller noch lebender und schon in Stücke gehauener Tiere, Berge von Exkrementen und dampfenden Eingeweiden, mit Rinnsteinen, durch die Blut und Schleim strömte. Charles Dickens beschrieb Smithfield als einen »beschämenden Ort ..., beschmiert mit Dreck und Fett und Blut und Schaum.« In *Oliver Twist* hat er einen typischen Markttag geschildert.

Man watete bis an die Knöchel im Schlamm, und von dem ausdünstenden Vieh erhob sich fortwährend ein dichter Dampf, der sich mit dem Nebel mischte ... Bauern, Fleischer, Fuhrleute, Hausierer, Jungen, Diebe, Müßiggänger und Vagabunden der niedrigsten Klasse drängten sich in dichten Massen. Das Pfeifen der Fuhrleute, das Bellen der Hunde, das Brüllen und Ausschlagen des Rindviehs, das Blöken der Schafe, das Grunzen und Quieken der Schweine, das Geschrei der Hausierer, das Schreien, Fluchen und Zanken auf allen Seiten, der Ton der Klingeln und der Tumult der Stimmen in den Wirtshäusern, das Drängen, Stoßen, Treiben, Schlagen, Rufen und Jodeln, der abscheuliche und mißtönende Lärm an jeder Ecke des Markts und die ungewaschenen, unrasierten, schmutzigen und unflätigen Gestalten, die ohne Unterlaß auf und ab liefen, bald in das Gedränge brechend, bald sich wieder herausarbeitend – alles das bildete ein betäubendes Schauspiel, das die Sinne gänzlich in Verwirrung brachte.[1]

Mit dem gleichen Lärm wurde im nahegelegenen Billingsgate Fisch verkauft; dort waren die Straßen überspült von einer salzigen Lake mit Fischschuppen, Eingeweiden und Blut. Und auf der anderen Seite der Straße, am Ufer der Themse, wühlten sich Jungen und Frauen, die kurze Tonpfeifen rauchten, durch Berge von Abfall und suchten Blech, alte Schuhe, Knochen und Muschelschalen heraus, kurz alles, was irgendwie brauchbar war, »die Gesichter und Arme mit schwarzem Schmutz überzogen und in einer fauligen, feuchten, heißen Luft, die geschwängert war von den Gasen und Ausdünstungen sich zersetzender, organischer Verbindungen«, wie ein dafür zuständiger Medizinalbeamter schrieb.

Penetranter Gestank begleitete die Feuerländer auf ihrer Fahrt durch London. Die Themse, dickflüssig von Abwässern und Unrat, stank sowohl bei Hoch- als auch bei Niedrigwasser; in den Straßen roch es nach verrottenden

Nahrungsmitteln und Abfall, nach »Straßenmorast« und »Nachtdünger«. Damit vermischten sich »die Gerüche, die von billigstem Tabak, von Schweißfüßen, von schmutzigen Hemden, von Mistkübeln, von den faulen Gebissen unzähliger Menschen und von stinkenden Kadavern ausging.« Dazu kamen die üblen Ausdünstungen von Gerbereien und Leimfabriken, von Kalköfen, von verbranntem Talg, aus Ställen, von verrottendem Holz, gekochtem Kohl und von den Friedhöfen.

In den Vorstädten klang der Lärm aus London, so sagte man, wie »das Anbranden der See gegen einen Kieselstrand aus weiter Entfernung.« Aber in der City selbst war der Lärm kein Rauschen, kein gleichförmiger Lärmteppich, wie wir ihn heute kennen. In den engen Straßen und Gassen herrschte vielmehr ein Wirrwarr einzelner, klar zuzuordnender Geräusche: Man hörte die Viehherden, die zum Markt getrieben wurden, Hähne und bellende Hunde, das Rufen und Schreien von Männern, Frauen und Kindern, einschließlich des unablässigen Rufens der Straßenhändler, das Wiehern, Sichaufbäumen und den scharfen Aufschlag von Pferden, das Klirren von Geschirr, das Rumpeln der Kutschen, Karren, Wagen, die Sirenen der Schiffe vom Fluß her, das Läuten von Handglocken und Turmuhren, die Baustellenarbeiten, den Verkehr an den Engpässen, die im London des neunzehnten Jahrhunderts ein ständiges Problem waren, das Hämmern der Schmiede, der Kunsthandwerker, der Küfer und Waffenschmiede, das Schreien von Säuglingen.

Wenn das englische Wetter an jenem Dezembermorgen »gut« war, wird es im besten Fall dem Wetter Feuerlands entsprochen haben. Aber das Klima im London des frühen neunzehnten Jahrhunderts war kälter, als es heute ist, und die Stadt wurde von furchtbarem Smog heimgesucht. Der Smog setzte sich zusammen aus kaltem Flußnebel und dem Rauch und Ruß der »Seekohle«, dieser als Brennmaterial weit verbreiteten, billigen, minderwertigen Kohle, die mit Küstenfrachtern von Nordengland nach London gebracht wurde. In Tausenden von Kaminen, Schmelz- und Brennöfen sowie kohlegefeuerten Dampfmaschinen verbrannt, entließ die Seekohle einen schweren, rußigen Rauch in die Luft, der über der City kondensierte wie Vulkanasche. Der Dichter William Wordsworth geriet im Dezember 1817 mit seiner Frau und einem Freund in seiner Kutsche eine Meile von seinem Haus entfernt in so dichten Nebel, daß der Kutscher nicht mehr weiterfahren konnte. Die Häuser auf beiden Straßenseiten waren nicht mehr zu sehen, und es blieb der Gesellschaft nichts anderes übrig, als sich den Rest des Weges wie Blinde an Geländern und Hauswänden entlang voranzutasten – durch einen Nebel, der nicht nur dicht war, sondern auch von einer gelben Farbe, die einen beschmutzte wie das Feuer eines Kamins.

All das und mehr stürmte nun auf die Feuerländer ein, die gerade einen Monat in der relativ ruhigen und frischen Luft von Plymouth verbracht hatten. Ihr einziger Trost in diesem Malstrom der Entwurzelung waren ihre Schiffskameraden Murray, Bennett und vor allem FitzRoy, der offensichtliche Herr dieses Universums. Aus überwältigender Not geboren, müssen sie immer größeres Vertrauen in ihn gesetzt haben.

Aber bereits nach einigen Meilen ging die Stadt ins Land über. Walthamstow lag damals nur sieben Meilen vor den Toren Londons, jenseits des Flüßchens Lea am Rand des Epping Forest. Ansonsten war es ein von offenen Feldern umgebenes kleines Landstädtchen mit viertausend Einwohnern, das 1830 nur über die Straße erreichbar war. Eine Eisenbahnverbindung würde es erst in den 1840er Jahren geben.

Die Reisenden wurden vom Schulmeister der Vorschule, William Jenkins, und dessen Frau erwartet. FitzRoy beschrieb die Ankunft:

> [Die Feuerländer] waren sehr angetan von den Zimmern, die man für sie in Walthamstow vorbereitet hatte; und der Schulmeister und seine Frau waren gleichermaßen erfreut, mit ihren zukünftigen Mitbewohnern sehr wohlgesinnte, ruhige und reinliche Menschen kennenzulernen statt grimmige, schmutzige Wilde ... Ihr Lehrer sollte seine Aufmerksamkeit darauf richten, sie zuerst Englisch und die einfacheren Wahrheiten des Christentums zu lehren; als nächstes sollten die Feuerländer dann den Gebrauch gewöhnlichen Werkzeugs lernen und etwas mit der Landwirtschaft, dem Gartenbau und den mechanischen Künsten vertraut gemacht werden.

Die Vorschule in Walthamstow war 1824 von Hochwürden William Wilson gegründet worden. Wilson war unter den Einfluß eines bekannten Pädagogen seiner Zeit, Samuel Wilderspin, geraten, der der Überzeugung war, daß das Alter, in dem die Kinder in die staatlichen Schulen eintraten – sechs oder sieben Jahre – viel zu hoch war. Wilderspin hielt zwei Jahre für das beste Alter, vor allem für die Unterweisung in geistlicher Hinsicht, die, so meinte er, zu wichtig sei, um sie dem wahllosen Vorbild schlecht ausgebildeter Eltern von zweifelhaftem moralischen Wert zu überlassen. Wilson, der wohlhabende Sohn eines Fabrikanten, wurde von Wilderspin überredet, die erste von der Kirche von England genehmigte Vorschule des Landes zu finanzieren. Sie war zuerst in einer Scheune untergebracht. Einige Jahre später ließ Wilson neben dem Kirchhof ein neues Schulgebäude errichten.

Hier drückten die Feuerländer die Schulbank, um in Englisch, Arithmetik und »den einfacheren Wahrheiten des Christentums« unterwiesen zu werden. Der Unterricht fand in einem Klassenraum statt, der mit Bildern biblischer Szenen und Bibelzitaten geschmückt war.

1825 hatte Wilson das Buch *The System of Infants' Schools* (Das System der Vorschulen) veröffentlicht, in dem er seine Vorstellungen und Methoden erläuterte. Er wollte die Kinder so früh wie möglich in der Schule sehen,

> ... in den Jahren unseres Lebens, da wir am stärksten prägbar sind. Dann kommt das Böse, das in uns ist, zur Gärung, oder es werden zum ersten Mal Grundsätze von höchstem religiösen und moralischen Rang eingepflanzt und in ihrer Entwicklung ermutigt ... Muskelbewegungen gehören als notwendiger Bestandteil dazu. Jede Lektion wird begleitet von bestimmten Bewegungen der Person ... Das gesamte Skelett wird nach und nach in Bewegung gebracht und wieder zur Ruhe. Das Stampfen der Füße, das Klatschen der Hände, das Ausstrecken der Arme in verschiedenen Stellungen sind ein Maß für den Fortgang der Lektion. Die Stellung wird außerdem häufig gewechselt. Die kleinen Kinder lernen zu sitzen, zu stehen oder zu gehen.

Fuegia, die bei ihrer Ankunft in Walthamstow neun oder zehn Jahre alt war, und der vierzehnjährige Jemmy machten gute Fortschritte. Ihre achtmonatige Gefangenschaft an Bord der *Beagle* hatte sie mit einem Grundvokabular ausgestattet – einer Seemannssprache, die zwar kaum in eine christliche Vorschule paßte, sie aber zumindest in die Lage versetzte, weitere Belehrungen entgegenzunehmen. Nach allen Berichten waren die beiden jüngeren Feuerländer aufgeschlossene, fleißige Schüler, und ihre »Fortschritte« erfreuten ihre Wohltäter.

Sie zeigten verschiedene Neigungen, wie FitzRoy und

andere berichteten: Jemmy Button fand derartigen Gefallen an der englischen Kleidung, daß man ihn fast schon einen Dandy nennen konnte. Besonders gern »bewunderte er sich im Spiegel.« Seine Sprache reicherte er mit gerade modischen Ausdrücken an, so daß die wenigen Zitate, die uns erhalten geblieben sind (vermutlich, weil seine Zuhörer sie besonders amüsant fanden), eine beinahe schon ironische Distanz zu seiner Kleidung und seiner Situation erkennen lassen: »Herzhaft, Sir, besser denn je«, antwortete er zum Beispiel, wenn er nach seiner Gesundheit gefragt wurde. Er muß sehr lustig gewesen sein; die Zielscheibe vieler Witze, über die er selbst auch lachen konnte und zu denen er gern Anlaß gab. Er gewann viele Freunde.

Die kleine, rundliche Fuegia Basket strahlte eine einfühlsame Liebenswürdigkeit aus, die sie zu jedermanns Liebling machte. FitzRoy war der Erste gewesen, der in ihren Bann geriet; er war weniger gewillt gewesen, sich von ihr zu trennen, sie mit den anderen kindlichen Geiseln in Feuerland wieder zurück ans Ufer zu schicken, als er überzeugend zu erklären vermochte. »Sie schien so glücklich und gesund zu sein, daß ich beschloß, sie als Geisel für das gestohlene Boot zu behalten«, schrieb er zu einem Zeitpunkt, als sich diese Art von Geiselnahme bereits als nutzlos erwiesen hatte. Die Mannschaft der *Beagle*, auf der sie »zum Liebling der unteren Decks« geworden war, die englischen Familien, bei denen sie in Montevideo und Rio de Janeiro gewohnt hatte, und die vielen Menschen, die sie in England kennenlernte, erlebten Fuegia als ein bezauberndes Geschöpf.

Der stämmige, grüblerische York Minster, sechsundzwanzig Jahre alt, bezauberte dagegen niemanden. Er genoß den Aufenthalt im Klassenzimmer nicht. Dort erwartete man von ihm, daß er mit Zwei–, Drei- und Vierjährigen zusammensaß, sang, klatschte, sein ABC auswendig hersagte und einfache Anleitungen befolgte, zum Beispiel wie man sich das Gesicht und die Hände wäscht. Er mochte nicht dort sein, wo er seinen männlichen Körper mit den Bewegungen von Kleinkindern in Gleichtakt bringen mußte. Keine noch so große kulturelle Kluft hätte ihn vor der armseligsten Demütigung bewahrt, die sich für ihn damit verband. Er zog handwerkliche Unterweisungen in Schmiede- oder Zimmermannsarbeiten vor; er war ein aufmerksamer Beobachter und Zuhörer, wenn es um Tiere ging; nur widerwillig dagegen half er bei der Gartenarbeit rings um die Schule und Kirche, vielleicht weil er sie für Frauenarbeit hielt; und es überrascht kaum, daß ihm die Schule sehr mißfiel. Den feineren Einflüssen, denen man ihn aussetzte, stand er verdrossen und teilnahmslos gegenüber. York war bereits zu alt und zu fest geformt, um sich zu ändern und sich für christliche Werte zu erwärmen. Er blieb ein echter Gefangener, zurückgeworfen auf sich selbst von einer Kultur, die keinen Platz und keine Verwendung für ihn hatte und seine natürliche Wesensart nicht schätzte. Sie wollte die Fähigkeiten und Neigungen, die sich in ihm als Reaktion auf seine ureigene und einzig natürliche Umgebung herausgebildet hatten, beseitigen. Der Altersunterschied zwischen ihm und den beiden anderen Feuerländern war zu groß, um eine echte Freundschaft zwischen ihnen zu ermöglichen. Er war in England ebenso ein Gestrandeter, wie es Crusoe auf seiner Insel war, und obwohl niemandem das klar geworden zu sein scheint – man schrieb sein mürrisches Benehmen der Widerspenstigkeit des Wilden zu –, muß er ein durch und durch einsamer und unglücklicher Mann gewesen sein.

Vielleicht, weil es ihm nicht gelungen war, FitzRoy für sich zu gewinnen, erhielt er auch keine Chance, irgendjemanden sonst zu gewinnen. Fuegia Basket und Jemmy

Button nahm FitzRoy ihrer Jugend und ihrer formbareren Persönlichkeiten wegen mit, wenn er ausfuhr. Ob auch York Minster sie begleitete, ist unsicher: »Sie [die Feuerländer] machten keine besonderen Schwierigkeiten; sie waren sehr gesund, und die beiden jüngeren waren überall, wo sie bekannt waren, sehr beliebt. Manchmal nahm ich sie mit, wenn ich Freunde oder Verwandte besuchte, die mit ihnen sprechen wollten«, schrieb FitzRoy. Falls York bei solchen Gelegenheiten hintangestellt worden sein sollte, konnte das zu einer Besserung seiner Haltung kaum beigetragen haben.

Die anderen beiden dagegen waren bald gesuchte Gäste. FitzRoys Familie, die gesellschaftliche, wissenschaftliche und berufliche Welt, in der er lebte, verschafften ihm ein außerordentlich breites Spektrum von Freunden und Bekannten in der dominierenden Schicht der englischen Gesellschaft. Jeder, der ihn kannte oder von ihm und seinen Wilden gehört hatte, mußte neugierig sein, sie einmal zu sehen, und er erhielt ihretwegen mehr Einladungen, als er in der Lage war oder für geraten hielt, anzunehmen. Er besuchte mit seinen Schützlingen wohlhabende Aristokraten, die Stützen seiner Welt. Dort wurden sie in großen Häusern empfangen, die sie mit gediegener Einrichtung und übergroßen Bildern blendeten und in denen ganze Gefolgschaften von Dienstboten auf sie warteten. Oft besuchten sie FitzRoys Schwester Fanny Rice-Trevor, die von den Feuerländern »Cappen Sisser« genannt wurde. Sie beschenkte die Feuerländer reichlich, kümmerte sich um sie, begleitete sie zusammen mit FitzRoy oder dem Bootsmann Bennett zum Einkauf von Kleidern. Die Feuerländer ihrerseits entwickelten eine echte Schwäche für Fanny und sprachen sowohl damals als auch noch lange Zeit später oft von ihr. FitzRoys Schwester bewegte sich in hochgestellten Kreisen, wurde zu gesellschaftlichen Ereignissen bei Hof, zum Beispiel zum Geburtstag der Königin, eingeladen und erzählte zweifellos vielen Leuten von den »Indianern« ihres Bruders, die diese dann selbst kennenlernen wollten.

Andere Gastgeber waren FitzRoys Bekannte und Freunde aus wissenschaftlichen und akademischen Kreisen, wie zum Beispiel Roderick Murchison, ein führender Geologe, der später Präsident der Royal Geographical Society wurde und noch auf Jahre hinaus ein lebhaftes Interesse am Wohlergehen der Feuerländer nahm; der Geologieprofessor Adam Sedgwick aus Cambridge, einer der einflußreichsten Pädagogen seiner Zeit; vielleicht auch Charles Lyell, der noch junge, ehemalige Anwalt, der sich der Geologie zugewandt hatte und dessen Buch *Principles of Geology* (*Lehrbuch der Geologie*) FitzRoys (und aller anderen) Vorstellungen vom Alter der Welt und ihrer Naturgeschichte stark beeinflußt hatte. Auch FitzRoys Freunde aus der Marine standen nicht hintenan: Francis Beaufort, der Hydrograph der britischen Marine, der später die nach ihm benannte Skala der Windstärken entwikkelte; Sir John Richardson, der bereits pensionierte Marineexperte für die Naturgeschichte der Arktis; und viele andere, die ebenfalls diese Beispiele »unzivilisierter Schöpfung« kennenlernen wollten, die FitzRoy in der Wildnis gesammelt und einer raschen Überarbeitung im Sinne der englischen Aristokratie unterzogen hatte.

Bei diesen Gelegenheiten waren FitzRoys »Exemplare« eingezwängt in ihre steifen Sonntagskleider und wurden von FitzRoy in der Kutsche mit zu ihren Gastgebern genommen. Zuvor war ihnen ein Grundstock guter Manieren und Höflichkeitsformen angedrillt worden. Man fragte sie nach ihrer Heimat und nach ihren gegenwärtigen Umständen; man bewirtete sie mit Erfrischungen und vollen Mahlzeiten. Sie erhielten Geschenke. Ihre Antworten in gebrochenem Englisch und ihre immer besseren Tischmanieren nahmen die Gastgeber jedes Mal für sie ein.

Der Höhepunkt der gesellschaftlichen Kontakte der Feuerländer war eine Audienz beim frisch gekrönten König Wilhelm IV. und dessen Gemahlin, Königin Adelaide. Wilhelm, ein ruhiger Mann und glanzloser, jedem Pomp und jeder Zeremonie abholder Monarch, war dem britischen Publikum und der Regierung des Landes als Nachfolger seines Bruders, Georg IV., sehr genehm gewesen. Georg des IV. immer wieder sensationssträchtige Eskapaden hatten das Land von einer Verlegenheit in die nächste gestürzt. Wilhelm, der nie damit gerechnet hatte, einmal König zu werden, hatte mit seiner Geliebten, Mrs. Dorothea Jordan, über zwanzig Jahre lang ein zurückgezogenes Leben geführt, in dessen Verlauf sie ihm zehn uneheliche Kinder geschenkt hatte. Keins davon kam als Thronerbe in Frage, und so heiratete er nach seiner Thronbesteigung 1830 Adelaide von Sachsen-Coburg-Meiningen. Aus dieser Ehe gingen zwei Töchter hervor, die aber beide bereits in früher Kindheit starben. (Nachfolgerin auf dem Thron wurde nach seinem Tod 1837 seine Nichte Viktoria.)

Wilhelm war im Alter von dreizehn Jahren in die Royal Navy eingetreten, hatte viel von der Welt gesehen und wurde deshalb auch der Seemannskönig genannt; er sehnte sich nach Kontakten außerhalb des Hofes und nach der aufregenden Welt weiter Reisen, mit der er sich immer noch verbunden fühlte. Als König lud er oft Entdeckungsreisende und Abenteurer ein, um sie über ihre Reisen und Taten zu befragen. Dank seiner Verbindungen zur Marine und angesichts seiner Interessen muß er von Captain FitzRoy gewußt haben.

Es gibt nur eine Aufzeichnung von FitzRoys Besuch bei Hof – seine eigene.

> Im Laufe des Sommers 1831 brachte seine inzwischen verstorbene Majestät den Wunsch zum Ausdruck, die Feuerländer kennenzulernen, und so wurden sie nach St. James gebracht. Seine Majestät stellte viele Fragen sowohl über ihr Land als auch über die Feuerländer selbst; und ich hoffe, es ist mir gestattet zu bemerken, daß mir nie jemand zuvor in vergleichbarer Zeit so viele vernünftige und durchaus relevante Fragen zu den Feuerländern und ihrem Land und zu den Erkundungsarbeiten, mit denen ich dort beschäftigt gewesen war, gestellt hat wie seine Majestät. Ihre Majestät, Königin Adelaide, beehrte die Feuerländer mit ihrer Gegenwart und durch echte Freundlichkeit, die ihnen verständlich war und die sie niemals vergessen werden.

In FitzRoys Bericht über das Treffen wird Fuegia Basket besonders hervorgehoben. Ihre liebenswerte, natürliche Einfühlsamkeit, die ihn schon in Feuerland daran gehindert hatte, sie zurückzugeben, war es vor allem, die Adelaides Aufmerksamkeit erregte. Die kinderlose Königin war vollkommen gefesselt von dem schelmischen Eingeborenenmädchen in seinem christlichen Kleid.

> Sie verließ den Raum, in dem sich alle aufhielten, und kehrte nach einer Minute mit einer ihrer eigenen Hauben zurück, die sie dem Mädchen aufsetzte. Dann steckte ihre Majestät dem Mädchen einen ihrer Ringe an und gab ihm eine Summe Geld, um sich Kleider zu kaufen, wenn es England verlassen und wieder in seine Heimat zurückkehren sollte.

Der beschlagene Amateurwissenschaftler und inzwischen bekannte Forschungsreisende FitzRoy bot »seine« Feuerländer als dressierte Kuriositäten feil, so wie Professor Challenger in der *Vergessenen Welt* von Arthur Conan Doyle den Mitgliedern des Zoologischen Instituts zum Schluß seinen lederflügeligen Pterodactylus vorführte. Sie waren die Frucht einer Besessenheit, die ihn in Feuerland wie ein Fieber überkommen hatte. Trotzdem setzte er sich auch um ihretwillen für sie und ihr Wohlergehen ein – und das auf selbstlose und ehrliche Weise; denn er empfand mehr für sie als nur professionellen Stolz angesichts ihrer Erfolge. Der Raum, den er ihnen in seinem ausführlichen Bericht gibt, und die Art und Weise, wie er seiner Sorge um ihr Wohlergehen und ihre Zufriedenheit Ausdruck verleiht, deutet darauf hin, daß er sich dafür auch gefühlsmäßig sehr stark engagierte. FitzRoy war im Winter 1830/31, als er mit seinen Schützlingen auf die Bühne der englischen Gesellschaft trat, noch ein junger Mann von fünfundzwanzig Jahren, ein unverheirateter Junggeselle, der – abgesehen von seinen Dienern – allein lebte. Man kann fast mit Sicherheit davon ausgehen, daß er für die beiden jüngeren Feuerländer, die Kinder in seiner Obhut, väterliche Gefühle verspürte. Vielleicht sogar Liebe.

* * *

Soweit er nicht von seinen Feuerländern und deren gesellschaftlichen Auftritten in Anspruch genommen wurde, verbrachte FitzRoy den Winter und die ersten drei Monate des Jahres 1831 im hydrographischen Büro der Admiralität und überwachte dort die Anfertigung der Karten, die aufgrund seiner Vermessungsarbeiten in Feuerland gezeichnet wurden. Und er verfaßte die dazu gehörenden Segelanweisungen. Obwohl das weitläufige Labyrinth, das die Südspitze Südamerikas bildet, immer noch zum größten Teil unerforscht war, hatten FitzRoy, Captain Philip Parker King, der verstorbene Captain Stokes und dessen tüchtigerer Offizier, Lieutenant Skyring, für die Schiffahrt zwischen dem Atlantik und dem Pazifik Großes erreicht.

Zwei Ausweichrouten vom südlichen Teil der Magellanstraße direkt in den Pazifischen Ozean waren kartiert worden, so daß nach Westen fahrende Schiffe bei nordwestlichen Winden schneller wieder die offene See erreichen konnten; dann war an der Westküste eine Küstenroute, die vom Golf von Peñas direkt in die Magellanstraße führte, gefunden worden, auf der kleinere Fahrzeuge die vorherrschenden nordwestlichen Winde ausnutzen konnten; die zerrissene Küste rund um Kap Hoorn war kartiert worden, ebenso wie die Le-Maire-Straße; und schließlich war die Lage der entlegenen und gefährlichen Diego-Ramirez-Inseln weit südwestlich vor Kap Hoorn genau festgestellt worden. (*The Admiralty Chart*, Konteradmiral G. S. Ritchie.)

Die Karten der britischen Admiralität waren seit 1821 für die Handelsflotten anderer Länder käuflich zu erwerben, und die neuen Karten und Segelanweisungen, die das Ergebnis des Vermessungsauftrags der *Beagle* und der *Adventure* waren, würden den Seefahrern und Navigatoren zum Preis weniger Schilling eine ungeheure Hilfe sein.

Im hydrographischen Büro arbeiteten vier Kartenzeichner. Sie zeichneten die Karten nach den Vorlagen von FitzRoy und King und unter deren Aufsicht. Wenn die Zeichnungen fertiggestellt waren, wurden sie zu den Messrs Walker von der Castle Street in Holborn gebracht, die sie in Kupfer stachen. Die Platten wurden dann an die Admiralität zurückgeliefert, wo sie auf der marineeigenen Kupferpresse vom Drucker und seinem Gehilfen, beides Marineangestellte, je nach anfallender Nachfrage gedruckt wurden. FitzRoy ging diese Arbeit zu einer Zeit umwälzender Änderungen im hydrographischen Büro nach; es stand damals unter Leitung eines Mannes, dessen Name bis heute jedem Seemann auf der Welt geläufig ist. Es war Captain Francis Beaufort, der zwei Jahre zuvor zum Hydrographen der Marine ernannt worden war (der zweite zur Wahl stehende

Kandidat war Captain Peter Heywood gewesen, der letzte Überlebende der Meuterei auf der *Bounty*). Als Beaufort im Mai 1829 seine Stellung antrat, lagen die napoleonischen Kriege bereits vierzehn Jahre zurück, und die britische Marine stand am Anfang eines Jahrhunderts des Friedens in Europa, der für England (abgesehen von der Unterbrechung des Krimkrieges) bis zum Ausbruch des zweiten Weltkrieges andauern sollte. Für die Marine stand jetzt weniger die Verteidigung des Landes im Mittelpunkt als die Bewachung des Empires, die Ausweitung des Handels sowie die weitere Erkundung der Welt. Beaufort intensivierte die Vermessungsanstrengungen überall rund um den Globus und schickte innerhalb weniger Jahre Schiffe und Vermesser nach Südamerika, nach Afrika, Australien, Neuseeland und Neuguinea, in die Südchinesische See, die Karibik, nach Kanada, ins Mittelmeer und in die heimatlichen Gewässer rings um die britischen Inseln. Eine Anzahl der Vermessungskapitäne, die durch ihre Arbeit berühmt wurden – Skyring, Lord Stokes und Sulivan – machten ihre ersten Erfahrungen in diesem Metier bei FitzRoy an Bord der *Beagle*.

Beaufort war fünfundfünfzig, als er das Amt des Hydrographen antrat. Sein Interesse an der Kartographie rührte von seinem Vater her, dem Pfarrer von Navan in der Grafschaft Meath in Irland, einem Amateurkartographen, der eine ausgezeichnete Karte Irlands zustande gebracht hatte. Beaufort ging mit dreizehn zur Kriegsmarine und diente unter verschiedenen, mit Vermessungsarbeiten beauftragten Kommandanten, darunter Alexander Dalrymple, der eine Tabelle mit den Beschreibungen der Windstärken entworfen hatte, die er von null (»völlige Windstille«) bis zwölf (»ein Orkan, dem kein Segel standhält«) durchnumeriert hatte. Beaufort verfeinerte Dalrymples Skala, gab die Windgeschwindigkeiten in Knoten (Seemeilen pro Stunde) an und fügte Beschreibungen des

Zustands der See für jede Windstärke der Skala bei (zum Beispiel: »Stärke acht; vierunddreißig bis vierzig Knoten; stürmischer Wind; Höhe der See in Fuß: achtzehn; Zustand der See: hohe Wellen von beträchtlicher Länge, auf den Kämmen bildet sich Gischt«). Er überzeugte die Kapitäne und Navigatoren der Navy, diese Tabelle für ihre Beschreibung des Seezustandes in ihren Logbüchern und offiziellen Berichten zu benutzen, und heute wird die Beaufort-Skala von Seeleuten in aller Welt verwendet.

Wie FitzRoy führte auch Beaufort sein wissenschaftliches Interesse weit über den Bereich der Navy hinaus und verschaffte ihm in der akademischen Welt nützliche Freundschaften. Er war Mitglied der Geological Society, der Royal Society und der Astronomical Society. 1830, genau zu dem Zeitpunkt, da FitzRoy von Feuerland zurückkehrte, wirkte er zudem führend an der Gründung der Royal Geographical Society mit. Das rasche Aufblühen der Wissenschaften im frühen neunzehnten Jahrhundert veranlaßte die Admiralität auf Beauforts Drängen hin, 1831 einen eigenen, wissenschaftlichen Zweig einzurichten, dem das hydrographische Büro, die Royal Observatories in Greenwich und Kapstadt, das Amt für den nautischen Almanach und die Chronometer, und später auch das Kompaßbüro angehörten. Beaufort war das ideale Verbindungsglied zwischen der verstaubten, hölzernen Welt der georgianischen Navy und der fortschrittlichen, expandierenden, von klarem Licht erfüllten viktorianischen Zeit, die jetzt anbrach.

Im Laufe des Winters und des Vorfrühlings 1830/1831 traf sich FitzRoy im hydrographischen Amt regelmäßig mit seinem Vorgesetzten. Halb so alt wie Beaufort und stets auf dem Laufenden über die neuesten Entwicklungen der Wissenschaft, stand FitzRoy bald beim Hydrographen in hoher Gunst.

Und das war gut für ihn. Denn er würde Beauforts Hilfe bald dringend benötigen.

Während die beiden feuerländischen Kinder in Walthampstow gut gediehen, versank ihr erwachsener Landsmann immer tiefer in seiner Isolation. Er war von allem in der Welt abgeschnitten, das ihm etwas bedeutete, und er war auch als Mann einsam. FitzRoy schätzte York Minsters Alter 1830 auf sechsundzwanzig Jahre. Er war körperlich auf der Höhe seiner Kraft. Zuhause bei seinem Volk würde er inzwischen eine Frau gehabt haben (vielleicht hatte er ja sogar eine). Und auf jeden Fall würde er nicht abstinent leben. Die puritanische Enge der von der Kirche getragenen Vorschule, die ständige Überwachung durch den Schulmeister Jenkins, dessen Frau, Hochwürden Wilson und Bootsmann Bennett, den FitzRoy in Walthampstow zur Beobachtung der Feuerländer untergebracht hatte, und die unablässigen Ermahnungen zu streng christlichem Betragen müssen für einen gesunden Primitiven die Hölle auf Erden gewesen sein. Das florierende Gewerbe der Prostitution in London war für ihn sowohl geographisch als auch sozial unerreichbar.

Es gibt keinen Bericht über irgendwelche Verbindungen, die sich möglicherweise zwischen York Minster und den Mägden und anderen Frauen, mit denen er in Walthampstow sicherlich in Kontakt kam, ergeben haben könnten. Bekannt ist dagegen die Tatsache, daß er von irgendeinem Zeitpunkt während ihres Aufenthaltes an seine sexuelle Aufmerksamkeit unabänderlich der zehnjährigen Fuegia Basket zuwendete.

9

FitzRoys Mann vor Ort, Bootsmann Bennett, der ganz in der Nähe wohnte, war dank seiner weltlichen Erfahrung jenseits der Grenzen des puritanischen Walthampstow der beste und früheste Zeuge dessen, was dort im Gange war.

Und so ging es, bis eines späten Nachmittags Bootsmann Bennett unten an der Hecke der Vorschule auftauchte. Glücklicherweise hatte er seinen scharfen Säbel im Wirtshaus gelassen. Er schob seinen Priem von einer Backe in die andere, spuckte in den Wind und packte sich Fuegia, während York durch die Hecke verschwand. Mit einem Ausdruck der Entschlossenheit auf seinem mahagonifarbenemn Gesicht legte er sie sich über sein ehrliches Knie und versohlte ihr tüchtig den Hintern.

»Ich sein es nicht, ich nicht! *York, er York, nur York*«, jammerte sie.

»Und so, Sir«, berichtete der Bootsmann, »hörte ich auf, ihren fetten kleinen nackten Hintern zu bearbeiten, Sir, und ließ sie laufen ... Aber so wie York mich seither anstarrt, trage ich meinen Säbel lieber ständig, und ich schlafe auch mit ihm, Sir, wenn ich schlafe.«

»Bennett, das ist das Furchtbarste, was geschehen konnte, da sähe ich sie lieber – lieber in einem christlichen Grab, wie der arme Boat.« Captain FitzRoy brach in diesem Augenblick im Nebenzimmer des Wirtshauses, wo er sich zu diesem vertraulichen Gespräch verabredet hatte, mit einer Regel, die er sein Leben lang eingehalten hatte. Er bestellte Portwein, und er und sein Bootsmann stärkten sich erst einmal gründlich.

»Diese heidnischen Frauen reifen schnell, Sir. Ich weiß noch, in Calicut.«

»Ja, Bennett – ja, ich weiß. Aber was soll jetzt geschehen?«

»Segeln, Sir, sage ich. Leinen los, Captain, ich bin dabei, Sir.«

Dieser Bericht stammt aus *Cape Horn* von Felix Reisenberg, einer im großen und ganzen hervorragenden, gründlich recherchierten Geschichte Kap Hoorns und der Seefahrer und Eingeborenen, denen der Ort seinen Ruhm verdankt. Reisenberg, ein erfahrener Seemann, der an der Columbia University seinen Abschluß gemacht hatte, ein Ingenieur, Seefahrtshistoriker und Schriftsteller, verfügte über das Gefühl eines Romanciers für Situationen und Charaktere und war in der Lage, Geschichte lebendig zu machen. Aber da er ein Buch für ein breites Publikum schrieb, hatte er keine Skrupel, sich einige Freiheiten zu nehmen. Diese Episode, die schildert, wie Bootsmann Bennett York Minster und Fuegia Basket hinter der Hecke der Vorschule *in flagrante delicto* ertappte, verdankt sich sicherlich einer solchen Freiheit. Ausgeschmückt, durch nichts gestützt und in einem Stil geschrieben, als hätte Reisenberg am Abend zuvor zu lange in der *Schatzinsel* gelesen, ist sie eine gewagte Version des fehlenden Bindeglieds in der Geschichte von FitzRoys Feuerländern. Sie stellt das dar, was aus den bekannten Tatsachen und dem, was sich in der Folge ereignete, erschlossen werden kann, aber nirgendwo verläßlich berichtet wurde.

Irgendetwas allerdings muß sich im Frühjahr 1831 zwischen den Feuerländern in Walthampstow abgespielt und FitzRoy dazu gebracht haben, seinen ursprünglichen Plan, sie einer Erziehung teilhaftig werden zu lassen »und nach zwei oder drei Jahren ... zurück in ihr Land zu bringen«, drastisch zu beschneiden. Denn im Juni, nachdem die Feuerländer erst sieben Monate in Walthampstow zugebracht hatten, tat FitzRoy alles nur Erdenkliche und brachte erhebliche eigene Mittel auf, um sie so schnell wie möglich aus England hinaus und zurück nach Feuerland zu schaffen.

Mit der Überwachung der Seekartenherstellung nach seinen Vermessungen war er im März fertig geworden. »Verschiedene Gespräche mit Captain King ... hatten mich zu der Überzeugung geführt, daß die Vermessung der Südküsten Südamerikas fortgesetzt werden würden; und ich hatte versucht, auf irgendeinem der Schiffe, die mit diesem Auftrag ausgeschickt werden würden, eine Möglichkeit zu finden, die Feuerländer in ihre Heimat zurückzubringen.« Aber es bestand keine unmittelbare Aussicht auf einen weiteren Vermessungsauftrag für Südamerika. Trotz Beauforts persönlichem Wunsch, die Erforschung der südamerikanischen Gewässer fortzusetzen und trotz FitzRoys Erfolgen dort hielt die Admiralität im Frühjahr 1831 eine baldige Rückkehr nach Feuerland für nicht notwendig. Gewiß hätte FitzRoy innerhalb des Zeitrahmens von zwei oder drei Jahren, den er ursprünglich für die Feuerländer vorgesehen hatte, irgendein rund um Kap Hoorn segelndes Schiff gefunden, das seine Passagiere hätte aufnehmen können. Aber jetzt »machte er sich Sorgen um die Feuerländer.« Das ist alles, was er über die plötzliche Umwälzung seines Plans zu Papier brachte – bei der detaillierten Schilderung der Hoffnungen, die er für sie hegte, war er wesentlich mitteilsamer gewesen.

Er war so besorgt, daß er schließlich ein kleines Handelsschiff, die *John of London*, charterte, um ihn selbst,

Bootsmann Bennett, die drei Feuerländer und alles, was ihnen als Spenden zugekommen war, zurück nach Feuerland zu schaffen. Danach sollte das Schiff ihn und Bennett weiter nach Valparaiso bringen, von wo aus sie mit einem anderen Schiff nach England zurückkehren konnten. Die Charterkosten der *John* beliefen sich auf tausend Pfund, ein Betrag, für den man in London ein Stadthaus erwerben konnte, und dazu wären für FitzRoy noch die Unterhaltskosten für sich selbst und sein Gefolge für mindestens sechs Monate sowie der Lohn für Bootsmann Bennett gekommen.

Das Interesse York Minsters an Fuegia Basket war fast mit Gewißheit verantwortlich für diese extreme Abkehr von seinen ursprünglichen Plänen. Das zumindest räumte FitzRoy später ein.

> Er hatte schon länger eine Anhänglichkeit an sie gezeigt und war nach und nach außerordentlich eifersüchtig auf ihre Gunst geworden. Wenn irgendjemand mit ihr sprach, lauschte er auf jedes Wort; wenn er ihr nicht zur Seite saß, grollte er schweigend ... Wenn er von ihr getrennt war ..., wurde er mürrisch und verdrossen.

Eine Geschichte wie die von Felix Reisenberg erdachte oder auch nur deren geringste Andeutung wäre für FitzRoy katastrophal gewesen. Nicht auszudenken, wenn Fuegia Basket schwanger geworden wäre. Dieses Anzeichen dafür, daß unter der Tünche der Zivilisation die unausrottbare Wildheit seiner Schützlinge zutage trat, hätte alles Wohlwollen, mit dem die Feuerländer und FitzRoy selbst von der königlichen Familie, dem Hof, der Admiralität, von FitzRoys Freunden, der gesamten Öffentlichkeit, Hochwürden Wilson und den freundlichen Menschen in Walthampstow überhäuft worden waren, zu zerstören ge-

FUEGIA BASKET 1833. JEMMY'S WIFE 1834.

JEMMY IN 1834. JEMMY BUTTON IN 1833.

YORK MINSTER IN 1832 YORK IN 1833.

FUEGIANS.

Published by Henry Colburn, Great Marlborough Street 1838.

droht. Alle hatten die Feuerländer in ihr Herz geschlossen und sich FitzRoys frommen Gedanken zu eigen gemacht, daß sie ihnen eine seltene und ganz offensichtlich gottgewollte Möglichkeit boten: Sie retteten nicht nur drei heidnische Seelen vor den Gefahren der Wildheit, sondern sendeten sie auch wieder in ihre Heimat zurück, um dort eine heilige Saat einzupflanzen, die wachsen und sich über einen ganzen gottlosen Kontinent verbreiten sollte. Die Reaktionen auf die Nachricht, daß das süße, von so vielen bewunderte Kind sich an der Vorschule von Walthampstow einem grobschlächtigen und unverbesserlichen Wilden hingab, wären katastrophal gewesen. Sie hätten eine Schmach für FitzRoy bedeutet und das Ende seiner Laufbahn bei der Kriegsmarine.

Auf persönlicher Ebene bedeutete diese Entwicklung einen tiefen Schock für FitzRoys Glauben an seinen großartigen Plan. Er war sich des positiven Einflusses der anglochristlichen Zivilisation derartig sicher, daß er selbst in der Physiologie Beweise dafür entdeckte: Er glaubte, daß die körperliche Beschaffenheit der Feuerländer sich durch ihren Aufenthalt in England änderte und besserte.

FitzRoys Feuerländer, von ihm selbst gezeichnet. *Oben links:* die niedliche zehnjährige Fuegia Basket in England. *Mitte rechts:* Jemmy Button etwa 1832, nach mehrjährigem zivilisatorischen Einfluß. *Mitte links:* Jemmy Button 1834 – FitzRoy glaubte, daß sich sogar sein Schädel und seine Züge in England verbessert und dann, nach nur einem Jahr in Feuerland, wieder zu der primitiven Form zurückentwickelt hätten. *Unten:* York Minster, wie er FitzRoy in jedem Stadium vorkam: ein unbezähmbarer Wilder. *Oben rechts:* Jemmys Ehefrau 1834.

> Die Nase ist zwischen den Augen stets schmal und, abgesehen von einigen merkwürdigen Ausnahmen, im Profil konkav oder beinahe flach. Der Mund ist grobschlächtig (ich spreche jetzt von ihnen in ihrem wilden Zustand und nicht von denen, die in England waren und deren Züge sich durch veränderte Gewohnheiten und Erziehung sehr verbessert hatten).

FitzRoys Tuschportraits von Jemmy Button zeigen deutlich, was er meinte. Ein Vergleich zwischen Jemmy in seinem »wilden« Zustand und dem »englischen« Jemmy mit Stehkragen, Krawatte und Gehrock zeigt Gesichtszüge, die wie durch eine Schönheitsoperation geändert erscheinen: Nase und Mund des englischen Jemmy sind feiner gezeichnet und ausdrucksvoll, die Augen hellsichtig, als lausche er gerade einer Vorlesung über Paläontologie, und seine Haltung ist aufrecht und stolz. Der wilde Jemmy sieht aus, als habe er vor einer Millionen Jahren gelebt, ein Neandertaler mit völlig anderer Schädelform, gebückt und vierschrötig mit derben Gesichtszügen und begriffsstutzigem Blick der tief unter schweren Brauen verborgenen Augen.

Der faszinierendste Aspekt dieser beiden Portraits ist die Tatsache, daß dasjenige des englischen Jemmy auf 1833 datiert ist, der wilde aber auf 1834, ein Jahr *nachdem* Jemmy Button nach Feuerland zurückgebracht worden war. FitzRoy beliebte zu glauben, daß solche körperlichen Verbesserungen nur so lange Bestand hatten, wie die Heiden unter dem wohltätigen Einfluß der gottesfürchtigen englischen Kultur standen. Zurück in der Wildnis wurden Jemmys Lippen wieder dicker, seine Nase breiter, seine Brauen wölbten sich vor, und sein Schädel nahm seine ursprüngliche Form wieder an.

FitzRoys Portrait von York Minster in England zeigt einen weitgehend sich gleichgebliebenen Feuerländer mit groben Zügen, der sich nur durch Kleidung und Haarschnitt vom Zustand des Wilden unterscheidet.

Jedenfalls wurden die Feuerländer sofort anderweitig untergebracht. FitzRoy schrieb zwar später, daß sie bis Oktober 1831 in Walthampstow geblieben seien, aber dem war nicht so. Im August sprach Hochwürden Wilson in einem Brief von ihrem »früheren Aufenthalt« dort: FitzRoy hatte sie inzwischen weggebracht. Wohin und ob Fuegia und York getrennt untergebracht worden waren, ist unbekannt.

Schließlich sollte sein dringender Wunsch, England zu verlassen, auch zu einem Meinungswandel bei der Admiralität führen. Er vertraute seine Sorgen und seinen Plan, die *John* zu chartern, einem Onkel an, dem Herzog von Grafton, der sich dann für FitzRoys Belange einsetzte. Der Herzog überzeugte gemeinsam mit Beaufort die Lords der Admiralität davon, daß FitzRoys bisherige Erkundungen und Vermessungen sehr unvollständig seien; daß die Handelsbeschränkungen zwischen Britannien und der erst seit kurzem unabhängigen Konföderation lateinamerikanischer Staaten vor kurzem aufgehoben worden seien; daß Franzosen und Amerikaner darin wetteiferten, ihre Interessen in dem Gebiet durchzusetzen, und jede mögliche britische Präsenz zu verdrängen drohten. Sie bekräftigten weiterhin, daß eine vollständigere Vermessung der südamerikanischen Gewässer sich als eine politische und wirtschaftliche Gelegenheit von unschätzbarem Wert erweisen könnte – insbesondere wenn sie dafür eine Gruppe Eingeborener heranzögen, die Britannien freundlich gesinnt seien, und das Vorhaben unter die Schirmherrschaft der Church Missionary Society stellten.

Daraufhin wurde FitzRoy sehr rasch befohlen, sich zu einer neuen Erkundungs- und Vermessungsreise einzuschiffen. Er mußte dennoch den größten Teil der tausend

Pfund, die er für die *John* zugesagt hatte, aufbringen, aber jetzt hatte er zumindest, was er wollte: eine Chance, die angefangene Arbeit fortzusetzen, die eine echte Herausforderung war und in Friedenszeiten die beste Gelegenheit für ihn bot, als Marineoffizier zu brillieren. Zudem gab sie ihm die Möglichkeit, mit den Feuerländern außer Landes zu kommen.

Zunächst wurde er zum Kommandanten der *Chanticleer* ernannt, fast eines Schwesterschiffs der *Beagle*, das gerade von einer Erkundungsreise in südamerikanischem Gewässer zurückgekehrt war. Dort war der Kommandant des Schiffes, Henry Foster, der führende Feldastronom der Admiralität, bei einem Unglück auf dem Fluß Chagres ertrunken. Aber bei näherer Untersuchung stellte sich heraus, daß die *Chanticleer* für eine erneute Reise nach Südamerika zu mitgenommen war, daß ihre Planken geborsten, ihr Zeug und ihr Rigg von den mörderischen Reisen im südlichen Ozean und in den Tropen verbraucht war. Aber es fand sich schnell ein anderes Schiff; zu FitzRoys Freude war es die *Beagle*. Ohne zu zögern, begann er mit den Vorbereitungen.

Die *Beagle* wurde am 4. Juli 1831 wieder in Dienst gestellt und erhielt gleich einen bevorzugten Platz in den Docks von Devonport. Dort wurden die Arbeiten begonnen, die nötig waren, um sie für eine lange und harte Zeit auf See vorzubereiten. Für diese zweite Reise unter FitzRoys Kommando entwarf Beaufort von vornherein einen viel größeren Plan als für die erste Fahrt der *Beagle*. Zusätzlich zu der erneuten Vermessung der südamerikanischen Gewässer schlug er vor, daß FitzRoy in Richtung Westen nach England zurückkehren solle, rund um den Globus über den Pazifik, durch Australasia, über das Chinesische Meer und den Indischen Ozean. Auf diese Weise würde FitzRoy in die Lage gesetzt, rund um die Erde eine fortlaufende Reihe von Meridiandistanzen zu gewinnen, mit deren Hilfe er die geographische Länge jedes einzelnen angelaufenen Hafens so genau bestimmen konnte, wie die Genauigkeit der mitgeführten Chronometer es zuließ. Ein großer Teil der Kartierung und Vermessung des Pazifiks war seit Captain Cooks Fahrten nicht mehr verbessert worden; dies war eine bedeutende Gelegenheit, die Kartierung der Erde weiter voranzutreiben, von der wiederum der expansionistische Zuwachs des Handels, der politischen Macht und des kolonialen Besitzes abhing. Daneben besprachen sich Beaufort und FitzRoy über ein weites Spektrum botanischer, geologischer und meteorologischer Fragen, die auf einer solchen Fahrt verfolgt werden konnten. Sie waren es, die die geplante Weltumseglung zu einem wissenschaftlichen Renomierunternehmen machen würden. FitzRoy, der Kapitän mit wissenschaftlichem Hintergrund, war begeistert: »Ich beschloß, weder Kosten noch Mühen zu scheuen, um unsere kleine Expedition, was das Material und die Vorbereitungen anging, so vollständig auszustatten, wie meine Mittel und meine Zeit erlaubten und soweit es von entgegenkommenden und befriedigenden Vorkehrungen der Admiralität unterstützt wurde.«

Aber trotz der erregenden Aussichten spürte er eine nagende Sorge. Es würde eine lange Reise von einigen Jahren Dauer werden, während derer er im Grunde allein wäre, abgeschnitten von der Welt und vor allem auch von den Männern an Bord seines Schiffes. FitzRoy war kein freundlicher Kommandant, kein offenherziger Jack Aubrey und kein kumpelhafter Peter Blake. Zwar war er zusammen mit seinen Offizieren und seiner Mannschaft gesegelt, gerudert und hatte mit ihnen jede Härte und jeden Erfolg geteilt, aber ihm fehlte die Ungezwungenheit im

Umgang mit seinen Männern. Er war ein übererregbarer Aristokrat, anfällig für Schübe von Depressionen und Reizbarkeit. Für ihn würde es vor der Einsamkeit und Isolation seines Kommandos kein Entrinnen geben. Pringle Stokes, in dessen Kabine er nun einige weitere Jahre verbringen würde, hatte sich aus ähnlichen Gründen erschossen. Und auch in FitzRoys Familie gab es Fälle von Wahnsinn wie den, der zum Selbstmord seines Onkels geführt hatte.

Vielleicht hätte er diesem Aspekt weniger Beachtung geschenkt, wäre nicht sein Unternehmen mit den Feuerländern grundsätzlich gescheitert. Das hatte sein Vertrauen in das eigene Urteil entscheidend geschwächt; zum ersten Mal in seiner glänzenden Laufbahn schwankte er und war unsicher. Er hatte plötzlich Angst, allein zu sein.

Im August, während die Arbeiten an Bord der *Beagle* vorangingen, trat er mit einer ungewöhnlichen Bitte an Beaufort heran.

> Darauf bedacht, jede Möglichkeit zu nutzen, während der Reise nützliche Informationen zu sammeln, schlug ich dem Hydrographen vor, nach einer wissenschaftlich gebildeten Person zu suchen. Sie sollte bereit sein, mit der Unterbringung, die ich bieten kann, vorliebzunehmen, um von der Gelegenheit Gebrauch zu machen, noch wenig bekannte entfernte Länder zu besuchen.

FitzRoy bat darum, einen Gefährten mitnehmen zu dürfen. Beaufort stimmte zu, hielt die Idee sogar für gut und schrieb einem Freund, George Peacock, einem Mathematikprofessor und Mitglied des Trinity College in Cambridge, ob er ihm einen »Gelehrten« empfehlen könne, der als Naturkundler die Reise der *Beagle* mitmachen wolle.

Wäre Robert FitzRoy nicht über die sexuelle Spannung zwischen Fuegia Basket und York Minster besorgt gewesen, hätte diese zweite Fahrt der *Beagle* nicht zu diesem Zeitpunkt und unter diesen Umständen stattgefunden. Wäre irgendetwas anders gewesen – der Zeitpunkt, FitzRoys Bedürfnisse oder das für ihn neue Gefühl der eigenen Fehlbarkeit –, hätte sich die Tür niemals geöffnet für den Sohn eines Arztes aus Shropshire, einen Bakkalaureus der philosophischen Fakultät, der sich bisher durch nichts Besonderes ausgezeichnet hatte und der sich aus Mangel an höheren Ambitionen auf das Amt eines Geistlichen vorbereitete. Durch all diese Zufälle erhielt er die Möglichkeit, um die Welt zu reisen und die Art und Weise, wie wir uns selbst sehen, auf das Grundlegendste zu erschüttern und wieder neu zusammenzufügen.

Aber es fehlte nicht viel, und er wäre nicht gefahren. Er war kaum irgendjemandes erste Wahl.

10

Vielleicht kann nur das Aufkommen der Computertechnologie und des Internets uns eine Vorstellung von der Erregung verschaffen, die Anfang des 19. Jahrhunderts durch die wissenschaftliche Erforschung der Natur hervorgerufen wurde.

Die Geologie nahm in der damals so genannten Naturgeschichte einen hervorragenden Platz ein, denn ihre Entdekkungen hatten kurz zuvor den weit verbreiteten Glauben erschüttert, die Erde existiere erst seit einigen tausend Jahren. Berechnungen nach biblischen und historischen Quellen hatten zuvor darauf hingedeutet, daß die epische erste Schöpfungswoche, wie sie im Buch Genesis beschrieben wird, mit dem 22. Oktober des Jahres 4004 vor Christi Geburt begonnen habe. Sechs Tage später, am 28. Oktober, war die Erde in all ihrer Pracht einschließlich des Menschen fertiggestellt; und am 29. Oktober ruhte Gott sich aus.

Die Wissenschaft und die Bibel waren eine Zeitlang sehr gut miteinander ausgekommen. Die ständigen Entdeckungen versteinerter Meereslebewesen weit im Binnenland schienen den biblischen Bericht von der Sintflut, die einst über die Erde gekommen war, zu bestätigen.

> Da sprach Gott zu Noah: Das Ende allen Fleisches ist bei mir beschlossen, denn die Erde ist voller Frevel von ihnen; und siehe, ich will sie verderben mit der Erde. Mache dir einen Ka-

sten von Tannenholz und mache Kammern darin, und verpiche ihn mit Pech innen und außen. Und mache ihn so: Dreihundert Ellen sei die Länge, fünfzig Ellen die Breite und dreißig Ellen die Höhe. (1. Buch Moses, 6: 13-15.)

Die Elle, ein biblisches Maß, war nach allgemeiner Einschätzung so lang wie der Unterarm eines Mannes vom Ellbogen bis zur Spitze des Mittelfingers. Nun sind zwar die Menschen verschieden groß, aber Sir Isaac Newton löste dieses Problem, indem er festlegte, daß eine Elle zwanzigeinhalb Zoll messen sollte. So konnte er berechnen, daß Noahs Arche 164 Meter lang, 26 Meter breit und 16 Meter hoch gewesen war; das Gewicht hätte demnach (Newton muß das spezifische Gewicht des Holzes und die Dicke der Konstruktion wohl ebenfalls festgelegt haben) 18.231 Tonnen betragen.

So zeigte sich die Wissenschaft von ihrer ordentlichsten und hilfreichsten Seite.

Aber je tiefer die Geologen gruben, desto mehr fanden sie, was sie verwirrte: Die Fossilien und die Anordnung der Erdschichten, in denen diese erhalten waren, deuteten immer mehr auf unterirdische Umwälzungen, Erosion, Sedimente und die Existenz ehemaliger Meere – Anzeichen gewaltiger Veränderungen, die das Antlitz der Erde durchgemacht hatte. Entweder waren diese Veränderungen Werk eines einzigen Ereignisses – zum Beispiel der Sintflut, wie die Bibel praktischerweise erklärte – oder, was die Geologen zunehmend für wahrscheinlich hielten, sie hatten sich über einen gewaltigen Zeitraum hinweg ergeben und fanden immer noch statt, kontinuierlich, aber so langsam, daß sie nicht wahrnehmbar waren. Und das deutete auf ein so schwindelerregend hohes Alter unseres Planeten hin, daß die Wissenschaften und die Heilige Schrift nicht mehr in Einklang gebracht werden konnten.

Für diejenigen, die nicht am Wortlaut der Bibel festhielten, war das Ergebnis ein unauslotbarer Abgrund des Unbekannten, ein geistiges Vakuum. Die Wissenschaft stand jedoch schon bereit, dieses Vakuum zu füllen. Ihre Entdeckungen, die sich Anfang des 19. Jahrhunderts praktisch überschlugen, wurden mit der gleichen Begeisterung aufgenommen wie Frontberichte in einem Krieg. Und nirgends geschah das mit größerer Begeisterung und Anteilnahme als in den Kreisen der wissenschaftlichen Forscher an den britischen Universitäten, vor allem in Cambridge.

Beauforts Brief an Professor Peacock mit der Bitte, einen passenden Gefährten für FitzRoy zu empfehlen, war ein Stich in das Butterfaß mit der Crème de la Crème intellektueller Neuerer an der Spitze des britischen Establishments. Cambridger Professoren wie Peacock, Adam Sedgwick, John Stevens Henslow, William Whewell und John Herschel waren eng befreundet mit Männern in Regierung und Streitkräften, Männern wie Beaufort, dem führenden wissenschaftlichen Kopf der Admiralität, und dem Premierminister, Sir Robert Peel. Sie pflegten Umgang mit Mathematikern wie Charles Babbage, dessen Modelle immer komplizierterer »Differenzmaschinen« die ersten Computer der Welt waren, und mit Geologen wie Charles Lyell und Roderick Murchison. Whewell und Herschel verfaßten Bücher, die zusammen mit Lyells *Lehrbuch der Geologie* zu den meistgelesenen, meistdiskutierten und einflußreichsten englischsprachigen Büchern ihrer Zeit gehörten. Herschels *A Preliminary Discourse on the Study of Natural Philosophy (Über das Studium der Naturwissenschaft)* legte den Grundstein für viele wissenschaftliche Ableitungen und Erklärungen, die seiner Veröffentlichung 1831 folgten. Whewells *History of the Inductive Sciences (Geschichte der inductiven Wissenschaften)* wurde auf einer Weihnachtsparty bei Lord

Northampton als Scharade aufgeführt – das erregte so viel Aufsehen, wie es anderthalb Jahrhunderte später beliebte Fernsehshows tun sollten. Diese Männer bildeten im Herzen des größten Reiches der Welt eine intellektuelle Aristokratie und formten die Art und Weise, wie diese Welt dachte.

Beauforts Brief – eine Einladung, sich einzuschiffen und an Bord eines gut ausgerüsteten, schwimmenden Laboratoriums die größtenteils noch immer unbekannte Erde zu erforschen – ließ diese intellektuelle Gemeinschaft erbeben.

Peacock seinerseits wandte sich in einem Schreiben an John Stevens Henslow, Professor für Botanik in Cambridge. Henslow stand in weitläufiger Bekanntschaft mit einer Reihe von wissenschaftlich interessierten jungen Herren, die für die von Beaufort skizzierte Reise geeignet erscheinen mochten. Er war auch schon Professor für Mineralogie gewesen und galt als ein Mann, »der mit jedem Zweig der Naturwissenschaften vertraut war.« Er verfügte über reiche naturwissenschaftliche Kenntnisse, und seine Vorlesungen waren außerordentlich beliebt und gut besucht, sogar von anderen Professoren. Schwerer zugänglich waren Henslows Soireen Freitag abends, auf denen zehn bis fünfzehn bevorzugte Studenten und Professoren die letzten und berauschendsten intellektuellen und wissenschaftlichen Ideen ungezwungen erörtern konnten. Er leitete Feldexkursionen zu Fuß, zu Pferde, mit Kutschen oder Kähnen, die vielleicht mit einem Essen in einem Wirtshaus beschlossen wurden.

Henslows Studenten waren hauptsächlich gutgestellte junge Männer, die mit ihren Hunden, Pferden und Gewehren an die Universität kamen und sich in der Umgebung von Cambridge private Unterkünfte suchten. Für Vorlesungen und Studien erwärmten sie sich nur, wenn diese ihnen Spaß machten. Unter ihnen waren auch einige angehende Naturwissenschaftler, doch die meisten bereiteten sich auf ihre Rolle als Ärzte, Rechtsanwälte, Politiker, Landbesitzer und Geistliche in dem beherrschenden Establishment vor, dem sie entstammten, einer Art Großfamilie von Plutokraten. Sie waren mit den griechischen und lateinischen Klassikern in deren Originalsprache vertraut, ihre gesellschaftlichen Umgangsformen waren sicher, sie konnten reiten und schießen und waren trinkfest. Es waren Gentlemen. Einer davon, dessen Begeisterung für die Naturwissenschaften vielleicht etwas stärker entwickelt war als die der anderen, war das, was Beaufort für Fitz-Roy suchte.

»Welche Schätze er wird heimbringen können«, schrieb Peacock an Henslow, »auf einem Schiff, das ihm zur Verfügung steht, wann immer seine Forschungen es nötig oder wünschenswert erscheinen lassen ... gibt es irgendjemanden, den Sie wärmstens empfehlen können? Es muß jemand sein, der unserer Empfehlung Ehre macht. Denken Sie einmal darüber nach: Es wäre ein ernster Verlust für die Sache der Naturwissenschaften, wenn diese gute Gelegenheit nicht genutzt würde.«

Nur einen Augenblick lang überlegte Henslow, ob er selbst fahren sollte. Er erwog damals gerade, mit einigen Studenten eine Exkursion nach Teneriffa zu unternehmen, zu den Kanarischen Inseln, einem Ort, der von Alexander von Humboldt als naturwissenschaftliches Paradies beschrieben worden war. Als junger Mann hatte Henslow François Levaillants *Travels from the Cape of Good Hope into the Interior Parts of Africa (Reisen vom Kap der Guten Hoffnung ins Innere Afrikas, 1790)* gelesen. Es war die Geschichte des Schiffbruchs eines Franzosen an der südafrikanischen Küste und seines Marsches durchs Land, lediglich versehen mit einem Gewehr, zehn Golddukaten und den Kleidern, in denen er an Land gespült worden war. Henslow war von der Sehnsucht ergriffen, die gleiche Expedition zu machen; seine Tagträume galten Afrika und dem Reisen. Und nun, inzwischen fünfunddreißig, mit einer festen Anstellung, mit Frau und einem gerade geborenen Baby, gefesselt an ein bescheidenes Zuhause in England, überließ er sich einen Augenblick den Gedanken an diese unglaubliche Reise rund um die Welt, bevor er ihn wehmütig wieder fallen ließ.

Er schickte Peacocks Brief an seinen Schwager Leonard Jenyns weiter, einen ehemaligen Cambridge-Mann, inzwischen Hilfsgeistlicher im nahegelegenen Bottisham und von den Naturwissenschaftlern Cambridges hochgeschätzter Amateur-Entomologe. Jenyns war ebenfalls sofort von dem Gedanken an die Reise gefesselt, und zwar so sehr, daß er schon überlegte, welche Kleider er mitnehmen solle. Aber ihm war sein Kurat erst kurz zuvor zugewiesen worden, so daß er widerstrebend zu dem Schluß kam, es sei nicht »ganz richtig, es zu einem derartigen Zwecke jetzt aufzugeben.«

Beiden, Henslow und Jenyns, schien das Unternehmen einer solchen Reise zu eigensüchtig, als daß ein erwachsener Mann mit Verantwortung es ernsthaft in Erwägung ziehen konnte. Es gefiel natürlich den Jungen, die sie einmal gewesen waren und die sie – wie sie glaubten – nicht länger sein durften. Sie kamen überein, Peacocks Brief an einen solchen jungen Mann weiterzusenden, einen Studenten in Cambridge, der gerade seinen Abschluß gemacht, sie beide mit seiner Begeisterung für die Naturwissenschaften für sich eingenommen hatte und – anders als sie selbst – noch jenseits der Schwelle zum Leben eines verantwortungsbewußten erwachsenen Mannes stand.

Charles Darwin, zweiundzwanzig Jahre alt, war eben jener Student, der Henslow zu einer Fahrt nach Teneriffa animiert hatte. Darwin hatte von Humboldts *Voyage aux régions équinoxiales du nouveau continent (Reise in die Äquinoktial-Gegenden des neuen Kontinents)*, den Bericht seiner Reise nach Teneriffa und durch den brasilianischen Regenwald von 1799 bis 1804, gelesen. Das Buch hatte in ihm plötzlich den fast unabweisbaren Wunsch geweckt, zu reisen und »den allerbescheidensten Beitrag zum edlen Bau der Naturwissenschaften zu leisten.« Brasilien war weit entfernt, ein kostspieliges und schwer zu erreichendes Ziel für den kurzen Besuch eines Amateurnaturkundlers. Teneriffa dagegen, vor der Küste Marokkos, lag viel näher; von Humboldts Beschreibung der Insel, die er auf dem Weg nach Brasilien besucht hatte, hatte Darwin dazu angeregt, mit Henslow über eine Sommerexpedition dorthin zu sprechen.

Aber was war dann erst eine Reise rund um die Welt! Darwin beschloß auf der Stelle, das Angebot anzunehmen. Aber ebenso schnell ließ sein Vater ihn wissen, daß ihm dieser Plan zutiefst mißfiel.

Für Dr. Robert Darwin bedeutete die Vorstellung, daß sein Sohn sich plötzlich zu einer Fahrt um die Welt aufmachte, nur eine Verlängerung der von Unentschlossenheit und Abneigung geprägten Umwege, die Charles seit seinen ersten Tagen an der Universität einschlug, statt sich endgültig für einen Beruf zu entscheiden.

Mit sechzehn hatte er sich auf der Schule so schwer getan, daß sein Vater zu dem Schluß kam, er verschwende dort nur seine Zeit. Er schickte ihn ein Jahr verfrüht nach Edinburgh zu seinem älteren Bruder Erasmus, mit dem zusammen er Medizin studieren und Arzt werden sollte. Beide Jungen waren zu Hause begeisterte »Naturwissenschaftler« gewesen und hatten sich in einem alten Gartenschuppen ihr eigenes »Laboratorium« eingerichtet. Sie hatten sich Flaschen mit Glasstöpseln gekauft und in den feuerfesten Porzellanschalen, die ihnen ihr Onkel, der reiche Porzellanhersteller Josiah Wedgwood, geschenkt hatte, mit einer Argand-Lampe Münzen und alles andere erhitzt, was brennbar war. Sie hatten Mineralien, Chemikalien und Verbindungen analysiert, die sie von ihrem Apotheker in Shrewsbury erhielten. Darwin war eine Zeitlang auf die Kristallographie verfallen und hatte sich eine Steinsammlung angelegt.

Erasmus' chronisch schlechter Gesundheitszustand machte ihn zu einem schlechten Kandidaten für den Arztberuf, so daß Dr. Darwin seine ganzen Hoffnungen auf Charles setzte. Er war darüber hinaus der Meinung, daß Charles' freundliches Naturell ihm im Umgang mit den Kranken zugute kommen würde. Aber der junge Darwin fand rasch heraus, daß ihn die praktische Seite der Medizin abstieß. Abgesehen von dem Widerwillen, den er gegen die Leichensektion selbst empfand, verbanden sich mit dem Handel der Leichen, die in den Anatomiekursen verwendet wurden, berüchtigte Vorstellungen. Es handelte sich bei den Leichen angeblich um in Krankenhäusern und Armenhäusern Verstorbene oder um verstorbene beziehungsweise hingerichtete Kriminelle. Aber tatsächlich wurden zahlreiche Menschen ermordet, um ihre Leichen verkaufen zu können. 1828, drei Jahre nach Darwins Ankunft in Edinburgh, ermordeten William Hare und der Ire William Burke in der Altstadt wenigstens sechzehn Menschen und verkauften ihre Leichen – für zehn Pfund im Winter und für acht Pfund im Sommer, wenn sie schlechter haltbar waren – an den Hintertüren der medizinischen Institute. Andere Leichen lieferten Grabräuber und Leichenhändler, die sie in Tonnen billigen Whiskys aus den Slums der Großstädte und quer über die irische See von Dublin herbrachten.

Operationen am lebenden Menschen fand Darwin noch unerträglicher.

Charles Darwin im Alter von 31 Jahren, kurz nach seiner Reise auf der *Beagle*.
(Aquarell von George Richmond)

Ich besuchte bei zwei Gelegenheiten den Operationssaal im Krankenhaus in Edinburgh und sah zwei sehr schwere Operationen, die eine an einem Kind. Ich lief aber davon, ehe sie zu Ende gebracht war. Auch habe ich nie einer weiteren beigewohnt, denn nichts in der Welt hätte mich wieder dazu veranlassen können. Das war lange vor der gesegneten Zeit des Chloroforms.[2]

Damals oder schon früher entwickelte Darwin eine Aversion gegen Blut und eine Furcht vor Krankheiten aller Art, die ihm sein Leben lang treu bleiben sollten. Nicht in der Lage, seinem Vater die wachsende Abneigung gegen das Medizinstudium einzugestehen, konzentrierte er sich auf das, was ihm an der medizinischen Ausbildung gut gefiel: Die Vorlesungen über Naturkunde.

Am Ende seines ersten akademischen Jahres ging sein Bruder Erasmus von Edinburgh nach London, um seine Studien dort fortzusetzen. Die beiden Brüder hatten ein so enges Verhältnis, daß sie sich kaum Mühe gegeben hatten, andere Freundschaften zu suchen. Jetzt allerdings, da er allein an der Universität war und niemanden aus seiner Familie mehr in der Nähe hatte, blieb Darwin nichts anderes übrig, als sich nach außen hin zu orientieren. Das tat ihm gut. Er trat der Plinianischen Gesellschaft bei, einem Verein gleichgesinnter Studenten, die sich regelmäßig trafen, um einander Vorträge zur Naturkunde zu halten und gemeinsam darüber zu diskutieren. Durch die Gesellschaft lernte er deren früheren Sekretär Robert Grant kennen, der Medizin studiert hatte, aber kein Arzt, sondern ein inzwischen bekannter Dozent und respektierter Naturforscher geworden war. Der zurückhaltende, asketische und melancholische Grant, ein überzeugter Junggeselle und möglicherweise homosexuell, ging immer wieder engere Verbindungen mit bevorzugten Studenten ein, die oft mit einer Entzweiung endeten. Darwin gehörte während seines zweiten Jahres in Edinburgh eine Weile zu diesen Lieblingsstudenten.

Grant, der in einem Haus an der Küste in der Nähe von Leith Harbour wohnte, machte Darwin mit der Zoologie der Meerestiere bekannt. In Gezeitentümpeln und im Beifang von Fischern sammelten sie Wirbellose – winzige, gelantinöse, pilzartige Geschöpfe. Grants Begeisterung für diese Organismen war ansteckend. Er ließ sie für Darwin lebendig werden und zeigte ihm, wie ihre Mikrowelt beschaffen war: Wie sie lebten, wie sie sich anpaßten, welche Wandlungen sie durchmachten, wie sie sich vermehrten und wie man sie unter einem Mikroskop in Seewasser zerlegte. In diesem zweiten Jahr in Edinburgh betrachtete Darwin das Meer als eine Art riesigen Objektträger für sein Mikroskop, das Vergrößerungsglas, das den Existenzkampf in dieser Welt unter der Wasseroberfläche sichtbar machte. Die winzigen Seelebewesen ließen ihn sein ganzes Leben lang nicht mehr los.

Grant sprach mit Darwin auch über die ketzerische Theorie der Evolution. »Als wir eines Tages miteinander spazierengingen, brach er in hohe Bewunderung für Lamarck und dessen Ansichten über die Evolution aus«, schrieb Darwin viel später. Im Jahre 1800 hatte der Franzose Jean-Baptiste Lamarck die Idee vertreten, die auf der Erde lebenden Tier- und Pflanzenarten seien nicht in ihrer einzigen und unveränderlichen Form in der biblischen Schöpfung geschaffen worden, sondern hätten sich allmählich und ständig in Anpassung an eine sich ebenfalls stets verändernde Umwelt geändert. So seien durch Umbildung neue Spezies entstanden. Damit stand er in direktem Gegensatz zur Bibel. In früheren Zeitaltern hätte man Lamarck für diese Ansichten auf den Scheiterhaufen gebracht. Aber auch zu seiner Zeit glaubten die meisten Menschen und selbst aufgeschlossenere Naturwissenschaftler immer noch, daß Gott die Erde mit allem Leben darauf geschaffen habe als eine »große Kette von Wesen«, von den kleinsten – d.h. den niedrigsten – Geschöpfen bis hin zu den höchsten, den Menschen, und daß jede Spezies in dieser Kette ihren eigenen vorbestimmten und unveränderlichen Platz einnehme. Lamarcks Behauptung, daß sich Lebewesen von niederen zu höheren entwickelten – und daß sich auch der Mensch aus niederen Formen entwickelt habe, von denen die letzte die Affen seien – war Gotteslästerung. Aber solche Gedanken waren für Darwin nichts Neues. Sein Großvater, der erste Erasmus Darwin (1731-1802), ein Arzt und Naturkundler, war noch vor Lamarck in England als evolutionärer Denker berühmt gewesen und hatte seine Vorstellungen in Form einer zwar umstrittenen, aber volkstümlichen Dichtung zum Ausdruck gebracht:

Unter den uferlosen Seen ward organisches Leben
gebor'n und genährt in Ozeans perlmutternen Höhlen;
Winzig die ersten Formen,
unsichtbar auch der vergrößernden Linse,
Im Schlamm sich bewegen
oder durchdringen die Masse des Wassers;
Blühen dann auf in aufeinanderfolgenden Geschlechtern,
Die neue Kräfte gewinnen und größere Glieder ausbilden.

Ideen wie diese oder diejenigen Lamarcks waren im frühen neunzehnten Jahrhundert ketzerisch. Die meisten Naturwissenschaftler erkannten damals Gottes Werk im Plan und in der Vollendung des wohlgeordneten Ganzen von Himmel und Erde; für sie gab es keine Welt destruktiven Wandels, der in einem Prozeß langsamer Zermürbung ganze Spezies ausrottete. Denn das wäre gewiß ein gottloses Universum gewesen, ein fleischgewordener Fluch, die dritte, der Hölle gewidmete Tafel eines Triptychons von Bosch. Aber einige wenige glaubten, daß es sich genauso verhielt, und Robert Grant war einer davon.

Darwins gemeinsam mit Grant angestellte Forschungen führten schließlich zu seiner ersten naturkundlichen

Arbeit, die er der Plinianischen Gesellschaft am 27. März 1827 vortrug. Er hatte mit Hilfe eines armseligen Mikroskops beobachtet, was vor ihm offensichtlich noch niemand gesehen oder bemerkt hatte: das eilige Schwimmen winziger, vermeintlicher Eier der Spezies *Flustra*, eines Moostierchens, bei denen es sich in Wirklichkeit um Larven handelte, die sich mit Hilfe von Wimpern fortbewegten. Darwin war begeistert über diesen Erfolg, aber seine Freude war nur von kurzer Dauer. Grant bemächtigte sich seiner Entdeckung, ohne Darwins Leistung auch nur zu erwähnen, und stellte sie in einem Vortrag vor der erlauchteren Wernerschen Naturforschenden Gesellschaft am 24. März 1827, drei Tage vor Darwins Vortrag vor der Plinianischen Gesellschaft, als seine eigene Beobachtung vor. Jahre später sagte Darwin seiner Tochter Henrietta, daß seine erste wissenschaftliche Entdeckung ihm einen ersten Eindruck von »dem eifersüchtigen Neid der Wissenschaftler« verschafft habe.

Die Beziehungen zwischen dem Professor und dem Studenten kühlten sich ab, aber Grants Einfluß auf Darwin blieb grundlegend: Durch ihn kam er zum ersten Mal mit echt wissenschaftlichen Arbeitsmethoden in Berührung. Die Naturwissenschaften wurden zur Grundlage von Darwins evolutionären Theorien, und in dem Wissenschaftler Grant hatte er ein Rollenvorbild für unbändigen Forscherdrang.

Am Ende des Studienjahres kam Darwin heim und eröffnete seinem Vater, daß er seine Ausbildung als Arzt nicht fortsetzen könne. Doktor Darwin geriet in Zorn. »Dich interessiert nichts als Schießen, Hunde und Rattenfangen, und du wirst dir selbst und deiner ganzen Familie zur Schande gereichen.« Später stimmte Darwin ihm zu: »Er war vollkommen zu Recht vehement dagegen, daß ich mich in einen jagdbesessenen Müßiggänger verwandelte, und darauf schien es damals hinauszulaufen.«

Darwins Problem war sein mangelnder Ehrgeiz. Die Darwins waren wohlhabende Landedelleute, so daß es keinen finanziellen Anreiz für Charles gab, sich um eine berufliche Laufbahn zu bemühen; er würde immer wohlhabend sein, und das Schießen und die Jagd liebte er mehr als alles andere. Und wenn ihm daneben Zeit blieb, sammelte und studierte er Kleinlebewesen. Damit war er zufrieden. Aber Robert Darwin war nicht gewillt zuzusehen, wie aus seinem Sohn ein dilettantischer Nichtsnutz wurde. Also wies er ihn an, sich für den Dienst in der Kirche vorzubereiten.

Der Beruf eines Geistlichen war ebenso respektabel wie der eines Mediziners und verlangte ebenfalls Geschick im Umgang mit Menschen. Die Kirche von England war damals ein Herrenclub mit Referenzen, wie man sie sich tadelloser nicht vorstellen konnte, und dazu noch vielerorts extrem gut ausgestattet. Gemeindegeistlichen stellte man ein Haus und ein angemessenes Einkommen (das Darwin nach Belieben ergänzen konnte) zur Verfügung, und sie genossen hohes Ansehen. Sie hatten Diener, züchteten erstklassige Hunde und Pferde und legten sich wohlgefüllte Weinkeller an. Das Amt konnte mit der gleichen bequemen, burschikosen Zwanglosigkeit ausgeübt werden wie das eines Schulmeisters, genoß aber höheres Ansehen und versprach wesentlich mehr Freizeit. Für einen Pfarrer mit Hobby war es eine angenehme Basis für eine zeitintensive Nebenbeschäftigung. Viele der bemerkenswerten Schriftsteller und Naturwissenschaftler des späten achtzehnten und frühen neunzehnten Jahrhunderts waren Geistliche, die während ihrer vielen freien Stunden forschten und Bücher schrieben. Eine Anstellung an einem geeigneten Platz hätte für Darwin alles zum Besten geregelt. Er hätte sich mit den anderen Landedelleuten im Schießen messen und mit ihnen auf die Jagd gehen können, und außerdem hätte ihm freigestanden, nach Herzenslust zu botanisieren, zu geologisieren und zu sammeln, Vorträge und Monographien zu verfassen und sich in der Welt der Naturwissenschaften einen Namen zu machen, wenn es das war, was er wollte.

Ein Mann von dieser Art war im achtzehnten Jahrhundert Pfarrer William Paley gewesen, dessen Buch *Natural Theology, or Evidences of the Existence and Attributes of the Deity (Theologie der Natur)* zu einem Standardlehrbuch für das Theologiestudium geworden war. 1798 hatte Thomas Malthus, ein anderer Landpfarrer, sein *An Essay on the Principle of Population (Versuch über die Bedingung und die Folgen der Volksvermehrung)* verfaßt, das zu den einflußreichsten Arbeiten des nächsten halben Jahrhunderts gehören sollte – und auch in der Entwicklung von Darwins weiterem Denken eine entscheidende Rolle spielte. Solche Männer boten einem naturwissenschaftlich interessierten Geistlichen ein ausgezeichnetes Rollenvorbild.

Darwin war mit dem vernünftigen Vorschlag seines Vaters zufrieden, soweit er ihm mit gutem Gewissen folgen konnte.

> Ich bat um etwas Bedenkzeit, denn nach dem Wenigen, was ich bis dahin darüber gehört und was ich mir selbst überlegt hatte, hegte ich Bedenken, mich zu allen Dogmen der Kirche von England zu bekennen; andererseits gefiel mir der Gedanke, ein Landpfarrer zu werden, durchaus. Folglich nahm ich mir Pearsons *On the Creed (Über das Glaubensbekenntnis)* und einige andere theologische Schriften gründlich vor; und da ich damals die genaue und buchstäbliche Wahrheit jedes einzelnen Wortes der Bibel nicht bezweifelte, überzeugte ich mich, daß unser Glaubensbekenntnis in seiner Gesamtheit angenommen werden müsse.

Die Ausbildung würde nicht schwierig sein. Der Grad eines Bakkalaureus der philosophischen Fakultät einer Universität und dann einige theologische Studien waren alles, was er als Vorbereitung für den geistlichen Stand brauchte. Im Januar 1828 schrieb er sich am Christ's College in Cambridge ein.

Dort begann er sich zu vergnügen. Er traf einen gleichgesinnten Vetter, William Darwin Fox, der sich ebenfalls auf das geistliche Amt vorbereitete, und schon bald brachten die beiden den größten Teil ihrer Zeit gemeinsam zu, machten auf Sammelexkursionen das Umland unsicher und taten für ihr Studium nur gerade so viel, wie nötig war, um die Examen zu bestehen.

Seine Hauptbeschäftigung in Cambridge sollte ihm nützlicher werden als alle seine Studien. Schon mit fünfzehn war Darwin ein erstklassiger Schütze gewesen, und das Schießen mit dem Gewehr liebte er mehr als alles andere. »Wie habe ich nicht das Schießen genossen«, schrieb er später. »Wenn es einen Himmel auf Erden gibt, dann war es das für mich.«

> Mein Eifer war dabei so groß, daß ich meine Jagdstiefel zum Anziehen fertig an mein Bett zu stellen pflegte, wenn ich schlafen ging, damit ich nicht eine halbe Minute Zeit beim Anziehen derselben am anderen Morgen verlöre ... Als ich in Cambridge war, pflegte ich das Anlegen der Flinte vor einem Spiegel zu üben, um zu sehen, daß ich sie gerade anlegte. Ein anderer und noch besserer Plan war der, von einem Freund ein angezündetes Licht hin und her bewegen zu lassen und dann mit einem Zündhütchen auf dem Zündkegel danach zu schießen; war gut gezielt worden, so blies der kleine Luftstoß das Licht aus.[3]

Darwin las Bücher über Feuerwaffen und Schießpraxis. Er führte ein »Streckenverzeichnis«, ein Notizbuch, in das er alles eintrug, was er erlegte, und legte sich Listen an, welche Kaliber für verschiedenes Wild das richtige war. Mit Fox und anderen Studenten aus Cambridge traf er sich zu Gemeinschaftsjagden. Das war ein anerkannter und durchaus erwünschter Teil der Vorbereitung eines jungen Mannes auf das Leben als Gentleman und zahlte sich für Darwin in der Folge vermutlich höher aus als seine eigentlichen Studien in Cambridge.

Die einzige Leidenschaft, die mit den langen auf der Jagd verbrachten Stunden und Tagen konkurrieren konnte, hatte er von seinem Vetter William Fox übernommen.

> Aber keiner Beschäftigung wurde in Cambridge mit auch nur annähernd so viel Eifer nachgegangen und keine machte mir so viel Freude wie das Sammeln von Käfern. Es war die bloße Leidenschaft des Sammelns, denn ich sezierte sie nicht, verglich auch nur selten ihre äußeren Merkmale mit den veröffentlichten Beschreibungen; aber ich bekam auf irgendeine Weise ihre Namen heraus ... Kein Dichter hat eine größere Freude beim Anblick seines ersten gedruckten Gedichtes empfunden, als ich es empfand, als ich in Stephens *Illustrations of British Insects* die magisch wirkenden Worte sah: »... gesammelt von C. Darwin, Esq.«[4]

Darwin war für die Entomologie wie geschaffen. Sie brachte ihn bei jedem Wetter hinaus vor die Tür, zu Fuß oder zu Pferde, um dort Stunden in Gesellschaft von Freunden und Hunden zuzubringen und sich zugleich endlich einmal nützlich vorzukommen.

In diesen frühen Tagen der Naturwissenschaften konnte ein hingebungsvoller Amateur rasch eine Sammlung präparierter Insekten zusammenbekommen, die hinter derjenigen eines Museums nicht zurückstand. Darwin wurde von seiner Begeisterung vollkommen in Anspruch genommen.

> Als ich eines Tages ein Stück alte Rinde abriß, sah ich zwei seltene Käfer und ergriff mit jeder Hand einen. Dann sah ich auf einmal einen dritten, noch dazu eine neue Art, dessen Verlust ich nicht hätte ertragen können; ich steckte daher den in meiner rechten Hand schnell in den Mund. Leider spritzte er aber da sofort eine intensiv scharfe Flüssigkeit aus, die mir auf der Zunge brannte, so daß ich gezwungen war, ihn auszuspucken; der war nun verloren, wie es auch der dritte war.[5]

Darwin begann seine Jagd nach Käfern am Anfang der großen viktorianischen Sammelleidenschaft für Steine, Fossilien, Farne, Muscheln, Naturobjekte aller erdenklichen Art, die heimgebracht, katalogisiert, gelegentlich bestimmt und benannt, präpariert und auf Regalen und in Schränken ausgestellt wurden. Es war ein Zeitalter des Neuaufbruchs in der Naturkunde, in der nur das Ausmaß des Fleißes den begeisterten Amateur vom Fachmann trennte.

Die überall um sich greifende Sammelleidenschaft hatte bald zur Folge, daß den wohlhabenden Schichten, die über die Muße und das Geld verfügten, sich ihr zu überlassen, ein breites Angebot an Sammelgläsern, Dosen, Netzen und vor allem passender Kleidung und Ausrüstung für die Sammelexkursionen zur Verfügung stand. Schließlich war das Sammeln auch eine Beschäftigung, bei der man gesehen wurde. Selbstverständlich rüstete auch Darwin sich vollständig aus.

»Mit seiner sorgfältig für sein Vorhaben gewählten Ausrüstung würde er heute Grund zum Schmunzeln geben«, schrieb John Fowles in seinem Roman *The French Lieutenant's Woman (Die Geliebte des französischen Leutnants)* über einen anderen jungen viktorianischen Herrn, der ebenfalls Charles hieß und sich in passender Kleidung zu einer geologischen Exkursion an einen Strand begab.

Er trug kräftige Nagelschuhe und Segeltuchgamaschen, die sich nach oben in Breeches aus schwerem Flanell fortsetzten. Da gab es einen dazu passenden engen und absurd langen Rock, einen Schlapphut aus Segeltuch, einen wuchtigen Eschenstock, den er auf dem Weg zum Damm gekauft hatte, und einen voluminösen Rucksack, der ein gewichtiges Aufgebot an Hämmern, Behältnissen, Notizbüchern, Pillenschachteln, Beilen und weiß der Himmel was noch alles enthielt. Uns heutigen scheint an der viktorianischen Zeit nichts so schwer verständlich wie ihre methodische Umständlichkeit. Den besten Anschauungsunterricht bieten uns die lächerlichen Ratschläge, die den Reisenden in den frühen Ausgaben des Baedeker unbefangen erteilt werden. Man fragt sich, wo bei einer solchen Ausstaffierung das Vergnügen blieb. War Charles nicht imstande einzusehen, daß leichte Kleidung viel angenehmer gewesen wäre? Daß ein Hut überflüssig war, daß auf dem mit Geröll bedeckten Strand Nagelschuhe ebenso unbequem wie Schlittschuhe waren?

Nun, wir lachen. Aber ... wenn wir jene Besessenheit, jederzeit korrekt gekleidet, für jede Eventualität gerüstet zu sein, einfach für Dummheit erklären, für Blindheit gegenüber der erfahrbaren Wirklichkeit, dann unterliegen wir, so meine ich, einem ernsten – oder vielmehr leichtfertigen – Irrtum gegenüber unseren Vorfahren. Männer wie Charles, wie er unnütz bekleidet und ausgerüstet, legten die Grundlagen für das Gebäude unserer modernen Wissenschaft. Ihr närrisches Verhalten in dieser Hinsicht war nur ein Symptom für ihre Seriosität in einer viel wichtigeren. Sie hatten erkannt, daß die geläufige Einschätzung der Weltfragen unzulänglich geworden war. Man hatte zugelassen, daß die Fenster zur Wirklichkeit von Konvention, Religion und sozialer Stagnation verkleistert waren; sie wußten, mit einem Wort, daß sie Entdeckungen machen mußten und daß diese Entdeckungen für die Zukunft der Menschheit von äußerster Wichtigkeit waren.[6]

Ungeachtet seiner Abneigung, sich dem eigentlichen Studium zu widmen, brachte seine Sammelleidenschaft Darwin in engen Kontakt zu anderen Naturkundlern, namentlich den Professoren Henslow und Sedgwick. Er gehörte zu ihren Zirkeln, beteiligte sich an ihren Feldexkursionen und nahm an Henslows Soireen teil. Zum ersten Mal spürte er, was seine wahre Bestimmung war, ganz gleich, ob sie nun als angemessene berufliche Beschäftigung gelten konnte oder nicht. Er begann sich selbst als Wissenschaftler zu betrachten. Er las von Naturforschern, die über das Umland von Cambridge weit hinaus gekommen waren. Von Humboldts Beschreibung seiner Reise nach Teneriffa und Brasilien beflügelte Darwins Einbildungskraft. Er überlegte, wie er es anstellen könne, eine ähnliche Reise zu unternehmen.

Die Nachricht von der geplanten Weltumsegelung erreichte Darwin in Nordwales, wohin er sich zusammen mit dem Cambridger Professor Adam Sedgwick, der George Greenoughs Karte der Geologie von England und Wales von 1820 zu korrigieren und zu ergänzen gedachte, auf eine dreiwöchige geologische Tour begeben hatte. Sedgwick hatte Darwin eingeladen, ihm bei seinem Vorhaben behilflich zu sein; er wollte Darwin vor der Expedition nach Teneriffa, über die er so gern sprach, die Gelegenheit zu etwas geologischer Feldarbeit geben.

Die beiden machten sich am 5. August vom Familiensitz der Darwins in Shrewsbury aus in Sedgwicks Kutsche auf den Weg nach Llangollen in Nordwales. Von dort aus gingen sie durch das kahle, felsgesäumte Tal des Clwyd nach Caernarvon an der Küste. In Saint Asaph schickte Sedgwick Darwin allein los, um nach Anzeichen von Altem Rotem Sandstein Ausschau zu halten, der dort auf Greenoughs Karte verzeichnet war. Als sie sich am Abend in Colwyn wiedertrafen, hatte keiner von ihnen eine Spur des Alten Roten Sandsteins entdeckt. Sedgwick erklärte Darwin, daß der geologische Bau des Clwydtals nun auf der Basis ihrer beider Arbeit revidiert werden würde. Beeindruckt und dankbar für das Vertrauen, das Sedgwick in ihn setzte, war Darwin »außerordentlich stolz«.

Am 29. August kehrte er auf The Mount, den Familiensitz, zurück und fand dort eine Nachricht von Henslow mit dem inzwischen eselsohrigen Brief von George Peacock vor. Die Einladung, die er enthielt, verschlug Darwin den Atem; sie eröffnete ihm Möglichkeiten, von denen ihm seine bisherigen naturwissenschaftlichen Kenntnisse nur ein völlig unzureichendes Bild geben konnten. Sie stellten Teneriffa und Brasilien, über die von Humboldt berichtet hatte, in den Schatten. Als genauer Leser von Reiseberichten kannte Darwin wahrscheinlich Captain James Cooks Bericht über seine Weltumseglung mit den Zeichnungen von William Hodges und John Webber, die Cook als Zeichner begleitet hatten. Die Bilder (die man heute im Nationalen Seefahrtmuseum in Greenwich, England, sehen kann) zeigten in der idealisierten Sicht der Engländer edle Wilde inmitten der erhabenen Wälder ihrer natürlichen Umgebung in Polynesien und in den entlegenen, majestätischen Fjorden Neuseelands im Augenblick ihrer ersten Begegnung mit Europäern. Mensch und Natur, so glaubte man, befand sich dort noch in einem paradiesischen Zustand, und auch fünfzig Jahre nach Cook hielt man die weite Welt – und hatte damit zweifellos recht – für ein wahres Paradies der Naturforscher.

Sobald er die Briefe gelesen hatte, sagte Darwin seinen drei Schwestern, daß er die Reise antreten werde. Aber sein Vater war so sehr gegen diese Idee, daß Darwin sie fast sogleich wieder aufgab. Am nächsten Morgen schrieb er an

Peacock und Henslow, dankte ihnen, lehnte das Angebot aber mit Bedauern ab.

> Was meine eigene Ansicht betrifft, so würde ich, und ich denke, ganz gewiß, äußerst erfreut die Gelegenheit angenommen haben, welche Sie mir so freundlich angeboten haben. Obgleich mein Vater nicht ganz entschieden es zurückweist, so widerrät er doch meinem Gehen so nachdrücklich, daß ich mich nicht behaglich fühlen würde, wenn ich seinem Rat nicht folgte.
>
> Die Einwände meines Vaters sind folgende: Die Reise macht mich ungeeignet, mich als Geistlicher niederzulassen; meine geringe Gewöhnung an Seeleben, die Kürze der Zeit, und die Möglichkeit, daß ich Captain FitzRoy nicht passe. Die sehr kurze Zeit für alle meine Vorbereitungen ist sicherlich ein sehr ernstlicher Einwand, da nicht bloß der Körper, sondern auch der Geist einer Vorbereitung für ein solches Unternehmen bedarf. Wenn es aber nicht meines Vaters wegen gewesen wäre, so würde ich es auf alle Fälle gewagt haben ... Selbst wenn ich gehen sollte, so würde mir der Umstand, daß es mein Vater nicht gern sieht, all meine Energie rauben, und davon dürfte ich doch einen guten Vorrat brauchen. Noch einmal muß ich Ihnen danken; es fügt ein kleines Teil der schweren, aber angenehmen Dankeslast zu, welche ich Ihnen schulde.[7]

Darwin lebte sicher und wohlverwahrt im Schoße seiner Familie, als zweitjüngstes von sechs Kindern verhätschelt und verwöhnt von seinen drei älteren Schwestern, die ihm seit deren Tod in seinem neunten Lebensjahr die Mutter ersetzten. Sein Vater war als Haushaltsvorstand gütig, aber gleichzeitig gebieterisch, ein gewaltiger Mann, reich, intelligent, einflußreich, der Schöpfer der Welt, die ihn umgab, und für seinen Sohn eine absolute Autorität. Charles war kein halsstarriger junger Mann, der gegen die Wünsche eines solchen Vaters handelte. Als Dr. Darwin seine Mißbilligung zum Ausdruck brachte, widersprach Charles nicht.

Statt dessen nahm er seine Flinte und ritt zum Haus seines Onkels Jos. Darwin und Josiah Wedgwood II. standen sich fast so nahe wie Vater und Sohn. Onkel Jos war kein so beeindruckender Mann wie Robert Darwin und auch nicht die erste Autorität in Charles Leben, und doch hatte er starken Einfluß auf seinen Neffen. Die zwei gingen so gern gemeinsam auf die Jagd, daß Darwin den Sitz der Wedgwoods, Maer, immer als das »Schloß der Freude« bezeichnete. Dr. Darwin respektierte Wedgwood, seinen Schwager, und dessen Einfluß auf seinen Sohn. Als Darwin sich auf den Weg nach Maer machte, sagte ihm sein Vater ausdrücklich: »Wenn du irgendeinen Mann mit gesundem Menschenverstand findest, der dir rät, die Reise anzutreten, dann werde ich einverstanden sein.« Und er gab Darwin eine kurze Nachricht an dessen Onkel mit:

> Charles wird Ihnen von dem Angebot berichten, das man ihm gemacht hat, für zwei Jahre auf eine Entdeckungsreise zu gehen. – Ich bin aus verschiedenen Gründen sehr dagegen, aber ich werde meine Bedenken nicht genauer mitteilen, damit er Ihre unvoreingenommene Meinung zu diesem Gegenstand erfährt. Falls Sie anders darüber denken als ich, wird es mein Wunsch sein, daß er Ihrem Rat folge.

Darwin besprach die ganze Angelegenheit mit seinem Onkel Jos. Er brachte die Einwendungen seines Vaters zu Papier, damit Wedgwood sie sich ansehen und darüber nachdenken konnte.

1. Unverträglich mit dem Rufe meines Charakters als eines späteren Geistlichen.
2. Ein wilder Plan.

3. Daß man die Stellung eines Naturforschers vielen anderen vor mir angeboten haben müsse.
4. Und weil das Anerbieten nicht angenommen worden ist, müssen irgendwelche ernstliche Bedenken gegen das Schiff oder gegen die Expedition bestehen.
5. Daß ich später mich niemals zu einem ruhigen festen Leben niederlassen würde.
6. Daß meine Unterbringung äußerst unbehaglich sein würde.
7. Daß Du [d.h. Darwins Vater] es als nochmaligen Wechsel meines Berufes ansehen wirst.
8. Daß es ein nutzloses Unternehmen ist.[8]

Wedgwood – der »Mann mit gesundem Menschenverstand«, wie Dr. Darwin ihn schlicht bezeichnete – schrieb Darwins Vater einen Brief, in dem er auf jede seiner acht Einwendungen einging:

Mein lieber Doktor,

daß Sie sich wegen des Anerbietens, welches Charles gemacht worden ist, an mich wenden, legt mir eine Verantwortlichkeit auf, deren Schwere ich wohl fühle; da Sie aber gewünscht haben, daß mich Charles zu Rate zieht, so kann ich nicht verweigern, Ihnen die Resultate meiner Überlegungen so mitzuteilen, wie ich sie anzustellen imstande war.

Charles hat das aufgeschrieben, was, wie er meint, Ihre hauptsächlichsten Einwürfe sind; und ich glaube, ich verfahre am besten, wenn ich Ihnen mitteile, was mir bei einem jeden derselben in den Sinn kommt.

1. Ich sollte nicht glauben, daß es in irgendwelcher Weise unehrenhaft für seinen Charakter als Geistlichen sein würde. Im Gegenteile denke ich, daß das Anerbieten ehrenvoll für ihn ist, und die Beschäftigung mit Naturgeschichte paßt sich sehr wohl für einen Geistlichen, obgleich es sicher nicht zu seinem Beruf gehört.

2. Ich weiß kaum, wie ich diesem Einwand begegnen soll; es würden ihm aber bestimmte Gegenstände vorliegen, mit denen er sich zu beschäftigen hätte; er würde sich dadurch die Gewohnheit aneignen, seinen Fleiß auf etwas zu wenden, und dieselbe kräftigen, und ich meine, es ist ebenso wahrscheinlich, daß er dies dort tut, als wenn er die nächsten zwei Jahre zu Hause zubringen würde.

3. Dieser Gedanke ist mir beim Lesen der Briefe nicht gekommen, und beim wiederholten Lesen derselben zu dem besonderen Zwecke finde ich keinen Grund für diese Annahme.

4. Ich kann nicht einsehen, daß die Admiralität zu einem solchen Dienst ein schlechtes Schiff ausschicken würde. Was die Einwände gegen die Expedition selbst betrifft, so werden sie für jeden Einzelnen verschieden sein, und ich glaube, für Charles ließe sich daraus nichts ableiten, daß man wüßte, andere hätten Einwendungen erhoben.

5. Sie haben ein viel besseres Urteil über Charles' Charakter, als ich es haben kann. Wenn Sie diese Art, die nächsten zwei Jahre hinzubringen, mit der Art vergleichen, wie er sie verleben wird, wenn er dieses Anerbieten nicht annimmt, und Sie meinen, er würde dann sehr leicht unruhig und nicht geeignet gemacht werden, sich irgendwo ruhig niederzulassen, so ist das zweifelsohne ein gewichtiger Einwand. Ist es aber nicht der Fall, daß Seeleute dazu sehr geneigt sind, sich in häusliche und ruhige Verhältnisse einzurichten?

6. Hierüber kann ich mir keine Ansicht darüber hinaus bilden, als daß er, wenn er von der Admiralität angestellt wird, auch so gut auf dem Schiffe untergebracht zu werden ein Anrecht hat, als es dasselbe nur eben zuläßt.

7. Wenn ich sähe, daß Charles jetzt ganz von Berufsarbeiten absorbiert wäre, so würde ich es wahrscheinlich nicht für ratsam halten, ihn darin zu unterbrechen; dies ist aber nicht der Fall, und ich glaube, es wird es auch nicht in Zukunft sein. Seine jetzigen

wissenschaftlichen Bestrebungen liegen in derselben Richtung, wie er sie auf der Expedition zu verfolgen haben wird.

8. Das Unternehmen würde nutzlos sein, soweit sein Beruf in Betracht kommt; betrachtet man ihn aber als einen Menschen von erweiterter Wißbegierde, so bietet sich ihm eine Gelegenheit, Menschen und Dinge zu sehen, wie sie wenigen geboten wird.

Berücksichtigen Sie, daß ich nur sehr wenig Zeit zur Überlegung gehabt habe und daß Sie und Charles die Personen sind, welche sich zu entscheiden haben.[9]

Wedgwood sandte den Brief in den Morgenstunden des 1. Septembers ab. Dann versuchten er und Darwin sich mit der Rebhuhnjagd abzulenken – es war der erste Tag der Saison, eine Gelegenheit, die sie nicht ignorieren konnten –, aber sie waren nicht bei der Sache, so daß sie nicht viel zur Strecke brachten. Um zehn Uhr entschloß sich Wedgwood ungeduldig, mit dem Doktor selbst zu sprechen, und so machten die beiden Männer sich in seiner Kutsche auf nach The Mount, entschlossen, ihre Auffassung mit überzeugenden Argumenten zu vertreten.

Doch sie fanden Dr. Darwin bereits in sehr willfähriger Laune vor. Er hatte seine Meinung geändert, vielleicht eingedenk der Ehre, die diese seinem Sohn durch berühmte Professoren, die offensichtlich eine hohe Meinung von ihm hatten, überbrachte Einladung der Admiralität bedeutete. Vielleicht war seine wichtigste Einwendung auch gar nicht in Charles' Liste mit aufgeführt: Er fürchtete, auf einer Reise in den wilderen Teil der noch wenig bekannten Welt um das Leben seines Sohnes. Schließlich war Captain Cook selbst trotz des Schutzes durch eine ganze Bootsladung bewaffneter Seeleute auf den Sandwichinseln (Hawaii) von Eingeborenen umgebracht worden, die ihn vorher verehrt hatten. Aber am Ende sah Dr. Darwin ein, welche einzigartige Gelegenheit sich für seinen Sohn hier ergab, und so hatte er beschlossen, Charles gehen zu lassen – und zwar mit all der beachtlichen finanziellen Unterstützung, die zu gewähren er in der Lage war.

Aber inzwischen, so schien es, hatte FitzRoy jemand anderen gefragt.

11

Das jedenfalls teilte FitzRoy seinem Vetter Alexander Charles Wood mit, der in Cambridge bei Peacock studierte. Wood hatte von der Reise und der Mitfahrgelegenheit für einen Naturkundler gehört und sich daraufhin in einem Brief an FitzRoy begeistert über Darwin geäußert, aber gleichzeitig darauf hingewiesen, daß dieser ein Whig (ein Liberaler) sei. FitzRoy antwortete Wood brieflich, daß die Position inzwischen besetzt sei. Das teilte Wood Henslow mit. Darwin, der inzwischen nach Cambridge zurückgekehrt war, um sich mit Henslow über die bevorstehende Reise zu besprechen, war bestürzt. Weder er noch Henslow wußten noch, woran sie waren, und Henslow vermutete verärgert, daß Peacocks Darstellung, die Position sei noch zu vergeben, falsch gewesen sei und dazu geführt habe, daß sich alle nur für ein trügerisches Vielleicht bemüht hätten.

FitzRoy hat vielleicht wirklich einen Freund, einen »Mr. Chester«, gefragt, wie er Darwin später erzählte; vielleicht hatte er es auch vernünftigerweise nur vermieden, alles auf eine Karte zu setzen, bevor er den ihm von der Admiralität empfohlenen Kandidaten aus Cambridge selbst kennenlernte. So sehr er auch das Bedürfnis verspürte, auf eine so lange Reise einen geeigneten Herrn als Gefährten mitzunehmen, wußte er doch um das Risiko, bei der Auswahl seines Reisebegleiters einen Fehler zu begehen. Schließlich würde er mit dem Naturkundler an Bord auf Monate und Jahre hinaus aufs Engste zusammenleben müssen. Aber nichtsdestotrotz verabredeten sich Darwin und FitzRoy zu einem Treffen in London und beide hielten ihren Termin ein.

Sie waren beide junge Männer – FitzRoy sechsundzwanzig, Darwin zweiundzwanzig Jahre alt –, denen ein Schiff zur Verfügung und die ganze Welt offen stand. Sie lernten einander kennen und schätzen als mögliche Partner eines sehr großen Abenteuers. Aber FitzRoy verfügte über die Erfahrung, die Fähigkeiten und die Selbstgewißheit eines viel älteren Mannes, und er war der Kapitän – eine fast absolute Autorität.

FitzRoy stellte Darwin gegenüber die Härten der geplanten Reise heraus: Die Gefahr, die Stürme, die extremen Temperaturen, das Risiko von Krankheiten, die nie wechselnde Kost – vermutlich malte er all das in den düstersten Farben aus. Außerdem sagte er Darwin, daß die Reise vielleicht keine Weltumseglung würde. Seine erste Pflicht sei die Vollendung seiner südamerikanischen Vermessungsarbeiten, und die Zeit, die diese in Anspruch nähmen, würde möglicherweise nicht mehr genug übrig lassen, um um die Welt zu fahren. Er malte ein so abschreckendes Bild, wie es nur möglich war.

Während sie sich unterhielten, versuchten sie einander einzuschätzen. Beide Männer betrugen sich tadellos, und nachdem sie sich eine Weile unterhalten und etwas entspannt hatten, gefiel ihnen, was sie jeweils im anderen sahen. Wie jeder Seemann wird FitzRoy Darwin gewiß Geschichten seiner früheren Fahrt mit der *Beagle*, Geschichten von Kap Hoorn und dem dort herrschenden Wetter erzählt und darauf hingewiesen haben, was es bedeutete, unter diesen Bedingungen Vermessungsarbeiten durchzuführen. Zweifellos hat er ihm von den Feuerländern berichtet und von den drei »reformierten« Exemplaren, die er zurück in ihre Heimat brachte. Und all das – gewissermaßen das Rohmaterial von Abenteuern – konnte Darwins Appetit nur angeregt haben. Er war enorm beeindruckt durch FitzRoys Art, seine Direktheit, seine Autorität, seine Intelligenz und vermutlich vor allem durch seine Vertrautheit mit den Naturwissenschaften, einem Gebiet, auf dem der Kapitän weit bewanderter war als der junge Bakkalaureus aus Cambridge.

FitzRoy seinerseits gefielen Darwins Begeisterung und seine nicht unbeträchtlichen Kenntnisse. Und was noch wichtiger war, er sah in Darwin genau die Art von Gefährten, nach dem er suchte. Hier hatte er einen jungen Mann, der sich mit Pferden und Waffen auskannte, der sein ganzes Leben lang mit Denkern und Gentlemen gespeist hatte, der geistig offen war und auf den man als freundlichen und intelligenten Tischgesellschafter für über tausend Abende zählen konnte. FitzRoy hatte natürlich auch von Erasmus Darwin gehört, dem Großvater des jungen Mannes, dem Dichter und Evolutionstheoretiker. Und zu alledem hatte Darwin die Empfehlungen von Professoren und Admirälen.

Das einzige, was FitzRoy störte, war Darwins Gesicht. Sein Glauben an die Aussagekraft von Schädel- und Gesichtsform schloß Engländer ebenso ein wie Wilde, und Darwins düstere Brauen und seine große, spatelförmige Nase gaben FitzRoy ernsthaft zu denken. »Er bezweifelte, daß jemand mit meiner Nase über genügend Energie und Entschlossenheit für die Reise verfügen könne«, schrieb Darwin später.

Aber das erste Zusammentreffen war für beide ermutigend. Sie verabredeten sich noch für den gleichen Abend zum Essen. Am Nachmittag schrieb Darwin an seine Schwester Susan:

Captain FitzRoy ist in London und ich habe ihn getroffen; es ist unnütz, versuchen zu wollen, ihn so zu rühmen, wie ich es zu tun aufgelegt bin, denn Du würdest mir nicht glauben. Eins weiß ich bestimmt: Er hätte nicht offener und liebenswürdiger sein können, als er es zu mir war ...
... Er sagte, nichts würde ihn so unglücklich machen, als mich bei sich zu haben und mich unbehaglich zu wissen, da wir auf einem kleinen Schiffe zusammengerüttelt werden müßten, und er hält es für seine Pflicht, alles von der schlimmsten Seite darzustellen. Ich denke, am Sonntag nach Plymouth zu gehen, um das Schiff anzusehen.
In seinen Manieren und in der Art, direkt auf einen Punkt loszugehen, liegt etwas äußerst Anziehendes. Wenn ich mit ihm lebte, sagte er, müsse ich einfach leben – keinen Wein und einfachste Mahlzeiten ...
Ich liebe seine Weise zu verkehren. Auf einmal frug er mich: »Werden Sie es ruhig ertragen, wenn ich Ihnen sage, daß ich die Kajüte für mich brauche? Daß ich allein sein muss? Wenn wir uns in dieser Weise begegnen, dann passen wir, wie ich hoffe, zusammen; wenn nicht, dann dürften wir einander wahrscheinlich zum Teufel wünschen.«
... Ich schreibe in großer Eile ... Ich esse heute mit ihm zu Mittag.[10]

Das Dinner war ein Erfolg. Am nächsten Tag schrieb Darwin wieder an seine Schwester:

Ich schreibe das alles, als wenn die Sache abgemacht wäre, doch ist sie dies nicht mehr als zuvor. Der Unterschied ist nur, daß Captain FitzRoy so sehr wünscht, daß ich mitgehe, und daß ich nach unserem Treffen und seiner Liebenswürdigkeit es nun wie eine Bestimmung fühle, daß ich mitreisen werde. Ich habe gestern einen sehr angenehmen Abend mit ihm zugebracht ... er ist von kleiner Gestalt und eine dunkle und hübsche Ausgabe von

> Mr. Kynaston und, meiner Meinung nach, von ganz vorzüglich guten Manieren ... Dies ist der erste wirklich gemütliche Tag, den ich verlebt habe, seitdem ich den Brief erhalten habe, und das ist alles Folge dieser Art von unwillkürlichem Vertrauen, welches ich in mein *beau idéal* eines Kapitäns setze.[11]

Am darauffolgenden Wochenende fuhren die beiden jungen Männer mit dem Postdampfer von London nach Plymouth, um die *Beagle* auf der Werft von Devonport zu besichtigen. Darwin wird sich kaum mehr als den ungefährsten Begriff davon verschafft haben können, wie das Leben auf dem Schiff einmal sein würde: Die *Beagle* war ihrer Masten und der Schotten im Schiffsinneren entkleidet worden, so daß sie auf ihn wirkte wie ein Wrack. Sein eigenes zukünftiges Quartier im achteren Kartenraum war voller Zimmerleute und schien ihm bestürzend klein, aber FitzRoy versicherte ihm, es werde an keiner Bequemlichkeit fehlen und er werde ihm einen Arbeitsraum zur Verfügung stellen. Die Fahrt entlang der Küste war angenehm gewesen, und Darwins anfängliche Sorge, daß er vielleicht seekrank würde, war beigelegt.

So war die Sache entschieden. FitzRoy schrieb Beaufort, daß er mit Darwin einverstanden sei und ihn als Naturkundler mit an Bord nehmen wolle. Er wies Darwin an, alles Nötige für die Reise zu tun und einzukaufen und sich Ende Oktober an Bord der *Beagle* zu melden. Den 4. November hatte er als vorläufigen Termin zum Auslaufen festgelegt.

Dann machte er sich daran, das Schiff vorzubereiten.

Nach sechs Jahren Dienst war ein großer Teil der Beplankung und der Decksbalken der *Beagle* verfault und mußte ersetzt werden. Während diese Arbeit in Devonport zusammen mit einer Generalüberholung der gesamten Ausrüstung in Angriff genommen wurde, erhielt FitzRoy die Erlaubnis für einige weitere Umbauten. Nach Antritt der durch den Tod von Kapitän Stokes freigewordenen Stelle und Übernahme des Kommandos der *Beagle* 1828 in Rio de Janeiro hatte FitzRoy aus dem, was er vorfand, das Beste gemacht. Inzwischen aber, nach zwei Vermessungskampagnen im tiefen Süden und zwanzigtausend Seemeilen Fahrt, hatte er genaue Vorstellungen für die Verbesserung des Schiffes. Er ließ das obere Deck über die gesamte Schiffslänge und -breite hinweg um zwanzig Zentimeter anheben, so daß die Mannschaft mehr Kopffreiheit erhielt; zuvor hatten die Männer sich unter Deck nur gebückt bewegen können. Das machte nicht nur das Leben unter Deck für alle bequemer (ein Umstand, auf den FitzRoy großen Wert legte), sondern vergrößerte auch den Auftrieb des Schiffes, weil nun mehr Luft im Rumpf eingeschlossen war und einer Kenterung größeren Widerstand entgegensetzte, falls Wind und Wellen das Schiff auf die Seite legen sollten. (Die Anhebung des Decks mußte auch den Schwerpunkt des Schiffes nach oben verlegt und möglicherweise seine Neigung zu rollen verstärkt und sie weniger stabil gemacht haben, aber das schien niemand zu bemerken oder für bemerkenswert zu halten.) FitzRoy war zufrieden mit dem Umbau, der »sich für das Schiff als großer Vorteil für dessen Seegängigkeit erwies, ganz abgesehen davon, wie wesentlich er zur Bequemlichkeit aller an Bord beitrug«, schrieb er später.

Vor sich eine Welt der Stürme, ließ FitzRoy – ein unermüdlicher Anhänger moderner wissenschaftlicher Entwicklung – Blitzableiter eines erst kürzlich von William Snow Harris, einem Mitglied der Royal Society, entwickelten Typs installieren. Sie bestanden aus schweren, durchlaufenden Kupferstreifen, die in die Masten, Spieren und das Bugspriet eingebaut wurden und von der höchsten

Mastspitze über die Takelage an der Außenseite des Rumpfes hinab bis zum kupferbeschlagenen Boden des Schiffes führten, wo sie durch das Wasser geerdet wurden. Mehrere Blitzschläge während der folgenden Reise verursachten auf der *Beagle* keinen einzigen Schaden.

Eine weitere Verbesserung war ein neuer Typ von Ruder, der von Captain Lihou von der Royal Navy erfunden worden war. Er erlaubte es, gebrochene Ruderzapfen auch fern der Heimat zu ersetzen. Dann wurden die offenen Feuerplätze der Küche durch einen Frazer-Ofen ersetzt. Dieser Ofen verbrauchte weniger Brennstoff und machte das Kochen an Bord unter allen Wetterbedingungen sicherer.

Während diese wesentlichen Verbesserungen am Schiffe vorgenommen wurden, kümmerte sich FitzRoy auch um die wissenschaftliche Ausrüstung der *Beagle*. Sowohl er als auch Beaufort waren mit vollem Einverständnis der Admiralität entschlossen, die besten, modernsten Instrumente und Geräte zu beschaffen.

Die wichtigsten davon, ebenso notwendig wie ein Kompaß, waren die Chronometer des Schiffes. Die genaue Zeit war für genaue Positionsbestimmungen unerläßlich, also auch für die genaue Vermessung der Felseninseln und Küsten, mit der FitzRoy beauftragt war. Seit der bahnbrechenden Arbeit des englischen Tischlers und Uhrmachers John Harrison, die inzwischen ein Jahrhundert zurücklag und ihm den von der Regierung für den Bau eines Chronometers ausgesetzten Preis von zwanzigtausend Pfund eingebracht hatte, waren die Zeitmesser immer weiter verbessert worden. Ein Chronometer ist keine Uhr, die vollkommen genau geht, sondern eine, deren Mechanik um eine fast gleichförmige, meßbare Rate vor oder nach geht. Wenn sie also einmal auf die genaue Greenwich-Zeit eingestellt ist, kann diese mittlere Greenwich-Zeit (GMT,

Greenwich Mean Time) – die Basis aller astronomischen Navigation – auch Wochen später auf hoher See noch genau ermittelt werden, wenn man die Korrektur für Vor- oder Nachlauf der Uhr berücksichtigt. Das zumindest war die Theorie. Aber ein Chronometer kann wie jedes andere mechanische Gerät Fehlfunktionen zeigen oder defekt sein; deshalb wurden an Bord eines Schiffes mehrere Chronometer mitgeführt. So gut es ging, wurden die abgelesenen Zeiten mit den bekannten Gangabweichungen korrigiert und dann aus den Ergebnissen für alle Uhren ein Mittelwert gebildet.

An Bord der *Beagle* wurden auf deren zweiter Fahrt zweiundzwanzig Chronometer mitgeführt. Die Admiralität hatte sechzehn davon zur Verfügung gestellt, weitere sechs hatte FitzRoy in seinem Streben, das Schiff ausreichend, wenn nicht redundant auszustatten, selbst gekauft. Es waren die besten Geräte, die man für Geld bekommen konnte, ein jedes ein Glanzstück der Uhrmacherkunst und von einem anderen Uhrmacher erworben. Ihre Lagerung an Bord und der Umgang mit ihnen waren für die Qualität der Zeitmessung ebenso wichtig wie die Konstruktion der Uhren. Jede war in einer eigenen kleinen Holzdose kardanisch aufgehängt, so daß die Uhren ungeachtet aller Bewegungen des Schiffes stets gerade lagen. Die zweiundzwanzig Dosen wurden in einer kleinen Kabine neben derjenigen des Kapitäns aufbewahrt, und zwar in siebeneinhalb Zentimeter dickem Sägemehl unter und zwischen den Dosen als Stoßdämpfer.

> So untergebracht [schrieb FitzRoy], versetzte weder das Umherlaufen der Männer auf Deck noch das Abfeuern von Kanonen noch das Auslaufen der Ankerkette die Uhren in die geringste Vibration, wie ich selbst oft prüfte, indem ich Puder auf die Uhrgläser streute und mit der Lupe beobachtete, während das

Schiff durch einen schweren Schlag oder Stoß erschüttert wurde.

Das tägliche Aufziehen war die stärkste Bewegung, der die Uhren ausgesetzt wurden. Um sicherzustellen, daß die Wartung der Uhren mit immer gleichbleibender Aufmerksamkeit und möglichst gleichmäßig erfolgte, hatte FitzRoy einen zusätzlichen Mann zur Schiffsbesatzung angeheuert, George James Stebbing, den ältesten Sohn eines mathematischen Instrumentenbauers aus Portsmouth, der die ganze Reise mitmachen sollte. Stebbing war der Einzige, der die Uhren anrührte; jeden Morgen um neun Uhr zog er sie auf. Täglich zu Mittag kam er wieder, verglich ihre Zeiten und ihre Gangabweichungen. Nur FitzRoy und Stebbing betraten die kleine Kabine mit den Chronometern. Und die meisten der Holzdosen wurden, nachdem sie 1831 in Sägemehl gesetzt wurden, bis zum Ende der Reise im Jahre 1836, nicht mehr bewegt.

Zwischen den beiden Fahrten der *Beagle* ließ FitzRoy seinen Sextanten, Theodoliten, seine kleinen Handkompasse, Teleskope mit verschiedener Vergrößerung und andere Instrumente, soweit nötig, reinigen und reparieren. Zusätzlich kaufte er einiges dazu. Auch nach all diesen Geräten sah Stebbing, nachdem er einmal an Bord war.

Und ebenso wie die zusätzlichen Chronometer zahlte FitzRoy auch für Stebbing aus seiner eigenen Tasche.

Das von Jonathan May 1829 auf der Insel Chiloé gebaute und einige Monate später von Feuerländern gestohlene Walboot ist eines der großen verlorenen Artefakte der Geschichte. Wäre es nicht gewesen, wäre Charles Darwin vielleicht ein Landpfarrer geworden, der die biblische Schöpfungsgeschichte verteidigte und in seiner Freizeit Käfer sammelte. FitzRoy war durch die erste Reise klar geworden, wie wichtig eine ausreichende Anzahl von Beibooten für ein Schiff war. Vielleicht war ihm auch bewußt, daß es zu dieser zweiten Fahrt der *Beagle* vielleicht nie kommen würde, wenn er auf der ersten Fahrt mehr Beiboote zur Verfügung gehabt hätte. Jetzt wurden sechs neue Boote gebaut: zwei Walboote von sieben Meter sechzig, zwei Walboote von acht Meter fünfzig, ein Kutter von sieben Meter und eine Yawl von acht Meter Länge. Die festen Rümpfe der Boote bestanden aus einer doppelten Lage diagonal verlegter Planken (sie waren diagonal-karweel beplankt), eine Methode, die von einem Mr. Jones, Vorarbeiter der Werft in Plymouth, vervollkommnet worden war. Die Admiralität hielt vier Beiboote für ausreichend, aber FitzRoy war anderer Ansicht. Die beiden anderen bezahlte er selbst. Sie wurden an Deck gefahren, der Kutter in der Yawl verstaut zwischen Groß- und Fockmast, die beiden größeren Walboote mit dem Boden nach oben achtern und die kleineren Walboote an Davits achtern außenbords. Ein siebtes Boot, ein Dingy von vier Meter sechzig Länge (*Dingy* ist ein indianisches Wort für ein kleines Boot) wurde in Davits am Heck gefahren. Die Boote behinderten die Bewegungsfreiheit auf Deck und die Arbeit mit den Segeln sehr, aber sie gehörten nun einmal zur Ausstattung eines Schiffes, und die Matrosen mußten irgendwie damit zurechtkommen.

Obwohl der Franzose Louis Daguerre bereits damit experimentierte, mit einer Camera obscura aufgenommene Bilder auf silberbeschichteten Kupferplatten festzuhalten, war die Photographie praktisch noch unbekannt. Um die visuellen Eindrücke der Reise festzuhalten, heuerte FitzRoy einen weiteren zusätzlichen Zivilisten an, den Künstler Augustus Earle, und bezahlte ihn wie Stebbing aus seiner eigenen Tasche. Earle, der Sohn eines in England lebenden amerikanischen Malers, hatte in London an der Royal Academy studiert. Aber er war zu unstet, um sich mit der Rolle eines

Gesellschaftsmalers abzufinden; getrieben von einer unbezähmbaren Wanderlust, hatte er bereits Australien, Neuseeland, Indien und Südamerika als reisender Künstler besucht und sich durch das Porträtieren der Gouverneure in den Kolonien seinen bescheidenen Lebensunterhalt verdient. Als FitzRoy ihn in London kennenlernte, war er siebenunddreißig Jahre alt und ging mit seinen Bildern von Maoris hausieren, ohne Abnehmer dafür zu finden. Möglicherweise war der Grund für seine Erfolglosigkeit, daß er ein Auge für die Wahrheit seines Motivs hatte und weniger dafür, was dem europäischen Geschmack entsprach. Seine im Folgenden entstandenen Zeichnungen und Bilder der *Beagle* und der Menschen und Orte, die er auf der Reise erlebte, gehören zu den wertvollsten und genauesten der Erkundungsreisen des 19. Jahrhunderts. FitzRoy hätte keine bessere Wahl treffen können.

(Zwei Jahre später in Südamerika zwang sein Gesundheitszustand Earle, die *Beagle* zu verlassen. FitzRoy ersetzte ihn durch Conrad Martens, einen Landschaftsmaler. »Bei allem, was ich über die Bumpologie[12] weiß, bin ich mir sicher, daß er Ihnen gefallen wird«, schrieb FitzRoy an Darwin, der damals nicht an Bord war, sondern durch Argentinien reiste. »Seine Landschaften sind *wirklich* gut.« FitzRoys phrenologische Einschätzung des neuen Künstlers war gerechtfertigt. Martens Aquarelle der *Beagle* sind inzwischen berühmt.)

Es war damals bereits wohlbekannt, daß manche Nahrungsmittel dem Skorbut entgegenwirkten, dieser jahrhundertealten Geißel aller von frischer Nahrung abgeschnittenen und auf die traditionelle, widerwärtige Diät von rüsselkäferverseuchtem Schiffszwieback, verfaultem Speck und Pökelfleisch angewiesenen Seeleute. FitzRoy bunkerte die gesündesten Nahrungsmittel, die er nach den modernsten Methoden konservierte, in größeren Mengen mitnehmen und lange im stickigen Schiffsrumpf lagern konnte. »Unter unseren Vorräten waren verschiedene Antiskorbutika – zum Beispiel Essiggemüse, getrocknete Äpfel und Zitronensaft – der besten Qualität und in so großen Mengen, wie wir noch stauen konnten; außerdem nahmen wir eine sehr große Menge [fünftausend bis sechstausend Dosen] Dosenfleisch, Gemüse und Suppen von Kilner and Moorsom mit. Von der medizinischen Abteilung erhielten wir eine reichhaltige Lieferung von Antiseptika.«

An nichts wurde für die *Beagle* und ihre Ausrüstung für die Reise gespart. Sowohl die Admiralität als auch die Arbeiter der Marinewerft in Devonport gaben ihr Bestes, und FitzRoy sorgte dafür, daß das Schiff so komplett für die wissenschaftliche Forschung eingerichtet war wie damals möglich. Die *Beagle* legte mit einer technischen Ausstattung ab, die in keinster Weise der eines Raumschiffs der Zeit nachstand. Sie lief als eine Arche der Entdeckung zu ihrer fünfjährigen Mission aus.

»Vielleicht hat niemals ein Schiff sein Land mit besserer oder reichhaltigerer Ausrüstung verlassen …«, schrieb FitzRoy. Er bezahlte einen großen Teil davon. Sein Erbe, das ihm durch seine Familie zugefallen war, reichte aus, um ihm an Land ein bequemes Leben als Gentleman zu ermöglichen. Aber FitzRoy hatte bessere Ideen für dessen Verwendung. Die Ausgaben, die er für die Reise persönlich tätigte, waren beträchtlich, und um sie aufzubringen, opferte er einen erheblichen Teil seines Vermögens. Er tat das in dem Glauben, daß die ausgezeichnete Qualität der Ergebnisse, die er zu erreichen hoffte, ihn zu gegebener Zeit schadlos halten würde. Es handelte sich um eine bewußte Investition in seine Karriere und in seine Zukunft, und im Jahre 1831 sah sie durchaus wie eine gute Investition aus. Robert FitzRoy war auf mannigfaltige Weise das Beste, was seine Zeit hervorgebracht hatte. Gesegnet mit Reichtum und Rang, verschwendete er sein Leben nicht, wie es so viele seiner Alters- und Klassengenossen taten, mit Jagen, Schießen, Huren und Spielen. Er trat in die Marine ein und machte das Beste aus den Möglichkeiten, die sie ihm bot – er vervollkommnete nicht nur seine eigene Bildung, sondern trug auch zu dem Meer des Wissens bei, das sich damals anschickte, die wissenschaftliche Welt zu überfluten.

FitzRoy und die *Beagle* waren wie füreinander geschaffen. Zusammen boten sie Charles Darwin eine einzigartige Chance für dessen Sprung auf die Weltbühne der Wissenschaft.

12

Am 24. Oktober 1831 fuhr Darwin in einer Kutsche nach Devonport. »Traf hier am Abend ein, nach einer angenehmen Fahrt von London«, lautete die erste Eintragung in dem Tagebuch, das er während der Reise führen wollte, wie er für sich beschlossen hatte. Er quartierte sich in einem Hotel ein und ging am nächsten Tag an Bord der *Beagle*.

25. Ging an Bord der *Beagle*, die an der Werkhulk festgemacht war und auf der Betriebsamkeit und Durcheinander herrschten. – Die Männer waren hauptsächlich damit beschäftigt, das Vorschiff zu streichen und die Kabinen einzurichten. – Zuvor hatte ich sie das letzte Mal am 12. September auf der Werft gesehen, ohne Masten und Schotten. Damals hatte sie mehr Ähnlichkeit mit einem Wrack als mit einem Schiff gehabt, dessen Bestimmung es war, um die Welt zu segeln.

26. Nasser, kalter Tag, ging an Bord, traf die Zimmerleute in der Poop-Kabine an. Sie bauten dort Schubladen ein. Meine eigene private Ecke sieht so klein aus, daß ich wohl fürchten muß, lange nicht alle meine Sachen mitnehmen zu können.

»Ging an Bord« war seine einzige Eintragung für den 2. November. Darwin schrieb außerdem täglich Briefe an seine Familie und seine Freunde, und in ihnen gab er etwas ausführlichere Beschreibungen. Das Tagebuch blieb für eine ganze Weile eine schnöde Aufzählung der wichtigsten Ereignisse seines Tages. Er sollte sich aber noch steigern, was seinen Stil, seinen Ausdruck und die Aufmerksamkeit betraf, die er seinen täglichen Eintragungen widmete. Sein *Journal of Researches (Reise eines Naturforschers um die Welt),* das er nach seinem Tagebuch verfaßte, wurde gleich nach seiner Veröffentlichung im Jahre 1839 ein Bestseller und blieb es bis heute.[13]

Die *Beagle* hätte eigentlich Anfang November auslaufen sollen, aber die nötigen Vorbereitungen verzögerten die Abfahrt um mehr als einen Monat, und dann hielten Stürme aus westlicher Richtung das Schiff im Hafen zurück. Zunächst beschäftigte Darwin sich damit, die hektische Betriebsamkeit an Bord zu beobachten. Mit FitzRoy und einigen der dienstjüngeren Offiziere ging er nach Plymouth und wieder zurück, um ihnen manchmal wohl auch bei ihren abstrusen Vorbereitungen zu helfen.

> Montag, 31. (Oktober) Ging mit Mr. Stokes [Maat und Hilfsvermesser John Lort Stokes, der die erste Fahrt der *Beagle* als Seekadett mitgemacht hatte] nach Plymouth und blieb dort bei ihm, während er das zur Beagle gehörige astronomische Haus für Beobachtungen mit der Inklinationsnadel vorbereitete ...
>
> 4. (November) Captain FitzRoy nahm mich im Boot des Commissioners mit zur Mole, wo wir mehr als eine Stunde blieben. Captain FitzRoy war damit beschäftigt, Winkel zu messen. Er wollte einen einzelnen Stein, von dem aus Captain King vor der letzten Fahrt die Messung der geographischen Länge begonnen hatte, mit dem Kai am Clarence Baths verbinden, wo jetzt die wahre Zeit genommen wird.

Obwohl er alle Hände voll zu tun hatte, vernachlässigte FitzRoy doch sein privates Leben nicht: In Plymouth lernte er eine junge Frau kennen, die ihm gefiel, Mary O'Brien, die Tochter eines Generalmajors der Armee, eines der örtlichen Honoratioren. Sie fand ebenfalls Gefallen an ihm. Der schneidige junge Kapitän besuchte das Haus der O'Briens so oft er konnte, behielt diese Besuche aber für sich; nicht einmal Darwin merkte, daß er noch für etwas anderes als die Erfordernisse der bevorstehenden Fahrt Interesse hatte.

Darwin versuchte weiterhin, sich nützlich zu machen oder sich zumindest die Zeit zu vertreiben, aber das wurde immer schwieriger, während die Wochen im Hafen sich dahinschleppten.

5. (November) Erbärmlicher, elender Tag, blieb zu Hause und las.

6. Ging mit Musters zur Kapelle im Hafen. – Den ganzen Abend regnete es in Strömen ...

Montag, 7. Blieb zu Hause.

7. Vormittags die Zeit markiert [das heißt, Darwin las die genaue Zeit ab], während Stokes die Sonnenhöhe nahm. – Ging an Bord der *Beagle*; sie sieht jetzt zum ersten Mal sauber und ordentlich aus.

10. Assistierte Captain FitzRoy im Athaeneum dabei, die verschiedenen Winkel der Inklinationsnadel abzulesen ...

11. Ging wieder ins Athaeneum und verbrachte den ganzen Tag an der Inklinationsnadel. – Der Zweck, der damit erreicht werden soll, ist die Kenntnis des genauen Punkts im Erdball, auf den die Nadel zeigt. Sie soll erlangt werden, indem man unter den verschiedensten Umständen eine große Anzahl von Beobachtungen anstellt und dann den Mittelwert ihrer Schnittpunkte nimmt. – Die Ablesung ist sehr langwierig und heikel ...

12. Unternahm einen Spaziergang zu einem sehr großen Kalksteinbruch, kehrte nach Hause zurück und ging dann an Bord der *Beagle*. – Die Männer waren gerade damit fertig geworden, sie zu streichen ... Zum ersten Mal verspürte ich einen leichten Zug hinaus auf See; das Schiff ist ein bewundernswerter Anblick.

13. Ging nach Saltram und ritt mit Lord Borrington nach Elsmore, um die Granitformation dort anzuschauen ...

14. Ging mit Captain FitzRoy nach Plymouth. Mußten unerfreulicherweise die Ungenauigkeit von Gambeys neuer Inklinationsnadel feststellen.

17. Ein sehr ruhiger Tag.

18. Captain FitzRoy war in den letzten beiden Tagen von den Lords der Admiralität ganz in Anspruch genommen.

19. Ging zur Kirche und hörte eine sehr dumme Predigt; unternahm danach einen langen Spaziergang ...

Darwin war mehr als nur gelangweilt. Ihm machte eine zerstörerische Einsamkeit und Sorge zu schaffen. Er hatte zu viel Zeit und wurde ängstlich, was die bevorstehende Reise anbetraf. Er machte sich Sorgen, was ihm unterwegs und seinen Lieben zu Hause alles zustoßen könne. Er bekam einen Ausschlag am Mund. Schon immer ein lebhafter Hypochonder, beunruhigte er sich über sein Herz und gab sich der Vermutung hin, er sei zu krank für die Seefahrt. Jahre später war er in der Lage, es aus dieser Perspektive zu sehen.

Diese zwei Monate in Plymouth waren die elendesten, die ich je verlebt habe, trotzdem ich mich in verschiedener Hinsicht angestrengt beschäftigte. Bei dem Gedanken, meine ganze Familie

> und alle meine Freunde auf eine so lange Zeit zu verlassen, geriet ich in sehr gedrückte Stimmung, und das Wetter schien mir ganz unaussprechlich trübe. Ich wurde auch durch Herzklopfen und Schmerzen in der Herzgegend beunruhigt und war, wie so viele unwissende junge Leute, besonders wie einer mit oberflächlichen medizinischen Kenntnissen, überzeugt, daß ich einen Herzfehler habe. Ich konsultierte aber keinen Arzt, da ich befürchtete, von ihm hören zu müssen, daß ich zur Reise untauglich sei. Ich war entschlossen, unter allen Umständen zu gehen.[14]

Weitere Passagiere trafen in Plymouth ein. Am 13. November kamen die Feuerländer mit einem Dampfer aus London, begleitet von ihrem Schulmeister, Mr. Jenkins. Sie blieben an Land, bis die *Beagle* ablegte. Es gibt wenig Aufzeichnungen darüber, was sie in den Wochen unternahmen, in denen sie auf das Auslaufen des Schiffes warteten. Es mag einige Gelegenheiten gegeben haben, zu denen FitzRoy sie mitnahm, um neugierige Lokalhonoratioren, Admiräle und Freunde zu besuchen, aber solche Besuche werden nicht im gleichen Maßstab stattgefunden haben wie zuvor in London. FitzRoy war ganz mit seinen Vorbereitungen auf die vor ihm liegende Reise beschäftigt, und er zeigte seine Feuerländer nicht mehr so gern vor wie früher. Er hielt Fuegia Basket immer noch von ihren beiden männlichen Gefährten getrennt; sie wohnte in Weakley's Hotel in Devonport, während die beiden Männer anderweitig untergebracht waren. Seine Hauptsorge, was die drei anbetraf, war nun, sie so schnell wie möglich außer Landes zu bringen.

Mit den Feuerländern war ein junger Missionar aus London eingetroffen, Richard Matthews, den Hochwürden William Wilson aus Walthamstow rekrutiert hatte. Er sollte mit nach Feuerland segeln und den frisch zivilisierten Feuerländern behilflich sein, eine Mission einzurichten. Der noch keine zwanzig Jahre alte Matthews brannte vor religiösem Eifer und konnte es gar nicht erwarten, sich in Gottes Dienste zu stellen. Sein älterer Bruder war als Missionar in Neuseeland tätig und damit ein überzeugendes Rollenmodell für den Jüngeren. Aber Neuseeland war ein von englischen Familien bewohntes und kultiviertes, bewaldetes Paradies, und die eingeborenen Maoris dort waren ein wildes, intelligentes, kulturell hochstehendes Volk. Weder ein Rat seines Bruders noch die Beschreibung von dessen Missionarsleben noch die eigene Bekanntschaft mit den nur oberflächlich anglisierten Feuerländern York, Jemmy und Fuegia aus Walthamstow waren auch nur annähernd ausreichend, um Matthews auf die Lebenswirklichkeit an jenem fernen, sturmgepeitschten Ende der Welt vorzubereiten. Dort würde er ausschließlich unter unzivilisierten Feuerländern leben. Aber er war bereit, so glaubte er, bebte vor Eifer und war dank der Großzügigkeit wohlmeinender Christen komplett ausgestattet. Hochwürden Wilson hatte Spenden gesammelt, um Matthews und die Feuerländer von Walthamstow mit allem zu versehen, was nötig war, um an jenem wilden, entlegenen Ort ein kleines Stück gottesfürchtiges England entstehen zu lassen. Im Oktober war alles auf der *Beagle* verstaut worden: Nachttöpfe, Teetabletts, vollständige Geschirrservice, Suppenterrinen, Hüte, weißes Leinen und außerdem Bücher, Werkzeuge und Decken. Für all das wurde im vollgestopften Frachtraum der *Beagle* ein Platz gefunden, unter »einigen sehr berechtigten Scherzen der Matrosen«, die all das verstauten.

Am Montag, den 21. November, brachte Darwin all seine Bücher und Instrumente an Bord. Er war in der achteren Hütte untergebracht, die er sich mit Stokes und dem Seekadetten Philip

Gidley King teilte, dem siebzehnjährigen Sohn Captain Kings, des ehemaligen Kommandierenden der *Adventure*. Die winzige, etwa drei Meter mal drei Meter große Kabine, die die drei mit all ihren Besitztümern füllten, wurde fast ganz in Anspruch genommen von einem großen Kartentisch und Reihen von Schubladen, die die Zimmerleute entlang des vorderen und achteren Schotts und entlang der Seitenwände eingebaut hatten. Stokes schlief in einer Butze direkt vor dem Kartenraum, und King und Darwin mußten sich mit Hängematten zufriedengeben, die über den Kartentisch gehängt wurden. Die Kabine war eng und verlangte ihren Bewohnern vorsichtige Bewegung und gemäßigtes Benehmen ab. Darwin, der über einen Meter achtzig groß war und nie zuvor mit einem so engen Quartier hatte vorliebnehmen müssen, war anfangs bestürzt über den Mangel an Platz.

> 22. November Ging an Bord und kehrte wegen der bekannten Platzangst in Panik zurück. Begab mich dann zusammen mit Captain FitzRoy wieder auf das Schiff; er ist in seiner Erfindungsgabe so effektiv und wohlmeinend, daß sich sogar die Schubladen bei seinem Erscheinen vergrößern und alle Schwierigkeiten dahinschmelzen.

Auch der Rest des Schiffs war vollgestopft mit Menschen und ihren Habseligkeiten. Dreiundsiebzig Männer und ein Mädchen – Fuegia Basket – waren nun an Bord der *Beagle*, oder hatten sich in Plymouth versammelt, bereit, an Bord zu kommen. FitzRoy zählte sie wie folgt auf:

Robert FitzRoy	Kommandant, Vermesser
John Clement Wickham	Lieutenant
Bartholomew James Sulivan	Lieutenant
Edward Main Chaffers	Steuermann

Robert MacCormick	Schiffsarzt
George Rowlett	Proviantmeister
Alexander Derbishire	Maat
Peter Benson Stewart	Maat
John Lort Stokes	Maat und Hilfsvermesser
Benjamin Bynoe	Hilfsarzt
Arthur Mellersh	Seekadett
Philip Gidley King	Seekadett
Alexander Burns Usborne	Hilfssteuermann
Charles Musters	Freiwilliger I. Klasse
Jonathan May	Schiffszimmermann
Edward Hellyer	Schreiber

Diensthabender Bootsmann; Sergeant der Marineinfanterie mit sieben Soldaten; vierunddreißig Matrosen und sechs Schiffsjungen.

Zusätzlich an Bord:

Charles Darwin	Naturkundler
Augustus Earle	Zeichner
George James Stebbin	Instrumentenbauer

Richard Matthews und drei Feuerländer; mein eigener Steward; und Mr. Darwins Diener.

Darwin brachte keinen Diener mit an Bord – dann hätten es vierundsiebzig Männer sein müssen –, sondern ließ sich zunächst von einem der Schiffsjungen, Henry Fuller, dabei helfen, das, was er an Land gesammelt hatte, zu präparieren und abzulegen. Später übernahm er den siebzehnjährigen Syms Covington aus der Mannschaft als Gehilfen, der ihm ständig zur Verfügung stand, und zahlte ihm dafür sechzig Pfund pro Jahr. Covington wurde für die ganze Reise Darwins Gehilfe bei all seinen Tätigkeiten, sein Sekretär, sein Jäger und Mitsammler, und blieb, nachdem sie wieder in England eingetroffen waren, bis 1839 in dieser Position. Er wurde von Darwin nur selten erwähnt, trug aber während und nach der Reise signifikant zu Darwins Arbeit bei. Er ist einer in der langen Liste der Freunde und Angestellten, deren Arbeit und Interesse den Grundstein für Darwins Studien und seinen letztendlich errungenen Ruhm legten.

Am 23. November legte die *Beagle*, bis zum Rand ihres jetzt erhöhten Decks mit Vorräten und Proviant gefüllt – »kein Zentimeter ist verschenkt worden, und es paßt kaum noch ein weiteres Brot in den Laderaum«, schrieb Darwin –, am Dock in Devonport ab und segelte eine Seemeile weit nach Barnet Pool dicht an der Einfahrt zum Hafen von Plymouth. Dort ging das Schiff vor Anker, um auf günstiges Wetter zu warten, am besten nordöstliche Winde, mit denen es durch den Kanal und hinaus auf den Atlantik laufen konnte. Aber bis dahin sollten noch Wochen vergehen. Der November war zu Ende, und auch im Dezember hielten die Südweststürme an, die die Abfahrt weiter hinauszögerten. Die schwer beladene *Beagle* rollte und stampfte an ihrer Ankerkette und gab Darwin Anlaß zur Sorge, was seine Seekrankheit anbetraf. Zuerst fühlte er sich noch wohl.

4. Dezember ... am Morgen rollte das Schiff ziemlich, ohne daß es mir etwas ausgemacht hätte; das läßt mich sehr hoffen, daß mir die Seekrankheit erspart bleibt.

Aber seine Hoffnungen wurden bald zerstört.

Montag, der 5. Es war ein einigermaßen klarer Morgen, so daß Messungen durchgeführt werden konnten. Also sind wir nun bereit für die lange aufgeschobene Abfahrt. – Es ist allerdings seit Mittag ein schwerer Südsturm im Gange, so daß wir viel-

> leicht nicht in der Lage sein werden, den Hafen zu verlassen. Das Schiff ist ziemlich unruhig, und es fehlte nur das Allergeringste, so wäre mir schlecht geworden ...

Das Auslaufen wurde aufgeschoben. Darwin ging an Land, um mit seinem Bruder Erasmus zu Abend zu essen, der nach Plymouth gekommen war, um ihn zu verabschieden. Er verbrachte die Nacht lieber in einem Gasthaus, als auf das vor Anker liegende Schiff zurückzukehren. Am nächsten Morgen kam er wieder an Bord, darauf gefaßt, daß es endlich losging, aber wieder ließ das Wetter die Abfahrt nicht zu, und Darwin, den die Seekrankheit jetzt fest im Griff hatte, ging wieder an Land. Im Verlauf der nächsten Tage, in denen die *Beagle* an ihrem sturmgepeitschten Ankerplatz stampfte und rollte, beschäftigte sich Darwin abwechselnd damit, seine Ausrüstung in der Hütte unterzubringen und an Land zu fliehen, wenn die Übelkeit ihn überwältigte. Er und Erasmus unternahmen Spaziergänge auf den Mount Edgcombe, von dem aus man einen Blick über Plymouth hatte; sie unterhielten sich und aßen zusammen, zerstreuten Darwins Sorgen und seine Furcht vor der Seekrankheit. Am 10. Dezember schien sich das Wetter endlich zu beruhigen; um zehn Uhr lichtete die *Beagle* Anker und segelte los. Aber sobald das Schiff die Mole von Plymouth hinter sich hatte, wurde Darwin schlecht, und er zog sich in seine Hängematte zurück. Am Abend setzte ein starker Sturm von Südwest ein – genau von vorn –, so daß das Schiff gegen den Wind kreuzen mußte. In einer modernen Yacht, die den Ärmelkanal zur offenen See hin aufkreuzt, sind solche Bedingungen scheußlich: Das Boot wird schlingern und auf jede heranlaufende Welle schlagen wie ein Geländefahrzeug, das über Sanddünen fährt. Die *Beagle* aber, vollbeladen und nicht in der Lage, hoch an den Wind zu gehen, wird sich mit jeder Welle gehoben haben, um anschließend tief in den Wellentrog hinabzustürzen, und ihr Rollen in den kurzen, steilen Seen, die sich über dem flachen Wasser des Kanals bilden, muß übelkeiterregend gewesen sein. Darwin erlebte eine grausame Feuertaufe. »Ich habe furchtbar gelitten«, schrieb er, »eine solche Nacht habe ich nie zuvor durchgemacht, vor mir und hinter mir nichts als Elend.«

Die *Beagle* konnte gegen solchen Wind und solches Wetter keine Höhe gewinnen. Um nicht schon so früh seine Mannschaft sinnloserweise zu erschöpfen und zu demoralisieren, wendete FitzRoy das Schiff und lief vor dem Wind zurück nach Plymouth, wo er wieder in Barnet Pool vor Anker ging. Darwin floh zusammen mit dem Matrosen Musters, »einem Kameraden im Elend«, zu einem langen Spaziergang an Land.

Weitere Wochen vergingen, und immer noch lag die *Beagle* an ihrem Ankerplatz fest. FitzRoy blieb nichts anderes übrig, als frustriert auszuharren und Himmel und Wetter zu beobachten. Darwin, der sich bisher in seinen Briefen nach Hause und in seinem Tagebuch so bewundernd über den Kapitän geäußert hatte, erhielt einen ersten Eindruck von FitzRoys wechselhaftem Temperament. Als er FitzRoy eines Tages in Plymouth begleitete, ärgerte sich dieser, wie Darwin berichtete,

> sehr über einen Geschirrhändler, der sich weigerte, einige in seinem Laden gekaufte Gegenstände umzutauschen. Der Kapitän erkundigte sich nach dem Preis eines sehr teuren Porzellanservices und sagte: »Ich hätte es erworben, wenn Sie nicht so unfreundlich gewesen wären.« Da ich wußte, daß in der Kajüte [des Kapitäns] reichlich Geschirr vorhanden war, zweifelte ich, ob er wirklich eine solche Absicht hatte; ich sagte kein Wort, aber meine Zweifel mußten sich in meinem Gesichtsausdruck wider-

gespiegelt haben. Als wir den Laden verlassen hatten, blickte er mich an und sagte: »Sie haben meinen Worten nicht geglaubt!« Ich mußte gestehen, daß es so war. Nach einigen Minuten des Schweigens sagte er: »Sie haben recht, ich habe mich durch meinen Zorn auf diesen Schurken dazu hinreißen lassen.«[15]

Bei all seiner Autorität, seinen glänzenden Fähigkeiten, seiner Beherrschung von Schiff und Mannschaft, war FitzRoy mit seinen nur sechsundzwanzig Jahren ein junger, herrischer, selten wirklich geforderter oder in Frage gestellter Aristokrat, der es gewohnt war, seinen Willen zu bekommen – und das war für den umgänglichen Darwin eine ganz neue Seite des Kapitäns. Angesichts physischer Widrigkeiten war FitzRoy geradeheraus, einfallsreich und mutig. Aber wenn ihm etwas persönlich in die Quere kam, trat in seinem kühlen Verhalten eine ungezogene Bockigkeit zutage, und eine dunklere Seite seines Charakters übernahm die Herrschaft. Auch wenn dieser Zug nur kurz von ihm Besitz ergriff und FitzRoys natürliche Güte und Freundlichkeit schnell wieder Oberhand gewannen, zeigten diese Zwischenfälle doch, daß in ihm etwas verborgen lag, dem er nicht entkommen konnte.

Die Mannschaft der *Beagle* wurde angesichts des erzwungenen Verzugs ebenfalls aufsässig. Das Schiff lag am Weihnachtstag immer noch in Barnet Pool vor Anker, so daß Darwin Gelegenheit bekam, den Charakter eines englischen Seemanns besser kennenzulernen.

Das Ganze ist zugunsten des Feierns aufgegeben worden, und jetzt ist kein einziger Mann auf dem Schiff mehr nüchtern: King bleibt nichts anderes übrig, als die Pflicht einer Wache zu übernehmen, nachdem die letzte Wache unter Deck getaumelt kam und erklärte, daß sie nicht länger ihren Dienst versehen wolle. Jetzt liegt der Mann in Eisen ... wo auch immer sie sein mögen, den Weihnachtstag verlangen sie für sich, und sie widmen ihn ausschließlich der Trunkenheit – diesem einzigen und nie versagenden Vergnügen, auf das sich ein Matrose immer freut.

Der ersehnte Wetterumschwung stellte sich schon am nächsten Tag ein, dem 26. Dezember, und das Schiff hätte nun in See gehen können, wenn nicht ein großer Teil der Mannschaft entweder betrunken oder an Land vermißt gewesen wäre. »Das Schiff befand sich den ganzen Tag lang in einem Zustand der Anarchie«, schrieb Darwin. Eine Anzahl der Trunkenbolde war im Laderaum in Ketten gelegt worden, während diejenigen, die sich unerlaubt entfernt hatten, an Land zusammengesucht wurden.

Aber das gute Wetter hielt an. Die *Beagle* lichtete unter dem Kommando des Steuermanns, Edward Chaffers, am 27. Dezember um elf Uhr erneut Anker. FitzRoy und Darwin feierten die Abfahrt an Land mit einem Mittagessen mit Lieutenant Bartholomew Sulivan, während die *Beagle* in den Kanal hinauskreuzte. Sie aßen Hammelkoteletts, tranken Champagner und kehrten auf dem Beiboot um zwei Uhr in der Frühe draußen vor dem Hafendamm an Bord zurück. Sofort wurden alle Segel gesetzt. Mit einer frischen Brise lief die *Beagle* mit acht Knoten durch den Kanal.

Darwin fühlte sich, vermutlich mitgerissen von der Erregung, die die lang erwartete Abfahrt und der Anblick der an Steuerbord rasch dahingleitenden grünen Küstenlinie Englands mit sich brachten, während des Nachmittags und Abends gut.

Geboren aus dem Diebstahl eines Walboots und einer Kette kleiner Ereignisse, die zum Scheitern von FitzRoys Plan für seine feuerländischen Schützlinge führte, begann die große Reise, die so unvorhergesehene Folgen haben sollte.

TEIL DREI

13

Während die *Beagle* sich rollend und stampfend den Weg durch die Biskaya bahnte und dann auf südlichen Kurs in den offenen Atlantik ging, entdeckte Darwin, daß er einer der wenigen unglücklichen Reisenden war, die an einer chronischen Seekrankheit leiden, die sich nicht bessert, je länger man sich auf See befindet. Sie sollte ihn fünf Jahre lang heimsuchen.

»Das Elend ist übermäßig und übersteigt bei weitem das, was eine Person sich vorstellen mag, die nie länger als einige Tage auf See war«, schrieb er am 29. Dezember in sein Tagebuch, als die *Beagle* Plymouth dreihundertundachtzig Seemeilen hinter sich gelassen hatte.

> Nur in horizontaler Lage fand ich etwas Erleichterung ... Vor der Reise hatte ich oft gesagt, daß ich das ganze Unternehmen zweifellos oft bedauern werde, aber ich hätte nicht gedacht, mit welcher Inbrunst ich das tun sollte. – Ich kann mir kaum einen elenderen Zustand vorstellen, als von solchen dunklen und bedrückenden Gedanken heimgesucht zu werden, wie sie mich heute verfolgt haben.

Es gab noch etwas anderes, das ihn krank machte. Während er in seiner hin und her schwingenden Hängematte gegen die Übelkeit kämpfte, waren für Darwin das

Klatschen der Peitsche und die Schreie von vier Matrosen, die wegen Trunkenheit und Befehlsverweigerung am Weihnachtstag bestraft wurden, unüberhörbar. FitzRoy vermerkte die Bestrafung am 28. Dezember 1831 in seinem Logbuch:

> John Bruce: fünfundzwanzig Hiebe wegen Trunkenheit, Tätlichkeit und Unverschämtheit.
>
> David Russel: einer der Männer des Zimmermanns, vierunddreißig Hiebe wegen Urlaubsüberschreitung und Befehlsverweigerung.
>
> James Philipps: vierundvierzig Hiebe für Urlaubsüberschreitung, Trunkenheit und Unverschämtheit.
>
> Elias Davis: einunddreißig Hiebe für berichtete Pflichtvernachlässigung.

Darwin war entsetzt. FitzRoy rechtfertigte diese Strafen ihm gegenüber mit Worten, die er später in seinem Tagebuch festhalten sollte: »Wie sehr ich auch die peinlichen Strafen hasse und verabscheue, bin ich mir doch nichtsdestoweniger dessen bewußt, daß es zu viele grobe Naturen gibt, die ohne solche Strafen nicht im Zaum gehalten werden können (in dem Maße, wie es an Bord eines Schiffes erforderlich ist). Ich bin der festen Überzeugung, daß man nur auf sie verzichten kann, wenn man in größerem Umfang auf Disziplin und daraus folgend auf Effizienz verzichtete.«

In einer Zeit und Kultur, in der die Menschen die strengen Schranken von Rang und sozialer Klasse nicht zu durchbrechen vermochten, in der eine Diskussion mit der Mannschaft für Schwäche gehalten werden konnte, war dies die normale Praxis auf See: Disziplin durch Androhung strenger Strafen, ein Grundsatz, der von Offizieren und Mannschaften gleichermaßen respektiert wurde. FitzRoy war nicht Bligh, aber er war ein strenger Zuchtmeister der alten Schule, was manchmal wie dasselbe erscheinen mochte.

Darwins plötzliche unmittelbare Nähe zu FitzRoy – er aß täglich mit ihm und begleitete ihn oft an Land –, enthüllte ihm einen Charakter, der ihn ebensosehr faszinierte wie die Erscheinungen der Natur, denen er auf seiner Reise um die Welt begegnete. Seine Tagebuchnotizen, seine Briefe nach Hause und Abschnitte aus seiner Autobiographie enthalten die klarsten Beobachtungen des quecksilbrigen jungen Kapitäns. »FitzRoys Charakter war eigenartig«, schrieb Darwin Jahre später,

> mit vielen edlen Zügen: Er war seiner Pflicht ergeben, edelmütig einem Vergehen gegenüber, kühn, entschlossen und unbezähmbar energisch, und ein wahrer Freund allen, die unter seinem Befehl standen. Er hätte alle mögliche Mühe auf sich nehmen können, denjenigen zu helfen, die seiner Meinung nach Unterstützung verdienten. Er war ein schöner Mann, in auffallendem Maße Gentleman, mit sehr feinen und höflichen Manieren ...
>
> FitzRoys Temperament war äußerst unglücklich und zeigte sich nicht nur in seinen Leidenschaften, sondern auch durch Schübe langanhaltender Verdrießlichkeit gegen die, die ihn gekränkt hatten. Gewöhnlich war seine Laune am frühen Morgen am schlechtesten, und mit seinen Adleraugen konnte er gewöhnlich auf dem Schiff etwas entdecken, das nicht in Ordnung war, und dann sparte er nicht mit seinem Tadel. Vormittags bei der Ablösung fragten die jüngeren Offiziere einander, »ob heute viel heißer Kaffee serviert worden sei«, was mit anderen Worten hieß: »In welcher Stimmung ist der Kapitän?«[16]

In London hatte Darwin am Tag, da er FitzRoy zum ersten Mal begegnete, in einem Brief an seine Schwester Susan seine anfängliche Begeisterung für sein »beau idéal« eines Kapitäns zum Ausdruck gebracht. In einem Brief aus Brasilien mußte er dieses Urteil abschwächen.

> Und nun zum Kapitän, da ich ja wohl wagen darf zu sagen, daß du einiges Interesse für ihn hegst. Soweit ich es beurteilen kann, ist er eine sehr außergewöhnliche Person. Ich bin nie zuvor einem Mann begegnet, den ich mir als einen Napoleon oder Nelson vorstellen konnte. Ich würde ihn nicht als geistreich bezeichnen, aber bin doch überzeugt, daß nichts zu groß oder zu hoch für ihn ist. Wie er alle anderen überragt, ist ganz merkwürdig; das Ausmaß, in dem alle Offiziere und Mannschaften an Bord das leiseste Lob oder den leisesten Tadel von seiner Seite empfinden, bleibt unverständlich, wenn man ihn nicht erlebt hat ... Seine Offenheit und Aufrichtigkeit haben für mich nicht ihresgleichen und, um seine eigenen Worte zu gebrauchen, seine »Eitelkeit und Bockigkeit« nicht viel weniger. Die Wirkung letzterer habe ich zu spüren bekommen ... Sein größter Fehler als Gefährte ist seine asketische Schweigsamkeit, die mit exzessivem Nachdenken einhergeht. Seine vielen guten Eigenschaften sind zahlreich: Alles in allem ist er der eigenartigste Charakter, dem ich je begegnet bin.

Dennoch war FitzRoy auf seine eigene Weise Darwin ein sehr guter Freund. Er ermutigte ihn zu seinen naturkundlichen Aktivitäten und stellte ihm Mannschaft, Schiff und die Einrichtungen der Royal Navy zur Disposition. Im weiteren Verlauf der Reise wurde Darwins wachsende Sammlung – Dosen und Fässer mit Pflanzen und Tieren – auf FitzRoys Anweisung hin mit dem Segen der Lords der Admiralität durch Schiffe der Kriegsmarine kostenlos zurück nach England geschickt.

Persönlich fanden FitzRoy und Darwin an Bord der *Beagle* zu der Art respektvoller Freundschaft, die Darwin mit seinen Kollegen in Cambridge gepflegt hatte. Sie redeten sich, so wie es in der englischen Oberschicht üblich war, mit ihren Nachnamen an. Sie speisten zusammen, und sie fanden einer im anderen den wissenschaftlichen Kollegen, der an ihren Entdeckungen und Triumphen teilhatte. FitzRoy war unermüdlich in seinen Bemühungen, es Darwin an Bord der *Beagle* möglichst bequem zu machen. In den ersten Tagen auf See hängte der Kapitän Darwin eigenhändig die Hängematte auf. Als Darwin diese Freundlichkeit später in einem Brief nach Hause erwähnte, war sein Vater von diesem Anzeichen der Sorge für seinen Sohn zu Tränen gerührt. Bald nannte FitzRoy Darwin den »Schiffsphilosophen« – ein Naturkundler galt damals als jemand, der sich dem Studium der Naturphilosophie widmete –, und daraus wurde schnell die Kurzform »Philos«, wie Darwin von FitzRoy und der ganzen Mannschaft liebevoll genannt wurde.

Die Freundschaft mit dem Kapitän war für Darwin, den Überzähligen auf einer Fahrt, auf der es längerfristig nur um Darwin selbst gehen sollte, von vitalem Interesse. Aber seine einzigartige Position als vermeintlicher Freund, als jemand, der eingeladen war, dem autokratischen, angespannten, sechsundzwanzig Jahre alten Kapitän von gleich zu gleich seine Meinung auseinanderzusetzen, sollte diese Freundschaft bis zum Bruch auf die Probe stellen.

Darwin hatte gehofft, in Teneriffa, wo die *Beagle* ihren ersten Zwischenaufenthalt nehmen sollte, etwas Erholung von seiner Seekrankheit zu finden. Nachdem er über von Humboldts Reisen auf der Insel gelesen hatte, war ein Besuch Teneriffas zusammen mit seinem Mentor Henslow sein

Traum gewesen. Aber, »oh Jammer, oh Jammer«, schrieb er in sein Tagebuch: Die Furcht der Inselbewohner vor der Cholera und übereifrige Quarantänebestimmungen ließen es nicht zu, daß irgendjemand vom Schiff vor Ablauf von zwölf Tagen an Land ging. So lange wollte FitzRoy nicht warten; er ließ Anker lichten und segelte unverzüglich weiter. Darwin konnte »das langersehnte Objekt seines Ehrgeizes« nur vom Deck aus betrachten. »Alles ist von schönem Äußeren: Die Farben sind sehr reich und sanft. Der Gipfel oder Zuckerhut zeigt sich gerade über den Wolken. Er ragt doppelt so hoch in den Himmel, wie ich es mir vorgestellt habe.« – Und dann sah er ihn hinter dem Horizont verschwinden. Am 16. Januar, drei Wochen nach der Abfahrt von England, ankerte die *Beagle* in Porto Praya auf Saint Jago, einer der Kapverdischen Inseln. Darwin ging sofort an Land, »streifte durch die Stadt und tat sich an Orangen gütlich.«

Bevor er wieder aufs Schiff zurückkehrte, wanderte er in ein tiefes unberührtes Tal, das hinter der kleinen Hüttensiedlung lag.

> Hier sah ich zum ersten Mal die Pracht tropischer Vegetation. Tamarinden, Bananen und Palmen gediehen überall. – Ich erwartete viel, denn ich hatte Humboldts Beschreibungen gelesen, und ich hatte Angst, enttäuscht zu werden: Wie durch und durch unbegründet diese Angst ist, weiß niemand zu sagen, als der, der gesehen hat, was ich heute sah. – Es sind nicht nur die eleganten Formen und der unerhörte Farbreichtum, sondern auch die Zahllosigkeit und verwirrende Vergesellschaftung der Pflanzen, die zusammen den Geist überschwemmen und diesen Effekt hervorbringen. – Ich kehrte an die Küste zurück, trottete über vulkanische Felsen, hörte den Gesang unbekannter Vögel und sah für mich neue Insekten über noch neueren Blüten flattern. – Es war ein glorreicher Tag für mich,

wie für einen Blinden, dem die Augen geöffnet wurden. – Er ist überwältigt von dem, was er sieht, und kann es nicht richtig begreifen. – Das sind zur Zeit meine Gefühle, so mögen sie bleiben.

Das schrieb Darwin abends an Bord der *Beagle* in sein Tagebuch. An jenem Tag fand er seine Stimme. Am nächsten Tag, als er FitzRoy in einem der Beiboote des Schiffes auf die Insel Quail begleitete, »einen elenden, verlassenen Felsen« in der Nähe von Porto Praya, fand er zu sich selbst.

Er besah sich nach der Lektüre des ersten Bandes von Charles Lyells *Lehrbuch der Geologie* die Felsen und Gezeitentümpel rings um die Insel Quail, als es Darwin zum ersten Mal in den Sinn kam, daß er eines Tages selbst ein Buch schreiben würde, eines, das es Wert wäre, gelesen zu werden. Fünfzig Jahre später erinnerte er sich noch an die Wirkung, die dieser Gedanke sogleich auf ihn hatte:

Damals dämmerte mir zum ersten Mal, daß ich vielleicht ein Buch über die Geologie der verschiedenen, von uns besuchten Länder schreiben würde, ein Gedanke, der mich vor Freude beben ließ. Diesen Augenblick behielt ich gut im Gedächtnis, und ich kann mich noch genau an das niedrige Lavakliff erinnern, unter dem ich bei glühender Sonne rastete, an einige merkwürdige Wüstenpflanzen in der Nähe und lebende Korallen in dem Gezeitentümpel zu meinen Füßen.

Während FitzRoy an Land mit Vermessungen und Problemen der magnetischen Abweichung beschäftigt war, wanderte Darwin fast drei Wochen lang auf Saint Jago umher, alleine oder mit Freunden vom Schiff, und sammelte alles, das sein Interesse erregte. Er breitete seine Exemplare gefundener Pflanzen und Tiere auf den Decks und im Kartenraum der *Beagle* aus, bis sich der erste Offizier, Wickham, über sein Durcheinander beschwerte. Er examinierte, katalogisierte und verpackte alles, damit es bei Gelegenheit zurück nach England verschifft werden konnte, wo Professor Henslow sich der wachsenden Sammlung annahm.

Am 8. Februar ging die *Beagle* von den Kapverdischen Inseln aus mit Kurs Bahia an der brasilianischen Küste in See. Dort sollte nach FitzRoys Auftrag der erste Zwischenaufenthalt zur Ergänzung der früheren Vermessungen der südamerikanischen Gewässer gemacht werden. Das Schiff lief vor den Passatwinden durch eine tief- und intensivblaue See, wie man sie im kälteren, dunkleren Europa nicht kennt. Das Wasser war warm, die Luft noch wärmer und feucht, der Himmel übersät mit dicken Kumulonimbuswolken. Regelmäßig geriet das Schiff in Regenschauer, bei denen die Böen es mit seiner zeitweilig zu großen Segelfläche für zehn oder fünfzehn Minuten stark krängten. Diese Böen kamen so schnell und hielten so kurz an, daß keine Zeit mehr blieb, die Segelfläche zu verkürzen, so daß die *Beagle* plötzlich beschleunigte, rollte und rauschende, schäumende Wellen machte, die am Rumpf vorbeizogen, bis der Wolkenbruch vorübergezogen war und das Deck dunkel und fußkalt vom Regen zurückließ.

In den ruhigen, tropischen Gewässern ging es Darwin besser. Er baute sich ein Netz und schleppte es an einer langen Leine achtern nach, um Plankton und winzige Seelebewesen aus dem Wasser zu fischen. Und er hatte Gelegenheit, an seiner Sammlung zu arbeiten – Pflanzen und Tiere zu sezieren, seine Notizen abzufassen –, und fand zu einer gewissen Bordroutine.

Um acht Uhr jeden Morgen traf er mit FitzRoy in dessen Kabine zum Frühstück zusammen, dann wieder um dreizehn Uhr zum Mittag und um fünf Uhr nachmittags zum Abendessen. Die beiden ersten Mahlzeiten waren zwar spartanisch, aber Darwin fand sie reichhaltig und ausreichend: Reis, Erbsen, Brot, Antiskorbutika wie Essiggemüse und getrocknete Äpfel, Wasser und Kaffee. Zum Abendessen gab es Fleisch – aus den Dosen, solange diese Vorräte reichten, oder Frischfleisch oder Geflügel –, Brot und Käse. Sie tranken FitzRoys Wunsch entsprechend keinen Alkohol. Während der Mahlzeiten sprachen die beiden Männer über ihre Arbeit, wenn FitzRoy in mitteilsamer Stimmung war; oft war er es aber nicht und aß in nachdenklichem Schweigen. Sie gewöhnten es sich an, daß jeder vom Tisch aufstand, sobald er die Mahlzeit beendet hatte, ohne auf den anderen zu warten.

Zwanzig Tagesreisen von den Kapverdischen Inseln entfernt ging die *Beagle* in Bahia de Todos Santos (dem heutigen Salvador) vor Anker. Die in einen »üppigen Wald eingebettete Stadt« ließ Darwin in Verzückung geraten: »Es dürfte schwierig sein, sich irgendetwas so großartiges vorzustellen, bevor man diesen Anblick gesehen hat … In einem Bild gewissenhaft dargestellt, würde er von einem Betrachter mit Unglauben quittiert werden.« Bald brachte er seine Tage mit Wanderungen durch den brasilianschen Urwald zu und versuchte Abend für Abend an Bord der *Beagle* das, was er gesehen und dabei empfunden hatte, in angemessener Weise auszudrücken.

> 29. (Februar) Der Tag ist vergnüglich dahingegangen: Vergnügen ist allerdings ein schwacher Ausdruck für solches Übermaß an Freude … Es ist schwierig zu sagen, welche Erscheinungen unter deren Vielzahl die erstaunlichsten sind … Eine höchst paradoxe Mischung aus Geräuschen und Stille herrscht in den schattigeren Teilen des Waldes. – Die Rufe der Insekten sind abends so laut, daß sie selbst auf einem mehrere hundert Meter vom Ufer entfernt vor Anker liegenden Schiff noch gehört werden. – Und dennoch scheint in allen Winkeln des Waldes,

wenn man sich in ihm befindet, eine allumfassende Stille zu herrschen. – Einer der Naturgeschichte verschriebenen Person bringt ein solcher Tag Freuden, wie sie sie heftiger nie wieder erleben mag. – Nachdem ich einige Stunden herumgewandert war, kehrte ich zu unserem Liegeplatz zurück. – Bevor ich ihn erreichte, wurde ich von einem tropischen Sturm überrascht. – Ich suchte Schutz unter einem Baum, der so dick war, daß er von einem normalen englischen Regen niemals durchdrungen worden wäre, doch hier floß innerhalb weniger Minuten ein kleiner Bach den Stamm hinab ...

1. März Ich kann dem früheren Entzücken nur neues Entzükken hinzufügen ... Die brasilianische Landschaft ist nichts mehr und nichts weniger als ein Blick in tausend und eine Nacht ...

Aber es war nicht nur die Schönheit, mit der er fertig werden mußte. Damals war der Sklavenhandel in Brasilien noch legal, und Darwin, dessen Vorfahren strikte Abolitionisten gewesen waren, stießen die Geschichten ab, die Captain Paget von der *Samarang* zum Besten gab, als er an Bord der *Beagle* mit FitzRoy dinierte.

... so widerwärtige Tatsachen über die Sklaverei, daß ich sie, hätte ich in England davon gelesen, dem leichtgläubigen Eifer wohlmeinender Menschen zugeschrieben haben würde: Der Umfang, in dem der Sklavenhandel betrieben wird; der Grimm, mit welchem er verteidigt wird; die achtbaren Menschen, die sich darum Sorgen machen, sind weit davon entfernt, zu Hause übertrieben zu werden ... Es ist vollkommen falsch (wie Captain Paget zufriedenstellenderweise zeigte), daß keiner von ihnen, auch nicht der Bestbehandelte, nicht den Wunsch hegt, in sein Heimatland zurückzukehren. – »Wenn ich nur meinen Vater und meine zwei Schwestern noch einmal sehen könnte, wäre ich glücklich. Ich kann sie nicht vergessen.« So hat sich einer dieser Menschen ausgedrückt.

Aber FitzRoy urteilte anders darüber. Er hatte zwar das Gefühl, die Sklaverei sei ein Übel, über das man lange hinweggesehen habe, aber er war auch überzeugt davon, daß man es schwer als solches empfinde, glaubte er doch, daß die Mehrheit der Brasilianer ihre Sklaven human behandelte. Er sah in der Einrichtung eine gewisse Ähnlichkeit zur beiden Seiten nützlichen Beziehung zwischen Herr und Knecht, Landbesitzer und Pächter, wie sie in England seit feudalen Zeiten existierte und seiner Familie lange zugute gekommen war. Er führte einen Besuch auf einer brasilianischen Plantage an, den er vor kurzem unternommen hatte. Dort hatte ihm der Besitzer eine Anzahl seiner Sklaven vorgestellt und sie im Beisein FitzRoys gefragt, ob sie lieber frei sein wollten. Alle hatten mit nein geantwortet.

Darwin war nicht in der Lage, sich zurückzuhalten, und wurde ungewöhnlich ärgerlich. Er fragte FitzRoy, ob dieser wirklich glaube, die von Sklaven im Beisein ihres Besitzers erteilten Antworten seien glaubwürdig.

Für FitzRoy war solch eine Infragestellung seiner Meinung etwas vollkommen Neues; es grenzte praktisch an Meuterei. Er erlaubte sich Darwin gegenüber einen Zornesausbruch und sagte, wenn dieser sein Wort bezweifle, könnten sie nicht länger »zusammenleben«. Die Mahlzeit wurde sofort abgebrochen, und FitzRoy schickte nach Wickham, um ihm mitzuteilen, daß Darwin an seinem Tisch nicht länger willkommen sei.

Darwin war bereits überzeugt, daß die Reise für ihn vorüber war, daß er das Schiff würde verlassen müssen. Aber Wickham, vermutlich mit den düsteren Launen seines Kapitäns besser vertraut, schlug Darwin vor, seine Mahlzeiten zusammen mit den Offizieren einzunehmen. Aber das war nicht notwendig: Einige Stunden später schickte FitzRoy ihm einen Offizier mit einer Entschuldigung und der Bitte, er möge mit dem Kapitän »weiter zusammenleben«. Darwin stimmte zu, und sie überließen sich, ohne auf den Zwischenfall noch einmal zu sprechen zu kommen, wieder ihrer alten Routine. Aber der Jüngere war sich nun der Bedingungen ihrer Freundschaft deutlich bewußt.

Die *Beagle* lichtete am 15. März in der Bucht der Allerheiligen Anker und ging auf südlichen Kurs.

Die drei Feuerländer, die zwei Jahre früher entlang der gleichen Küste nach Norden gesegelt waren, wußten, wo die Reise hinführte.

14

Sie hatten einen bemerkenswert weiten Weg hinter sich. Es waren inzwischen keine anderen sicheren Zeichen für die Anglisierung der Feuerländer mehr übrig geblieben als ihre Kleider. FitzRoy hatte sie gleich nach ihrer Gefangennahme und noch bevor sie etwas zu essen bekamen in englische Kleider gesteckt. Das, so hatte er der Admiralität in seinem ersten Schreiben über seine Schützlinge versichert, habe sie »sehr glücklich« gemacht.

Jetzt, zwei Jahre danach, liefen sie in ihrer eleganten Tracht auf Deck herum und starrten zur Küste hinüber. Es waren sehr merkwürdige Touristen. Es gab keine Boots- oder Segelbekleidung für die Passagiere, keine weißen Damenkleider oder gestreifte Herrenröcke. Auch wenn man ihnen sehr geeignete Überzieher aus geölter Leinwand gegeben haben mochte, damit sie auch bei widrigem Wetter an Deck etwas frische Luft bekommen konnten, werden die Feuerländer nicht wie Seeleute gekleidet gewesen sein. York Minster und Jemmy Button kleideten sich, als seien sie mit ihrem Entführer über ihre Umwandlung in Engländer einer Meinung, so wie es für einen Gentleman des frühen 19. Jahrhunderts unerläßlich war: An Bord des Schiffes und an Land trugen sie Röcke mit Schößen, zweireihige Westen mit Revers, Hemden mit hohen Kragen und Krawatten, lange Hosen und Lederstiefel. Wahrscheinlich hatten sie auch billige Taschenuhren einschließlich Uhrentaschen bekommen. In ihrem ganzen Staat mit vielen Pfund englischer Wolle am Leib muß es ihnen in den Tropen glühend heiß gewesen sein, aber diese Kleider waren nun einmal das eindeutige Zeichen ihrer Erhebung über den wilden Urzustand, und so trugen sie jede einzelne Lage davon in frommer Andacht.

Vor allem Jemmy Button war, wie jedermann leicht bemerkte, ein herausgeputzter Modegeck. Er war während seines Aufenthalts in England fett und eitel geworden – »er liebte es, sich in einem Spiegel zu bewundern« –, und man sah ihn selten ohne seine weißen Ziegenlederhandschuhe. Er war sehr pingelig, um nicht zu sagen neurotisch, was den Glanz seiner Stiefel anging. Obwohl sein Sprachvermögen niemals weit über das elementare Niveau einfachster Kommunikation vom Typus »ich gehen du« hinauskam, hatte er doch ein Ohr für außergewöhnliche Ausdrücke. Als er Darwin besuchte, der seekrank in seiner Hängematte lag, starrte Jemmy ihn mitleidig an und sagte: »Armer, armer Kerl!« Mit dieser ungewollten Satire exzessiven Engländertums – nicht unähnlich einem Angehörigen der Unterschicht, der sich aufspielen wollte – erheiterte er den Kapitän, die Mannschaft und Darwin gleichermaßen, und solche Begebenheiten machten ihn bei allen sympathisch. Das begriff er instinktiv, wenn auch unvollständig, und nahm die Rolle an.

Fuegia Baskets Kleider und Häubchen waren wahrscheinlich auf See und in der Hitze etwas bequemer, aber nicht weniger ordentlich. Und alle drei zeigten sich im Sonntagsstaat bei FitzRoys regelmäßig jeden Sonntag abgehaltenen Schiffsgottesdiensten mit Gesang und Gebeten.

Obwohl er mehr als ein Jahr lang mit ihnen auf engem Raum zusammenlebte, waren Darwins Eindrücke von den Feuerländern nicht so treffend wie seine Beobachtungen der Natur und der Landschaften, die er an den Bestimmungshäfen der *Beagle* anstellte. Er stimmte größtenteils mit FitzRoys Einschätzung ihrer natürlichen Persönlichkeit und Charaktermerkmale überein, die der Kapitän aus seinen Vorstellungen über die Bedeutung der Gesichtszüge und dem Unfug der Phrenologie abgeleitet hatte. Bald nach ihrer Ankunft in England hatte FitzRoy sie mit zu einem Phrenologen genommen, um die Höcker auf ihren Schädeln interpretieren zu lassen. Nach Diagnose des Spezialisten neigten alle drei »zur Gerissenheit« und besaßen »animalische Neigungen und Leidenschaften«, die es schwierig machen würden, sie zu »nützlichen Gliedern der Gesellschaft« zu machen. Niemanden im christlichen England konnten solche Feststellungen überraschen. Darwin sah bei Jemmy Button auch freundlichere Züge, aber sein eigener Schluß, daß der Junge eine »freundliche Veranlagung« besaß, beruhte weniger auf seinem alltäglichen Kontakt mit ihm als auf seiner Deutung der Physiognomie von Jemmys Gesicht.

Darwin hielt die zwölfjährige Fuegia Basket für »ein freundliches, bescheidenes, zurückhaltendes junges Mädchen von recht angenehmem, aber manchmal mürrischem Ausdruck«. Er bemerkte auch, daß sie über eine angeborene schnelle Auffassungsgabe verfügte: »Sie lernte alles sehr rasch, vor allem Sprachen. Das wurde klar, als sie etwas Portugiesisch und Spanisch aufschnappte, als sie nur für kurze Zeit in Rio de Janeiro und Montevideo war, und in ihrer Kenntnis der englischen Sprache.« Fuegia war die beste Englischsprecherin der drei, und mit den Sprachen lernte sie auch die Manieren. Sie war ein bezauberndes Geschöpf, der Liebling der Mannschaft auf der Reise von Feuerland zurück nach England, FitzRoys Vorzeigeexemplar, das Königin Adelaides Herz gewonnen hatte. Fuegia Baskets natürliche Freundlichkeit und ihr Mitgefühl bedurften keiner Übersetzung, überbrückten jede kulturelle Kluft und trugen ihr auf ihre Weise ebensoviel Sympathie ein, wie es sexuelle Anziehungskraft getan hätte. Sie begriff das und machte es sich zunutze.

Darwins Eindrücke von York Minster kamen denen FitzRoys nahe. Das Wenige, was er über den ältesten, unfügsamsten Feuerländer schrieb, war ein Widerhall der Diagnose des Phrenologen, die Darwin zweifellos gelesen hatte: »Er war von Hause aus zurückhaltend, wortkarg, mürrisch und, wenn erregt, von heftiger Leidenschaft; seine Zuneigung zu einigen wenigen Freunden an Bord war sehr stark; seine Auffassungsgabe war gut.«

Am meisten beeindruckte Darwin die Sehschärfe der beiden Männer aus Feuerland. Sein eigenes Auge hatte sich bei der Jagd als extrem scharfsichtig erwiesen, er verfügte über eine ausgezeichnete Fernsicht, die die der meisten Mannschaftsmitglieder übertraf. Aber York und Jemmy erkannten von See aus andere Schiffe und das Land hinter dem Horizont lange vor allen anderen an Bord des Schiffes. Sie waren sich dieser Überlegenheit wohlbewußt und kosteten sie geradezu aus: »Ich sehen Schiff, ich nicht sagen«, pflegte Jemmy den Wachoffizier aufzuziehen. Auch ihr Geschmackssinn schien besser entwickelt zu sein; sie schienen Darwin über angeborene Fähigkeiten zu verfügen, die weit über diejenigen der Europäer hinausgingen, ein Eindruck, den er später, als er sein *Die Abstammung des Menschen* schrieb, weiter verallgemeinern sollte.

Das deutlichste Ziel von York Minsters Zuneigung war Fuegia Basket. Es war allen an Bord klar, daß York und Fuegia nach ihrer Landung auf Feuerland »Mann und Frau« werden würden, wie es die Matrosen formulierten. Bis es soweit war, solange sie seiner Obhut unterstanden, hielt FitzRoy sie so weit voneinander getrennt, wie es möglich war. Fuegias Hängematte hing achtern bei den Offiziersquartieren, während Jemmy und York vorn bei der Mannschaft untergebracht waren.

Es war eine lange, langsame Fahrt nach Süden. Die *Beagle* lief zu längeren Aufenthalten Rio de Janeiro (dort gab FitzRoy Fuegia Basket an Land für drei Monate in eine englische Familie, wo sie den kleinen Kindern der Familie half, Englisch zu lernen, während sie selbst sich etwas Portugiesisch aneignete), Montevideo und Bahia Blanca an der argentinischen Küste an. Zwischen diesen Aufenthalten kreuzte das Schiff zu Vermessungsarbeiten vor der Küste.

Darwin machte sich diese langwierigen Fahrten längs der Küste zunutze, um wochenlange Erkundungen an Land anzustellen, mietete sich dort teilweise Unterkünfte und lebte bei Ranchern, wanderte durch den brasilianischen Regenwald, ritt mit den Gauchos über die argentinische Pampa, begeisterte und verausgabte sich. Er verbrachte auch längere Zeit in Buenos Aires und Montevideo. Als Lesestoff hatte er, welch paradisische Pracht der Natur er auch besuchte, stets Miltons *Verlorenes Paradies* dabei. Durch ziemlich regelmäßige Korrespondenz mit FitzRoy hielt er die Verbindung zum Schiff. Der Ton ihrer Briefe zeigt die grundlegende Wärme ihrer Freundschaft. Der Kapitän vermißte Darwin eindeutig, wenn dieser nicht an Bord war; seine Briefe zeigen ein etwas bizarres, schuljungenhaftes Geplänkel – einen Ton, den er sich gegenüber seinen Untergebenen niemals hätte erlauben können. Sie offenbaren FitzRoys zartes Alter als auch die einsame Isolation seines Ranges und seiner oft angsteinflößenden Verantwortung:

Mein lieber Philos,

im Vertrauen darauf, daß Sie noch nicht völlig verbraucht sind – obwohl halb verhungert, gelegentlich erfroren und manchmal halb ertrunken – wünsche ich Ihnen viel Freude bei Ihrer Kampagne mit General Rosas [einem argentinischen

General, dessen Truppen überall in der Pampa die Indianer abschlachteten], und ich versichere Ihnen, daß ich jedes-mal, wenn das Schiff stampft (und das tut es *sehr* oft, wie Sie *gut* wissen), außerordentlich bekümmert bin bei dem Gedanken, wieviel *praktische See-Erfahrung* Ihnen entgeht – und wie unglücklich Sie sich auf festem Grund fühlen müssen.
Ihr Zuhause (auf dem Wasser) wird nahe dem Monte Megatherii vor Anker liegen, bis Sie zurückkehren, um bei der Geburt eines von der Schnauzenspitze bis zur Schwanzspitze zweiundsiebzig Fuß messenden Megalonyx und eines Ichthyosaurus, der etwas größer ist als die *Beagle*, zu assistieren! ... [als das Schiff noch in der Bahia Blanca lag, hatten Darwin und FitzRoy an einem Strand in der Nähe die versteinerten Knochen verschiedener großer Tiere gefunden, die, wie sie glaubten, zu einem Megatherium oder Megalonyx, beides ausgestorbene Arten, gehören konnten].

Mein lieber Darwin,

vor zwei Stunden habe ich Ihren Brief bekommen ... und bin pünktlich und unverzüglich dabei, Ihre Fragen zu beantworten. (Mirabilo!!) Aber zuerst das Wichtigste – mein guter Philos, warum haben Sie mir nichts von Ihren Abenteuern erzählt, bei denen Sie mit Haaresbreite entkommen sind? Wie viele Male sind Sie vor den Indianern geflohen? Von wie vielen Felsvorsprüngen sind Sie gestürzt? In wie viele Moore sind Sie gesunken? Wie oft sind Sie von den Fluten davongespült worden? ... Ich höre Sie sagen: »Gleich sind Sie am Ende eines Bogens Papier angelangt, ohne mir auch nur eins der Dinge zu sagen, die ich wissen will.«

Philos, seien Sie nicht böse, haben Sie Geduld, ich werde Ihnen alles verraten.

Morgen werden wir nach Maldonado auslaufen – dort werden wir bis Mitte dieses Monats bleiben – und dann wollen wir nach Montevideo zurückkehren ...

Adios, Philos – wie immer Ihr treu ergebener
Robt. FitzRoy

FitzRoy mußte versuchen, während des kurzen Südsommers von Dezember bis Januar Feuerland zu erreichen, um dort die Feuerländer und Matthews, den Missionar, an Land zu setzen und ihnen zu helfen, ihre Missionsstation einzurichten. Im September 1832 mietete er, entmutigt vom gewaltigen Umfang und der Schwierigkeit der Aufgabe, mit der *Beagle* allein die gesamte argentinische Küste zu vermessen, zwei Schoner, die gewöhnlich für den Robbenfang benutzt wurden. Der Siebzehntonner *Paz* war, so schrieb FitzRoy, »ein Schiff so häßlich und mißgestaltet, wie ich es nie zuvor gesehen hatte, schmutzbedeckt und durchtränkt mit ranzigem Öl.« Der Elftonner *Liebre* war ebenso verschmutzt, aber beide Schiffe schienen seegängig und brauchbar zu sein. FitzRoy rüstete sie mit Hilfe der Vorräte der *Beagle* aus, bemannte sie mit seinen eigenen Leuten und schickte sie dann zur Vermessung der flachen Gewässer und Flußmündungen zwischen Bahia Blanca und Rio Negro aus.

Anfang Dezember waren die Vermessungsarbeiten abgeschlossen. Die *Beagle* kehrte nach Montevideo zurück, um sich neu zu bevorraten, und segelte dann wieder nach Süden.

Am 16. Dezember 1832 erreichte die *Beagle* die öde Ostküste von Feuerland. Den ganzen Nachmittag und die Dämmerung hindurch lief das Schiff weiter auf südöstlichem Kurs mit einigen Seemeilen Abstand parallel zur Küste, und am Abend ging es in einer ungeschützten Bucht vor Kap Santa Iñez etwa einhundertdreißig Seemeilen südlich der Einfahrt zur Magellanstraße vor Anker. Die Küste verlief in einer langen, ununterbrochenen Linie von Nordwest nach Südost, ohne einen einzigen sicheren Ankerplatz, und fiel zum Meer hin in steilen Kliffs ab, über die die Seevögel kreisten und schrien.

»Der Himmel war düster«, schrieb Darwin in sein Tagebuch. »Im Süden lag in großer Entfernung eine hohe Bergkette mit schneeglitzernden Gipfeln.«

Die *Beagle* war nie zuvor an diesem Abschnitt der feuerländischen Küste gewesen. Die Mannschaft fragte sich, ob sie wohl bewohnt war. Es dauerte nicht lange, bis sie es erfuhren: Am Ufer stieg Rauch auf. Durch sein Teleskop sah Darwin am steilen Abriß des Landes zum Meer hin Indianer, »die das Schiff mit Interesse beobachteten. Die Küste dieses südöstlichen Teils von Feuerland war das Territorium des Stammes der Ona.

Die Feuerländer an Bord der *Beagle* brauchten dank ihrer scharfen Augen keine Fernrohre. »Oens-Männer – sehr böse!«, erklärten Jemmy und York FitzRoy und baten ihn, auf die Fremden zu feuern.

Aber obwohl er sich weigerte, ihre Feinde zu töten, bemerkte FitzRoy, daß die drei Feuerländer in Hochstimmung zu sein schienen. Sie starrten von Deck aus zum Ufer und wußten, daß sie zu Hause waren.

Die Gefühle des Kapitäns angesichts »seiner« Feuerländer so kurz vor deren Repatriierung blieben sein Geheimnis.

15

Nirgendwo sind die Pläne der Menschen mehr auf Mithilfe oder zumindest Duldung der Natur angewiesen als in den gefährlichen Gewässern rund um Kap Hoorn. Alle Hoffnungen und Absichten FitzRoys, sein Plan für die Feuerländer, sein Vermessungsauftrag und das Leben aller an Bord hingen davon ab, daß er das Schiff sicher durch diese Kampfzone von Wind und Wellen brachte. Generalbaß und Oberstimme zugleich war jetzt zusätzlich zu allen normalen Tagesgeschäften der ständige Kampf, Bedingungen zu überleben, die diesen Ort schon seit langer Zeit zu einem Friedhof gemacht hatten.

Das bedeutete schon sehr bald Flucht. In der Nacht kam schwere Dünung auf, Vorbote eines atlantischen Sturms, der weit im Norden tobte, und ließ die *Beagle* heftig rollen. Es wehte nur eine leichte Brise, aber als die Dünung immer schwerer wurde, befürchtete FitzRoy, der bis dahin gehofft hatte, ein oder zwei Tage bleiben zu können, um in der Nähe Messungen anzustellen, daß die Wellen und der Wind, der ihm wahrscheinlich folgte, das Schiff auf die Klippen setzen könne. Um drei Uhr in der Frühe gab er mit dem ersten Tageslicht den Befehl zum Ankerlichten. Als der Anker kurzstag war, begann das Schiff zu treiben und driftete in der Dünung auf die Küste zu; die Mannschaft war inzwischen das Rigg aufgeentert, um Segel zu setzen und das Schiff in der leichten Brise Seeraum gewinnen zu lassen. Dann frischte der Wind, wie von FitzRoy vorgesehen, auf, blähte die Segel und brachte die *Beagle* aus der unmittelbaren Gefahr. Aber es war schweres Wetter im Anzug, und an der langen, unwirtlichen Küste gab es keinen Schutz davor; also ging FitzRoy mit seinem Schiff wieder auf südöstlichen Kurs, um die Le-Maire-Straße zu erreichen.

Am Nachmittag meldete der Ausguck im Krähennest sehr hohe Wellen vor Kap San Diego; der Gezeitenstrom aus dem südlichen Ozean wälzte sich östlich von Kap Hoorn durch die Straße und türmte sich dort gegen den zunehmenden Nordwind und die Dünung auf, so daß Seen entstanden, die auch einen modernen Tanker hätten überwältigen können. »Die Bewegung des Schiffes in solch einer See ist sehr unangenehm«, schrieb Darwin mit bemerkenswerter Untertreibung; »sie wird als ›Abkochen‹ bezeichnet, und die See kommt tatsächlich so unregelmäßig wie die Blasen kochenden Wassers über das Schiff.« Der *Beagle* blieb an jenem Tag das Abkochen erspart, denn als sie eine Stunde später um dreizehn Uhr Kap San Diego erreichte, war der Gezeitenstrom gekentert und lief nun mit Wind und Wellen; die Riesenwellen verschwanden, und die *Beagle* machte in dem jetzt günstigen Ebbstrom gute Fahrt durch die Straße.

Einige Stunden später, dicht unter der feuerländischen Küste, lief das Schiff in die Good Success Bay ein (die Bucht des guten Erfolges – das Ankern in der Le-Maire-Straße ist immer ein guter Erfolg!). Dort sah Darwin zum ersten Mal Feuerländer nicht in englischer Kleidung, sondern in ihrer natürlichen Umgebung.

> Als wir parallel zum Ufer durch die nördliche Einfahrt [zur Good Success Bay] liefen, beobachtete uns eine Gruppe Feuerländer.

> Sie saßen auf einem wüsten, über die See hinausragenden Gipfel, der von Wald umgeben war. – Als wir an ihnen vorbeiliefen, sprangen sie allesamt auf, winkten mit ihren Fellumhängen und ließen einen lauten und hohl tönenden Ruf hören. – Das setzten sie eine lange Zeit über fort. – Diese Leute folgten dem Schiff bis zu seinem Ankerplatz, und unmittelbar vor Einbruch der Dunkelheit hörten wir wieder ihren Schrei und sahen bald darauf ihr Feuer vor dem Eingang des Wigwams, den sie sich für die Nacht bauten.

Sobald die Anker der *Beagle* gefallen waren, drehte der Wind von Nord auf Südwest und nahm an Stärke weiter zu. Schwere Böen und Wirbelstürme fielen von den sie umgebenden hohen Hügeln über das Schiff her, aber das Wasser an ihrem Ankerplatz blieb glatt und unbeeinträchtigt von Wellen oder Dünung, und der feine weiße Sand auf dem Grund der Good Success Bay erwies sich als guter Ankergrund.

Darwin erlebte zum ersten Mal die raue Wirklichkeit der feuerländischen Gewässer, aber er hatte Vertrauen in das Schiff und die Mannschaft.

> Jeder, der das behagliche Gefühl kennt, wenn man am Feuer sitzt und draußen den Regen und Wind am Fenster rütteln hört, wird unsere Gefühle verstehen: Draußen auf See wäre es eine sehr schlechte Nacht geworden, so daß wir, wie schon andere vor uns, guten Grund hatten, diesen Platz Good Success Bay zu nennen.

Am nächsten Morgen lernte Darwin an Land eine Gruppe Feuerländer persönlich und aus der Nähe kennen. Er war verblüfft: »Ich hätte nicht geglaubt, wie vollständig der Unterschied zwischen wilden und zivilisierten Menschen ist«, schrieb er in sein Tagebuch.

Bekleidet nur mit dem Fell eines Guanakos (der Wildform des Lamas), das sie über die Schulter geworfen trugen, beschmiert mit roter und weißer »Farbe« und Holzkohle, erinnerten sie Darwin stark an die Teufel aus der Wolfsschlucht in Carl Maria von Webers Oper *Der Freischütz,* die er in Edinburgh acht Jahre zuvor gesehen hatte.

Der älteste der »Teufel« schlug ihn drei Mal mit der flachen Hand gleichzeitig auf Brust und Rücken und gab dabei »die gleichen Laute von sich, wie jemand, der Hühner füttert«. Dann bat er Darwin, ihm in gleicher Weise auf Brust und Rücken zu klopfen. Darwin tat ihm den Gefallen und machte den Feuerländer damit glücklich. Darwin pflichtete, was die Laute der feuerländischen Sprache anbelangte, der Beschreibung von Captain Cook bei.

> Es klingt, als versuche jemand, sich zu räuspern; dazu muß man sich einen weiteren Mann vorstellen, der sehr heiser ist und etwas zu rufen versucht, und einen dritten, der ein Pferd mit diesem besonderen Laut antreiben will, den man nur mit einer Seite des Mundes erzeugt. Wenn man sich diese Laute und dazu noch einige Kehllaute vorstellt, dann hat man damit ihre Sprache so genau beschrieben, wie man es als Europäer zu tun nur hoffen kann.

Ebenso beeindruckt war er von der Primitivität ihrer Lebensführung.

> Wenn ihre Kleidung und ihre Erscheinung schon jämmerlich ist, so ist es ihre Lebensweise noch mehr. – Ihre Nahrung besteht hauptsächlich aus Nacktschnecken und Muscheln zusammen mit Robben und ein paar Vögeln; gelegentlich müssen sie auch wohl ein Guanako erbeuten. Sie schienen kein Eigentum zu besitzen, außer ihren Bögen, Pfeilen und Speeren: Ihr

gegenwärtiger Wohnplatz befindet sich unter einigen Büschen an einem Felssims oder Felsen; es reicht nicht immer aus, um Regen oder Wind abzuhalten – und jetzt mitten im Sommer regnet es täglich, und es hat jeden Tag etwas Schneeregen gegeben. – Der fast undurchdringliche Wald reicht hinab bis zur Hochwassermarke. – Das bewohnbare Land besteht also buchstäblich aus den großen Steinen am Strand. – Und hier sammeln sie bei Niedrigwasser, ganz gleich ob es bei Tag oder Nacht eintritt, diese erbärmlich wirkenden Wesen, das, was sie zu ihrem Lebensunterhalt brauchen. – Ich glaube, daß man auf der ganzen Welt suchen kann, ohne Menschen eines niedrigeren Ranges zu finden. – Die Südseeinsulaner sind im Vergleich zu ihnen zivilisiert, und ebenso die Eskimos, die in ihren unterirdischen Hütten zumindest etwas Bequemlichkeit genießen mögen.

Wie andere hatte er Gelegenheit zu beobachten, daß die Feuerländer exzellente Mimen waren, die die körperlichen Eigenheiten der Engländer genau nachahmen und ganze, ihnen unverständliche englische Sätze nachplappern konnten. Welcher Europäer war dazu in der Lage oder konnte auch nur einem amerikanischen Indianer durch einen Satz von mehr als drei Wörtern folgen, fragte sich Darwin. Er glaubte, daß diese Fähigkeit die Palette der überlegenen Sinne, des Geschmacks, des Geruchs und des Gesichts abrundete, die er an Bord der *Beagle* bei den Feuerländern beobachtet hatte. Er kehrte für das Mittagessen zum Schiff zurück und wurde am Nachmittag mit einer Gruppe, zu der FitzRoy, Jemmy Button und York Minster gehörten, wieder an Land gebracht.

Dies war FitzRoys erstes Zusammentreffen mit wilden Feuerländern, seit er vor zwei Jahren die Spitze Südamerikas hinter sich gelassen hatte. Er war wieder vollkommen beeindruckt durch ihre Wildheit, sah aber inzwischen diesen Zustand mit einer Art brüderlicher Zuneigung als verbesserungsfähig an:

> Schon allein die Vorstellung eines Wilden war unangenehm, ja sogar quälend, und ein jeder war unwillig, in Betracht zu ziehen, daß wir selbst auch nur entfernt von menschlichen Wesen in solchem Zustand abstammten. Trotzdem muß man sich daran erinnern, daß Cäsar auch die Briten einst bemalt und in Felle gekleidet wie diese Feuerländer vorfand. Diese Erkenntnis sollte das Interesse nur verstärken, das hervorgerufen wird durch die kindische Unwissenheit der Feuerländer, die nichts von dem kennen, was dem zivilisierten Menschen vertraut und alltäglich ist. Und schließlich war ihre gesunde, unabhängige Lebensweise bewundernswert.

Im Versuch, ihre Hautfarbe zu beschreiben, griff Fitz-Roy auf eine ganze Palette von Vergleichen zurück.

> Es ist ein sattes Rötlichbraun zwischen der Farbe von rostigem Eisen und der von geputztem Kupfer, etwas dunkler als Kupfer, aber doch nicht so dunkel wie gutes altes Mahagoni ... Die Farbe dieser Eingeborenen gleicht außerordentlich der der Rinder von Devonshire. Durch das Fenster des Zimmers, in dem ich sitze, sehe ich einige Ochsen dieser Rasse durch die Ausläufer eines Waldes trotten, und ihr gelegentliches Aufleuchten zwischen den Bäumen erinnert mich stark an die südamerikanischen Roten.

Die beiden »zivilisierten« männlichen Feuerländer wurden schlagartig zu Snobs. Abwechselnd lachten sie über den Schmutz ihrer Landsmänner oder schienen dadurch beschämt. Sie gaben sogar vor, die Sprache der Feuerländer nicht zu verstehen (für Jemmy mag das sogar wahr gewesen sein), aber York Minster brach unwillkürlich in hysterisches Gelächter aus, als einer der älteren Feuerländer, der ihn trotz seiner feinen Kleider als Stammesgenossen erkannte, ihn schalt und ihm sagte, er sei schmutzig, weil er die wenigen Haare auf seinem Gesicht nicht rasiert habe.

Richard Matthews, der Missionar, der an dieser wilden Küste ein neues Jerusalem gründen wollte, erhielt jetzt einen ersten Eindruck von seiner zukünftigen Gemeinde im Naturzustand. Seine wahren Eindrücke blieben unbekannt; laut FitzRoy blieb er stoisch gefaßt: »[Er] schien durch eine nähere Inspektion dieser Eingeborenen nicht im Geringsten entmutigt. Er bemerkte mir gegenüber, daß ›sie nicht schlimmer seien, als er angenommen habe.‹«

Nach dreitätiger Vermessungsarbeit, während derer Darwin und andere auf die nahegelegenen Hügel stiegen und erfolglos versuchten, eins der riesigen Guanakos zu erlegen, die sie gesehen hatten, verließ die *Beagle* Good Success Bay. FitzRoy hatte es eilig, Matthews und die Feuerländer endlich an Land unterzubringen, und versuchte, den Christmas-Sund und March Harbour westlich von Kap Hoorn zu erreichen – in deren Nachbarschaft ihm vor zweieinhalb Jahren mit den bekannten Folgen sein schönes Walboot gestohlen worden war und wo er York Minster und Fuegia Basket entführt hatte.

Das Schiff passierte Kap Hoorn am 21. Dezember, aber dann drehte der Wind, frischte auf Sturmstärke auf, wie er es hier so oft tut, und trieb sie hinaus auf See. Zwei Tage später, am Heiligen Abend, manövrierte die Mannschaft der *Beagle* das Schiff in Hagelschauern in eine kleine Bucht auf Hermite Island unmittelbar westlich von Kap Hoorn. Dort verbrachten sie den Weihnachtstag und den

Rest des Monats an sicherem Ankerplatz, während um sie herum die Stürme tobten.

Am 31. Dezember wurde, obwohl die Bedingungen sich wenig gebessert hatten, auf der *Beagle* der Anker gehievt, denn FitzRoy war ungeduldig, March Harbour zu erreichen, das nur noch hundert Seemeilen entfernt war. Aber das Wetter zeigte kein Erbarmen. In den ersten beiden Januarwochen prügelte er die *Beagle* gegen eine Aufeinanderfolge von Stürmen westwärts und versuchte, die kurze Entfernung zu überwinden. Tagelang gewann das Schiff überhaupt keine Höhe gegen den Wind: Die winzigen vorgelagerten Diego-Ramirez-Inseln wurden durch Dunkelheit und Wolken am 2. Januar an Backbord querab gesichtet und wieder in genau der gleichen Position am 5. Januar. Das Leben an Bord des ohne Unterlaß gegen den Sturm und eine eiskalte Kopfsee ankämpfenden Schiffes reduzierte sich auf das grimmigste Kontinuum von Nahrung, Wasser, Schlaf und Kampf. Das Seewasser fand seinen Weg überall hin: Es drückte sich unter Deck durch die Luken und tropfte von der durchnäßten Kleidung der Männer. Das Gleiche hatte die *Bounty* – die in Größe und Form der *Beagle* sehr ähnlich war – 1788 am gleichen Ort erlebt, bevor Bligh aufgab, schließlich vor den Wind ging und rund um den Globus in der entgegengesetzten Richtung segelte, um in den Pazifik zu gelangen.

Der Kapitän der *Beagle* und seine Mannschaft waren nicht so schlecht dran wie die der *Bounty*, aber ihrem Naturphilosophen ging es so miserabel wie nie zuvor. In seiner wild schwingenden Hängematte vertraute er seinem Tagebuch an: »[Seit dem 21. Dezember] war ich kaum einmal eine Stunde frei von Seekrankheit. Ich weiß nicht, wie lange das schlechte Wetter noch anhalten wird, aber meine Lebensgeister und mein Magen, dessen bin ich mir sicher, werden es nicht mehr viel länger aushalten.«

Am 11. Januar wurde die hoch aufragende Felsformation, der York Minster seinen Namen verdankte, voraus gesichtet, »zwischen tiefhängenden Wolken aufragend«. FitzRoy glaubte, daß sie bald in March Harbour vor Anker liegen würden, daß nur eine Seemeile vor ihnen lag, als der Sturm plötzlich weiter zunahm und Dunkelheit, heftige Böen, Regen und Hagel die *Beagle* wieder hinaus auf See jagten.

Am folgenden Tag lag das Schiff beigedreht südlich und knapp westlich von Kap Hoorn und wurde langsam die Strecke zurückgetrieben, über die sie sich mit so viel Anstrengung vorgekämpft hatte. Es war nun vierundzwanzig Tage her, seit sie Kap Hoorn passiert hatten, und sie standen nur knapp zwanzig Seemeilen westlich davon. Der Sturm wurde immer schlimmer, bis er am 13. zu einem reinen Brüllen anschwoll. Es war das schlimmste Wetter, das FitzRoy je erlebt hatte. Die Seen erreichten eine solche Höhe, daß er in Wind und Regen an Deck blieb, ohne doch etwas anderes tun zu können, als sie in dem Gefühl unmittelbar bevorstehender Katastrophe ängstlich zu beobachten. Um dreizehn Uhr fielen drei gewaltige Brecher über das Schiff her.

> [Ihre] Größe und Steilheit sagten mir sofort, daß unser Schiff, so gut es auch war, ernsthaft auf die Probe gestellt werden würde. Mit gerade noch steuerfähiger Fahrt begegnete es der ersten unbeschadet und schwamm auf sie auf; aber natürlich hatte sie Fahrt verloren; die zweite brachte sie völlig zum Stillstand und drehte sie aus dem Wind; und die dritte riesige See, die sie von dwars nahm, legte sie so weit über, daß das gesamte Schanzkleid in Lee vom Kranbalken bis zu den Davits am Heck fast einen Meter unter Wasser kam.

Mit anderen Worten: das Schiff wurde flachgelegt.

Das Wasser sprengte Türen und Luken auf, und wahre Sturzbäche ergossen sich nach unten in den Kartenraum, wo Darwin in seinem Elend lag, und verteilten sich in den Kabinen. Die *Beagle* versuchte sich aufzurichten, wurde dabei aber vom Gewicht des Wassers behindert, das wegen des hohen Schanzkleides nicht ohne weiteres ablaufen konnte. »Hätte jetzt eine weitere See sie getroffen«, schrieb FitzRoy, »hätte das kleine Schiff vielleicht zu den vielen ihrer Klasse gezählt, die nie wieder auftauchten.«

Lieutenant Sulivan kämpfte sich von unten hinauf auf Deck (wie er später seinem Sohn beschrieb) und fand die *Beagle* auf der Seite liegend. Der Zimmermann Jonathan May schlitterte bereits die jetzt fast senkrechte Wand des Decks entlang und versuchte, mit einem Handspieker die an Angeln befestigten hölzernen Durchlässe des Schanzkleides – die jetzt den Boden bildeten – zu öffnen, damit das Wasser ablaufen konnte. Sulivan half ihm, und nachdem einige dieser Pforten geöffnet worden waren, lief das Wasser von Deck ab, und das Schiff kam hoch. Eins der neuen Walboote war am Heck aus seinen Davits gerissen worden und hing nun zerschmettert längsseits des Schiffes; seine Taljen wurden mit dem Beil gekappt, und das Boot wurde aufgegeben. Aber sonst war das Schiff unbeschädigt. Das komplette Rigg war noch vorhanden, und keiner der Seeleute war über Bord gegangen. Abgesehen von dem Walboot betrafen die einzigen gemeldeten Schäden einen Chronometer und Darwins »unersetzlichen Verlust« einiger Stücke seiner Sammlung.

Das Überlegen hatte sich auf dem Höhepunkt des Sturms ereignet. Bald darauf war es wieder möglich, einige Segel zu setzen, etwas abzufallen und auf nördlichen Kurs zu gehen, um irgendwo Schutz zu suchen. Nach Einbruch der Dunkelheit konnte die *Beagle* in ruhigem Wasser hinter dem Falschen Kap Hoorn am Rand der Halbinsel Hardy nur zwölf Seemeilen von ihrem letzten Ankerplatz bei Hermite Island, den sie vor zwei Wochen verlassen hatte, die Anker fallen lassen.

FitzRoy gab den Versuch auf, March Harbour mit der *Beagle* zu erreichen. Weitere Schlechtwettertage zwangen sie, nach Norden und Osten in die Nassau Bay zu gehen, die noch weiter vom eigentlichen Ziel entfernt lag, bis er schließlich entschied, das Schiff in der Goree-Passage, einem sicheren und gut erreichbaren Ankerplatz an der Einfahrt zur Nassau Bay, zu lassen und in den Booten durch die Binnenpassagen zwischen den Inseln hindurch das Gebiet rund um den Christmas-Sund anzulaufen.

Aber York Minster ließ es nicht so weit kommen. Er erklärte dem Kapitän, daß er nicht in sein eigenes Land zurückkehren wolle. Er und Fuegia, seine zukünftige Frau, zögen es vor, sich zusammen mit Jemmy Button und Matthews in Jemmys »Land« anzusiedeln. FitzRoy war überrascht, aber zufrieden. Er hielt es für wesentlich besser, daß die drei und Matthews zusammenblieben.

»Ich ahnte nicht«, schrieb er später, »wie weitgehend die Pläne waren, die Master York ersonnen hatte.«

16

Darwin gehörte zu der großen Gruppe, die sich am 19. Januar zu einem Ort in der Nähe der Murray-Meerenge aufmachte, wo FitzRoy Jemmy Button zu sich genommen hatte. Dort, so hatte FitzRoy beschlossen, sollte die neue Siedlung und die Mission gegründet werden.

Etwa einen Tag lang hatte er zu diesem Zweck das Land auf den Inseln Lennox und Navarin in unmittelbarer Nachbarschaft des Ankerplatzes der *Beagle* in der Goree-Passage in Erwägung gezogen. Es sind mehr Siedlungen und Städte aufgrund der Nähe zu einem sicheren Hafen entstanden als aus jedem anderen Grund. Die Küste der beiden Inseln war für dieses Gebiet versunkener Berge ungewöhnlich flach, und FitzRoy glaubte, sie eigne sich vielleicht zur landwirtschaftlichen Nutzung. Aber nachdem er das Gebiet zusammen mit Darwin auf ein paar Meilen erkundet hatte, stellten sie fest, daß es sich um nichts als Sumpf handelte, »einen trostlosen Morast … völlig ungeeignet für unsere Zwecke«. Das Land, in das Jemmy zurückkehren wollte, schien vielversprechender.

FitzRoy, Darwin, Matthews und die drei Feuerländer, Bynoe, der Schiffsarzt der *Beagle* und ungefähr siebenundzwanzig Matrosen, Seesoldaten und Offiziere verteilten sich auf die drei Walboote und die Yawl des Schiffes. Die vorübergehend mit einem Deck versehene Yawl war außerdem vollgestopft mit der Fracht, die den Feuerländern und Matthews für ihr neues Leben hauptsächlich von der Church Missionary Society und anderen gespendet worden war.

> Die Wahl der einzelnen Artikel [schrieb Darwin] enthüllte gröbste Torheit und Fahrlässigkeit. Weingläser, Buttermesser, Teetabletts, Suppenterrinen, ein Kosmetikkoffer aus Mahagoni, feines weißes Leinen, Hüte und eine endlose Folge ähnlichen Krams zeigt, wie wenig Gedanken man sich um das Land gemacht hatte, wohin all das ging. Die Mittel, die für solche Dinge absolut verschwendet waren, hätten ausgereicht, um einen gewaltigen Vorrat tatsächlich brauchbarer Dinge zu beschaffen.

Die Torheit und die Fahrlässigkeit waren hauptsächlich FitzRoy zuzuschreiben, wie Darwin sicherlich wußte. Der Kapitän kannte die Bedingungen an den wilden, entlegenen Küsten, an denen die Pioniere abgesetzt werden würden, besser als alle wohlmeinenden Spender. Er hatte die großzügigen Geber offensichtlich nicht darüber ins Bild gesetzt, was vielleicht von größerem Nutzen gewesen wäre, und auch nicht versucht, das Leinen, die Teetabletts und modischen Hüte gegen Werkzeuge und Geräte einzutauschen oder zu verkaufen. Er war der Requisitenmeister gewesen, der die Verfrachtung all dieser albernen Dinge organisiert hatte. Er hatte ihre Verladung in die Frachträume der *Beagle* in Devonport beaufsichtigt, wo sie einiges an wertvollem Frachtraum in Anspruch genommen hatten. Es war eine Sache, wenn die englische Königin Fuegia Basket einen Ring als Andenken an eine berühmte Schutzherrin schenkte, aber etwas ganz anderes, eine Bootsladung voll vornehmen und größtenteils unbrauchbaren Schnickschnacks nach Feuerland zu bringen. Was mochte er sich dabei gedacht haben?

Es handelte sich um eine närrische Kurzsichtigkeit FitzRoys: Drei kleine Wigwams, die den Stürmen von Kap Hoorn trotzten, jedes wie ein englischer Salon eingerichtet, in dem York, Jemmy und Fuegia in ihren Fräcken und Krawatten und Häubchen residierten, mit Matthews im dritten Wigwam, damit sie jemanden hatten, der sie sonntags zum Gottesdienst führte. Wenn so etwas möglich war, was hätte dann nicht daraus entstehen können? Das war FitzRoys Traum, den er mit der Energie eines Alexanders zu verwirklichen versucht hatte. Die Boote fuhren von der Goree-Passage nach Norden in den Beagle-Kanal. Dieser bemerkenswerte, zwei bis drei Seemeilen breite, fast gerade und gut befahrbare Wasserweg, der zwischen hohen Bergen hindurch etwa hundertzwanzig Seemeilen in ostwestlicher Richtung verläuft, war von Murray, dem Steuermann der *Beagle*, auf der vorherigen Reise entdeckt worden.

Darwins Zweifel am Sinn des Unternehmens hielten ihn nicht davon ab, den Ausflug und die überall großartige Landschaft zu genießen.

> Wir glitten mit unserer kleinen Flotte dahin, bis wir am Abend eine Ecke fanden, die behaglich zwischen kleinen Inseln versteckt lag. – Hier schlugen wir Zelte auf und machten Feuer. – Nichts hätte romantischer wirken können als diese Szene. – Das klare Wasser der Bucht und die Boote vor Anker; die mit Hilfe der Riemen errichteten Zelte und der Rauch, der in dem bewaldeten Tal aufstieg, vereinigten sich zu einem Bild der Stille und Ruhe.

Als die Gruppe am nächsten Tag durch den Kanal nach Westen fuhr, erschienen Feuerländer am Ufer. Sie bestaunten die Seefahrer in ihren Booten und liefen meilenweit mit ihnen am Kanal entlang. Der Beagle-Kanal scheint der Aufmerksamkeit aller Reisenden entgangen zu sein, bis

Murray ihn 1830 entdeckte; er lag nicht auf dem Weg der Robbenjäger und Walfänger, die mit ihren Schiffen regelmäßig die Meeresküsten der Südspitze Südamerikas oder die Magellanstraße befuhren. Es ist also wahrscheinlich, daß viele der Feuerländer, die die Engländer in ihren Booten sahen, zuvor niemals einen Stammesfremden gesehen hatten. Überall am Ufer wurden Feuer entzündet, sowohl um die Aufmerksamkeit der Fremden zu erwecken als auch um die Neuigkeit von ihrem Erscheinen zu verbreiten. Auf Darwin wirkte das Ganze wie ein weiteres Opernspektakel der Feuerländer:

> Ich werde nie vergessen, wie wild und ungezügelt eine der Gruppen war. – Vier oder fünf Männer erschienen plötzlich auf einem Kliff ganz in der Nähe. – Sie waren absolut nackt und hatten langes strähniges Haar; während sie hochsprangen und die Arme um den Kopf schwenkten, stießen sie die scheußlichsten Schreie aus. Ihr Auftreten war so merkwürdig, wie man es sich von Erdbewohnern kaum vorstellen kann.

Die anglisierten Feuerländer, die mit den Engländern reisten, dachten über diese Leute nicht besser als über die Gruppe von Feuerländern, die sie einige Wochen zuvor in der Good Success Bay angetroffen hatten. »Große Affen«, nannte York Minster sie und lachte sie aus – ein für FitzRoy wahrscheinlich entmutigender Mangel an christlichen Gefühlen. (Da es in Feuerland keine Affen gibt, konnte York sich diesen abfälligen Vergleich nur in England angeeignet haben, und es ist nicht schwer sich vorzustellen, wie.) Jemmy Button versicherte dem Kapitän, daß diese Leute im Vergleich zu seinen, die »sehr gut und sehr sauber« seien, minderwertig wären.

Fuegia Basket zeigte die stärkste Reaktion auf den Anblick ihrer Landsmänner im Naturzustand – ihrem ersten in zweieinhalb Jahren, denn sie war in der Good Success Bay nicht mit den anderen an Land gewesen. Sie war schlicht und einfach verängstigt. Nachdem sie zwei Jahre lang vollständig eingetaucht gewesen war in die Welt englischen Feingefühls, schockierte sie jetzt die Nacktheit und das rohe Äußere ihrer Landsleute. Vielleicht war ihr das Ganze auch außerordentlich peinlich: Denn diese Leute zeigten, wer und was sie selbst in Wirklichkeit war. Sie war aus diesem Leben herausgehoben worden, in eine andere Welt gebracht und gründlich überarbeitet. Aber jetzt wurde sie zurückgeworfen auf nacktes Heidentum – es gibt keine Aufzeichnung darüber, ob es ihr gefiel, zurück nach Feuerland zu kommen oder nicht –, um mit einer Truhe voller Kleider und Petticoats, ein paar Teetabletts und ihrem großen, stämmigen, achtundzwanzigjährigen Freier York Minster zurückgelassen zu werden. Fuegia war damals höchstens zwölf Jahre alt, ein intuitives, mitfühlendes und kluges Mädchen, so viel stand fest. Aber diese Eigenschaften waren ihr vielleicht in diesem Moment wenig hilfreich, in dem dumpfe Ignoranz wahrscheinlich vorzuziehen gewesen wäre. Wie weit sie all das begriff, was mit ihr geschehen war und was ihr jetzt bevorstand, kann nur vermutet werden. FitzRoy mit seinem Tunnelblick, der so bereitwillig glaubte, was er glauben wollte, ist unser einziger Zeuge für ihre Gefühle in diesem Moment. Er schrieb: »Fuegia war entsetzt und beschämt; sie verbarg sich und sah kein zweites Mal zu ihnen [den heulenden Wilden am Ufer] hinüber.«

Zwei Tagesreisen weiter westwärts passierte der Konvoi am Beagle-Kanal den heutigen Hafen Ushuaia. Am Abend trafen die Schiffe in einer kleinen Bucht am Nordende der Murray-Meerenge eine kleine Gruppe von »Tekenika«-Feuerländern. Es waren Mitglieder von Jemmy Buttons Stamm, an die er sich noch erinnern konnte und die sich seiner erinnerten.

FitzRoy und in der Folge Darwin und andere bezeichneten Jemmys Stamm als die »Yapoo-Tekenika« oder die Yapoo-Abteilung des Stammes Tekenika. Es ist unklar, woher FitzRoy das hatte; er schrieb, er glaube gehört zu haben, daß Boat Memory und York Minster die Feuerländer dieses Gebietes auf ihrer letzten Reise als Yapoos bezeichnet hätten. Aber darin täuschte er sich. Der Stamm und Jemmy Button nannten sich tatsächlich selbst Yamana, was in ihrem Dialekt »die Leute« heißt. Lucas Bridges, Sohn des Missionars Thomas Bridges, des späteren Gründers einer Mission in Ushuaia und Autor eines Yamana-englischen Wörterbuches mit zweiunddreißigtausend Wörtern, hat dieses Mißverständnis in seinem Buch *The Uttermost Part of the Earth* (Das äußerste Ende der Welt) aufgeklärt:

> Es ist interessant festzustellen, wie viele Namen auf Irrtümer zurückgehen und dennoch haften geblieben sind, weil sie ihren Weg in die Seekarten der britischen Marine gefunden haben. In frühen Aufzeichnungen ist von einem Ort namens Yaapooh die Rede und von einem Volk, das in diesem Land lebte. Aber es gab weder einen solchen Ort noch ein solches Volk; der Ausdruck ist schlicht eine Verfälschung des Namens, mit dem die Yaghan [Yamana] den Otter bezeichnen, *iapooh*. Zweifellos hat FitzRoy, während er auf ein weit entferntes Ufer deutete, gefragt, wie es heiße. Die scharfen Augen [seines feuerländischen Gesprächspartners] werden dort einen Otter erspäht haben, und er wird mit dem Wort »Iapooh« geantwortet haben.
>
> In allen Karten dieses Landes – sowohl den spanischen als auch den englischen – trägt ein bestimmter Sund durch die Insel Hoste den Namen Tekenika. Bei den Indianern hieß aber weder dieser noch ein anderer Ort so; vielmehr bedeutet das Wort auf Yaghan »schwierig zu sehen oder zu verstehen«.

> Zweifellos wurde einem Eingeborenen die Bucht gezeigt, der, als er nach ihrem Namen gefragt wurde, antwortete: »Teke uneka«, und damit sagen wollte: »Ich verstehe nicht, was du meinst.« Und schon war der Name »Tekenika« geboren.

Vieles von dem, was FitzRoy bei seinem Umgang mit den Feuerländern »lernte«, muß im Lichte solcher Mißverständnisse betrachtet werden – und man muß seine Abhängigkeit von Übersetzern berücksichtigen, die häufig unter Druck standen.

Obwohl es sich um Leute seines Stammes handelte, stellte Jemmy fest, daß er viel von seiner Muttersprache verlernt hatte und es ihm schwer fiel, sie zu verstehen. York Minster kam, obwohl er einem anderen Stamm angehörte, besser zurecht und fungierte als Übersetzer. Durch ihn erfuhr Jemmy, daß sein Vater gestorben war. Er habe bereits einen »Traum in seinem Kopf« gehabt, der dieses Sinnes gewesen sei, schrieb Darwin; daher wirkte er nicht überrascht, sondern, so FitzRoy, ernst; er suchte sich einige grüne Zweige zusammen, die er mit feierlicher Miene verbrannte. Danach war er wieder ganz der alte und heiter wie immer.

Am Morgen, als die Engländer ihr Lager abbrachen, kamen Eingeborene in großer Zahl in die Bucht. Viele waren von Wollya (heute Wulaia) so schnell über die Berge geeilt, daß ihnen das Blut aus der Nase lief. Beim Sprechen hatten sie Schaum vorm Mund, und wie im Fieber stießen ihre Fragen an Jemmy und die anderen hervor. Blutend, mit Schaum vorm Mund, um Atem ringend und weißrot und schwarz bemalt, wirkten sie laut Darwin wie »eine Schar Besessener«. Es waren nach FitzRoys Meinung alles »Tekeenicas«, Bewohner des südöstlichen Feuerlands. FitzRoy glaubte, deutliche Unterschiede zwischen ihnen und anderen Feuerländern festzustellen. Sie waren niedrig von Wuchs, häßlich und schlecht proportioniert. Ihre Farbe ist wie von sehr altem Mahagoni oder eher eine zwischen dunklem Kupfer und Bronze. Der Rumpf ist lang im Verhältnis zu den gedrungenen und ziemlich gekrümmten Gliedern. Ihr rauhes, grobes und außerordentlich schmutziges schwarzes Haar verbirgt teilweise und verstärkt gleichzeitig den schurkischen Ausdruck schlimmster Art ihrer wilden Züge.

So lautete FitzRoys Standardbeschreibung aller Feuerländer in wildem Zustand, ganz gleich, wo er sie antraf. So erschien ihm der gottlose Wilde überall. Das paßte nicht nur zu seiner eigenen Zeichnung von Jemmy Button als »Tekenika«, die positiven Einflüsse seines Englandaufenthaltes waren wieder verschwunden und seine Züge waren wieder so grob geworden wie zuvor, auch zu seinen späteren Zeichnungen der Maoris in Neuseeland mit furcht-

Woollya, direkt unterhalb der Murray-Meerenge am Ponsonby-Sund gelegen, war der erwählte Ort für das von FitzRoy und anderen erhoffte Neue Jerusalem in Feuerland.

einflößend aufgeworfenen Lippen und gleichförmig schurkischem Gesichtsausdruck. »Zerrbilder der Menschheit«, lautete FitzRoys Zusammenfassung der Physiognomie der Tekenika-Männer. Bei den Frauen sparte er nicht weniger mit Komplimenten.

> Sie sind klein, mit überproportional großem Rumpf; ihre Gesichtszüge, besonders diejenigen der Alten, sind kaum weniger unangenehm als die abstoßenden ihrer Männer. Die Körpergröße dieser Feuerländerinnen – die nur aus Höflichkeit Frauen genannt werden – beträgt etwas mehr als einen Meter zwanzig.

Als sich die Flotte der Engländer in Bewegung setzte, gesellten sich ihnen auf dem Wasser noch mehr Eingeborene zu.

> In kurzer Zeit hatten wir dreißig oder vierzig Kanus in unserem Kielwasser, alle voller Eingeborene, und aus allen erhob sich von einem Feuer, das mittschiffs unterhalten wurde, blauer Rauch. Und beinahe alle Männer ließen ihre tiefen, sonoren Stimmen mit voller Kraft erschallen. Während wir unseren gewundenen Kurs rund um den Fuß der Vorfelsen oder zwischen waldbedeckten Inseln hindurch verfolgten, nahm die Zahl unserer Begleiter ständig zu. Es war ein sehr schöner Tag, ohne daß die geringste Brise das Wasser geribbelt hätte, und so war es ein Bild, das einen an die Inseln der Südsee denken ließ und das in Feuerland fast wie ein Traum erschien.

Die ganze Flotille fuhr durch die Murray-Meerenge nach Woollya, dem Ort, wo FitzRoy Jemmy Button für einen Knopf aus einem Kanu gekauft hatte. Als sie den Ponsonby-Sund am Südende der Meerenge erreichten, erkannte Jemmy, wo sie waren. Daraufhin lotste er die Boote in die stille Bucht, an der er einst gelebt hatte. Dort waren nur wenige Eingeborene am Ufer. Die Frauen rannten davon, und die allein zurückgebliebenen Männer beobachteten ängstlich die Landung der Boote.

FitzRoy gefiel der Platz auf Anhieb.

> Vom Ufer her sanft ansteigend, gab es erhebliche Flächen von freiem Weideland, ausreichend entwässert durch Bäche, und im Hintergrund Hügel von moderater Höhe, wo wir nachher auf Wälder mit dem schönsten Bauholz des Landes stießen. Üppiger Grasbestand und einige schöne Blumen, die niemand von uns zuvor je gesehen hatte, machten uns die Ankunft angenehm und ließen Gutes für das Wachstum unserer Gartensaat hoffen.

Die englischen Matrosen mußten lang durchholen, um vor ihrem Gefolge von Kanus zu bleiben. Sobald sie am Ufer waren, zogen die Seesoldaten mit Spaten eine Grenzlinie über den Grund und verteilten sich, um das so abgesteckte Grundstück zu bewachen, während sich die Matrosen an die Arbeit machten, die Wigwams der kleinen Siedlung aufzurichten und das als Garten vorgesehene Land umzugraben. Inzwischen trafen auch die Kanus ein, und weitere Eingeborene sammelten sich am Ufer. York und Jemmy waren vollauf damit beschäftigt, ihnen zu erklären, was die Grenzlinie bedeutete und was sonst vor sich ging. Die Eingeborenen hockten sich nieder, um zuzusehen.

Am Abend erscholl eine tiefe, dröhnende Stimme von einem Kanu weit draußen im Sund durch die Bucht. Jemmy erkannte sofort, wer das war. »Mein Bruder!«, rief er. Er ließ die Nägel und Werkzeuge, die er gerade verteilte, liegen und stieg auf einen hohen Felsen, um zuzusehen, wie das Kanu näher kam. Darin saßen zusammen mit seinem stimmbegabten Bruder drei jüngere Brüder, zwei Schwestern und seine Mutter. Das Kanu brauchte noch ziemlich lange, bis es die Bucht erreichte, und als es schließlich am Ufer war, wurden alle Zeuge eines denkwürdigen Familientreffens. Seine Mutter und Schwestern sahen ihn kaum an, bevor sie davonliefen, um sich nach feuerländischer Manier zu verstecken. Die Brüder näherten sich Jemmy langsam, ihrem einst nackten Bruder, der nun so auf seine Kleider bedacht war wie ein Phileas Fogg, und umkreisten ihn wortlos wie Hunde, die einen Fremden beschnüffeln. Jemmy warf seinen englischen Freunden verstohlene Blicke zu und litt unter einer Schmach, die in allen Kulturen bekannt ist: Er schämte sich seiner Familie. Aber die Engländer waren hocherfreut, Jemmys Familie hieß sofort »die Buttons« und Jemmys zwei ältere Brüder Tommy und Harry (in einigen Berichten auch Billy) Button. Schließlich versuchte Jemmy das Wort an sie zu richten. Darwin beobachtete dies Zusammentreffen.

> Es war bemitleidenswert, aber gleichzeitig lachhaft, wie er seinen Bruder zuerst auf englisch ansprach und ihn dann auf spanisch fragte, ob er ihn verstehe. Ich nehme nicht an, daß es eine zweite Person gibt, die über einen so kleinen Vorrat an Sprachkenntnis verfügt wie der arme Jemmy, der seine eigene Sprache vergessen hatte und sein Englisch mit einigen spanischen Worten bis zur Unverständlichkeit anreicherte.

Die Scharen der Eingeborenen zogen sich bei Sonnenuntergang aus dem englischen Lager zurück, um ein paar hundert Meter weiter ihre eigenen Feuer zu entzünden und ihre Wigwams aufzubauen. Im Laufe des Abends brachte Jemmy einige Zeit mit seiner Mutter und seiner Familie zu, und York und Fuegia suchten Wigwam für

Wigwam auf, erklärten ihre Anwesenheit und die Absicht der Engländer, in Woollya eine Siedlung zu errichten. Das schien einen beruhigenden Effekt auf die örtlichen Feuerländer zu haben, die am nächsten Tag einen etwas entspannteren Eindruck machten.

Vier Tage lang, bis zum 27. Januar, waren die Engländer mit dem Aufbau der Siedlung beschäftigt, die Matthews, York, Fuegia und Jemmy ihr Zuhause nennen sollten. Sie gaben ihnen das Beste, was die Royal Navy und missionarischer Eifer zu geben hatten. Die Matrosen errichteten drei Hütten. Sie wurden Wigwams genannt und waren in der Art der Eingeborenenbehausungen aus jungen Bäumen errichtet und mit Gras und Zweigen bedeckt, aber vermutlich außerdem mit Segeltuch überzogen und umwickelt und verstärkt mit Tauen. Gebaut vom Schiffszimmermann, den Taklern, Segelmachern, dem Bootsmann und den Matrosen, die es gewohnt waren, die komplexen mechanischen Vorrichtungen an Bord ihres Schiffes einzurichten, zu warten und zu bedienen, waren diese Hütten solide gebaut, um so lange wie möglich zu halten. Sie waren den provisorischen, immer nur für kurze Zeit benutzten und transportablen Wigwams der Eingeborenen weit überlegen. Matthews neues Zuhause hatte sowohl einen Boden aus Brettern, um seine reichhaltigen Vorräte zu lagern, als auch einen »Keller« – eine Grube unter den Bodenbrettern, um seine wertvolleren Besitzungen zu verbergen.

In der Nähe der Wigwams steckten die Seeleute ein gutes Stück Land ab, gruben es um und pflanzten und säten in diesem Küchengarten Kartoffeln, Möhren, Rüben, Bohnen, Erbsen, Salat, Zwiebeln, Lauch und Kohl. Die Briten waren damals ein Volk von Gärtnern – von Farmern, Pächtern, Obst-, Gemüse- und Pflanzenzüchtern. Abgesehen von seinen rasch dahinschwindenden Wäldern war Britannien fast ganz unter Kultur, und jeder Brite verfügte über einen grünen Daumen – sei es latent, sei es aktiv. Diese Gärtner der *Beagle* sehnten sich vermutlich, wie es die Seeleute immer tun, nach einem eigenen Zuhause und einem Garten oder besaßen vielleicht beides weit entfernt, in Schuß gehalten von ihrer Frau oder einem anderen Mitglied der Familie. Durch das ganze 18. und 19. Jahrhundert hindurch war die britische Kriegs- und Handelsmarine oft die einzige Möglichkeit für einen jungen Mann vom Lande, ein Auskommen zu finden. Es gab in der schnell anwachsenden ländlichen Bevölkerung zu viele Arbeitskräfte, und die einzige Alternative bestand darin, sich in den ebenfalls übervölkerten Städten nach Arbeit umzusehen. Die Liebe, mit der diese Seeleute für ein paar Wilde im entlegenen Feuerland diesen englischen Garten schufen, kann gar nicht überschätzt werden; wenn alte Seebären, die einige Ähnlichkeit mit den Meuterern von der *Bounty* hatten, ihre Tips und Ratschläge zum Gartenbau gaben, dann geschah das genauso ernst und hingebungsvoll, genauso autoritativ, als befände man sich auf einer Versammlung der königlichen Gesellschaft für Gartenbau.

Vom Rande her sahen die Feuerländer scharenweise diesem Treiben zu. Ihre Zahl stieg in den nächsten Tagen auf mehr als dreihundert. Das Verhältnis zwischen ihnen und den Engländern war anfangs harmonisch. Dann versuchten die Eingeborenen ständig, die Engländer zu bestehlen und gaben sich unablässig aufdringlich. Die Engländer umschrieben dieses Verhalten mit dem Wort »yammerschooner«. (Nach dem Yamana-Englisch-Wörterbuch von Thomas Bridges heißt *yamask-una* »sei wirklich großzügig zu mir«.) »Das erste und das letzte Wort lautet auf jeden Fall ›yammerschooner‹«, schrieb Darwin. Die Engländer gaben den Indianern kleine Geschenke, aber diese waren niemals ausreichend. »Es ist sehr einfach, sie zu erfreuen, aber ebenso schwierig, sie zufriedenzustellen ... Sie baten um alles, was sie sahen, und stahlen, was sie stehlen konnten.«

Nach einigen Tagen wurden die Diebstähle immer dreister, und am 26. Januar kam es zu einigen feindseligen Zwischenfällen, als einige ältere Feuerländer versuchten, sich den Weg in das englische Lager zu erzwingen. Einer von ihnen, der von einer Wache an der Grenze des Geländes zurückgewiesen wurde, spuckte dem Seemann ins Gesicht und zeigte ihm als Pantomime, wie er einen Menschen umbrachte, ihm die Haut abzog und ihn aufschlitzte. FitzRoy war bereits in Sorge, daß er mit seinen knapp über dreißig Männern immer weiter in die Unterzahl geriet und möglicherweise überwältigt werden könnte, wenn die Stimmung umschlug – der Tod Captain Cooks durch die Hand ihm früher treu ergebener Eingeborener im Jahr 1779 in Hawaii warf einen langen Schatten über alle folgenden Beziehungen zwischen englischen Seeleuten und Eingeborenen. Er hielt es daher für angebracht, die Seesoldaten am Abend einige Zielübungen mit ihren Musketen machen zu lassen.

Die Feuerländer beobachteten sie dabei genau; sie saßen währenddessen wie die Zuschauer eines Feuerwerks um die Grenze des abgesteckten Bezirks herum. FitzRoy hatte die Ziele so anordnen lassen, »daß sie die Wirkung der Kugeln deutlich sehen konnten«. Die Eingeborenen waren entsprechend beeindruckt und gingen danach zurück zu ihrem eigenen Lager – »sie wirkten sehr ernst und unterhielten sich nachdenklich«. Am nächsten Morgen, als letzte Hand an die Wigwams gelegt wurde, brachen fast alle Feuerländer einschließlich der Buttons ihr Lager ab, paddelten davon oder verschwanden über die Hügel in der Umgebung. Nur ein halbes Dutzend Männer waren so neugierig, daß sie aushielten. Die Engländer waren im Unklaren, ob die Eingeborenen durch die Schießübungen verängstigt waren oder ob sie vielleicht einen Angriff planten. FitzRoy beschloß, jeder Möglichkeit eines Konflikts aus dem Weg zu gehen, indem er sich mit seinen Männern und Seesoldaten in eine andere Bucht in einigen Seemeilen Entfernung zurückzog. Und recht kühn beschloß er außerdem, Matthews und seine drei Feuerländer zurückzulassen, so daß sie ihre erste Nacht in ihren neuen Wigwams mit all ihren Vorräten unbewacht verbrachten. York und Jemmy versicherten FitzRoy beide, sie seien sich sicher, daß sie nicht zu Schaden kommen würden, und Matthews wirkte ebenso standhaft und vertrauensvoll wie je.

Der Kapitän war durch seinen Stoizismus beeindruckt. Bei Sonnenuntergang pullten die vier Boote aus der Bucht und überließen die Siedler sich selbst.

FitzRoy verbrachte eine schlaflose Nacht.

> Ich machte mir außerordentliche Sorgen um Matthews, und früh am nächsten Morgen steuerten wir unsere Boote wieder nach Woollya. Meine eigene Angst wurde verstärkt durch die Bemerkungen, die andere von Zeit zu Zeit fallen ließen; einige glaubten, wir würden ihn nicht lebend wiedersehen. Mit nicht geringer Freude sichtete ich ihn, als mein Boot einen Landvorsprung umrundete; er ging gerade mit einem Kessel zum Feuer vor seinem Wigwam. Wir landeten und versicherten uns, daß nichts geschehen war, was ihm den Mut genommen hätte oder in irgendeiner Weise seine Entschlossenheit schwankend gemacht hätte, es wirklich zu versuchen. Einige Eingeborene waren zurückgekommen, unter ihnen einer von Jemmys Brüdern; aber sie waren so weit davon entfernt, die geringste Böswilligkeit zu zeigen, daß nichts freundlicher hätte sein können als ihr Betragen.

Da alles in bester Ordnung schien, beschloß FitzRoy, die Gruppe in Woollya für etwa eine Woche allein zu lassen. Er wollte den Westarm des Beagle-Kanals erkunden und dann zurückkehren, um zu sehen, wie es um sie stand. Er schickte die Yawl und eins der Walboote in die Goree-Passage zurück zur Beagle und machte sich selbst mit Darwin und einer kleinen Gruppe in den anderen beiden Booten auf den Weg.

Eine Woche lang genossen Darwin und FitzRoy eine aufregende, aber von Schwierigkeiten freie Reise. Das Wetter war zunächst heiß und sonnig, und sie mußten erstaunt feststellen, daß sie sich einen Sonnenbrand zugezogen hatten. Sie sahen in dem bis dicht unters Ufer tiefen Kanal viele Wale springen und blasen.

Den beiden jungen Männern gefiel diese Art, mit dem Boot zu fahren und an Land zu lagern. Es erinnerte FitzRoy an die Walbootfahrten durch den Otway- und den Skyring-Sund im ersten Jahr seines Kommandos an Bord der *Beagle*, als er nur mit seinem Mantel als Decke am Strand geschlafen hatte und diesen am Morgen steifgefroren vorfand – eine Erfahrung, die ihn sehr erfrischt hatte.

Was Darwin betraf, so kamen die rauhen und wahrhaft gefährlichen Bedingungen dem Zug zum körperlich Robusten in seinem Wesen entgegen, der sich zu Hause ein Ventil im Reiten und Schießen verschafft hatte; er konnte hier in viel größerem Maßstab etwas erleben, das er zum ersten Mal bei seiner geologischen Exkursion durch Wales mit Professor Sedgwick kennengelernt hatte. Hier gab es zusätzlich zu dem Füllhorn von Naturerscheinungen, die es zu erforschen galt, echte Wilde, mit denen man fertig werden mußte, ein Segelschiff, das man als Zuhause betrachten konnte und ein Klima, das streng genug war, ihn dazu zu veranlassen, sich einen langen Bart wachsen zu lassen, dessen Spitze er sehen konnte, wenn er die Faust darum schloß. Es war ein großartiges Abenteuer für einen großen Jungen.

Einige Nächte hintereinander kamen sie an Land, um an verlassenen Plätzen ihr Lager aufzuschlagen – ihr erstes am Shingle Point unmittelbar westlich der Murray-Meerenge, nur um sehr rasch von ganzen Kanuladungen aggressiver Feuerländer entdeckt und belästigt zu werden. Diesen Eingeborenen waren Feuerwaffen nicht vertraut, so daß die Waffen der Engländer sie nicht abschreckten. Bevor sie in die Verlegenheit kamen, die Bande die ganze Nacht in Schach zu halten oder in ein Gefecht zu verwikkeln, packten sie jedesmal zusammen und zogen weiter im Vertrauen darauf, daß die Feuerländer ihnen nach Einbruch der Dunkelheit nicht folgen würden. Nichtsdestotrotz gingen sie nachts abwechselnd Wache, selbst wenn sie einen Lagerplatz gefunden hatten, an dem es keinerlei Anzeichen für die Anwesenheit von Eingeborenen gab.

Seine Wache, die er in tiefster Nacht dicht am Feuer sitzend verbrachte, entflammte Darwins Phantasie. Genährt von Geschichten über die Handgemenge der vorhergehenden Reise der *Beagle*, von Geschichten über Cook und andere, war er stets auf einen Angriff durch die Wilden gefaßt.

> Ich hatte Wache bis ein Uhr. Eine solche Gelegenheit hat etwas sehr Ernstes; es kommt einem plötzlich zu Bewußtsein, in welch entlegener Ecke der Welt man sich befindet – die Stille der Nacht wird nur unterbrochen durch das schwere Atmen der Männer und die Schreie der Nachtvögel. – Das gelegentliche ferne Bellen eines Hundes erinnert einen daran, daß die Feuerländer vielleicht schon in der Nähe der Zelte umherschleichen, bereit zu einem fatalen Angriff ... Ihr Mut ähnelt dem eines wilden Tieres; sie bedenken nicht, ob sie in der Unterzahl sind,

> sondern ein jeder wird sich bemühen, einem mit einem Stein den Schädel einzuschlagen, so wie ein Tiger unter ähnlichen Umständen sicherlich versuchen würde, einen zu zerreißen.

Am Tag, nachdem er diese fiebrigen Phantasien niederschrieb, trat die Natur zu einem Stoßangriff auf Darwin an. Seine mutige und unverzügliche Reaktion trug ihm die erste Verewigung seines Namens in der Geographie ein.

An diesem Tag fuhren die beiden Boote in den nördlichen Arm des Beagle-Kanals ein, wo sich die Landschaft dramatisch veränderte. Das Land am Nordufer des Kanals hob sich steil zu der hohen, von ewigem Schnee bedeckten, zerklüfteten südlichen Kordillere der Anden. Die bisher brave, wenn nicht biedere Landschaft wich einer teils vom Wasser überfluteten hochalpinen Szenerie. Wasserfälle ergossen sich von den Höhen, Gletscher stürzten nur wenige hundert Meter von den Booten der Männer entfernt in den Beagle-Kanal, so daß sie sich ihren Weg durch kleine Eisberge, sogenannte »growler«, bahnen mußten. An Land herrschte Tundra vor; nur noch die kümmerlichste, vom Wind verkrüppelte Vegetation. Das Wasser des Kanals war bis dicht unter Rand und im tiefen Schatten der Gletscher dunkelblau-schwarz. Sowohl FitzRoy als auch Darwin bemerkten den düster-»beryllblauen« Glanz des Lichtes, das durch das Gletschereis gebrochen wurde.

Am Mittag machten sie Halt, um sich auf einer sandigen Landspitze ihr Essen zu kochen – »unmittelbar vor einer edlen Steilwand aus solidem Eis«, schrieb FitzRoy, »der Vorderseite eines gewaltigen Gletschers, der die Flanke eines Berges zu bedecken schien und ein an die zehn Meilen breites Tal vollständig ausfüllte.« Es war kein guter Platz für das Mittagessen. Während sie sich um ihr Feuer scharten, begann der Gletscher genau vor ihnen plötzlich zu kalben.

> Die ganze Vorderseite des Eiskliffs kam herunter, und die See brandete in wüster Gischt auf. Das Echo des Sturzes hallte aus allen Richtungen von den hohen Bergen wider, zwischen denen wir eingeschlossen waren; aber unsere ganze Aufmerksamkeit wurde augenblicklich von den großen Wellen in Anspruch genommen, die so schnell herangerollt kamen, daß die Beweglichsten von uns kaum Zeit hatten, zu den Booten zu laufen und sie zu sichern, bevor sie wie leere Kalabassen den Strand entlang geschleudert wurden. Diejenigen, die sie gepackt hatten oder ihre Leinen, zogen sie wieder hinauf, so daß eine zweite und dritte Riesenwelle ihnen nichts mehr anhaben konnte; wir hatten tatsächlich guten Grund, uns zu freuen, daß sie gerade noch hatten gerettet werden können.

Darwin gehörte zu den ersten, die aufsprangen, um die Boote vor den Wellen zu retten, die sie zweifellos weggetrieben und die Männer gestrandet zurückgelassen haben würden. Seine schnelle Auffassungsgabe, mit der er die meisten Seeleute übertroffen hatte, und seine tatkräftige Beteiligung an der Rettung der Boote fanden FitzRoys besondere Anerkennung.

> Am folgenden Tag, den 30., fuhren wir in ein großes Gewässer, das ich Darwin-Sund nannte – nach meinem Tischgenossen, der so willig die Unbequemlichkeit und das Risiko einer langen Fahrt in einem kleinen, beladenen Boot auf sich nahm.

Später nannte FitzRoy das hohe Bergmassiv über dem Beagle-Kanal Mount Darwin. Viele von den frühen Forschungsreisenden vergebene geographische Namen sind wieder verlorengegangen oder im Laufe der Zeit geändert worden (zum Beispiel sind eine Anzahl von Captain Cooks Namen für die Landspitzen und Häfen an der neuseeländischen Küste in jüngster, politisch korrekterer Zeit durch ihre ursprünglichen Maori-Namen ersetzt worden). Aber der Cerro Darwin erhebt sich in der Cordillera Darwin über dem Seno Darwin auch auf modernen Karten des chilenischen Teils von Feuerland noch seine zweitausendvierhundertdreißig Meter hoch. Einige Tage später erreichte das Boot den Pazifik. In »miserablem Wetter« machten sie kehrt und gingen durch den südwestlichen Arm des Beagle-Kanals zurück. FitzRoys Erkundung und Vermessung des Westendes des Beagle-Kanals auf dieser Walboot-Exkursion war notgedrungen hastig und relativ grob, aber doch genau genug: Sie dienen der Schiffahrt heute noch als Basis für ihre Karten.

Am 5. Februar trafen sie am Shingle Point nahe der Einfahrt zur Murray-Meerenge – wo sie schon früher von einer Gruppe von Feuerländern gestört worden waren und daraufhin das Lager geräumt hatten – wieder auf einige Mitglieder dieser Gruppe. Jetzt aber erschienen sie »in Gala«, wie FitzRoy es ausdrückte: Von roter und weißer Farbe bedeckt, mit Gänsedaunen und Federn. Außerdem trugen sie Bänder und Fetzen von rotem Stoff – Geschenke, die die Seeleute der *Beagle* in Woollya verteilt hatten –, und eine der Frauen, »die Verschiedenen von uns als durchaus nicht übel aussehend auffiel«, trug eines von Fuegias Kleidern. »Außerdem wirkten diese Leute irgendwie beinahe herausfordernd, so daß es aussah, als ob sie genau wüßten, daß sie irgendein Unheil angerichtet hätten.« Sofort geriet FitzRoy wieder in Sorge um die Siedler in Woollya.

Sie fuhren eilends weiter und pullten, bis es zu dunkel war, um noch etwas zu sehen. Bei Tagesanbruch waren sie sofort wieder in den Booten. Auf der Fahrt durch die Murray-Meerenge sahen sie noch mehr Eingeborene, »die mit Streifen von Schottenstoff oder weißem Leinen geschmückt waren, die sie, wie wir wohl wußten, von unseren armen Freunden hatten. Wir stellten keine Fragen; und die Fahrt ging uns viel zu langsam, obwohl Wind und Gezeitenstrom uns günstig waren. Mittags erreichten wir Woollya.«

Am Strand wimmelte es von Kanus; etwa hundert Feuerländer hatten sich versammelt und spazierten in der neuen Siedlung umher. »Alle waren stark bemalt und mit Fetzen englischer Kleider geschmückt, die, so schlossen wir, die letzten Reste der Garderobe unserer Freunde waren.«

FitzRoys finsterste Visionen schienen Realität zu werden, als die beiden Walboote ans Ufer kamen und sogleich von den Feuerländern, die zum Wasser hinuntergelaufen kamen, umringt wurden. Die Feuerländer sprangen umher und schrien die Besatzung der Walboote an.

Aber dann erschien Matthews unversehrt an Leib und Kleidern, gefolgt von York und Jemmy, die ebenfalls noch ihre englische Tracht trugen und so gesund aussahen wir immer.

Fuegia Basket ließ sich nicht sehen. Sie war in Yorks Wigwam, sagten sie. FitzRoy gab dazu keine weiteren Erklärungen, aber der Grund für ihre Unpäßlichkeit ist offensichtlich: Ihre ersten Nächte im Wigwam mit York Minster waren auch ihre ersten Nächte, die sie allein mit ihm verbrachte. Es ist so gut wie sicher, daß er mit seiner zwölfjährigen Braut geschlafen hatte. Vermutlich hatte er sie wiederholt vergewaltigt.

FitzRoy zog Matthews in eins der Walboote, ließ ablegen und in einige Distanz vom Ufer pullen. Dort, in sicherer Entfernung von dem Lärm und möglichen Unterbrechungen, ließ er sich berichten, während die Eingeborenen am Strand hockten und sie beobachteten – »sie erinnerten mich«, schrieb FitzRoy, »an eine Hundemeute, die darauf wartet, daß der Fuchs aus seinem Baum gejagt wird.«

Der Eifer und Stoizismus des jungen Missionars war angesichts der rüden, ihm direkt gewidmeten Aufmerksamkeit zusammengebrochen.

> Matthews gab eine schlimme Einschätzung der Aussichten, die er für sich sah, und sagte mir, daß er nicht glaube, unter dieser Schar völlig Wilder, als die er sie erlebt habe, sicher zu sein.

Zuerst waren nur »einige ruhige Eingeborene« dagewesen. Aber drei Tage, nachdem die englischen Boote abgefahren waren, waren ganze Kanus voller rüpelhafterer Feuerländer aufgetaucht, um ihn Tag und Nacht heimzusuchen. Sie stahlen alles, was er rings um seinen Wigwam liegen ließ; andere versammelten sich den ganzen Tag über darinnen, schwatzten und flehten ihn an, ihnen alles zu geben, was sie sahen. Einige davon wurden streitsüchtig, wenn er ihr Begehren ablehnte. Mehr als einer, erzählte er FitzRoy, »ging zornentbrannt hinaus und kehrte sogleich mit einem großen Stein zurück«, um ihm klarzumachen, daß er ihn umbringen würde, wenn er nicht herausgäbe, was von ihm verlangt worden sei. Andere unterhielten sich damit, ihn zu necken, »ihm Grimassen zu ziehen«, ihn festzuhalten und ihm die Gesichtshaare auszuziehen. Ein paar Tage lang war es Matthews möglich gewesen, Jemmy als Wache seines Wigwams zurückzulassen, während er die Frauen der Feuerländer in ihren Wigwams aufsuchte, wo sie ihm zu essen gaben und dafür nichts verlangten. Aber schon bald hatte der Mob, der ihn ständig belagerte, bedrängte und bestahl, es ihm unmöglich gemacht, seinen Wigwam zu verlassen. Trotz Jemmys ständiger Versicherung des Gegenteils, so sagte Matthews FitzRoy, glaube er, daß er bald umgebracht werden würde.

York Minster, der unter den Feuerländern ein besonders kräftiger Mann war, war nicht belästigt worden und hatte nichts verloren. Fuegia genoß gegen alles außerhalb ihres Wigwams seinen Schutz. Aber Jemmy war »erbärmlich ausgeplündert worden, selbst von seiner eigenen Familie«. »Meine Leute sehr schlimm«, erklärte er FitzRoy bekümmert, »großdumm, wissen gar nichts, sehr großdumm.«

Der preisverdächtige Garten der Seeleute war mutwillig zertrampelt worden trotz Jemmys Versuch, seinen Zweck zu erklären, und – vielleicht aber gerade wegen – seiner besten Bemühungen, seine Landsleute draußen zu halten.

FitzRoy beschloß, Matthews wieder mitzunehmen, und der zuvor so eifrige Missionar willigte ohne Gegenrede ein. Die Matrosen holten rasch seine Truhe und seine persönliche Habe aus dem Keller seines Wigwams und verstauten alles in den Walbooten. FitzRoy selbst verteilte einiges von Matthews Vorräten – Beile, Sägen, Messer und Nägel – unter den umstehenden Eingeborenen. Es war ein Zeichen guten Willens in der Hoffnung, er möge seinen drei Schützlingen, die bleiben mußten, nämlich Jemmy, York und Fuegia, zugute kommen.

FitzRoy versprach Jemmy und York, er werde in einigen Tagen wiederkommen, um zu sehen, wie sie zurechtkämen. Dann legten die Engländer mit den Walbooten ab.

Als wir Woollya außer Sicht hatten und mit günstigem Wind auf die *Beagle* zuliefen, muß sich Matthews beinahe wie ein Mann gefühlt haben, dem Strafaufschub gewährt ist. Abgesehen davon wird er sich des Gefühls erfreut haben, das demjenigen, der seine Pflicht zu tun versucht, immer sicher ist. Und natürlich wird ihm auch die plötzliche Sicherheit gefallen haben: Sein Leben war endlich außer Gefahr.

Matthews hatte mehr als ein Jahr darauf verwendet und einen langen, schwierigen Weg zurückgelegt, um mit dem

Segen und den Spenden vieler Gönner die Missionssiedlung in Feuerland aufzubauen. Er mag in der Tat eine Woge der Erleichterung verspürt haben anläßlich der Errettung vor seinen schlimmsten Befürchtungen. Aber wenn er so froh war, wie FitzRoy es andeutet, bestätigte er damit alle Zweifel, die Darwin an ihm hatte. »Er ist von exzentrischem Charakter und scheint nicht ... viel Energie zu besitzen«, hatte Darwin Tage zuvor seinem Tagebuch anvertraut, noch bevor sie Matthews in seinem Wigwam zurückgelassen hatten. »Ich halte es für sehr zweifelhaft, daß er für ein so schwieriges Unternehmen ausreichend qualifiziert ist.«

FitzRoy hat nicht festgehalten, was er selbst empfand, als Matthews seinen Posten so bereitwillig aufgab und das entscheidende Element von FitzRoys edlem Plan, auf das er so lange gehofft hatte, so schnell und vollständig scheiterte. Seine Bemerkungen über Matthews sind großzügig. Hinter ihnen bleibt seine eigene bittere Enttäuschung stumm.

Eine Woche später, nach kurzer Erkundung von Teilen der Inseln Wollaston und Navarin und des Ponsonby-Sundes, kehrte FitzRoy mit einem Walboot nach Woollya zurück.

Was er dort sah, zerstreute seine »beträchtlichen Ängste«. Das Walboot fuhr an Frauen vorbei, die friedlich in ihren Kanus fischten. Am Strand in Woollya traf FitzRoy mit Jemmy, York und Fuegia zusammen, die gekleidet waren wie immer, Fuegia sogar »sauber und ordentlich«. Es waren nur wenige andere Eingeborene da, und diese machten einen »ruhigen und wohlgesinnten« Eindruck. FitzRoy inspizierte die drei Wigwams und fand darin alles unverändert und in gutem Zustand. Der zuvor niedergetrampelte Garten hatte sich erholt, und inzwischen sprossen dort sogar einige Gemüsepflanzen. Neben Yorks und Fuegias Wigwam lag ein teilweise fertig gestelltes Kanu, das York aus Planken baute, die von der Mannschaft dagelassen worden waren. Alles wirkte friedlich und vielversprechend.

Jemmy beklagte (das tat er oft), daß ihm viele seiner Sachen gestohlen worden seien. Aber abgesehen von einigen wenigen Fehltritten seiner eigenen Brüder waren die Diebe hauptsächlich Fremde gewesen. Sie waren jetzt fort, und er stand mit seiner Familie in gutem Einvernehmen. Jemmys Mutter kam herunter zum Walboot, um den Wohltäter ihres Sohnes zu begrüßen – und ihren eigenen, denn sie trug ein Kleid, daß Jemmy ihr mitgebracht hatte.

Als FitzRoy mit seiner Mannschaft wieder ablegte, war er voller Hoffnung. »Ich entfernte mich mit recht zuversichtlichen Hoffnungen, daß sie unter ihren Landsleuten eine Änderung zum Besseren bewirken würden.«

FitzRoy hatte getan, was er konnte – er war an seine äußerste Grenze gegangen, mit voller Unterstützung der Royal Navy, seines Königs, der Königin und dem Segen vieler wohlmeinender Christen in England. Sein Glauben an alles, was er für wahr hielt, machte ihn sicher, daß Gott diese Saat nun aufgehen lassen würde.

Darwin war nicht so leicht zu überzeugen.

> Es war recht traurig, unsere Feuerländer unter ihren barbarischen Landsleuten zurückzulassen: Der einzige Trost war, daß sie persönlich keine Furcht zu hegen schienen. – Im Widerspruch zu dem, was oft behauptet worden ist, waren drei Jahre ausreichend, um Wilde, so weit es möglich war, vollkommen in Europäer zu verwandeln. – Ich fürchte nur, daß, was immer ihre Exkursion nach England sonst noch hervorbringen mag, es ihrem Glück nicht förderlich sein wird. – Sie haben viel zu viel

Verstand, um die gewaltige Überlegenheit zivilisierter über unzivilisierte Gebräuche nicht zu verstehen; und doch fürchte ich, daß sie zu letzteren zurückkehren müssen.

Nach all den vielen Ablenkungen von seiner Erkundungsarbeit (wenn man FitzRoys Bericht liest, beschleicht einen das Gefühl, daß er es darin nie wieder zu der Zielstrebigkeit gebracht hat, die seine Anstrengungen vor dem Diebstahl des Walboots drei Jahre zuvor ausgezeichnet hatten) glaubte FitzRoy, den Ostteil von Feuerland ausreichend bearbeitet zu haben. Am 26. Februar 1833 ging die *Beagle* im Sturm hinaus in die Le-Maire-Straße zu den Falklandinseln.

17

FitzRoy war jetzt auf dieser zweiten Reise an Bord der *Beagle* mehr als ein Jahr unterwegs und geriet ins Grübeln.

Er hatte sich durch die Ansiedlung der Feuerländer einige Monate von seinem eigentlichen Zweck – der Erkundung und Kartierung der südamerikanischen Küstenlinien im Osten und Westen – ablenken lassen. Nachdem die Feuerländer nun, wenn auch unbefriedigend, untergebracht waren, türmte sich die Arbeit, die noch bewältigt sein wollte, vor ihm auf.

Abgesehen von der Erkundung der Falklandinseln gab es noch Lücken in seiner Vermessung der atlantischen Küste und Ungewißheiten in den Längenmessungen, die geklärt werden mußten – Arbeit, die er beiseite gelassen hatte, um die Feuerländer während des Sommers nach Süden zu bringen. Er würde noch einmal nach Norden gehen und ein weiteres Jahr entlang der *pampero*-Küste des argentinischen Patagoniens segeln müssen: Tausende von Meilen einschließlich der Mündungsgebiete der großen Flüsse, der Einfallstore zum sich entwickelnden Inneren des Kontinents, allesamt von potentieller Wichtigkeit für zukünftigen Handel und sichere Schiffahrt. Aber es war unmöglich, die gesamte Küste Meile für Meile entlangzulaufen. Er mußte ja auch noch um die ganze Erde segeln: All die Chronometer, die gekauft und täglich gewartet worden waren, um eine ununterbrochene Kette von Längenmessungen rund um den Erdball zu erhalten. Die gesamte Reise sollte drei Jahre dauern, und nun saß er, nachdem fast die Hälfte davon vergangen war, immer noch an der Atlantikküste fest. Die Aufgabe schien endlos. Er hatte sie sich selbst ausgesucht, es war das, was er gewollt hatte, ein wichtiger Auftrag in Friedenszeiten. Und jetzt schien ihre Bewältigung unmöglich.

FitzRoy hatte das Gefühl, daß ihm eine ziemlich große Last auferlegt war. Bei der ersten Reise war das zu erkundende Gebiet – nur Feuerland – bei weitem kleiner gewesen, und mit der *Beagle* hatten sich zwei weitere Schiffe dieser Aufgabe gewidmet, nämlich die *Adventure* und die *Adelaide*. Auf sich allein gestellt und mit nur einem Schiff, begann er daran zu zweifeln, ob er imstande sei, die ganze Aufgabe zu vollenden und die Zeit und die Ausgaben für seine Reise als mehr denn nur den schlichten Versuch einer Repatriierung seiner drei Feuerländer zu rechtfertigen.

Die bereits stark beanspruchte Empfindsamkeit des jungen Aristokraten sah sich weiter auf die Probe gestellt. Die Kapitänskajüte an Bord der *Beagle* wurde wieder zu der belastenden Isolationszelle, in der sich Pringle Stokes der Verzweiflung ergeben hatte.

Einige Tage nach der Ankunft auf den Falklandinseln trug ein Unfall zu FitzRoys weiterer Isolation bei. Auf der *Beagle* galt die feste Regel, daß sich niemand allein an Land vom Schiff entfernen durfte. FitzRoys Schreiber, Edward Hellyer, war zusammen mit einem Franzosen des gestrandeten französischen Walfängers *Le Magellan* auf die Jagd gegangen. Die Mannschaft des Walfängers lebte in Zelten am Ufer und wartete auf eine Mitfahrgelegenheit zum südamerikanischen Festland. Nachdem die beiden

Männer etwa eine Meile am Ufer entlang gegangen waren, kehrte der Franzose zu seinem Lager zurück, und Hellyer ging alleine weiter. Eine Stunde später wurden in der Nähe des Strandes Kleider, ein Gewehr und eine Uhr gefunden. Matrosen von der *Beagle* und einige aus der französischen Mannschaft rannten den Strand entlang, um nach Hellyer zu suchen; andere pullten in Walbooten die Küste mit ihren Seetangfeldern entlang. Nach langer Suche wurde Hellyers Leiche gefunden, nackt und in Tang verstrickt. Bynoe, der Schiffsarzt der *Beagle*, und sein französischer Kollege versuchten alles, um den Jungen wiederzubeleben. Bei Hellyers Leiche im Tang wurde eine tote Ente gefunden; sein Gewehr, das am Strand lag, war abgefeuert worden.

FitzRoy brachte seinen Kummer Jahre später, als er seinen Bericht verfaßte, auf höchst konventionelle Weise zum Ausdruck: »Mr. Hellyer war viel in meiner Nähe sowohl als mein Schreiber als auch, weil ich seine Gesellschaft schätzte, da er ein verständiger junger Mann mit guten Manieren war.« Hellyers Tod war ein herber Verlust für ihn. Die anspruchsvolle Position des Schreibers eines Kapitäns war ein Traumjob mit gewissen Ähnlichkeiten zur Position eines persönlichen Assistenten eines Gouverneurs oder Präsidenten. Sie wurde gewöhnlich mit einem jungen Mann besetzt, der neben bemerkenswerten Eigenschaften als Sekretär ein sympathisches, empfindsames Wesen mitbrachte. Einen solchen Helfer in der Mannschaft eines Schiffes zu finden, war schwierig, und FitzRoy verlor Hellyer zu einer Zeit, als seine Aufgabe ihn zu überwältigen drohte. Gefühlsgeladen wie er war belastete ihn vor allem seine Vermutung, daß der Junge die Ente – von einer Art, die sie zuvor noch nicht beobachtet hatten – für seinen Kapitän geschossen hatte und ihr, als sie ins Wasser gestürzt war, nachgeschwommen sein mußte. Das erklärte auch, warum er sich entkleidet hatte.

Eine traurige Prozession brachte den Jungen zu seinem Grab auf einem einsamen und öden Vorland. FitzRoys Last wurde dadurch nur noch schwerer.

Aber schon Tage später ergab sich eine Gelegenheit, die wie geschaffen schien, um seine Zwangslage zu entschärfen. Der Hundertsiebzigtonner *Unicorn*, ein Schoner amerikanischer Robbenfänger, lief nach sechsmonatiger Kreuzfahrt in den Gewässern von Kap Hoorn mit leerem Laderaum die Falklandinseln an. Der Kapitän und Teileigner war ruiniert. Ein ungewöhnlich stürmischer Sommer (*Le Magellan* war von dem gleichen großen Sturm vom 13. Januar auf den Falklandinseln gestrandet worden, der die *Beagle* flachgelegt hatte) hatte die *Unicorn* an sichere Liegeplätze gefesselt. Dort mußte sie siebenundsechzig Tage lang Stürme abwettern, so daß sie keine Gelegenheit hatte, Robben zu erbeuten; daher war der Kapitän bereit, das Schiff zu verkaufen. Die Charter für die beiden Schoner *Liebre* und *Paz*, die einen Teil der Erkundung der südamerikanischen Ostküste übernommen hatten, hatte sich im Jahr zuvor so gut bewährt, daß FitzRoys Wunsch, die *Unicorn* zu erwerben, »unbezwingbar« war. Der Schiffszimmermann der *Beagle*, Jonathan May, prüfte das Schiff und vermeldete, daß es grundsolide sei und erstklassig gebaut; bei der Konstruktion waren Kupfernägel verwendet worden, und die Planken bestanden aus gutem Eichenholz. Das Schiff war geräumig, ließ sich von einer kleinen Mannschaft leicht bedienen und war gut seetauglich. Sie war noch mehr: schön wie eine Yacht und so verführerisch, wie ein Schiff nur sein kann. FitzRoy schien sich in sie verliebt zu haben, so wie es Seeleuten oft ergeht, deren Herz von zwei oder drei Schiffen gestohlen wird, die sie ihr Leben lang nicht vergessen, Schiffe, die es irgendwie fertigbringen, mehr zu sein als nur Holz und Metall und Leinwand. Es war ein schönes Schiff, und er brauchte es.

Er kaufte die *Unicorn* für eintausenddreihundert Pfund aus seiner eigenen Börse. Er hoffte, daß der Zweck dieser Erwerbung – der *Beagle* zu helfen, das zu erkundende Gebiet abzudecken, die Arbeit zu beschleunigen und die Fortsetzung der Reise rund um den Globus ohne jahrelange Verzögerung möglich zu machen – die Billigung der Admiralität finden und dazu führen würde, daß ihm die Ausgaben ersetzt werden würden. Er taufte seinen neuen Besitz zu Ehren des Schiffes, das die *Beagle* auf der ersten Reise begleitet hatte, *Adventure*.

Es schien damals eine richtige Entscheidung zu sein.

Während FitzRoy mit seiner Mannschaft die Inseln von den Walbooten aus erkundete und vermaß, erforschte Darwin oft in Gesellschaft von Syms Covington das Binnenland. Er fand die Falklandinseln langweilig und uninteressant: »Wir sind nie zuvor so lange an einem Ort geblieben, der so wenig für das Journal hergegeben hätte.«

Sechs Tage lang ritt er mit Gauchos über die Ostinsel. Diese Männer waren auf die Falklandinseln gekommen, um einige der wilden Rinder (Abkömmlinge von Tieren, die von Schiffen ausgesetzt worden waren) zu fangen, die dort weideten. »Die Einwohner sind ein seltsam gemischtes Völkchen«, schrieb Darwin über die Bevölkerung, die aus schiffbrüchigen Seeleuten, Wal- und Robbenfängern vieler Nationalitäten, Gauchos, argentinischen und spanischen Kolonisten, drei Frauen, »zwei von ihnen Negerinnen«, und dem einzigen ortsansässigen Engländer, einem Mr. Dixon, bestand, unter dessen Flagge die Inseln vorübergehend in englischem Besitz gewesen waren. »Ihre Unterkünfte sind in einem erbärmlichen Zustand und ermangeln fast jeder Bequemlichkeit. Der Ort verrät, was er gewesen ist, nämlich ein Zankapfel zwischen verschiedenen Nationen.«

Obwohl Darwins besonderes Augenmerk zuerst der Geologie gegolten hatte, verraten seine Tagebucheintragungen während des Aufenthalts auf den Falklandinseln, daß er unwiderstehlich vom Rätsel der Unterschiede zwischen den Arten und deren geographischer Verbreitung gefesselt wurde.

> 2. März Zu welchen Tieren gehörten die Mistkäfer Südamerikas? – Ist nicht auch die engere Verbindung von Insekten und Pflanzen ebenso wie dieser Umstand eher ein Hinweis auf engere Verbindung als auf Wanderung?
> Dienstag, der 12. Pferde, denen das Rinderfangen Freude macht – eine Verirrung des Instinkts.
> 21. März Sah, wie ein Kormoran einen Fisch fing und ihn acht Mal hintereinander wieder freiließ, so wie es die Katze mit einer Maus macht oder der Otter mit einem Fisch.
> 23. März Hat die Wanderung der (Hochland-Gänse auf den Falklandinseln etwas mit dem Rio Negro zu tun?

Und in seinem veröffentlichten Reisebericht, dem *Journal of Researches*, schrieb Darwin:

> Der einzige auf der Insel heimische Vierfüßler ist ein großer wolfsähnlicher Fuchs, der sowohl auf der Ost- als auch auf der Westinsel gewöhnlich ist. Ich habe keine Zweifel, daß es sich um eine eigene Art handelt, die auf diese Inselgruppe beschränkt ist; denn viele Robbenfänger, Gauchos und Indianer, die diese Inseln besucht haben, behaupten, daß es in keinem Teil Südamerikas ein solches Tier gibt ... Soweit ich weiß, gibt es weltweit keinen an-

deren Fall einer solch kleinen Landmasse, weit entfernt vom nächsten Kontinent, die einen so großen, nur ihr eigenen Vierfüßler aufweist. Die Zahl der Tiere hat sich rapide vermindert ... Wenn diese Inseln einmal regulär besiedelt werden sollten, wird dieser Fuchs wahrscheinlich innerhalb weniger Jahre wie der Dodo zu den Tieren gehören, die vom Antlitz der Erde verschwunden sind.[17]

FitzRoy und Darwin waren über diese Füchse verschiedener Meinung. »Die Naturkundler«, schrieb FitzRoy und bezog sich damit auf den einzigen Naturkundler, den er zu diesem Thema gehört hatte, »sagen, diese Füchse seien diesem Archipel eigen, und finden es schwierig, eine Erklärung dafür zu finden, daß sie nur in diesem Winkel der Welt vorkommen.«

FitzRoy fand, daß die Tiere den patagonischen Füchsen, die er gesehen hatte, sehr ähnlich seien und sich davon nur in der Tönung des Fells unterschieden. Er glaubte, daß Füchse auf großen Eisschollen mit der Strömung, die zwischen dem südlichen Feuerland und den Falklandinseln ging, vom Festland auf die Inseln gekommen seien. Die falkländischen Füchse seien lediglich eine Varietät der gleichen Art, argumentierte er.

Die beiden Tischgenossen, die sich täglich an Bord der *Beagle* an der Tafel des Kapitäns trafen, diskutierten viel über die Tiere, die sie auf den Falklandinseln (und überall sonst, vor allem auf den Galapagosinseln) fanden. Auch deren Abweichungen von den zum gleichen Genus gehörenden Arten, mit denen die Tiere nahe verwandt waren, führten zu häufigen Wortwechseln zwischen ihnen.

FitzRoy stimmte gewöhnlich mit Darwins zunächst angestellten Überlegungen darüber, auf welchem Weg die Tiere von einem Ort zum anderen gekommen waren, nicht überein:

Ratten und Mäuse sind vermutlich von früheren Seefahrern, die auf den Falklandinseln gelandet sind und deren Schiffe oft in großer Zahl von diesen Tieren heimgesucht waren, angeschleppt worden. Daß sie sich gegenüber dem ursprünglichen Schlag im Schnitt der Nase, in der Schwanzlänge, in Farbe oder Größe verändern, steht zu erwarten ... Aber sich einzubilden, daß jede Art von Maus, die sich äußerlich von der Maus eines anderen Landes unterscheidet, eine eigene Art bildet, ist für mich so schwer glaubhaft, wie es die Vorstellung wäre, daß jede Spielart des Hundes und jede Spielart der menschlichen Rassen eine eigene Art darstellten. Ich meine, daß die Naturkundler, die das Gegenteil behaupten, verpflichtet wären, die vergleichende Anatomie all dieser Varietäten in umfassenderer Weise zu untersuchen und uns zu erklären, wie weit sie sich unterscheiden. Meine eigene Meinung dazu, die ich mir aus dem gebildet habe, was ich aus verschiedenen Quellen über das Thema zusammengebracht habe, läuft darauf hinaus, daß ihre Anatomie ebenso gleichförmig und ähnlich ist wie die der Hunde und der verschiedenen Spielarten des Menschen.

Wie sehr er und Darwin auch in ihren Meinungen voneinander abwichen, waren es doch diese anregenden Debatten, nach denen sich FitzRoy auf der ersten Reise der *Beagle* gesehnt hatte, das, wozu Beaufort ihm hatte verhelfen sollen, bevor er zu dieser Reise auslief. Sie brachten ihn dazu, aus sich herauszugehen und sich zur Außenwelt hin zu orientieren.

Und für Darwin waren diese ständigen Diskussionen, dieses Hin- und Herwenden der Entdeckungen und Beobachtungen der Reise um die Erde von unermeßlichem Wert. Er schätzte seinen Gesprächspartner, der über einen scharfen wissenschaftlichen Verstand verfügte und ihn oft brillant mit Ansichten herausforderte, die seinen entgegengesetzt waren.

Anfang April gingen die *Beagle* und die *Adventure* auf Kurs Rio Negro in See.

* * *

Zehn Monate später war die *Beagle* wieder zurück in Feuerland. FitzRoy mußte in Port Famine an der Magellanstraße noch weitere chronometrische Messungen vornehmen, und er hatte außerdem noch die Küste Feuerlands südlich des Ostendes der Magellanstraße zu vermessen – das Gebiet um den unruhigen, ungeschützten Ankerplatz vor Kap Santa Iñez, von dem die *Beagle* im Dezember 1832 in schwerem Wetter geflüchtet war.

Viele der dazwischenliegenden zehn Monate hatte Darwin für weite Reisen ins Binnenland verwendet. Eine dieser Exkursionen über Land von Rio Negro nach Buenos Aires war ein aufregendes und gefährliches Abenteuer gewesen. Der spanische General Rosas führte »einen blutigen Ausrottungskrieg gegen die Indianer«, aber »eine so gute Chance für die Geologie durfte nicht übergangen werden«, schrieb Darwin seinen Schwestern. In Gesellschaft eines englischen Händlers, James Harris, eines als Tagelöhner eingestellten Führers und einer Bande von Gauchos reiste er von einer *posta*, von einem spanischen Militärlager, zum nächsten; Darwin und Harris drangen weiter ins Land vor, als alle früheren europäischen Reisenden. Die Gauchos, die eine Sorte für sich waren, machten auf den jungen Engländer starken Eindruck.

> Sie sind meist groß und hübsch, aber mit einem stolzen und liederlichen Ausdruck in ihrem Gesicht. Sie tragen häufig Schnurrbärte und langes schwarzes, in Locken auf ihren Rücken herabfallendes Haar. Mit ihren hell gefärbten Gewändern, großen, an den

Fersen klirrenden Sporen und den wie Dolche in ihren Gürteln steckenden (oft auch als Dolche gebrauchten) Messern sehen sie wie eine ganz fremde Menschenrasse aus, verschieden von dem, was sich nach dem Namen »Gauchos«, einfacher Landmann, hätte erwarten lassen. Ihre Höflichkeit ist übertrieben; sie trinken niemals ihren Branntwein, ohne die Erwartung auszudrücken, daß man ihn kosten werde; aber während sie ihren außerordentlich graziösen Diener machen, scheinen sie ebenso bereit dazu zu sein, wenn sich die Gelegenheit böte, einem den Hals abzuschneiden.[18]

Darwin traf die *Beagle* in Montevideo wieder, wo er am 5. Dezember 1833 »seinen Abschied vom festen Land nahm und an Bord ging.«

Am 2. Februar 1834 ging das Schiff in Port Famine vor Anker. Der Hafen, in dem Pringle Stokes Selbstmord verübt hatte (vor inzwischen fünfeinhalb Jahren), war immer noch ein unvermindert niederdrückender Ort. »Eine freudlosere Aussicht ist mir niemals begegnet«, schrieb Darwin später über diesen Platz, an dem es ununterbrochen zu regnen schien. An Land fand er eine »totenähnliche Szene der Verlassenheit, die jeder Beschreibung spottete … Alles war tropfnaß; nicht einmal Pilze konnten hier gedeihen.«

In den nächsten drei Wochen lief FitzRoy die feuerländische Ostküste hinunter und durch die Le-Maire-Straße wieder in sehr vertraute Gewässer: In die Nassau-Bucht und durch die Goree-Passage in den Beagle-Kanal. Bisher waren lediglich die Walboote der *Beagle* und nicht das Schiff selbst in dem nach ihm benannten Kanal gewesen.

Am 25. Februar kam Darwin, der mit einigen Matrosen in einem Walboot auf dem Weg zum Strand war, an einem Kanu mit sechs »Yapoo-Tekenikas« vorüber. Mehr denn je beeindruckte ihn die Existenzweise der Feuerländer in ihrer natürlichen Umgebung. Seine Erfahrungen, seine Gedanken und die Diskussionen mit FitzRoy im Verlaufe des vergangenen Jahres führten ihn nun zu tieferen Gedanken über die extrem niedrige Stufe der Feuerländer.

> Ich sah niemals erbärmlichere Geschöpfe; im Wuchs verkümmert, die scheußlichen Gesichter mit weißer Farbe beschmiert und vollkommen nackt. – Eine erwachsene Frau befand sich vollkommen in diesem Zustand, und Regen und Gischt tropften ihr vom Leib; ihre rote Haut war schmierig und fettig, ihr Haar verfilzt, ihre Stimme mißtönend und ihre Gesten heftig und ohne jede Würde. Wenn man solche Menschen sieht, gelingt es einem kaum zu glauben, daß sie Mitgeschöpfe sind, die in die gleiche Welt gehören ... Wie wenig kann doch der Geist eines solchen Wesens dem eines gebildeten Menschen ähneln, obwohl sie doch im wesentlichen die gleichen Geschöpfe sind. Welch eine Spannweite der Verbesserung liegt zwischen den Fähigkeiten eines feuerländischen Wilden und eines Sir Isaac Newton? – Woher sind diese Menschen gekommen? Verharren sie seit der Schöpfung der Welt im gleichen Zustand? Was kann einen Stamm von Menschen dazu gebracht haben, die schönen Gebiete im Norden zu verlassen und sich auf den Weg die Kordilleren entlang zu machen, Kanus zu erfinden und zu bauen und dann eins der ungastlichsten Länder der Erde zu beziehen? ... Die Natur, welche die Gewohnheit zu einer unwiderstehlichen Macht gemacht hat, hat den Feuerländer dem Klima und den Erzeugnissen seines Landes angepaßt.

Ebenso wie sie ihre Meinungen über die Füchse der Falklandinseln austauschten, führten Darwin und FitzRoy bestimmt zahllose Tischgespräche über diese Themen. Beiden Männern waren die Feuerländer gleichermaßen instruktiver Stoff für spätere Schlußfolgerungen.

Das einzige, was noch faszinierender war, als die anachronistischen Menschen in ihrer natürlichen Umgebung zu beobachten, war, sie als englische Herren und Damen zu kleiden, komplett mit Glacéhandschuhen und Zylinder, sie so in der Wildnis auszusetzen und zu sehen, wie lange die Tünche der Zivilisation hielt. Das Schiff war nun wieder in Jemmy Buttons Heimat, und FitzRoy – so wie jeder andere an Bord – war begierig zu erfahren, was aus den drei Feuerländern, die sie vor beinahe einem Jahr am Strand zurückgelassen hatten, geworden war. Am 5. März lief die *Beagle* nach tagelangem Aufkreuzen durch den Beagle-Kanal mit dem Gezeitenstrom durch die Murray-Meerenge und ging schließlich in Woollya vor Anker.

»Nirgendwo war eine Menschenseele zu sehen«, schrieb FitzRoy, wobei er sich auf das an Land beschränkte, nach dem er suchte; dem Schiff waren nämlich durch die Meerenge sieben Kanus voller Feuerländer gefolgt, die mit Pfeil und Bogen winkten. Als FitzRoy mit einigen Männern an Land ging, fand er, daß die von seiner Mannschaft gebauten Wigwams immer noch standen, unberührt, aber leer und ohne jüngeres Anzeichen von Benutzung. Der Garten war zertrampelt und vernachlässigt, aber die Matrosen gruben einige Steckrüben und Kartoffeln »von bescheidener Größe« aus, die der Kapitän später zum Dinner verspeiste.

Wieder an Bord seines Schiffes, fürchtete FitzRoy das Schlimmste, vor allem angesichts des aggressiven Verhaltens der Eingeborenen in den Kanus. Aber ein oder zwei Stunden später wurden drei weitere Kanus gesichtet, die von einer nahegelegenen Insel schnell auf das Schiff zukamen. FitzRoy richtete sein Teleskop auf diese Kanus.

> Ich sah, daß zwei der Eingeborenen darin ihre Gesichter wuschen, während der Rest nach Leibeskräften paddelte. Das Wichtigste war, daß einige unserer Bekannten dabei waren,

und wenige Minuten später erkannte ich Tommy Button, Jemmys Bruder. Im anderen Kanu sah ich ein Gesicht, das ich kannte, aber nicht richtig zuordnen konnte. »Es muß jemand sein, den ich schon mal gesehen habe«, sagte ich mir, als sein scharfes Auge mich auch schon erspäht hatte und eine plötzliche Bewegung seiner Hand zum Kopf (wie ein Matrose, der grüßt) mir sofort verriet, daß es sich tatsächlich um Jemmy Button handelte – aber wie hatte er sich verändert!

Vor Scham blieb Jemmy mit dem Rücken zum Schiff sitzen, bis das Kanu längsseits kam. Dann kletterte er auf Deck. Den fetten, eitlen Dandy gab es nicht mehr. An seine Stelle, so beobachtete Darwin, war ein dünner, hagerer Wilder getreten mit langem verfilztem Haar, nackt bis auf ein Stück Fell, das er um die Taille gebunden trug. »Ich konnte meine Gefühle kaum zurückhalten«, schrieb FitzRoy, »und ich war keineswegs der einzige, der von seiner schäbigen, armseligen Erscheinung so berührt war.«

Mit einem untrüglichen Sinn für das Wichtigste scheuchten sie Jemmy unter Deck, damit er neu eingekleidet wurde. Eine halbe Stunde später saß er am Tisch des Kapitäns. Er nahm sein Mittagessen mit unbeschadet guten Manieren zu sich, benutzte Messer und Gabel so korrekt wie je. FitzRoy fand, daß er krank aussehe, aber Jemmy versicherte ihm, er sei »herzhaft, Sir, niemals besser«. Er sei seit ihrem letzten Zusammentreffen keinen Tag krank gewesen und äße »viele Früchte, viele Vögelchen und zehn Guanakos in der Schneezeit« und »zuviel Fisch«.

Was war aus York und Fuegia geworden, fragte FitzRoy.

Nach der Abfahrt der *Beagle* im Jahr zuvor, erzählte Jemmy ihnen, hätten andere Feuerländer – Jemmys Feinde, die Oens-Männer, die nicht aus seinem Land seien

– von der Siedlung gehört und hätten das Lager in Woollya überfallen. Sie hätten alles geplündert, was Jemmy und seine Familie nicht vorher in ihre Kanus hatten fortschaffen können. York hatte es geschafft, den größten Teil seiner Besitztümer zu retten, einschließlich des großen Kanus, das FitzRoy ihn an seinem Wigwam habe bauen sehen. Er und Fuegia hätten dann Jemmy und dessen Familie überredet, mit all ihren ihnen verbliebenen Habseligkeiten mit ihnen in Yorks Land weiter westlich zu ziehen, wo er ursprünglich ergriffen worden war. Sie fuhren bis zur Teufelsinsel am Westende des Beagle-Kanals, wo sie auf Yorks Bruder und andere Mitglieder seines Stammes der Alacalufs (oder Alikhoolips, wie FitzRoy sie nannte) trafen. Dort hätte sich dann York, während Jemmy und seine Familie auf der Teufelsinsel schliefen, mit all ihren weltlichen Gütern davongemacht und sie, nackt wie sie waren, zurückgelassen. Es war ein Akt vollkommener Schurkerei, fand Darwin. FitzRoy sah darin auch eine bemerkenswerte Gerissenheit.

> Yorks schönes Kanu war offensichtlich nicht nur dazu erbaut worden, ihn selbst zu tragen; und das Zusammentreffen mit seinem Bruder war auch nicht zufällig. Ich bin mir inzwischen ganz sicher, daß er von dem Zeitpunkt an, da er seine Meinung änderte [ein Jahr zuvor im Januar 1833, als die *Beagle* wochenlang versucht hatte, südlich von Kap Hoorn nach Westen in Yorks Land rund um March-Harbour zu gelangen] und den Wunsch aussprach, zusammen mit Matthews und Jemmy in Woollya zu bleiben, alles geplant haben mußte. Er suchte nur nach einer guten Gelegenheit, die er sich zunutze machen konnte, um selbst in den Besitz der für die Feuerländer mitgeführten Ausstattung zu gelangen; er wird gedacht haben, daß er nicht so viele Dinge bekommen würde, wenn man ihn ohne Matthews in seinem eigenen Land absetzte, und er würde auch

nicht gewußt haben, wo er später nach dem armen Jemmy suchen sollte, um ihn auszuplündern.

Sie werden Jemmy gefragt haben, ob er wieder mit ihnen kommen wolle, denn sowohl FitzRoy als auch Darwin schrieben, er sei mit seinem Leben glücklich und zufrieden und hege nicht den Wunsch, es zu ändern oder nach England zurückzukehren.

Nach dem Mittagessen suchte Jemmy einzelne Mitglieder der Mannschaft auf. Er hatte zwei Otterfelle mitgebracht, eins für FitzRoy und das andere für den langgedienten Bootsmann des Captain, James Bennett, der sich in England um die Feuerländer gekümmert und soviel Zeit mit ihnen zugebracht hatte.

Während Jemmys Englisch so gut wie früher schien, war sein Feuerländisch, wie er FitzRoy erklärte, immer noch armselig; er spreche mit seiner Familie jetzt in beiden Sprachen, und sie schienen ihn zu verstehen. Sie sprachen ebenfalls ein bißchen Englisch. Das schien so etwas wie das schmale Ende des Keils zu sein, auf das FitzRoy immer gehofft hatte.

Am Abend kam ein anderes Kanu mit einer attraktiven jungen Frau darin längsseits. Sie rief angstvoll und ohne Unterlaß nach Jemmy Button. Es war seine Frau, wie Jemmy der Mannschaft sagte. Sofort wurde sie mit Geschenken überhäuft – Schals, Handtücher und eine goldbesetzte Mütze – aber sie hörte nicht auf zu heulen, bis Jemmy an Deck erschien. Sein Bruder Tommy meinte gleichfalls, daß der Besuch nun lang genug gedauert habe, denn er begann nun, mit seiner Stentorstimme auf Feuerlandenglisch zu brüllen: »Jemmy Button, Kanu, komm!«

Jemmy paddelte mit seiner Familie für die Nacht davon. Sie nahmen nicht Kurs auf Woollya. Die Wigwams dort waren zu gut gewesen: Sie waren zu hoch und im Winter zu kalt. Und das Gelände rund um die Siedlung – eine parkartige Umgebung, die dem englischen Geschmack entsprach, so wie sie die Zeichner der *Beagle* skizzierten und malten – war einem Angriff zu schutzlos ausgeliefert. Statt dessen lenkten sie ihre Kanus zur nahegelegenen »Button-Insel«, wie sie jetzt genannt wird. Dort fühlte sich Jemmy wohler.

Nachdem weitere Geschenke verteilt worden waren, verabschiedete man sich am nächsten Tag, und die *Beagle* lichtete Anker. Jemmy blieb noch eine Weile an Bord, bis das heftige Weinen seiner Frau ihn zurück in sein Kanu zwang. Er hatte eine Vorliebe für Schiffe und das Leben an Bord entwickelt. Sie sollte ihm treu bleiben.

Darwin war froh, als sie die Feuerländer wieder los waren. Wissenschaftlich faszinierten sie ihn, aber er war ihres unablässigen, aufdringlichen »Yammerschoonerns« müde geworden.

Nach Darwins Ansicht war FitzRoys großes Experiment komplett gescheitert. Wie in einer Vorwegnahme seiner jahrelangen Überlegungen über Anpassung und die Hackordnung der Spezies in der Evolution, verstand der junge Naturgeschichtler intuitiv ein wesentliches Hindernis für die Reformierung der Eingeborenen von Feuerland:

> Die völlige Gleichheit aller Einwohner wird für viele Jahre deren Zivilisation verhindern; selbst ein Hemd oder irgendein anderes Kleidungsstück [das jemandem als Geschenk gegeben wird] wird sofort in Stücke gerissen [um geteilt zu werden]. – Solange sich nicht irgendein Häuptling über die anderen erhebt, der die Macht hat, solche Geschenke wie zum Beispiel Tiere und so weiter und so weiter für sich zu behalten, kann es keine Hoffnung geben, ihre Lebensumstände zu verbessern.

FitzRoy war nicht bereit, das zuzugeben. Für ihn war die Sache auch jetzt noch hoffnungsvoll ausgegangen.

Ich kann nicht umhin zu hoffen, daß irgendein Nutzen, wie gering er auch sei, aus dem Verkehr dieser Menschen, nämlich Jemmy, York und Fuegia, mit den anderen Eingeborenen von Tierra del Fuego erwächst. Vielleicht wird ein schiffbrüchiger Seemann dereinst hier von Jemmy Buttons Kindern Hilfe erhalten und freundlich behandelt werden – geleitet von den Überlieferungen, die von den Männern aus fremden Ländern handeln, und von einer christlichen Idee, wie schwach sie auch immer sein mag, von ihrer Pflicht gegenüber Gott und ihren Nächsten.

Jemmy Button würde beweisen, wie furchtbar FitzRoy sich in diesem Punkt täuschte.

18

FitzRoy hatte nicht auf die Unterstützung der Admiralität für die Schiffe gerechnet, die er zur Unterstützung seiner Vermessungsarbeiten auf eigene Verantwortung gechartert und gekauft hatte. Aber bestimmt hatte er darauf gehofft. Finanziell benötigte er diese Unterstützung.

»Ich glaube, daß Ihre Lordschaften billigen werden, was ich getan habe«, hatte FitzRoy Captain Beaufort geschrieben, »aber wenn ich mich täusche, wird dem öffentlichen Dienst daraus kein Nachteil erwachsen, da ich allein für die Vereinbarungen verantwortlich bin ... Und ich bin in der Lage und Willens, die ausbedungene Summe zu zahlen.«

Der Korrespondentsekretär der Admiralität unterstrich den Ausdruck »ich bin in der Lage und Willens« und bat Beaufort um einen Bericht über diese Angelegenheit bei der nächsten Vorstandssitzung der Lords. Beauforts Antwort war so wohlwollend für seinen Mann, der draußen am Ende der Welt für ihn Vermessungsarbeiten durchführte, wie es möglich war.

In den Segelordern oder den Vermessungsinstruktionen, die Commander FitzRoy gegeben wurden, findet sich nichts, was ihn ausdrücklich ermächtigt, irgendwelche zusätzlichen Schiffe zu chartern und zu beschäftigen.

> Andererseits kann keinerlei Zweifel darüber bestehen, daß er durch die Hilfe eines kleineren Fahrzeugs eher und besser in der Lage sein wird, die große Länge der Küste, die er zu vermessen hat, zu bewältigen – einer Küste, die sehr viele noch unbekannte, wertvolle Naturhäfen aufzuweisen scheint –, vor allem, wenn er es für notwendig erachtet, dem Lauf eines großen Flusses zu folgen, von dem ihm berichtet ward, daß er fast bis zur anderen Seite Amerikas schiffbar sei.
>
> Es mag Ihre Lordschaften auch vorgetragen werden, daß die *Beagle* das einzige Erkundungsschiff ist, dem kein kleineres Schiff beziehungsweise kein Tender zugesellt worden ist.

Im letzten Absatz bezieht sich Beaufort auf die ideale und gebräuchlichere Praxis aller Erkundungsreisen, seit der erste Mensch sich auf Baumstämmen auf den Weg über eine Lagune gemacht hat: Die Fahrt im Verband mit einem anderen Schiff als Versicherung. Columbus brach zu seiner Fahrt mit einer kleinen Flotte auf, und Magellan und Cook machten es nicht anders. Es war ungewöhnlich und riskant, ein Schiff allein auszusenden, um eine entlegene Weltgegend zu erforschen. Falls das Schiff auf ein Riff lief, konnte die Mannschaft vielleicht zugrunde gehen, wenn nicht ein anderes Schiff in der Nähe stand. Aus Magellans Flotille von fünf Schiffen, die 1519 von Spanien aus in See gingen, um die Welt zu umsegeln, kehrte nur ein einziges Schiff übel zugerichtet mit nur einunddreißig der zweihundertsiebzig Männer, die die Reise angetreten hatten, nach Sevilla zurück. Ihre erste Reise nach Feuerland hatte die *Beagle* mit HMS *Adventure* unter dem Kommando von Captain King unternommen, und dies, darauf wies Beaufort hin, war die Standardpraxis bei Erkundungsmissionen.

In einem anderen Brief machte FitzRoy Beaufort darauf aufmerksam, wie schnell die Zeit verging und welche

Möglichkeiten erst durch das Schwesterschiff sich ergeben hätten.

> Ich muß immer daran denken, daß die *Adventure* und die *Beagle* sich nun seit einigen Jahren auf dieser Erkundungsmission befinden und daß Ausländer wie auch Engländer die Ergebnisse der »englischen Vermessung« ungeduldig erwarten. Die Offiziere, die mit diesen Ländern vertraut sind und jetzt mit dieser Aufgabe beschäftigt, sind vielleicht nach kurzer Zeit in alle Winde zerstreut. Die Chronometer werden ohne Reinigung nicht für viele weitere Jahre genau gehen – die *Beagle* hat im Pazifik viele Messungen vorzunehmen und viel Arbeit zu tun. Und mein unruhiger Geist und mein Gewissen starren mich stets an, alles mir Mögliche zu tun, um es *richtig* zu machen; dabei ist mir nicht an Anerkennung gelegen, und ich werde nicht niedergeschlagen sein, wenn andere die Dinge in anderem Licht sehen. Dies sind einige der Gründe, die mich zu meinen Ausgaben veranlaßt haben.
>
> Was *jetzt* ungetan bleibt, wird lange nicht mehr in Angriff genommen werden. Nicht nur der Charakter derjenigen, die tatsächlich an dieser Erkundung beteiligt sind, wird darunter leiden, sondern das Ansehen der Engländer als Erkunder insgesamt wird beschädigt werden.

Trotz seines erklärten Willens, die Ausgaben zu tragen, zählte FitzRoy auf die Billigung der Admiralität. Nachdem er die *Unicorn* erworben und sie auf den Namen *Adventure* getauft hatte, kaufte er von dem gestrandeten französischen Walfänger *Le Magellan* Vorräte und Ausrüstung, um sie instand zu setzen, ließ sie kielholen (am Ufer auf die Seite legen, so daß der untere Teil des Rumpfes frei lag) und mit Kupfer beschlagen. Er stattete sie ohne Rücksicht auf die Kosten so aus, daß sie im Konvoi mit der *Beagle* um die Welt segeln konnte. Die Möglichkeiten, die sich durch ein zweites Schiff ergaben, erregten ihn tief. Sie bedeuteten, daß praktisch doppelt so viele pazifische Inseln kartiert und erkundet werden konnten als von einem Schiff allein; darüber hinaus bedeutete das zweite Schiff Sicherheit für seine Mannschaft; und nicht zuletzt würde es dazu beitragen, ihn berühmt zu machen. FitzRoy kannte die Geschichte, und er sah die *Beagle* und ihr Begleitschiff *Adventure* schon auf ihrem Platz im Pantheon herausragender Seereisen. Die Ausrüstung an Bord beider Schiffe und sein Auftrag gaben FitzRoy die Chance, sich in aller Welt einen Namen zu machen. Er glaubte, daß im Augenblick niemand auf der Welt die Chance und die nötigen materiellen Voraussetzungen hatte, den Erdball zu erschließen, in seine natürlichen und wissenschaftlichen Geheimnisse einzutauchen, so wie er es bald konnte. All diese Hoffnungen hingen mit der Erwerbung des Schoners zusammen.

Er war außerordentlich stolz auf sein neues kleines Schiff, um das er sich mit starker Fürsorge kümmerte. Als die *Beagle* und die *Adventure* sich der Westküste Feuerlands näherten und in den Pazifik laufen wollten, hielt sie schlechtes Wetter und Unsichtigkeit innerhalb der Furies fest, einer felsübersäten Gruppe kleiner Inseln, die für Schiffe eine tödliche Falle waren. Die Nacht brach mit schweren, die Sicht auslöschenden Regenschauern herein. Es gab einen sicheren Ankerplatz in dem Gebiet, eine winzige Bucht, in der nur ein einziges Schiff Platz fand. FitzRoy schickte die *Adventure* in diese Bucht, um dort Schutz zu suchen, während er die *Beagle* die ganze Nacht unter Segeln hielt und in dem schweren, dunklen Wetter und bei reißenden Gezeitenströmungen in einem Seegebiet von nur vier Quadratmeilen Größe mit Wenden und Halsen auf und ab lief. Es war eine rein emotionelle und auffällig unvernünftige und unseemannschaftliche Entscheidung: Das Mutterschiff war viel stärker beladen, unhandlicher und weniger effizient als die *Adventure*. Alleine die größere Menge der Vorräte und die größere Anzahl von Männern an Bord der *Beagle* sprach dagegen, sie die langen Nachtstunden hindurch zwischen den Felsen kreuzen zu lassen. Aber er brachte es mit seiner hervorragenden Seemannschaft zustande:

> Es war teilweise nötig, einigen Druck auf den Segeln zu halten, um der Leetide standhalten zu können, und mit dem Ebbstrom mußten wir oft abfallen und leewärts laufen, wenn wir den Inseln westlich von uns zu nahe kamen. In einem Fall von dieser Art ist ein Schiff sehr viel leichter zu handhaben, wenn es noch Fahrt macht statt beigedreht zu liegen, und auch die Männer an Bord sind im allgemeinen sehr viel aufmerksamer als auf einem Schiff, das halb zu schlafen scheint. Daher habe ich immer dafür plädiert, lieber unter noch handhabbarer Beseglung kurze Kreuzschläge zu machen und das Schiff dabei so gut wie möglich auf eng begrenztem Raum zu bewegen, ohne weit von der Stelle zu kommen, als beizuliegen und abzutreiben.
>
> Als der Tag schließlich anbrach, ... sahen wir die *Adventure* aus der Bucht, wo sie die Nacht verbracht hatte, auf uns zufahren, und dann segelten beide Schiffe aus dem Kanal heraus, vorbei an Mont Skyring und all den Furien, so schnell die Segel sie vorantrieben. Bei Sonnenuntergang standen wir in der Nähe der Tower Rocks, und mit einem frischen Nordwestwind ging es hinaus auf den Pazifik mit jedem Zoll Segeltuch, das wir fahren konnten.

Die Furies waren dafür berüchtigt, selbst starke Männer zu entmutigen. Zweiundsechzig Jahre später, im März 1896, saß Joshua Slocum, der erste Mensch, der allein rund um die Welt segelte, in seiner elf Meter langen Slup bei Nacht in brüllendem Sturm zwischen diesen Inseln fest.

Die Nacht brach herein, bevor die Slup das Land erreicht hatte. Ich überließ es ihr, sich durch das Stockdunkel hindurchzutasten. Weit voraus sah ich Brecher. Ich brachte das Schiff auf einen anderen Kurs, hatte aber sofort wieder das laute Getöse von Brechern voraus in Lee. Das überraschte mich, denn wo ich mich zu befinden glaubte, durften keine Brecher sein. Ich hielt ein wenig ab, veränderte den Kurs, fand aber auch dort wieder Zeichen von Brandung voraus und brachte den Bug wieder von Land ab. Auf diese Weise verbrachte ich, von Gefahren umlauert, den Rest der Nacht. Hagel und Graupel schnitten mir in den wilden Böen ins Fleisch, bis das Blut über mein Gesicht tröpfelte. Doch was machte das! Es wurde Tag, und die Slup stand mitten im Milky Way nordwestlich von Kap Horn. Die weißen Brecher einer riesigen See über flach unter Wasser liegenden Felsen hatten mir die ganze Nacht über Angst eingejagt. Die Insel, die ich gesichtet und angesteuert hatte, war Fury – ein ungeheures Panorama, das sich jetzt vor mir und überall um mich herum auftat! Ich hatte keine Zeit, mich über meine aufgerissene Haut zu beklagen. Was konnte ich anderes tun, als mich durch diese Brecher hindurchzustehlen und zwischen ihnen eine Durchfahrt zu suchen, als es nun Tag war? Da sie nachts den Felsen entkommen war, würde die SPRAY auch sicher im Tageslicht ihren Weg finden. Dies war das größte Seeabenteuer meines Lebens, Gott weiß, wie ich entkam!

Die Slup segelte schließlich raumschots hinter eine kleine Insel, wo sie auf ruhigem Wasser Schutz fand. Dann kletterte ich in den Mast, um die wilde Szenerie hinter mir zu überschauen. Der große Naturforscher Darwin sah vom Deck der *Beagle* auf diese Seelandschaft herab und schrieb in sein Tagebuch: »Jede Landratte, die den Milky Way sieht, hätte eine Woche lang Alpträume.« Er hätte ebensogut hinzufügen können: »... und jeder Seemann auch!«[19]

Darwin fand die Furies und ihre unmittelbare Umgebung in der Tat alptraumhaft; er schrieb:

> Um die Hauptinseln liegen zahllose Felsen und blinde Klippen, gegen die die lange Dünung des offenen Pazifiks unablässig antobt. – Wir fuhren zwischen den »östlichen und westlichen Furies« hindurch; die See etwas weiter nördlich nannte der Kapitän wegen der großen Anzahl der blinden Klippen die »Milchstraße«. – Der Anblick einer solchen Küste reicht, um eine Landratte eine Woche lang vom Tod, von Gefahr und Schiffbruch träumen zu lassen.

Es war also FitzRoy, der in jener Nacht den Namen prägte, mit dem die Seeleute für alle Zeiten diese tödliche Ansammlung von Klippen bezeichnen sollten.

Der angsteinflößende Blick nach achteraus war das letzte, was Darwin, FitzRoy und die übrige Mannschaft der beiden Schiffe von Feuerland sahen.

Die *Adventure* erwies sich als schneller Segler, und selbst Darwin wurde von FitzRoys Stolz und Freude angesteckt: »Die *Adventure* hielt sich vor uns, was uns alle freute, da es starke Bedenken wegen ihrer Segeleigenschaften gegeben hatte. Es ist ein großes Vergnügen, wenn man ein Begleitschiff hat, das man bestaunen kann.«

Aber er war sich auch des Preises bewußt, der dafür gezahlt worden war, und machte sich Sorgen darüber. »Er [FitzRoy] verbraucht einen guten Teil seines Vermögens, um der Beförderung aller Ziele dieser Reise willen«, schrieb Darwin nach Hause. »Den Schoner, der unserer Sicherheit so förderlich sein wird, hat er ganz bezahlt.«

FitzRoy war auf die Antwort der Admiralität, die ihn schließlich an der Westküste Chiles erreichte, völlig unvorbereitet.

> Ihre Lordschaften billigen nicht die Charter [und den Kauf] von Schiffen für den Dienstgebrauch und wünschen daher, daß diese sobald als möglich wieder freigegeben werden.

Es würde keine Kostenerstattung geben.

Als FitzRoy die beiden anderen Schoner, die *Paz* und die *Liebre*, die er im Jahr zuvor gechartert hatte, um die Erkundung der südamerikanischen Atlantikküste zu beschleunigen, wieder entließ, hatte er für deren Charter insgesamt eintausendsechshundertachtzig Pfund ausgegeben; dazu kamen noch die Kosten, um sie für die Arbeit ausreichend auszurüsten. In einer Zeit, als das durchschnittliche Prokopf-Einkommen in Britannien bei etwa zwanzig Pfund im Jahr lag, war dies ein Vermögen, das er dem begeisterten Dienst für seinen Auftrag opferte. Nun hatte er fast ebenso viel für die *Adventure* allein ausgegeben und noch mehr, um sie auszurüsten. Es widerstrebte ihm so sehr, sie aufzugeben und damit »all die Hoffnungen, die ich gehegt habe«, daß er noch ein Weilchen an ihr festhielt und auf einen offiziellen Stimmungswandel hoffte. Aber der trat nicht ein.

Darwin glaubte, daß die »kühle Art« des Antwortschreibens der Admiralität an ihren einsamen Kapitän »allein … darauf zurückzuführen war, daß er ein Tory ist.« Vielleicht. Die Whigs, Britanniens liberale Reformpartei, war vor kurzer Zeit nach langer Unterbrechung wieder an die Regierung gewählt worden, und die Stimmung in Regierung und Verwaltung änderte sich zu Ungunsten der konservativeren Torys, mit denen FitzRoys aristokratische Familie traditionell verbunden war. Aber FitzRoy spürte wahrscheinlich eher eine Gleichgültigkeit oder sogar einen Widerwillen der Admiralität gegen seine Mission, die schließlich auf Betreiben seines einflußreichen Onkels zustande gekommen war. Die Lords hatten ihm ein Schiff gegeben, es gut ausgerüstet und ihn damit ziehen lassen; das mußte reichen. Beaufort scheint mit seiner starken Befürwortung FitzRoys und dessen Fahrt ziemlich allein gestanden zu haben. Und ganz gewiß verschwendete niemand den geringsten Gedanken daran, welche Möglichkeiten dem Naturkundler der *Beagle* geboten wurden, einem unbekannten Studenten, der als überzähliger Luxus des Kapitäns die Reise mitmachte.

Schließlich begannen die Kosten des Kaufs und des Unterhalts der *Adventure* FitzRoys Einkommen zu übersteigen und ihn in Schuld zu bringen; »nach einem allerschmerzlichsten Kampf« fand er in Chile einen Käufer dafür und verkaufte das Schiff. Da er »entmutigt und unvorsichtig« war, hatte der Verkauf ein schlechtes Ende; er erlöste knapp das, was er für das Schiff gezahlt hatte, aber weit weniger, als es ihn einschließlich Ausstattung und Renovierung gekostet hatte. Dieser doppelte Verlust deprimierte ihn sehr.

Die *Beagle* wurde während der Wintermonate in Concepción und Valparaiso überholt. Zeitweilig lebten FitzRoy und seine Offiziere an Land, um die Ergebnisse ihrer Erkundungen und Vermessungen zusammenzustellen und ihre Karten bei gutem Licht und in ruhiger Umgebung zeichnen zu können, weit fort von dem Getriebe an Bord des Schiffes. FitzRoy versuchte seiner Enttäuschung Herr zu werden, indem er sich auf die Arbeit stürzte, aber er war bald ein Gefangener der chilenischen Gastfreundschaft: ständige Einladungen an den Kapitän und seine Offiziere lenkten ihn ab und verpflichteten ihn, die ihm erwiesene Gunst freundlich zu erwidern. Seine Stimmung wurde immer schlechter. Er war Darwin gegenüber sehr reizbar und fing den zweiten Streit zwischen ihnen an, an den sich Darwin Jahre später erinnerte.

> In Concepción in Chile hat sich der arme FitzRoy stark überanstrengt und war sehr mißgestimmt. Er beklagte sich bitter bei mir, daß er für alle Ortsbewohner ein großes Fest veranstalten müsse. Ich erwiderte ihm, daß er das unter diesen Umständen nicht tun

müsse, aber da geriet er in Wut und erklärte mir, daß ich zu der Sorte Menschen gehöre, die jede beliebige Gefälligkeit annähme und nichts dafür zahle. Ohne ein Wort zu sagen, stand ich auf, verließ die Kajüte und fuhr nach Concepción, wo ich zu dieser Zeit wohnte. Nach einigen Tagen kehrte ich auf das Schiff zurück, und der Kapitän empfing mich mit der gewohnten Herzlichkeit, da sich inzwischen der Sturm vollständig gelegt hatte.[20]

Im Verlaufe des Winters erreichten FitzRoys Depressionen ein Stadium, das Darwin »an Wahnsinn zu grenzen schien«. Er weigerte sich, Besuche zu machen oder besucht zu werden. Er aß nicht mehr. Darwin beschrieb seinen Zustand in einem Brief nach Hause: »Eine morbide Niedergeschlagenheit des Geistes und ein Verlust aller Entschlossenheit. Der Kapitän befürchtete, daß sein Geist in Unordnung geriet.«

FitzRoy, der vollendete Navigator, war von seinem Weg abgekommen. Er sah, daß seine Information lückenhaft war, daß seine Karten der Küstenverläufe lückenhaft waren, und gelangte zu der Überzeugung, daß er noch einmal nach Süden segeln mußte, um eine weitere Saison – die vierte – in Feuerland zu verbringen. Das war eine Aussicht, die alle an Bord einschließlich FitzRoy fürchteten. Er verlor aus den Augen, wo man einen Schlußstrich ziehen mußte. Er erlag der Überlastung, die Pringle Stokes zur Verzweiflung und in den Selbstmord getrieben hatte. Er hatte einen Nervenzusammenbruch.

Bynoe, der Schiffsarzt, erklärte ihm, daß er überarbeitet sei und sich erholen würde, wenn er es langsamer angehen ließe. Aber FitzRoy glaubte ihm nicht. Er fühlte, wie der Wahnsinn ihn zerfraß. Er sprach von dem Selbstmord seines Onkels, der sich die Kehle durchgeschnitten hatte, und war bald überzeugt, daß eine ererbte Anfälligkeit für derartige geistige Zersetzung jetzt seinem Geist zu schaffen mache. Sowohl er als auch Bynoe hatten Recht: Überarbeitung, Überlastung, Unsicherheit und Enttäuschung hatten die empfindlichen Grundlagen seines Geistes zerschmettert und ihn ins Leere geschleudert.

Schließlich tat er das Undenkbare: Er enthob sich selbst des Kommandos und ernannte den ersten Offizier, Lieutenant Wickham, zum Kommandanten der *Beagle*. FitzRoys Anweisungen von der Admiralität ließen einen solchen Schritt jederzeit zu und waren auf schaurige Weise eindeutig im Hinblick darauf, was da zu geschehen habe:

> In dem Fall, daß Ihnen selbst irgendein Unglück zustoßen sollte, wird der Offizier, auf den das Kommando der *Beagle* danach übergeht, hiermit ermächtigt und angewiesen, den Teil der Erkundung, mit dem das Schiff gerade beschäftigt ist, zu vollenden, soweit es in seiner Kraft steht. Das Schiff hat dann aber keine neue Etappe der Reise mehr anzutreten; wenn also zum Beispiel gerade die Vermessung der Westküste Südamerikas im Gange ist, soll die Mannschaft nicht den Pazifik überqueren, sondern nach Abschluß der Vermessung über Rio de Janeiro und den Atlantik nach England zurückkehren.

Es würde in diesem Fall keine Fortsetzung der Reise um die Welt geben.

Darwin berichtete von dieser großen Enttäuschung nach Hause und beschrieb seine einander widerstreitenden Gefühle angesichts der sich in die Länge ziehenden Reise.

> Sobald der Kapitän als dienstuntauglich von seinem Posten zurücktrat, war ich entschlossen, die *Beagle* zu verlassen; aber es war völlig absurd, wie meine Gefühle in fünf Minuten umschwankten. Ich bin schon lange bekümmert wegen der endlosen Länge unserer Reise (obwohl ich sie niemals abgebrochen

> haben würde). Aber in der Minute, als alles vorbei war, konnte ich mich nicht entschließen, in die Heimat zurückzukehren – ich war nicht in der Lage, die geologischen Luftschlösser aufzugeben, die ich mir erbaut hatte ... Eine ganze Nacht lang versuchte ich mir die Freude vorzustellen, Shrewsbury wiederzusehen, aber am Tag trugen dann die kahlen Ebenen Perus den Sieg davon.

Es war Lieutenant Wickham, FitzRoys treuer erster Offizier, der seinen Kapitän wieder zu sich brachte. Er wies darauf hin, daß die Instruktionen der Admiralität für die Erkundung der Südwestküste Südamerikas sich nicht auf den gesamten Küstenverlauf bezogen, sondern nur auf so viel, wie nach den Gegebenheiten innerhalb vernünftiger Zeit zu bewältigen sei – und danach sollte die Fahrt über den Pazifik angetreten werden. Wenn er das Kommando übernähme, sagte Wickham, würde ihn nichts dazu bringen, weitere Zeit in Feuerland zuzubringen. Was also werde durch den Rücktritt des Kapitäns gewonnen, fragte er FitzRoy. Wickham drängte ihn, es sich noch einmal zu überlegen, zu akzeptieren, daß das, was sie bereits erreicht hatten, genug war, und die Mission mit der Überquerung des Pazifiks und der Rückkehr nach England, und damit der Vollendung der Weltumseglung, die alle zu schaffen hofften, abzuschließen. FitzRoy bedachte das eine Weile und war dann einverstanden. Er zog seine Amtsniederlegung zurück. Darwin sandte die gute Nachricht heimwärts:

> Feuerland ertragen und dann den Pazifik nicht gesehen zu haben, wäre erbärmlich gewesen ... Wenn wir erst wieder auf See sind, wird der Kapitän, dessen bin ich mir sicher, wieder ganz der Alte sein. Er hat bereits seine kühle, unbeugsame Art wieder angenommen, die er vollständig verloren hatte.

FitzRoy erkundete noch ein weiteres Jahr die Westküste Südamerikas, aber er blieb dabei nördlich von Feuerland zwischen der patagonischen Insel Chiloé und den tropischen Gewässern oberhalb von Lima in Peru.

Am 7. September 1835, fast vier Jahre, nachdem sie in England in See gegangen war, ließ die *Beagle* schließlich die kontinentale Küste Südamerikas in ihrem Kielwasser zurück und segelte in den weiten, sagenumwobenen Pazifik hinaus.

Die Geschichte hatte einen Augenblick lang in der Schwebe verharrt, als FitzRoy von seiner Verzweiflung überwältigt wurde; die *Beagle* hätte fast kehrtgemacht und wäre auf kürzestem Weg wieder zurück in die Heimat gegangen. Aber dann erholte sich der Kapitän, und sie richtete den Bugspriet nach Nordwesten und nahm Kurs auf eine Gruppe von Inseln am Äquator – und damit geriet der nichtsahnende Naturphilosoph der *Beagle* ins Rampenlicht der Geschichte.

19

Frühere Reisende hatten sie die verwunschenen Inseln genannt, die Escantadas. Sie waren schwierig zu finden, chimärisch und schienen sich dem Seemann zu entziehen. Sie lagen in einem Gürtel launischer Winde und feuchter Wolken, der unter dem Namen Kalmen bekannt ist. Starke Meeresströmungen treiben rings um sie ihr Unwesen. Unter einem Himmel, der zu bedeckt ist, um astronomische Beobachtungen und damit eine Standortbestimmung zu ermöglichen, und auf Schiffen, die in unbekannte Richtung abgetrieben wurden und sich mit großen Meereswirbeln drehten, beschlich die frühen Navigatoren das Gefühl, daß ihre Instrumente und das ganze Seegebiet rings um die Inseln verhext waren. FitzRoys Aufgabe bestand darin, deren genaue Lage zu bestimmen.

Und Darwin sollte auf diesen Inseln die Hinweise entdecken, die schließlich zu seinem andauernden Ruhm führten. Und das würde er schnell hinter sich bringen, denn sein folgenschwerer Besuch auf den Galapagosinseln dauerte nur vierunddreißig Tage, und es sollte noch über ein Jahr dauern, bis er überhaupt eine Vorstellung davon bekam, was er dort wirklich gefunden hatte.

Nach der Üppigkeit der Tropen und der epischen Großartigkeit Patagoniens und Feuerlands fand Darwin die Inseln enttäuschend. Sie waren heiß und unfreundlich. »Alle

Pflanzen wirken verkümmert und schmächtig, und ich sah keine einzige schöne Blume.« Die Blumen, die er fand, waren »unscheinbare, häßliche kleine Blüten«. Er gab sich große Mühe, Insekten zu sammeln, aber »abgesehen von Feuerland habe ich nichts erlebt, was in dieser Hinsicht so armselig ist. Selbst in den höher gelegenen feuchten Bereichen konnte ich sehr wenig auftreiben«, und das, was er fand, »war von sehr geringer Größe und von trüben Farben«.

Die Schildkröten gefielen ihm schon besser.

> Die Einwohner glauben, daß diese Tiere absolut taub sind; sicher ist, daß sie es nicht hören, wenn jemand dicht hinter ihnen hergeht. Es unterhielt mich immer sehr, eines dieser großen Ungeheuer zu überholen, wenn es ruhig dahinging. Dann konnte ich zusehen, wie es plötzlich im Augenblick, wo ich an ihm vorbeiging, seinen Kopf und seine Beine einzog und sich unter Ausstoßung eines tiefen Zischens mit einem schweren Ton auf die Erde fallen ließ, als sei es totgeschlagen. Ich stellte mich ihnen häufig auf den Rücken; wenn ich ihnen dann ein paar Schläge auf den hinteren Teil ihres Rückenschildes gab, standen sie auf und gingen weiter; – ich fand es aber sehr schwierig, das Gleichgewicht zu behalten.

Die Leguane fand er »äußerst widerwärtig«.

Er bemerkte, was jeder auf den Galapagosinseln bemerkte. »Die Vögel sind mit dem Menschen unvertraut und halten ihn für so unschuldig wie ihre Landsleute die gewaltigen Schildkröten. Kleine Vögel hüpften nur einen knappen Meter entfernt in den Büschen umher und ängstigten sich auch nicht, wenn man mit Steinen nach ihnen warf. Mr. King tötete einen mit seinem Hut, und ich stieß mit dem Ende meines Gewehrs einen großen Habicht von einem Ast herab.«

Vor allem beobachtete und sammelte Darwin eine Anzahl von Vögeln mit sehr verschiedenen Schnäbeln. Damals glaubte er, daß diese verschiedenen Schnäbel auf verschiedene Genera hindeuteten.

Erst viel später, als die Stücke seiner Sammlung von Fachleuten in England untersucht worden waren, begriff Darwin, was an seiner Sammlung von den Galapagosinseln bemerkenswert war: Die Mehrheit aller dort gefundenen Tiere und Blütenpflanzen war auf den Inseln endemisch. Es gab sie nirgendwo sonst.

Während Darwin suchte und sammelte, fuhr die *Beagle* auf ihrer Erkundungsmission zwischen den Inseln umher.

Einer der Ankerplätze des Schiffes war die Post Office Bay auf der Insel Floreana. Der Name rührte von einem Brauch her, den die Walfangschiffe eingeführt hatten, vor allem die aus Nantucket und New Bedford, die seit den 1780er Jahren, fast fünfzig Jahre vor der Ankunft der *Beagle*, die Galapagosinseln anliefen. Die Inseln lagen nicht nur auf dem Wanderweg der Wale; sie versorgten die Walfänger vor allem mit einer großen Anzahl von Schildkröten, die man einfach auf Deck herumkriechen ließ, bis sie geschlachtet wurden und frisches Fleisch lieferten. In dieser geschützten Bucht nun war ein ausgedientes Walölfaß mit einem einfachen Dach darüber aufgestellt worden, in dem man Briefe deponieren konnte. Diese Briefe wurden von den Schiffen, die sich auf dem Heimweg befanden, mitgenommen. Auf Reisen, die oft drei oder vier Jahre dauerten, war eine solche Postablage ein wahrer Schatz für die Seeleute, die auf Nachricht von ihren Familien brannten.

»Seit die Insel besiedelt ist, ist der Briefkasten (das Faß) leer geblieben, denn die Briefe werden nun in der Siedlung abgegeben«, schrieb FitzRoy. Darin täuschte er sich. Die Tradition wurde von den Walfängern fast das ganze 19. Jahrhundert hindurch aufrechterhalten und wurde dann bis weit ins 20. Jahrhundert hinein durch Yachtsegler fortgeführt. Im Dezember 1928 hinterließ der Amerikaner William Albert Robertson, der mit der Zehnmeterketsch *Svaap* von New York zu einer Weltumseglung aufgebrochen war, hier einen Brief. Das Faß, in dem er den Brief deponierte, war »ein neues, das vor nicht allzu langer Zeit von der *St. George* aufgestellt worden war – einer britischen wissenschaftlichen Expedition. Aber ein paar Meter weiter im Gebüsch fand ich eine sehr alte verwitterte Truhe, auf der die Beschriftung US Mail noch schwach zu erkennen war. Es war das letzte Übrigbleibsel des vermutlich romantischsten Postdienstes der Welt.« Robertsons Brief folgte ihm praktisch in seinem Kielwasser; er wurde von der *Illyria*, einer Brigantine, die sich auf einer wissenschaftlichen Kreuzfahrt durch die Südsee befand, nach Tahiti gebracht.

Im Dezember 1933 hinterließen Irving und Electra Johnson und ihre Mannschaft an Bord des Achtundzwanzigmeterschoners *Yankee* einen Brief in »dem Faß, das auf der Spitze eines Mastes stand … Und viele Monate später fanden wir heraus, daß es funktioniert hatte: Eine Yacht hatte sich als Postbote betätigt.«

John Caldwell, ein gerade entlassener amerikanischer GI, legte hier im Juli 1946 mit seinem Neunmeterboot *Pagan* an. Caldwell hatte vor fast einem Jahr seine australische Kriegsbraut Mary in Sydney zurückgelassen und war wegen der Knappheit an Transportmitteln unmittelbar nach dem Krieg nicht in der Lage gewesen, mit dem Flugzeug oder dem Schiff zu ihr zurückzukehren. Nachdem er in Panama gestrandet war, kaufte er in seiner Verzweiflung die *Pagan*, einen abgewirtschafteten Kutter, und machte sich mit ihm ohne die geringsten Segel- oder Navigationskenntnisse auf den Weg über den Pazifik. Es

Übersichtskarte mit den Hauptrouten von *H.M.S. Beagle*

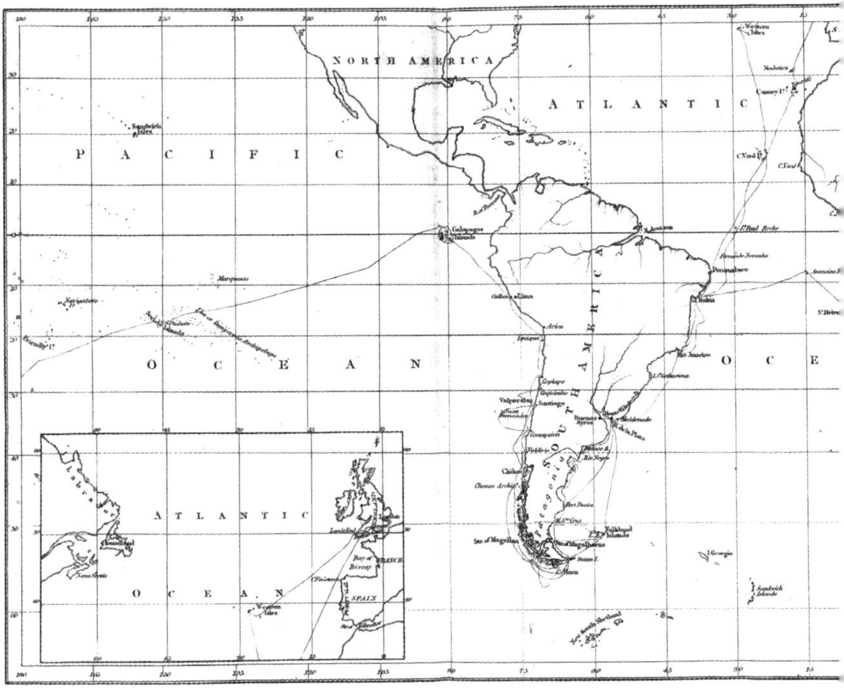

gelang ihm, Post Office Bay zu erreichen, wo er den umfangreichen Brief, den er Mary geschrieben hatte, deponierte. Mit einem Gummiband hatte er eine Fünfdollarnote an dem Brief befestigt, und so steckte er ihn in »das verblichene malerische Faß«, das er am Strand fand. Seine Reise war die reinste Hölle gewesen, und Caldwell war sich durchaus nicht sicher, daß er lebend über den Pazifik zu seiner Frau kommen würde.

> Fünf Dollar aus dem kleinen mir verbliebenen Fundus waren viel; aber ich wollte, daß Mary diesen Brief erhielt, und wenn fünf Dollar das sicherstellten – und ich fühlte, daß sie das taten –, dann spielte das Geld keine Rolle. Ich stand einen Augen-

Die Reiseroute um die Erde 1831–1836

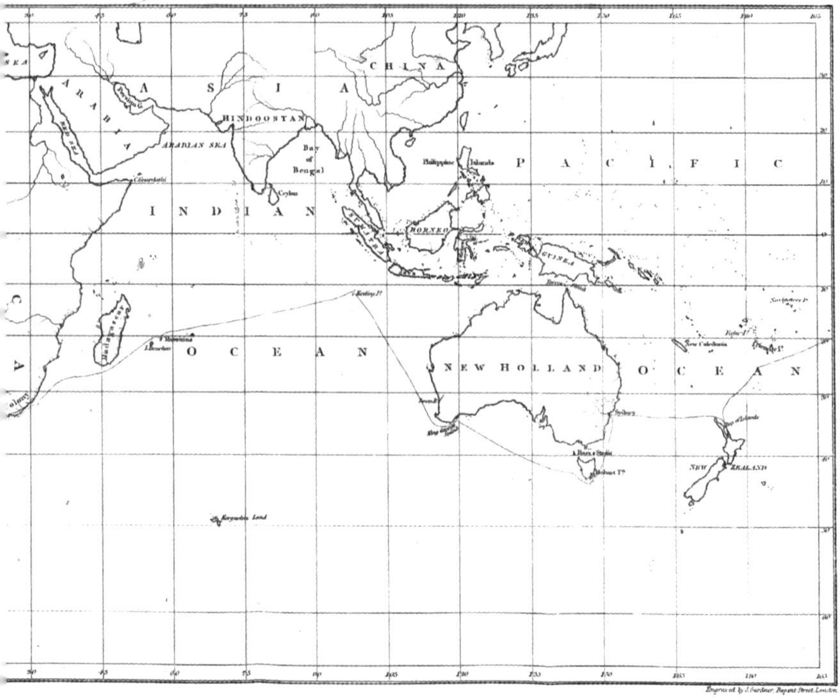

blick an dieser traditionellen Landmarke und fragte mich, ob Mary den Brief jemals erhalten würde …

Als ich zur *Pagan* zurückruderte, war ich blind für die trostlose Umgebung oder die zunehmende Kälte. In Gedanken war ich jenseits des Pazifik. Und bei dem Brief in dem Faß. Eine unheilvolle Melancholie hatte mich ergriffen. Ich wurde überwältigt vom vergeblichen Kummer einer großen Leidenschaft, die durch die Notwendigkeit langer Geduld aufgehalten und von Unsicherheit belastet war.

Caldwell gab seinen Brief am 22. Juli »auf die Post« und ging am nächsten Tag wieder in See. Irgendein Schiff muß den Brief mitgenommen haben, denn zehn Wochen später, Anfang Oktober, erreichte er Mary in Sydney. Sie las darin, daß er hoffte, mit der *Pagan* etwa Ende September in Australien einzutreffen.

Mit anderen Worten, er war bereits wenigstens eine Woche überfällig. Aber die *Pagan* schaffte es nicht. Caldwell überlebte einen Wirbelsturm, erlitt aber auf den Riffen der Fidschi-Inseln Schiffbruch. Er überlebte allerdings, konnte sich über die Klippen an Land schleppen und erreichte schließlich mit einem Kopraschiff, einem Autobus und einem Bomber der Armee Sydney, wo er am 3. Dezember 1946 Mary in die Arme schließen konnte. (John Caldwell hat die ganze Geschichte seines Abenteuers in seinem Buch *Desperate Voyage, Liebe setzt die Segel*, geschildert.)

* * *

Frisch versehen mit Trinkwasser und Holz und mit »dreißig großen Sumpfschildkröten an Bord« ließ die *Beagle* die Galapagosinseln am 20. Oktober achteraus und segelte mit südwestlichem Kurs über den Pazifik.

FitzRoys Instruktionen sahen nach Abschluß der Erkundung Südamerikas vor, daß er durch astronomische Beobachtungen eine Folge von Längendistanzen rund um den Globus bestimmen sollte bis zurück zum Ausgangspunkt der Reise in Plymouth – zurück zu dem Stein in der Mole von Plymouth, der als Ausgangspunkt für alle Längenbestimmungen gedient hatte. Der Rest der Welt nach Südamerika wurde mit der Gründlichkeit eines Zehnländerbustrips durch Europa in fünf Tagen abgearbeitet. Das Schiff blieb nur zehn Tage sowohl in Tahiti als auch in Neuseeland. Die Geschwindigkeit der Rückreise, der leichte Dienst jetzt, nachdem die Vermessungsarbeiten größtenteils abgeschlossen waren, erlaubten es den Männern an Bord, die Welt mit ähnlichen Augen zu sehen wie ein Tourist.

FitzRoy war erstaunt über die Größe von Sydney. »Ich sah eine wohlgebaute Stadt, die das Land nahe des Hafens bedeckte.« Aber er glaubte nicht, daß ihr eine lange Zukunft beschieden war, und hatte, wie viele nach ihm, eine geringe Meinung von der australischen Kultur.

> Es ist schwer zu glauben, daß Sydney weiterhin so florieren wird, wie es gewachsen ist. Es ist zu plötzlich entstanden. Die Strafgefangenen haben das Wachstum der Stadt erzwungen, wie ein Gewächshaus das der Pflanzen erzwingt, und von solcher Frühreife kann auch nur ein vorzeitiger Verfall erwartet werden ...
>
> Es muß sehr schwierig sein, in diesem Land eine Familie gut aufwachsen zu lassen, und zwar wegen des demoralisierenden Einflusses von Strafgefangenen als Dienern, dem beinahe alle Kinder mehr oder weniger ausgesetzt sein müssen. Außerdem befindet sich die Literatur dort in einem Tief; die meisten Menschen sind so mit aktiver Landwirtschaft oder geschäftlichen Zwecken beschäftigt, daß ihnen wenig Muße für die Reflektion bleibt. Sie lesen nur das, was den Geist verwirrt, die täglichen Zeitungen und anderen kurzlebigen Abfall.

Die *Beagle* blieb nur zwei Wochen in Sydney. Auf dem Weg rund um den Erdball zurück nach England nahm die Sehnsucht der Mannschaft, nach Hause zu kommen, zu. Ihrem Kapitän ging es darin nicht anders; die Verantwortung für die Reise hatte ihm einen sichtbaren Preis abverlangt. Philip Parker King, FitzRoys Oberkommandierender an Bord von HMS *Adventure* auf der ersten Reise der *Beagle*, war nach Sydney gezogen, und FitzRoy besuchte ihn dort. King war über die Veränderung seines früher jugendlichen Kommanders, der auch jetzt erst dreißig Jahre zählte, erschrocken.

Sydney, 2. Februar 1836
Mein lieber Beaufort,

Sie werden von FitzRoy gehört haben, der vierzehn Tage hier war und am 30. auf seinem Rückweg nach Van-Diemens-Land auslief. Es tut mir leid, sagen zu müssen, daß er sehr viel mitgemacht hat und immer noch sehr unter einer schlechten Gesundheit leidet – er hat einen sehr ernsten Zusammenbruch gehabt, aber ich hoffe, das ein wenig *Ruhe* in England ihn wiederherstellen wird, denn er ist ein ausgezeichneter Mann und wird, davon bin ich überzeugt, weiterhin eine glänzende Zierde unserer Marine sein ...

Mit Hochachtung Ihr Philip P. King

Darwin pflichtete in einem Brief nach Hause Kings Sorgen bei und fügte noch einen weiteren Gedanken hinzu:

Von Sydney gingen wir nach Hobart, von dort in den King-Georg-Sund, und dann hieß es Adieu Australien. Da Hobart der Liste der von uns angelaufenen Orte noch hinzugefügt wurde, glaube ich nicht, daß wir vor September wieder in England sein werden: Aber Gott sei Dank hat der Kapitän ebenso großes Heimweh wie ich, und ich vertraue darauf, daß es bei ihm eher schlimmer als besser werden wird ... Ich stehe in den letzten zwölf Monaten in sehr herzlichem Einvernehmen mit ihm. Er ist ein außerordentlicher und edler Charakter, aber unglücklicherweise starken Eigenheiten des Temperaments ausgeliefert. Dessen ist sich keiner mehr bewußt als er selbst, wie seine Versuche zeigen, dieses Temperament zu beherrschen.

Ich frage mich oft, welches Ende es mit ihm nehmen wird; unter vielen Umständen bin ich mir sicher, daß es nur brillant sein kann, aber unter anderen fürchte ich, es könnte auch sehr unglücklich sein.

TEIL VIER

20

Am 2. Oktober 1836 ging die *Beagle* in Falmouth in England vor Anker. Auf ihrer achtundfünfzig Monate dauernden Reise war sie dreiundvierzig Monate in Südamerika gewesen. Von Peru aus war sie in nur dreizehn Monaten nach Hause gesegelt; alle an Bord waren bereit gewesen, die Reise zu beenden, und dachten nur noch an England und ihr Zuhause.

Darwin, der während eines letzten Sturmes in der Biscaya seekrank gewesen war, hatte seine Sachen gepackt und stand gestiefelt und gespornt bereit. Er ging sofort von Bord. Noch am gleichen Abend (»einem furchtbar stürmischen Abend«) fuhr er von Falmouth aus mit der Postkutsche nach Norden Richtung Shrewsbury und erreichte The Mount, den Familiensitz der Darwins, am Mittwoch, den 5. Oktober, zum Frühstück.

»Na so etwas, die Form seines Kopfes ist ja völlig verändert«, sprach sein Vater zu seinen staunenden Schwestern. Obwohl weder Darwin noch sein Vater Anhänger der Phrenologie waren, schienen sie beide geglaubt zu haben – ähnlich wie es FitzRoy in Hinsicht auf die Feuerländer tat –, daß Konzentration und Übung der Geisteskräfte die Form des Schädels beeinflussen könnten. Darwin führt diese Beobachtung seines Vaters, »des schärfsten Beobachters, den ich jemals erlebt habe«, als Beweis dafür an, daß »mein Geist sich durch meine Beschäftigung während der Reise entwickelt hat.« Tatsache war, daß Darwin vorzeitig erkahlte. Während der Seereise hatte er den größten Teil seines Haupthaares eingebüßt.

Die *Beagle* wurde sogleich zu *der* Hafenattraktion. Die Zeitungen in Falmouth gaben bekannt, daß sie von ihrer Weltumseglung zurückgekehrt sei. Die Menschen drängten sich auf den Kais, um sie zu sehen, an Bord zu gehen und sie zu berühren, wie sie es heute mit einem Space Shuttle tun würden, und ihre Mannschaft über Stürme und Wilde auszufragen. Die Gesellschaft des Kapitäns war sehr gesucht. Am 3. Oktober, dem Tag nach ihrer Ankunft, wurde FitzRoy in das Haus Robert Were Fox' eingeladen, eines Quakers und herausragenden Wissenschaftlers in Falmouth. Dessen Tochter, Caroline Fox, berichtet in ihrem Tagebuch über den Besuch:

> 3. Oktober. – Captain FitzRoy kam zum Tee. Er war gestern von einer fünfjährigen Forschungsreise um die Welt mit HMS *Beagle* zurückgekehrt und wird ein Buch schreiben. Er kam, um sich Papas Deflektor, die Inklinationsnadel, anzusehen, von dem er sehr angetan war ... Er blieb bis nach elf und ist ein äußerst angenehmer, vornehmer junger Mann. Er hatte eine wunderbare Reise und hat viele Entdeckungen gemacht, da verschiedene Wissenschaftler an Bord waren.

Die *Beagle* segelte weiter nach Plymouth und Portsmouth, um die Besuche der hohen Tiere von der Admiralität, »ehrenwerter Leute« und »anderer« zu empfangen.

Darwin schrieb von Shrewsbury aus an FitzRoy und bot ihm sein Mitgefühl an, da er wieder einmal in »diesem furchtbaren Plymouth« wäre, wo er so viele Monate geschmachtet habe, bevor die Reise beginnen konnte. Aber FitzRoy hatte seine Zeit damals gut genutzt, wie er Darwin in seiner Antwort enthüllte.

> Mein liebster Philos ... Dieser furchtbare Platz hält für mich einen Schatz bereit, von dem selbst Sie nichts wußten!! Raten Sie einmal, denken Sie nach und raten Sie. Glauben Sie es oder nicht – es ist wirklich wahr – ich werde bald verheiratet sein!!!!!! Mit Mary O'Brien. Jetzt dürfen Sie wissen, daß ich mich zu diesem Schritt schon vor langer Zeit entschieden habe. Alles ist geregelt, und wir werden im Dezember heiraten.

Zusätzlich zu allen Ängsten, die FitzRoy im Laufe seiner Mission aushalten mußte, hatte die Frage bestanden, die sich so viele Seeleute stellen, wenn sie jemanden, den sie lieben, an Land zurücklassen: Wird sie noch da sein?

Die *Beagle* segelte durch den Kanal in die Themsemündung nach Greenwich, wo sie auf dem nullten Meridian Anker fallen ließ und FitzRoy die letzten Beobachtungen seiner Reise anstellte. Das Schiff blieb zweieinhalb Wochen in Greenwich, wurde vom königlichen Astromen und anderen Gästen besucht und ging dann mit der Tide stromabwärts zur Werft Woolwich, wo sie vor sechzehn Jahren gebaut und vom Stapel gelassen worden war. Am 17. November wurde das Schiff außer Dienst gestellt und die Mannschaft ausgezahlt.

Viele der Matrosen und Offiziere, die nun das Schiff verließen und voneinander Abschied nahmen, waren auf beiden Reisen der *Beagle* an Bord gewesen und hatten für mehr als sechs Jahre unter FitzRoys Kommando gestanden. Sie hatten während dieser Jahre etwas erlebt, das an Krieg grenzte; zusammen hatten sie gegen das Meer gekämpft, gegen die Feuerländer, gegen das grimmigste Wetter auf Erden, und oft hatte einer dem anderen das Leben gerettet. Einige waren gestorben. FitzRoy schrieb nichts darüber, aber dennoch war der Abschied, den sie an jenem Tag bei der *Beagle* auf der Werft in Woolwich voneinander nahmen, für die Seeleute so gefühlsgeladen und schmerzhaft wie für ein eng zusammengeschweißtes Bataillon langgedienter Soldaten am Ende eines Weltkrieges. Die Männer gingen nach Hause oder heuerten auf anderen Schiffen an. Einige der Offiziere hatten noch eine bemerkenswerte Laufbahn vor sich. Und von den meisten Mitgliedern der Mannschaft wurde nie wieder etwas gehört.

FitzRoy fuhr in seine Wohnung am Onslow Square in London, um seine Hochzeit vorzubereiten und die Überwachung des Zeichnens und der Produktion neuer, wunderbar genauer nautischer Karten nach seinen jahrelangen gewissenhaften Vermessungen in Angriff zu nehmen.

Darwin fühlte sich zu Hause nicht wohl. Er war als Junge aufgebrochen, der gerade die Universität hinter sich hatte, und als reifer Mann zurückgekehrt, ein Abenteurer, ein Wissenschaftler. Er hatte Jahre damit zugebracht, mit Gauchos und Soldaten durch Südamerika zu reiten, an Lagerfeuern wilde Tiere zu verzehren, mit Eingeborenen zu verhandeln, durch Urwälder zu streifen und zusammen mit rauhen Seeleuten verzweifelte Abenteuer zu bestehen.

The Mount wurde beherrscht von seinen Schwestern. Sie machten viel Wirbel um ihn. Sie erwarteten, daß er jetzt daheim blieb, ein Leben als vornehmer Landedelmann führte und die liegengelassenen Fäden seiner Vorbereitung zum Beruf eines Landgeistlichen wieder aufnahm. Aber Darwin hatte die Welt gesehen; zwar drängte es ihn nicht zu weiteren Reisen, aber er wurde doch sofort wieder von der Welt der Naturwissenschaften, mit denen er sich fünf Jahre lang beschäftigt hatte, und von seinen Fachkollegen in Anspruch genommen. Er konnte nicht zu Hause bleiben.

Gegen das Ende unserer Reise erhielt ich, während wir auf Ascension waren, einen Brief, in dem mir meine Schwestern mitteilten,

> Sedgwick habe meinen Vater besucht und ihm gesagt, ich würde eine Stelle unter den führenden wissenschaftlichen Männern einnehmen. Ich konnte es zu der Zeit nicht verstehen, wie er irgendetwas über meine wissenschaftlichen Betätigungen hätte erfahren können; ich hörte aber (ich glaube später erst), daß Henslow einige der von mir an ihn geschriebenen Briefe in der philosophischen Gesellschaft von Cambridge vorgelesen und zur privaten Verteilung habe drucken lassen. Meine Sammlung fossiler Knochen, die ich an Henslow geschickt hatte, erregte gleichfalls Aufmerksamkeit unter den Paläontologen. Nachdem ich diesen Brief gelesen hatte, kletterte ich über die Berge von Ascension mit hüpfendem Schritt und ließ die vulkanischen Gesteine unter meinem geologischen Hammer erklingen![21]

Darwin erwarteten zu Hause die Früchte seines enormen Fleißes der letzten fünf Jahre. Seine Sammlung war praktisch ein ganzes Museum von Naturwundern: ganze Verwandtschaftsgruppen von Pflanzen und Insekten, Vögeln, kleinen und großen Tieren und Reptilien, Korallen, Krustentieren und anderen Geschöpfen des Meeres sowie von wirbellosen Fossilien, dazu Steine und Mineralien. Er hatte alles gewissenhaft etikettiert, katalogisiert, verpackt, getrocknet und in Flaschen gefüllt.

Alle seine Sendungen hatten Darwins Mentor, Professor Henslow in Cambridge, erreicht, der jede Kiste und jeden Kasten sogleich ausgepackt, den Inhalt überprüft und festgestellt hatte, ob weitere Konservierungsmaßnahmen nötig waren. Dann hatte er alles bis zu Darwins Rückkehr eingelagert. Henslow hatte der Versuchung nicht widerstehen können, die großartige Sammlung, die immer weiter anwuchs, bekannt zu machen und Auszüge aus Darwins Briefen an ihn zu veröffentlichen. Er hatte fünf Jahre lang Darwins Wiedereintritt in die Welt der Wissenschaftler den Weg bereitet, so daß Darwin bei den Professoren der aufblühenden Naturwissenschaften inzwischen berühmt war. Charles Lyell wollte ihn kennenlernen, und die geologische Gesellschaft wollte ihn als Mitglied aufnehmen. Die Museen allerorten rissen sich um seine Knochen und Schmetterlinge. Es gab kein Zurück, und es bedurfte keiner Überlegungen hinsichtlich seiner Laufbahn mehr. Er war jemand. All die Ablenkungen von seinen Studien – das Käfersammeln, das Reiten, das Jagen, das Schießen – hatten ihn zu seiner Bestimmung geführt.

Nach zehn Tagen zu Hause floh er nach London zu seinem älteren Bruder Erasmus. Dort war sein Leben zunächst sehr betriebsam – Teegesellschaften bei den Lyells, unwiderstehliche Einladungen von führenden Naturwissenschaftlern. Im Dezember zog er nach Cambridge, wo sich auch seine Sammlung befand. Dort begann er, assistiert von seinem Gehilfen von der *Beagle*, Syms Covington, alles durchzusehen, seine Reise zu entwirren und festzustellen, was er dabei wirklich getan und erreicht hatte.

Er schickte die Stücke seiner Sammlung an die Fachleute, die in der Lage waren, sie zu bestimmen, festzustellen, ob er neue Arten entdeckt hatte, sie zu beschreiben und ihnen einen wissenschaftlichen, lateinischen Namen zu verleihen. Anfangs erregten natürlich die großen versteinerten Knochen ausgestorbener Tiere, die Darwin an der Ostküste Patagoniens ausgegraben hatte, besonderes Aufsehen – handelte es sich um ein *Megatherium*, ein *Scelidotherium*, um ein *Toxodon* oder um alle drei? Hier gab es etwas Handfestes, das man bestaunen konnte, das ganz offensichtlich für die Museen bestimmt war, die es bereits für sich verlangten. Die kleineren Dinge – die Vögel von Galapagos mit ihren verschiedenen Schnabelformen und Größen, die verschiedenen Panzer der Schildkröten –

waren eher für die Fachleute interessant, und es würde einige Zeit dauern, bis Darwin verstand, warum sie eigentlich so verschieden waren.

Außerdem mußte er ein Buch schreiben. Zum Schluß ihrer Reise hatte FitzRoy, der seine eigenen Tagebücher zur Veröffentlichung durchsah, zusammenstellte und vorbereitete, Darwin gebeten, ihm einiges von dem vorzulesen, was er in seinen Tagebüchern festgehalten hatte. FitzRoy hielt »Philos'« Beobachtungen für gut genug, um in den langen Bericht der zwei Reisen der *Beagle* aufgenommen zu werden, den er zu veröffentlichen gedachte. Anfangs hatten sowohl Darwin als auch FitzRoy vor, diesen Beitrag abschnittsweise dem Werk hinzuzufügen. Aber in Anbetracht des Umfangs und der guten Lesbarkeit von Darwins Tagebuch kamen sie dann doch überein, Darwins Beitrag als eigenen Band über die Naturgeschichte der von dem Schiff besuchten Länder zu veröffentlichen. Als FitzRoy noch auf hoher See diesen Vorschlag machte, fühlte Darwin sich geschmeichelt; der Gedanke, ein weiteres Buch zu schreiben (zusätzlich zu demjenigen über die Geologie der besuchten Länder, daß er sich bereits beim Besuch der kapverdischen Inseln vorgenommen hatte), erregte Darwin. Aber Ende 1836 in Cambridge, inmitten der überfüllten Kisten seiner Sammlung, im Kopf ein Kaleidoskop voller Bilder und Ideen, war ein solches Buch für ihn ein Muß geworden. Er verspürte das dringende Bedürfnis, Ordnung in all die Formen und Abweichungen zu bringen, die er gesehen hatte.

Solch ein Buch, das sagte ihm die Aufmerksamkeit, die er nun allseits genoß, würde ihm einen festen Platz in der Welt der Naturwissenschaft verschaffen. Und das war es, was er jetzt wollte: So, wie es Sedgwick vorgeschlagen hatte, wünschte er sich, seinen Platz unter den führenden Naturwissenschaftlern der Zeit einzunehmen, neben Männern wie Lyell, die Darwin respektierte und sehr bewunderte und die das Denken der gesamten zivilisierten Welt beeinflußten. Er wollte einer von ihnen sein. Ein Buch über seine Reise würde ihn dazu machen.

Darwin begann im Januar 1837 in Cambridge mit dem Schreiben. Im März zog er, nachdem er den größten Teil seiner Sammlung zwecks Bestimmung an die Fachleute weitergeleitet hatte, zurück nach London und mietete in der Great Marlborough Street Räume für sich selbst und Covington, der immer noch als sein Assistent arbeitete. In der neuen Wohnung setzte er die Arbeit an seinem Buch fort. Er hielt sich dabei eng an die täglichen Eintragungen in seinem Tagebuch, das er während der Reise zu Lande und zu See geführt hatte.

* * *

FitzRoy war mindestens ebenso beschäftigt. Nach seiner Hochzeit ließ er sich mit seiner Frau in London nieder, und Mary wurde bald schwanger.

FitzRoy wurde Lob und Anerkennung zuteil, wie sie für einen Marineoffizier in Friedenszeiten selten sind. Im Parlament wurde ihm öffentlich gedankt. Die Royal Geographic Society verlieh ihm ihre Goldmedaille. Die Admiralität würdigte seine Verdienste sehr – das war für ihn wichtiger als jede Ehre. Die Qualität seiner Arbeit als Vermesser war sofort augenfällig. Er hatte so gründlich und genau gearbeitet, daß die nach seinen Ergebnissen gezeichneten Karten länger als ein Jahrhundert in Gebrauch blieben.

In aristokratischen, gesellschaftlichen und wissenschaftlichen Kreisen war FitzRoy berühmt – viel mehr als Darwin, dessen Ansehen sich eng auf die Welt der Naturwissenschaftler und Akademiker beschränkte. Nach seiner Rückkehr nach London war FitzRoy ein begehrter Mann: Ein schneidiger, geistreicher, einnehmender Offizier, ein Gentleman, ein Seefahrer und ein Wissenschaftler von außerordentlichen Verdiensten, der ebenso außerordentliche Geschichten zu erzählen hatte. Mehr als alles andere zählte, daß er die Welt umsegelt hatte, und die nahtlose Vollendung dieses Bravourstückes wurde auch in allem anderen gesehen, was er getan hatte. Er war der zur Erde zurückgekehrte Astronaut im England des 19. Jahrhunderts. Alle wollten Captain Robert FitzRoy kennenlernen und mit ihm sprechen.

Als die Arbeit an seinen Vermessungen und Karten abgeschlossen war, bemühte sich FitzRoy nicht um einen weiteren Reiseauftrag. Trotz der Entnahmen aus seinem persönlichen Vermögen, die er getätigt hatte, war er immer noch finanziell unabhängig, und die schwangere Mary sowie der Reisebericht, den er zu schreiben hatte, waren mehr als genug, um ihn zu Hause zu halten.

Der Bericht, dessen Veröffentlichung er seit langem geplant hatte, sollte aus zwei Hauptteilen bestehen. Der erste Band würde die Reise der *Adventure* und der *Beagle* während der Jahre 1826 bis 1830 (zunächst mit Pringle Stokes, dann mit FitzRoy als Kapitän der *Beagle*) behandeln, als beide Schiffe unter dem Oberkommando von Captain Philip Parker King gestanden hatten; der zweite Band war der fünfjährigen Reise der *Beagle* von 1831 bis 1836 gewidmet. Der erste Band sollte von Captain King verfaßt werden, aber da er nach Australien übergesiedelt war, blieb dessen Ausarbeitung ganz an FitzRoy hängen, der diesen Band aus seinen eigenen, Stokes' und Kings dicken Stapeln von Aufzeichnungen und Logbüchern zusammenstellen mußte.

Band zwei, FitzRoys eigener, jeden einzelnen Tag umfassender Bericht der zweiten Reise, war gewaltig, um nicht zu sagen episch. Mit längeren Essays über den Zustand der Eingeborenen, Beschreibungen der Küstenlinien, des Wetters, der Seebedingungen, der Schiffsführung, der Abenteuer an Land und nicht zuletzt der Wiedereinbürgerung der Feuerländer umfaßte der Band nach seiner Fertigstellung schließlich sechshundertfünfundneunzig Seiten und eine Viertelmillion Wörter. Mehrere Indizes in einem separaten Band kamen noch zusätzlich auf dreihundertundfünfzig Seiten. Darwins Buch würde der selbständige dritte Band werden, aber davon abgesehen lag alles andere bei FitzRoy. Er begann Anfang 1837 mit der Arbeit.

Es muß ihm zuerst als erfreuliche Aufgabe erschienen sein: Mit seiner Frau und dem erwarteten Kind zu Hause zu sein und keinen täglichen Weg machen zu müssen, der weiter war als der vom Schlafzimmer ins Arbeitszimmer, nicht von Stürmen aufgehalten oder zurückgetrieben zu werden, sondern in England in einem bequemen Zimmer zu sitzen und sich das Wetter von der trockenen Seite der Fensterscheibe aus anzusehen – dieses Bild ist für jeden Seemann sehr verführerisch. Frei zu sein von der Heimsuchung durch feindselige Eingeborene. Ein Licht anzuzünden, den Docht der Lampe zu trimmen und vor sich auf dem Schreibtisch die Notizbücher, Logbücher, Karten und Zeichnungen auszubreiten, aus denen er einen zusammenhängenden Bericht machen konnte; sich einen bequemen Stuhl zu nehmen, die Feder ins Tintenfaß zu tauchen und anzufangen.

Er ertrank in Arbeit. Das Entziffern der handgeschriebenen Logbücher der Kapitäne King und Stokes, das Abwägen jedes ihrer Worte, das Überprüfen jeder Schätzung von Zeit oder zurückgelegtem Weg auf mögliche Fehler und Unvereinbarkeiten – es waren zwar die Berichte der anderen Kapitäne, aber sein Name würde unter allem stehen – erwies sich als die schwierigste Plackerei. Es war kein Schreiben, es war nicht die kreative Tätigkeit, die einen für die langen Stunden am Schreibtisch mit einer gewissen Befriedigung entschädigt.

Er speiste auswärts, widmete einen Teil seiner Zeit Mary und dem Töchterchen, das sie zur Welt gebracht hatte, und unternahm Spaziergänge. Von seinem Haus am Onslow Square, das einen Garten hatte, waren es zu Fuß zehn Minuten bis zur Royal Geographic Society oder bis zum Hyde Park, und nach einer kurzen Fahrt mit der Kutsche erreichte man Admiralty House, White Hall, Mayfair oder seinen Club in St. James – aber stets war ihm der gewaltige Umfang der zu bewältigenden Arbeit bewußt und zog ihn zurück an den Schreibtisch.

Die Arbeit brachte ihn schon vor Morgengrauen aus dem Bett und hielt ihn bis tief in die Nacht in seinem Arbeitszimmer fest. Die beiden Bände und ein dritter, der die Essays und Anhänge enthielt, umfaßten schließlich sechzehnhundertfünzig Seiten und über eine halbe Million Worte (viermal so viel wie dieses Buch), und nichts davon konnte er irgendjemand anderem übertragen. Er hatte seinen Diener von der *Beagle*, Fuller, behalten, den er nach Hellyers Tod zum Schreiber gemacht hatte; er konnte ihm bei manchem helfen, Botengänge erledigen, sich darum kümmern, daß die Platten für die Illustrationen gestochen wurden, aber kein Assistent oder Schreiber konnte ihm die inhaltliche Arbeit abnehmen.

Die Arbeit führte zu einer noch stärkeren Anspannung FitzRoys.

Er und Darwin trafen sich nach der Reise nur noch selten. Obwohl beide in London lebten, schienen sie sich immer weiter voneinander zu entfernen.

> Nach der Rückkehr in die Heimat traf ich FitzRoy nur noch selten, denn ich fürchtete mich immer irgendwie, unbedacht seinen Zorn hervorzurufen, und dennoch kam es einmal dazu, wobei eine gegenseitige Versöhnung fast unmöglich wurde.[22]

Im Frühjahr 1837 besuchte Darwin die FitzRoys zum Tee. »Mrs. FitzRoy sei eine ›sehr schöne und fromme Dame‹«, befand er. Aber der Besuch fand wahrscheinlich weniger aus gesellschaftlichen Gründen statt, sondern zur Beratung über einige Stücke seiner Sammlung von den Galapagosinseln: Darwin benötigte FitzRoys Hilfe, um seine Vögel richtig zuzuordnen.

Es war keine glückliche Wiedervereinigung. Darwin war nach dem Treffen ungehalten über FitzRoys Übellaunigkeit und ließ sich in verschiedenen Briefen über seinen früheren Tischgenossen aus.

> Der Kapitän betrug sich sehr gut [schrieb er an seine Schwester], – das heißt für einen Mann, der das größte Talent dazu hat, alles und jeden auf verschrobene Weise zu betrachten.

Und Charles Lyell, mit dem er inzwischen eng befreundet war, schrieb er:

> Ich staune immer wieder über seinen Charakter, der so viele gute, großzügige Seiten hat, aber durch ein so unglückliches Temperament verdorben wird. – Gewisse Teile seines Hirns bedürfen einer Reparatur: Nichts anderes wird seine Art und Weise, die Dinge wahrzunehmen, ändern können.

Aber nichtsdestotrotz konnte FitzRoy Darwin weiterhelfen.

Darwin hatte die auf der Reise gesammelten Vögel, Säugetiere, Reptilien und Insekten zwecks Bestimmung

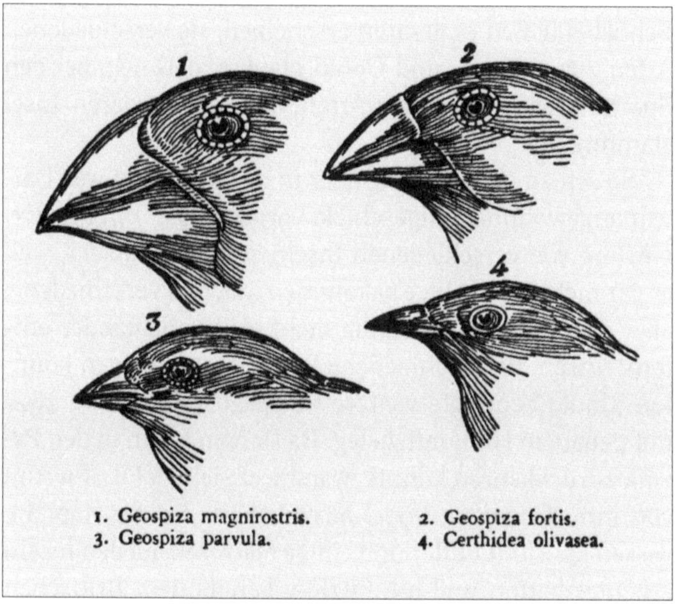

Ein Genus[28], verschiedene Arten.
Die Finken mit den abweichenden Schnabelformen,
die Darwin auf den Galapagosinseln gesammelt hat.

an die London Zoological Society geschickt. Eines der Mitglieder dieser Gesellschaft, John Gould, übernahm die Klassifizierung der Vögel. Gould war ein weithin geachteter Ornithologe und Taxonom; Darwin mußte also glauben, was Gould ihm zu seiner Sammlung von den Galapagosinseln sagte: Drei Spottdrosseln, die Darwin auf drei verschiedenen Inseln erbeutet hatte, waren keine Varietäten südamerikanischer Arten, sondern drei neue, eigene Spezies. Bei einer Anzahl von Vögeln, die Darwin unterschiedlich als Finken, Zaunkönige und Drosseln etikettiert hatte, handelte es sich, so Gould, allesamt um Finken einer neuen Gruppe, die außerhalb der Galapagosinseln unbekannt waren. Ihre sehr verschiedenen

Schnäbel ließen es geraten erscheinen, sie verschiedenen Arten zuzuordnen, und Gould glaubte, daß, wie bei den Spottdrosseln, jede ihrer Arten von einer anderen Insel stammte.

So schien es jedenfalls, aber in diesem Punkt war Darwin ungewöhnlich ungeschickt vorgegangen. Er hatte Exemplare von verschiedenen Inseln zusammengelegt, weil er gar nicht auf die Idee gekommen war, daß verschiedene, aber gleichartige Inseln, die nicht weit voneinander entfernt waren, unterschiedliche Vögel hervorbringen könnten. Gould benötigte weitere Galapagosfinken, und zwar mit genauem Herkunftsbeleg. Da Darwin kaum in den Pazifik zurückkehren konnte, wandte er sich an FitzRoy, um von ihm diejenigen Vögel auszuleihen, die der Kapitän, dessen Assistent Fuller und einige Matrosen auf den Inseln erbeutet hatten und die FitzRoy bereits dem Britischen Museum vermacht hatte. Trotz ihrer Streitigkeiten beim Tee ließ FitzRoy Darwin eine Reihe von Vogelbälgen schikken. Syms Covington hatte auch noch vier Vögel von den Galapagosinseln. Diese wurden nun allesamt von Darwin und Gould geprüft und mit Darwins Listen und Katalogen verglichen, um vielleicht zu bestätigen, was Gould vermutete: Verschiedene Inseln, verschiedene Arten.

Ein anderes Mitglied der Royal Zoological Society, Thomas Bell, der Darwins Reptilien bestimmt hatte, kam zu einer ähnlichen Schlußfolgerung: Jede der Galapagosinseln hatte seine eigene Leguan-Art hervorgebracht.

Darwin erhielt diese Nachrichten im Frühjahr 1837, während er vollauf mit der Abfassung seines Reiseberichtes beschäftigt war. Sie stimmten mit einer Bemerkung überein, die der Vizegouverneur der Inseln ihm gegenüber vor achtzehn Monaten gemacht hatte und bei der es um die Panzerzeichnungen der auf den Inseln vorkommenden Schildkröten ging. Er hatte dieser Bemerkung damals nicht viel Beachtung geschenkt, aber jetzt ließ ihn die Erinnerung daran nicht mehr los. Er kam in seinem Kapitel über die Galapagosinseln darauf zurück.

> Der bei weitem merkwürdigste Zug der Naturgeschichte dieses Archipels besteht darin, daß von den verschiedenen Inseln in einer beträchtlichen Ausdehnung jede von einer verschiedenen Gruppe von Geschöpfen bewohnt wird. Meine Aufmerksamkeit wurde zuerst dadurch auf diese Tatsache gelenkt, daß der Vizegouverneur Lawson erklärte, die Schildkröten von den verschiedenen Inseln seien untereinander verschieden und er könne mit Sicherheit sagen, von welcher Insel irgendeine hergebracht sei. Eine Zeitlang schenkte ich dieser Angabe nicht hinreichend Aufmerksamkeit, und ich hatte bereits zum Teil die Sammlungen von zwei der Inseln untereinander vermengt. Es wäre mir doch nicht im Traum eingefallen, daß ungefähr fünfzig oder sechzig Meilen voneinander entfernt liegende Inseln aus genau denselben Gesteinen bestehend, in einem ganz ähnlichen Klima gelegen und nahezu zu derselben Höhe sich erhebend, verschiedene Bewohner haben sollten ...[23]

Am 14. März – Darwin war immer noch mit der Bestimmung seiner Finken beschäftigt – hörte er einen Vortrag von Gould vor der Zoological Society über die Vertreter der südamerikanischen Gattung *Rhea*, also Straußenvögel, von denen er einige Exemplare mitgebracht und der Gesellschaft überrreicht hatte. Im nördlichen Patagonien waren die Strauße überall anzutreffen. Die Gauchos, die sie aßen, erzählten Darwin von einem ähnlichen, aber viel selteneren Vogel, den sie *Avestruz petiso* (»kleinen Strauß«) nannten. Darwin hatte erfolglos nach diesem Vogel gesucht. Weiter im Süden bei Port Desire aß er im Januar 1834 etwas, das er für einen Strauß hielt und das von einem Mann von der *Beagle* geschossen worden war.

Es fiel ihm auf, daß dieses Tier kleiner war als die Strauße, die er aus Patagonien kannte. Die Mahlzeit war schon vorüber, und der Vogel vollständig verzehrt, als Darwin schließlich begriff, daß es sich bei dem Tier um einen *Avestruz petiso* gehandelt hatte. Aber indem er die übrig gebliebenen abgenagten Knochen, die Haut, die Federn und andere Reste zusammensuchte, brachte er »ein fast komplettes Stück« zusammen, das später in der Zoological Society ausgestellt wurde. Das Tier war allerdings keinesfalls die Seltenheit, die er darin gesehen hatte:

> Unter den patagonischen Indianern an der Magellanstraße fanden wir ein Halbblut, das einige Jahre bei dem Stamm gelebt hatte, aber aus den Nordprovinzen kam. Ich fragte ihn, ob er jemals von dem *Avestruz petiso* gehört habe? Er antwortete: »Warum? Es gibt doch in diesen südlichen Ländern gar keine anderen.«

Gould erwies Darwin die Ehre, den kleineren, südlichen Strauß nach dem Mann, der ihn verspeist hatte, *Rhea darwinii* zu nennen. Bei dem Vortrag ging es darum, daß *Rhea darwinii* im südlichen Patagonien ebenso häufig war wie der größere Strauß weiter im Norden, daß es aber genug Unterschiede zwischen den beiden gab, um sie als verschiedene Arten anzusehen. Verschiedene Orte, verschiedene Vögel, obwohl sie im wesentlichen ein und dasselbe waren. So wie bei den Finken.

Warum, begann Darwin sich zu fragen, hatte sich der Schöpfer mit solch subtilen Unterschieden abgegeben? Warum hatte nicht eine Art von Finken für die kleine Inselgruppe ausgereicht? Warum ein ganzes Dutzend? Warum zwei Strauße, wo einer gereicht hätte?

Etwas mehr als ein Jahr zuvor an einem sonnigen Nachmittag im Januar 1836 hatten ihn solche Fragen bei der Känguruhjagd in New South Wales nicht gequält.

> Ich hatte an einem sonnigen Ufer gelegen und über die Merkwürdigkeit der Tiere dieses Landes – verglichen mit dem Rest der Welt – nachgedacht. Jemand, der an nichts außer seinen eigenen Verstand glaubt, hätte ausgerufen: »Sicherlich müssen hier zwei verschiedene Schöpfer am Werk gewesen sein; ihr Ziel war aber in jedem Fall das gleiche, und sicherlich ist das Ergebnis in beiden Fällen vollkommen.« – Während ich so überlegte, beobachtete ich die kegelförmige Fallgrube eines Ameisenlöwen: – Eine Fliege fiel hinein und verschwand sogleich; danach eine große, aber unvorsichtige Ameise; da sie sich sehr heftig bemühte zu entkommen, wurde sie prompt ... mit Sand beschossen. Sie kam jedoch besser davon als die arme Fliege. – Ohne jeden Zweifel gehört diese räuberische Larve [der Erbauer der Falle] zur gleichen Gattung, aber zu einer anderen Art als ihr europäischer Vertreter. Was würde nun der Ungläubige dazu sagen? Würden je zwei verschiedene Arbeiter auf die gleiche, so schöne, so einfache und doch so kunstvolle Vorrichtung kommen? Das ist undenkbar. – Das ganze Universum ist sicherlich von einer Hand geschaffen. Ein Geologe würde aber möglicherweise den Zusatz machen, die Schöpfung müsse sich über viele Zeitalter erstreckt haben, zwischen denen längere Perioden der Ruhe lagen – der Schöpfer habe also bei seiner Arbeit Pausen gemacht.

Darwin stellte sich im Januar 1836 nicht die Frage, warum der Schöpfer sich die Mühe gemacht habe, zwei verschiedene Versionen des gleichen Insekts zu schaffen. Wie die meisten Naturwissenschaftler und Denker des 19. Jahrhunderts bezweifelte er nicht, daß sich hinter all dem ein Schöpfer verbarg. Die Zeit, so meinte er wie ein guter, durch Lyell geschulter Geologe, habe den Schöpfer schlicht dazu gebracht, sein Modell zu überdenken. Es kam Darwin damals nicht in den Sinn, daß der Ort, da er schließlich England nicht ganz unähnlich war, etwas damit zu tun haben könnte.

Vierzehn Monate später allerdings *stellte* er die Anstrengung eines Schöpfers in Frage. Trotzdem übertrug er diesen Tagebucheintrag beinahe im Wortlaut in das Buch, das er schrieb – seine Fragen hatten ihn noch nicht zu einer haltbaren Antwort geführt. (1845, als er die zweite und verbesserte Ausgabe seines Buches herausbrachte, hatte er diese Antwort gefunden und verwies dieses kleine Erlebnis mit dem Ameisenlöwen in eine Fußnote, völlig bereinigt von seinen Grübeleien darüber, was ein Ungläubiger von den Plänen des Schöpfers halten möge. Inzwischen war Darwin in seinen eigenen Worten zu jemandem geworden, »der an nichts glaubt, was sein Verstand nicht fassen kann.«)

Seine Überlegungen führten Darwin zu einer unentrinnbaren Idee: Gewiß hatte der Schöpfer am Anfang der Zeit – am Tage fünf der biblischen Schöpfungsgeschichte – nicht all diese verschiedenen Finken geschaffen und sie auf die Galapagosinseln gebracht. Es schien vernünftiger anzunehmen, daß die Inseln von südamerikanischen Vögeln besiedelt worden waren, die sich im Laufe der Zeit an die Besonderheiten und Nahrungsquellen jeder einzelnen Insel angepaßt hatten, bis sie voneinander so verschieden waren, daß man sie als verschiedene Arten ansehen mußte. Das Gleiche war bei den südamerikanischen Straußen möglich. Eine Art könnte sich aus einer anderen entwikkelt haben.

Es war keine neue Idee und ganz gewiß nicht für Darwin: Sein eigener Großvater war bereits ein Evolutionist gewesen. Der Franzose Lamarck hatte das Gleiche vor fast vierzig Jahren vorgeschlagen, aber in sehr viel umstrittenerer Weise: Seine These war, daß die Menschen sich aus den Affen entwickelt hätten. Lamarck glaubte, daß jede Pflanze und jedes Tier ein »nervöses Fluidum« enthielten, das sie in die Lage versetze, sich in eine andere Richtung zu entwickeln und sich ihrer jeweiligen Umgebung anzupassen. Die Vorfahren der Giraffen, so meinte er, hätten im Laufe der Zeit längere Hälse bekommen, indem sie oft den Hals gestreckt hätten, um hochhängende Blätter zu erreichen, und auf diese Weise das nervöse Fluidum veranlaßt, in ihren Hals zu strömen und diesen im Verlauf von Generationen länger werden zu lassen. Die Affen mochten auf ähnliche Weise aus den Bäumen auf die Erde herabgekommen sein und herausgefunden haben, daß das aufrechte Gehen oder Laufen effizienter sei.

Eine wie kluge oder vernünftige Idee das auch immer sein mochte, es war jedenfalls Ketzerei. Denn es setzte eine gottlose Welt voraus, die von unkontrollierten irdischen Mächten angetrieben wurde. Solch eine Anarchie der Schöpfung konnte nur eine alptraumhafte Welt unablässiger planloser Mutation, eine Welt von Monstern hervorbringen. Und das konnte nicht sein, so glaubte man, da doch die Ordnung und Schönheit der Welt allerorten augenfällig war.

Aber Darwin sah einen Mittelweg: Die Umwandlung einer Art in eine andere, ein von der Natur, nicht von Gott gelenkter Vorgang, durch den eine Pflanze oder ein Tier nach und nach die körperlichen Besonderheiten auswählte, die seiner Umwelt am besten angepaßt waren.

Damit war die unvermeidliche Folgerung verbunden, daß Adam und Eva keine von Gott im Garten Eden geschaffenen Halbengel waren, sondern Tiere, die von anderen Tieren abstammten, und zwar von unseren engsten Verwandten, den Affen. Nichts ermutigte diese Vorstellung mehr, als Darwins Eindruck von den Feuerländern. »Wenn man diese Menschen sieht, mag man kaum glauben, daß es sich um unsere Mitgeschöpfe auf der gleichen Welt handelt«, hatte er in seinem Reisetagebuch geschrieben.

Für ihn war es schwer gewesen zu glauben, daß er und

die Feuerländer zur gleichen Art gehörten. Gebückt, grobschlächtig, primitiv, in Unterkünften lebend, gegen die ein Vogelnest etwas Kompliziertes war, schienen die Feuerländer zu zeigen, wie der Mensch zu Beginn seiner Umbildung aus einem Affen aussah; sie schienen der Wurzel, aus der sie entsprungen waren, näher zu stehen als dem Gipfelpunkt, der vom Europäer gebildet wurde. In der Zoological Society in London hatte er ein Orang-Utan-Weibchen namens Jenny beobachtet, das einen Wutanfall bekam, als ihr ihr Wärter einen Apfel verweigerte.

> Es warf sich auf den Rücken, trat um sich und schrie genau wie ein unartiges Kind. – Dann zeigte es einen sehr trotzigen Gesichtsausdruck, und nach zwei oder drei weiteren leidenschaftlichen Ausbrüchen sagte der Wärter: »Jenny, wenn du aufhörst zu brüllen und ein braves Mädchen bist, dann gebe ich dir diesen Apfel.« Das Tier verstand sicherlich jedes Wort, und obwohl es große Mühe kostete, mit dem Wimmern aufzuhören, gelang es ihm schließlich, und es bekam den Apfel. Damit sprang Jenny auf einen Stuhl und machte sich mit dem zufriedensten Gesichtsausdruck, den man sich vorstellen kann, darüber her.

Darwin erinnerte sich des unablässigen »Yammerschoonerns«, ging nach Hause und schrieb in sein Notizbuch: »Man vergleiche den Feuerländer und den Orang Utan – wer würde wagen zu sagen, daß der Unterschied sehr groß ist.

Drei Jahre zuvor hatte er in Feuerland in sein Tagebuch geschrieben: »Die Natur hat, indem sie die Gewöhnung zu einer Allmacht erhob, die Feuerländer dem Klima und den Produkten dieses Landes angepaßt.« Damit nahm er unwissentlich seine neuen Gedanken über den »Transformismus« der Arten, wie er ihn zuerst nannte, vorweg.

Er hatte keine Angst vor seinen Gedanken. Nach allem, was er auf seiner fünf Jahre dauernden Weltumseglung gesehen hatte, machten sie Sinn. Der Wissenschaftler, der er war, hieß sie willkommen. Er war sich allerdings ihrer religiösen Unzulänglichkeit durchaus bewußt. Sie waren, wie man es auch nahm, gotteslästerlich, und Darwin war kein Hitzkopf. Aber er war gewissenhaft. Da es ihn nicht nach irgendwelchen Streitereien gelüstete, behielt er seine Überlegungen für sich. Im Sommer 1837 begann er, in seinen Notizbüchern solche Gedanken festzuhalten, mit Beispielen zu untermauern und zu organisieren. Es sollten noch zweiundzwanzig Jahre vergehen, bevor er seine Vorstellungen von der Umbildung der Arten veröffentlichte, und auch dann würde er es nur tun, weil ein anderer Naturforscher, ein malariageplagter Engländer, der in Borneo umherstreifte, ihn durch einen an ihn gerichteten Brief, der die gleichen Überlegungen und Schlußfolgerungen enthielt, zum Handeln zwang.

Darwin schloß seinen Reisebericht im September 1837 nach neun Monaten konzentrierter Abschrift und Redaktion seiner eigenen Tagebücher ab. Der Bericht enthielt keine Andeutung seiner Ideen über die Umwandlung der Arten. Es war lediglich ein wunderbar abenteuerreiches Reisetagebuch voller Beschreibungen der bunten Welt der Natur durch einen bemerkenswert scharfsichtigen Wissenschaftler. Nichts darin konnte irgendjemandes Anstoß erregen. Er schickte das Manuskript dem Verleger Henry Colburn, dessen Geschäft in bequemer Nähe an der Great Marlborough Street in London lag, der gleichen Straße, an der auch Darwin wohnte. Der Bericht sollte zusammen mit den drei Bänden, die FitzRoy vorbereitete, im folgenden Jahr, nämlich 1838, erscheinen – aber Colburns Anfragen an FitzRoy, wann er seine Arbeit abgeschlossen haben würde, ergaben nur ausweichende Antworten.

FitzRoy versuchte verzweifelt, eine gewaltige Masse von sich zeitlich überschneidenden und ganz allgemein langweiligen Seefahrtsberichten von drei verschiedenen Autoren in eine irgendwie lesbare Form zu bringen. Seine Nerven und seine Geduld waren aufs Äußerste strapaziert.

Und sie hielten nicht mehr stand, als Darwin ihm im November das Vorwort zu seinem Bericht schickte.

FitzRoy reagierte darauf mit kalter Wut. Darwins Vorwort, antwortete er in einem Brief, zeige einen beschämenden Mangel von Anerkennung all derer an Bord der *Beagle* – nicht nur des Kapitäns selbst, sondern auch der anderen Offiziere –, die Darwin unermüdlich und großzügig geholfen, sich um ihn gekümmert, ihm Platz gemacht und sein Wohlergehen stets vor das eigene gesetzt, ganz allgemein alle seine Erfolge während dieser Reise und natürlich danach die Veröffentlichung seines Buches erst möglich gemacht hätten. FitzRoy hatte Recht. Darwin hatte kaum ein Dankeswort für die Männer gefunden, die ihn in seiner Seekrankheit gepflegt und sich um ihn fünf Jahre lang als bevorzugten Gast gekümmert hatten. Er hatte keinen Unterschied gemacht zwischen Beauforts Freundlichkeit, die es Darwin gestattet hatte, die Reise anzutreten, und FitzRoys grenzenloser Großzügigkeit, mit der er Darwin als Gast aufgenommen und dessen Sammlung mit den Hilfsmitteln der Admiralität zurück nach England geschickt hatte.

Darwin entschuldigte sich. Er schrieb sein Vorwort um und benutzte großzügigere Ausdrücke.

Aber nicht nur mangelnde Anerkennung und verletzte Gefühle trugen zu ihrer wachsenden Entfremdung bei. Etwas anderes trieb die beiden Männer unwiderruflich auseinander. Innerhalb der zwei Jahre nach ihrer Rückkehr nach England machten beide eine grundlegende Änderung ihres Denkens durch, die in direktem Gegensatz zueinander stand.

Während Darwin sich unbeirrbar einem naturwissenschaftlichen Durchbruch näherte, bewegte sich FitzRoy mit hohem Tempo in die entgegengesetzte Richtung.

21

Irgendwann zwischen seiner Heimkehr im Oktober 1836 und dem Abschluß seines Berichtes zweieinhalb Jahre später – vielleicht unter dem Einfluß seiner Frau – entdeckte FitzRoy einen inbrünstigen Glauben an Gott und den Wortlaut der Bibel, die er mit größter Aufmerksamkeit zu lesen begann. Das sollte jeder Herzlichkeit, die es in seinem Verhältnis zu seinem früheren Schiffskameraden noch gab, ein Ende bereiten.

Vielleicht hatte Darwin seine Gedanken über die Abänderung der Arten erwähnt, als er zum Tee bei FitzRoy war. Das ist nach den vielen naturwissenschaftlichen Diskussionen und Debatten, die sie bei ihren gemeinsamen Mahlzeiten führten, mehr als wahrscheinlich. Diese Gedanken werden zu einer heftigen Erwiderung des Kapitäns geführt und Darwin nach seinem Abschied ärgerliche Gedanken über einen übellaunigen Fanatiker eingegeben haben.

FitzRoy las Darwins Buch. Die Richtung, die es nahelegte – diese große Vielzahl von Arten, von denen die Rede war –, wird ihm auch ohne ausdrückliche Schlußfolgerungen klar gewesen sein. Er fand sie abscheulich und ketzerisch.

> Das einzige Säugetier auf der Insel ist ein großer wolfsähnlicher Fuchs, der sowohl auf der östlichen als auch auf der westlichen Falklandinsel häufig ist. Ich hege keinen Zweifel, daß es eine eigene, auf diese Inseln beschränkte Art ist ...

Das implizierte eindeutig die Art von eher natürlicher als einer von Gott geplanten Umwandlung, über die FitzRoy beim Tee in Zorn geraten war. Nachdem er ihn gebeten hatte, seinen Bericht zu schreiben, und er entsprechende Verabredungen mit ihrem Verleger getroffen hatte, konnte FitzRoy Darwin jetzt kaum aufhalten oder seinen Beitrag redigieren. Aber er konnte Darwins Ansichten entgegentreten. Also nahm er sich sein eigenes Buch wieder vor, um die Auseinandersetzung mit Darwin aufzunehmen.

Die einzigen Unterschiede zwischen den Füchsen von Patagonien und den Falklandinseln, so erklärte FitzRoy, seien ihre Größe und die Dicke ihres Pelzes, und beides konnte er ohne weiteres erklären.

> Die Naturkundler sagen, diese Füchse seien den Falklandinseln eigen und sie haben Schwierigkeiten zu erklären, warum es diese Tiere nur dort gibt. Daß sie jetzt etwas Besonderes darstellen, kann nicht bezweifelt werden; aber wie lange dem so ist, ist eine sehr schwierige Frage. Wenn ich aber weiß, daß drei Schafe mit haarigem Fell, die von Sierra Leone in Afrika nach England gebracht worden sind, dort in einigen Jahren ein wolliges Fell entwickelten, und daß Schafe mit wolligem Fell in einem heißen Land ein haariges Fell bekommen (abgesehen davon, daß ihre äußere Form sich nach einigen Generationen beachtlich ändert); und wenn ich von Wildkatzen gesehen und gehört habe, die bekanntermaßen aus einem Wurf Hauskatzen stammen und deren Größe die ihrer Eltern auf bemerkenswerte Weise übertraf und deren Fell lang und rauh war und deren Physiognomie sich völlig von derjenigen ihrer Rasse, die noch als Haustiere lebten, unterschied: Dann kann ich nichts Ungewöhnliches an Füchsen finden, die von Feuerland auf die Falklandinseln gebracht worden sind und dort langbeiniger, kräftiger und dickfelliger geworden sind.

Darwin hatte allerdings nicht mehr als diese Art natürlicher Anpassung vorgeschlagen. Aber er nannte die angepaßten Varietäten neue Arten, und an dieser Stelle begannen FitzRoy und zahllose andere eine heftige Auseinandersetzung mit ihm und mit den Implikationen dieses evolutionären Denkens. Füchse und Vögel mochten sich ja ein wenig ändern, aber der Mensch hatte sich nicht aus Affen entwickelt.

Nachdem er seine zwei Bände und die zahlreichen Anhänge zweieinhalb Jahre lang zusammengestellt hatte und die Publikation des vierbändigen Werkes dann noch ein Jahr verschoben hatte, bevor er endgültig fertig war, fügte FitzRoy jetzt seinem Band zwei noch zwei weitere Kapitel zu. Sie enthielten seine Widerlegung von Darwins ungesunder Denkweise.

Kapitel 27, überschrieben »Bemerkungen über die frühen Wanderbewegungen der menschlichen Rasse«, begann:

> Nachdem ich meinen Bericht über die Reisen der *Beagle* beendet habe, könnte ich meine Feder niederlegen: Aber es gibt einige Überlegungen, die sich aus Umständen ergeben haben, deren Zeuge ich geworden bin, und Forschungen, die ich seither dazu angestellt habe, die ich denjenigen, die sich für diese Dinge interessieren, gern vorlegen möchte ...

Er fuhr fort mit einer Diskussion der »verschiedenen Gesichtszüge, Köpfe, Körperformen, Größen, Farben und anderen Besonderheiten der menschlichen Rassen.« Er präsentierte eine Tafel, »Typen, wie sie sich aus der Vermischung von Europäern, Indianern und Negern ergeben«, von wenigstens dreiundzwanzig »verschiedenen Varietäten der menschlichen Rasse«, die er in der Stadt Lima, in Peru, beobachtet hatte: Weiße, Kreolen, Indianer, Mestizen, Neger, Mulatten, Quateronen, Zambos ...

> Nachdem wir all diese Farbschläge gesehen haben, die von Weißen, Roten und Schwarzen hervorgebracht werden, halten wir ratlos inne und wüßten nicht weiter, wenn wir uns nur auf unseren eigenen unbeholfenen Verstand stützten. Wenden wir uns aber der Bibel zu, dann finden wir in der Geschichte derjenigen, von denen die Erde nach der Sintflut bevölkert wurde, einen Fluch, der über Ham und seine Abkömmlinge verhängt wurde, und es ist merkwürdig, daß der Name Ham die Bedeutung »von Hitze braun gebrannt« haben soll, während der seines Sohnes Kusch »schwarz« bedeutet; daß Jafet »gutaussehend« heißt und daß Sem, aus dessen Linie unser Erlöser stammt, bedeuten soll »Name – berühmt – der, der eingesetzt wird«.

Die Bibel zeige, so FitzRoy, daß die verfluchten schwarzen Abkömmlinge des Kusch als die schwarzen, roten und braunen »Eingeborenen« Afrikas, Australiens und der pazifischen Inseln endeten, während die gutaussehenden, angesehenen weißen Abkömmlinge Sems und Jafets ihren Weg ins nördliche Europa fanden.

FitzRoys Genealogie fährt mit niemals in Frage gestellter Selbstsicherheit und mit einer begeisterten rassischen Spekulation fort, die einen nicht wundern würde, fände man sie heute in einem Pamphlet einer radikalen arischen Bruderschaft.

> Es ist wahrscheinlich, daß einige von Abrahams Sklavinnen entweder schwarz oder braun waren, wenn es sich um Abkömmlinge Hams handelte; und ganz sicher, wenn sie Kuschs Linie entstammten. Und es ist kaum möglich, daß Hagar nicht dunkelhäutig, wenn nicht schwarz gewesen sein sollte, wenn man ihre Herkunft in Betracht zieht; in diesem Falle wäre Ismael kupferfarben gewesen, ein Mulatte, und das Gleiche gilt für einige andere, wenn nicht alle Söhne Abrahams, die er mit Konkubinen hatte.

Die Abkömmlinge Noahs begannen, nachdem sie einmal zivilisiert waren, sich über den ganzen Erdball zu verbreiten – FitzRoy schildert diese Wanderbewegung geschickt als kenntnisreicher Seemann und führt die gleichen Argumente an, die Thor Heyerdhal zu seiner Fahrt mit der *Kon Tiki* führten – Argumente, die belegen sollen, daß frühzeitig Menschen mit Fahrzeugen aus Holzstämmen und Schilf über die Meere fuhren. Allerdings findet er für seine Reisenden eine tiefere und sicherere Wurzel als Heyerdhal: »Niemand ... kann über diese Länder lesen ... ohne daß ihm die Spuren hebräischer Zeremonien und Riten auffallen ... die es verstreut bei den volkreichsten, wenn nicht bei allen Völkern der Erde gibt.

Aber außer dem glücklichen Zweig des Klans von Sem-Jafet, der sich nach Westen und Norden verzweigte und aus dem schließlich die Engländer hervorgingen, glaubte FitzRoy, daß diese Wanderer immer primitiver geworden wären und der göttlichen Gnade immer weniger teilhaftig geworden seien, je weiter und länger sie sich von dem Einfluß des heiligen Bezirks entfernten.

> Man nehme zur Verdeutlichung einmal an, daß eine Gruppe von Männern und Frauen Kleinasien im Zustand der Zivilisation verlassen habe. Sie werden noch nicht weit gekommen sein, bis keine Schreibmaterialien oder Kleider mehr übrig geblieben wären ... Und ihren Kindern würden sie inzwischen nur noch beigebracht haben, für ihren täglichen Bedarf zu sorgen, für Nahrung und vielleicht für irgendeinen Ersatz für die Kleider, zum Beispiel Fell. Ihre Enkel würden sich in einem noch schlechteren Zustand befinden, was ihre Kenntnisse oder Spuren ehemaliger Zivilisation anbelangt. Und jede folgende Generation würde auf der Skala weiter abrutschen, bis aus den Abkömmlingen der Auswanderer Wilde im besten Sinne des Wortes

geworden sein würden; und aus diesem Zustand der Verfallenheit würden sie sich durch eigene Anstrengung auch nicht um einen Schritt wieder erheben.

Und keiner all der umherschweifenden vergeßlichen Stämme Israels war tiefer gesunken als die Feuerländer, der menschliche Nadir am Tiefpunkt der Bahn, um dessen Wiedererhebung FitzRoy sich so sehr bemüht hatte.

Schließlich kam FitzRoy zu seinem Hauptargument – seiner Widerlegung dessen, was später Darwinismus genannt werden sollte:

Es erscheint nach meiner Auffassung unmöglich, daß der Mensch zuerst in einem kindlichen oder wilden Zustand geschaffen worden sein sollte; ... denn – wenn er als Kind geschaffen worden wäre, wer hätte ihn dann ernährt, aufgezogen und beschützt, bis er in der Lage gewesen wäre, selbständig zu existieren? Und wenn er als Wilder geschaffen worden wäre, wäre er völlig hilflos gewesen. Bar der Instinkte, über die die Tiere verfügen – mit ungeübten Organen (wie vollkommen sie auch gewesen sein mögen) und mit einem vollkommen leeren Geist; weder das Auge noch das Ohr noch Hand oder Fuß wäre ihm zu Willen gewesen, und nach einigen Stunden einer apathischen Existenz würde er untergegangen sein müssen. Die einzige Vorstellung, die mit dem Verstand übereinstimmt, ist die, daß der Mensch in Vollkommenheit des Körpers, des Geistes geschaffen wurde und durch Inspiration all das wußte, was er benötigte für das, was er zu tun hatte – und ein solches Wesen einen Wilden zu nennen, wäre Schlimmeres als Narretei.

Haben wir auch nur den Hauch einer Ursache anzunehmen, daß sich die wilden Tiere oder Pflanzen verbessert haben, seit sie geschaffen wurden? Kann irgendein vernünftiger Mann glauben, daß der erste einer Rasse, einer Art oder einer Sorte der Minderwertigste war?

In seinem letzten Kapitel bot FitzRoy alle Erfahrung seiner Weltumseglung und all seinen gesunden Menschenverstand auf, um die durch Lyell begründeten Ansichten der modernen Geologie und die damit verbundenen Lehren von der Umwandlung der Arten, die dem Schöpfungsbericht der Bibel direkt widersprachen, zu widerlegen. Kapitel 28 ist überschrieben: »Einige sehr wenige Bemerkungen zur Sintflut.«

> In früheren Jahren hat mir die Neigung, die erleuchtete Schöpfungsgeschichte, wie Moses sie niedergeschrieben hat, zu bezweifeln, wenn nicht zu verwerfen, viele Ängste bereitet. Ich wußte so wenig über diese Aufzeichnung und über die innige Weise, in der das Alte Testament mit dem Neuen Testament verknüpft ist, daß ich der Phantasievorstellung erlag, einige dort geschilderte Ereignisse seien mythologisch oder sagenhaft, während ich doch an die Wahrheit anderer ehrlich glaubte; es war ein Schwanken zwischen den Meinungen, das nur zu einem unsteten und daher unglücklichen Geisteszustand führen konnte ...
>
> Viel von meinem Unbehagen war verursacht worden durch die Lektüre von Werken aus der Schule Voltaires und denen der Geologen, die implizit, wenn nicht gar geradeheraus, die Zuverlässigkeit der Schrift in Frage stellen; bevor ich mit dem Buch, das sie so unvorsichtig in Zweifel ziehen, vertraut war ... Für Männer, die, wie ich es selbst früher war, die Bibel willentlich mißachten und ihre göttliche Inspiration leugnen, kann ich nur ein Gefühl haben – ehrliche Sorge ...
>
> Während ich also durch skeptische Ideen irregeleitet war und extrem wenig über die Bibel wußte, bemerkte ich zu einem Freund, als wir weite Ebenen überquerten, die bis in einige zig Meter Tiefe aus in diluviale Ablagerungen eingebetteten, rundgeschliffenen Steinen bestanden: »Das kann niemals durch eine vierzigtägige Flut bewirkt worden sein.«

Der »Freund«, dem FitzRoy diese zweifelnde Bemerkung anvertraut hatte, war Darwin. Sie fiel im April 1834; sie waren in den Walbooten auf Erkundungsfahrt und fuhren in Südargentinien von der Atlantikküste den Santa Cruz stromaufwärts ins Binnenland. Der Fluß schnitt sich in die karge, flache, braungelbe patagonische Ebene ein, die offensichtlich aus an der See erodierten, rundlichen Steinen bestand, die FitzRoy und Darwin dreißig Meter tief unter der Oberkante des Steilufers an der Südseite des Flusses fanden. Das schien die Wahrheit von Charles Lyells Behauptung, daß die Geologie der Erde sich allmählich über einen unvorstellbar langen Zeitraum entwickelt hatte, zu beweisen. Hier gab es Anzeichen eines Erdzeitalters der Überflutung und der Meerestätigkeit, die die Steine und Felsen auf dem Grund der See abgeschliffen hatte, die jetzt lange nach dem Rückzug des Wassers zutage lagen. Es schien nicht möglich, wie FitzRoy bemerkt hatte, daß dieser Zustand von einer nur kurzen Überflutung herrührte.

Und dennoch war FitzRoy vier Jahre später überzeugt, daß seine frühere Meinung unausgegoren gewesen sei. Es waren die allgegenwärtigen Muschelschalen, die die Geologen so gerne heranzogen, um ihre Ansicht zu beweisen, die FitzRoy jetzt als Zeuge für seine Sicht der Dinge anführte. Wenn das Land über Tausende von Jahren langsam abgesunken war, schrieb er, um dann von der See bedeckt zu werden und sich dann ebenso langsam wieder über das Meer zu erheben, würden Muscheln nur in den unteren Schichten von Sedimenten, Schlamm und Stein gefunden werden. Aber FitzRoy und Darwin hatten festgestellt, daß die Steilufer am Santa Cruz von der Oberkante bis zum Fluß hin vollständig aus einer relativ homogenen Mischung aus Erde und Muscheln bestanden. Das, so argumentierte FitzRoy nun, habe Wasser bewirkt, das »schnell hin und her geströmt sei und die Muscheln, die einst auf dem Grund gewachsen seien, mitgerissen und zusammengeworfen habe ... Und diese Muscheln allein bringen mich zu der Überzeugung (unabhängig von der Heiligen Schrift), daß unsere Erde einer allumfassenden Überflutung ausgesetzt war.« Das war also der geologische Beweis.

Die Sintflut kam ihm gerade recht, um das Problem des Aussterbens der Dinosaurier zu lösen. Seine Erklärung des Fehlens dieser größten aller Tiere in moderner Zeit – der Dinosaurier –, deren Knochen überall auf der Welt ausgegraben wurden (und dazu die Knochen riesiger Rhinozerosse, Elefanten und Säbelzahntiger, die einige Jahre zuvor von Arbeitern bei Ausschachtungsarbeiten auf dem Gelände des heutigen Trafalgar Square gefunden worden waren) ist völlig verständlich.

> Es wird aller Wahrscheinlichkeit nach stolze Männer gegeben haben, die den gewaltigen Bau Noahs verlachten und die Idee, daß die Berge überschwemmt werden könnten, verhöhnten, selbst als sie sahen, daß das Wasser stieg. Dorthin würden sie sich in ihrer moralischen Blindheit geflohen haben, mit einer Anzahl von Tieren, die aus der Arche ausgeschlossen blieben oder sie nicht aufgesucht hatten; denn wir sehen ja, daß nicht alle Tiere, nicht mal alle einer Art, über die gleichen Instinkte verfügen. Als die Geschöpfe zur Arche kamen, muß es da nicht einfach gewesen sein, einigen Zutritt zu gewähren, vielleicht den Jungen und Kleinen, während die Alten und Großen ausgeschlossen wurden?

Was für eine solide Argumentation. Vernünftige Haushaltsführung würde Noah und seine Söhne dazu gebracht haben, die zu riesenhaften, die zu schwierigen, die nicht zähmbaren und die wildesten Tiere auf der Laufplanke zurückzuweisen.

Einige der verbreiteten Einwendungen gegen die Vorstellung einer Sintflut wies FitzRoy unter Hinweis auf die Beobachtungen des Astromen und Mathematikers Sir John Herschel zurück (der später vehement die Möglichkeit der Evolution bestritt und feststellte, die Schöpfung der Arten sei ein Akt Gottes gewesen, das »sei das Geheimnis der Geheimnisse«):

> Es erheben sich Fragen wie zum Beispiel: »Wo kam das Wasser her, das alles überflutete; und wo blieb es, nachdem es viele Monate lang die Erde bedeckt hatte?« ... Verbunden mit diesen Fragen zur zusätzlichen Menge von Wasser ist die Überlegung, daß diese Menge sehr groß gewesen sein muß. Das mag aber in einem anderen Licht erscheinen. Sir John Herschel sagt: ›Auf einer Kugel von vierzig Zentimeter Durchmesser wird ein Berg von achttausend Meter Höhe als eine Erhebung von nicht mehr als einem hundertstel Zoll erscheinen, das ist etwa die Dicke eines Blattes Schreibpapier. Da aber kein ganzer Kontinent, ja kein einigermaßen ausgedehnter Landstrich bekannt ist, dessen allgemeine Erhöhung über dem Meeresspiegel auch nur der halben Höhe dieses Berges entspricht, folgt, daß wir, wenn wir ein betreffendes Modell unserer Erde schüfen, mit allen Seen und Kontinenten und Bergen, auf einen Globus von vierzig Zentimetern Durchmesser, daß das ganze Land mit Ausnahme einiger weniger herausragender Gipfel und Kämme von einer Schicht so dick wie dünnes Schreibpapier bedeckt werden kann; die höchsten Berge würden dann als ein gerade noch sichtbares Sandkörnchen erscheinen. Es wäre also so, daß ein Blattüberzug über diesen Globus das zusätzliche, zu einer Sintflut nötige Wasser darstellen würde; eine wahrlich geringe Hinzufügung zur Masse, so scheint es!

Wie tief war die Kluft zwischen Darwin und FitzRoy. Darwin stand an der Schwelle einer Expansion des Denkens und der Naturwissenschaften, die für hundert Jahre nicht ihresgleichen haben würde, bis die technologischen Erfordernisse des zweiten Weltkriegs das Atomzeitalter eröffneten. FitzRoy war auf seine Weise nicht weniger ein Naturwissenschaftler; er las viel und mit großer Disziplin, und er verwendete, was er mit flexiblem Verstand gelesen hatte, für eine epische Entdeckungsreise. Aber er war auf fundamentale Weise gebunden durch Vorurteil und dadurch, daß er einer alten Ordnung verhaftet war, einer Denkweise aus einer Zeit, als die Naturwissenschaft noch Dienerin der Religion war. Aber diese Ordnung stand kurz vor dem Umsturz, und die Konstruktionen der Bibel wurden wie alte, durch Fäulnis geschwächte Holzbrücken von einer reißenden Springflut weggerissen.

Es war das letzte Mal in der Geschichte, daß die Dicke von Schreibpapier guten Gewissens benutzt werden konnte, um die Geheimnisse des Lebens auf der Erde zu erklären.

22

Das Buch in drei Bänden – Kings, FitzRoys und Darwins – und mit einem Anhangband, eingebunden in dunkles, blaugraues Leinen, erschien im Frühsommer 1839 bei Henry Colburn. Der vollständige umständliche Titel lautete:

BERICHT
DER
VERMESSUNGSREISEN
DER SCHIFFE SEINER MAJESTÄT
ADVENTURE UND BEAGLE
ZWISCHEN
DEN JAHREN 1826 UND 1836
MIT EINER BESCHREIBUNG IHRER
ERKUNDUNG DER SÜDLICHEN KÜSTEN
VON
SÜDAMERIKA
UND
DER WELTUMSEGLUNG DER BEAGLE
IN DREI BÄNDEN

Darwins Band drei trug den unheilverheißenden Untertitel *Journal and Remarks, 1832-1836* (Tagebuch und Bemerkungen 1832-1836). Die Bände konnten einzeln erworben werden, und Darwins wurde schnell zu einem Bestseller, so daß Colburn bereits im August genötigt war, ihn wieder aufzulegen. Diesmal erschien das Buch unter einem neuen und gewichtigeren Titel: *JOURNAL OF RESEARCHES into the GEOLOGY and NATURAL HISTORY of the Various Countries Visited by HMS Beagle Under the Command of Captain FitzRoy, R.N. From 1832 to 1836* (Tagebuch der Forschungen zur Geologie und Naturgeschichte der verschiedenen von I.M.S. *Beagle* unter dem Kommando von Kapitän zur See FitzRoy, R.N., 1832 bis 1836 besuchten Länder). Das Buch wurde viele Male nachgedruckt. Darwin überarbeitete es für die Ausgabe von 1845, die bei John Murray, Lyells Verleger, erschien, und diese Version wurde für fast ein Jahrhundert lang die weitverbreitetste und am häufigsten nachgedruckte. Im Laufe der Zeit blieb ein dritter Titel an ihr haften: *The Voyage of the Beagle* (Die Reise der *Beagle*). Das Buch verkauft sich immer noch gut; es ist einer der großen Reiseberichte der Weltliteratur.[24]

Der Rest des dreibändigen Werkes war außer für Navigatoren und Armstuhlseeleute, die die einzelnen Details des Weges der Schiffe auf einer umfassenden Vermessungsmission kennenzulernen erpicht waren, garantiert langweilig. Für moderne Seefahrer sind die Beschreibungen von Wind, Wellen und Ankerplätzen, die die Kapitäne King, Stoke und FitzRoy festgehalten haben, als frühe seefahrerische Aufzeichnungen und Kuriositäten von einigem Wert. Und FitzRoys Bericht über seine Erlebnisse mit den Feuerländern war immer schon ein faszinierender Lesestoff. Aber schon 1839 war Darwins Buch das, was gekauft und das, über das geredet wurde – ebenso wie heute. Die anderen Bände wurden damals nicht nachgedruckt, und es hat seither auch nur wenige Neuauflagen gegeben. Das vollständige Werk mit all seinen vier Bänden wurde von einigen vornehmen Herren, Marineoffizieren, Liebhabern der Reiseliteratur, Clubs und Bibliotheken erworben, und nach einer schnellen Durchsicht verschwanden drei der vier Bände in einem Regal.

In den Besprechungen wurde Darwin schon bald gelobt: Ein »erstklassiger Landschaftsmaler mit der Feder«; »ein starker, geistreicher Mann und ein scharfer und tiefsinniger Beobachter«. FitzRoys mit viel Arbeit zusammengestellter, dichter Bericht der Seefahrt wurde im allgemeinen mit einer kurzen Bemerkung abgetan. Nur seine Bemerkungen zur Geologie und Schöpfungsgeschichte fanden starkes Echo, aber dieses war ungünstig und vernichtend: »Bei diesem Thema hat der tapfere Kapitän tatsächlich das Wasser unterm Kiel verloren …«

Ironischerweise hätte der größte Teil des allgemeinen Publikums, die gottesfürchtigen, kirchentreuen Leser, die unbeirrbar an den Schöpfungsbericht glaubten, FitzRoy zugestimmt. Sie hätten Trost gefunden in seiner Interpretation der Geologie und Anthropologie, sie hätten solch eine wissenschaftliche Bestätigung der Heiligen Schrift begrüßt. Aber das allgemeine Publikum kaufte, las und besprach solche Bücher nicht. Es las volkstümliche und reißerische Romane, vor allem diejenigen, die in Fortsetzungen, in Zeitschriften, religiösen Traktaten, Zeitungen, Pamphleten und der Penny Cyclopaedia erschienen. Die qualifizierten Meinungen, die sich über sowohl Darwins als auch FitzRoys Anstrengungen bildeten (Charles Lyells Reaktion auf FitzRoys letztes Kapitel war dafür typisch: »Es schlägt all den anderen Unfug, den ich jemals zu diesem Thema gelesen habe«), waren die einer winzigen, selbstgefälligen, aufgeklärten Minderheit eines fast flüchtigen Films, der auf der Oberfläche der Gesellschaft schwamm. Aber die Meinung dieser Minderheit zählte. Sie entschied über den Rang und das Gewicht eines Autors.

In diesem Moment begannen alle Fähigkeiten, alle Energie, alle Ambitionen und Erfolge FitzRoys von dem aufgesogen zu werden, was mehr und mehr sein einzigartiger Platz in der Geschichte werden sollte: der Mann zu sein, der Charles Darwin rund um die Welt brachte, der Darwin mit dem Stoff für seine Ideen versorgte – Darwin, in dessen Schatten er für immer eine Fußnote bleiben würde.

Er konnte nicht die geringste Vorstellung für die Tiefe und Ausdehnung dieses Schattens gehabt haben, aber er fühlte sich ins Dunkle gerückt und herabgewürdigt. Darwins Buch hatte alle Aufmerksamkeit für sich; es verkaufte sich besser, wurde nachgedruckt, über seinen Autor wurde geredet. FitzRoys Buch wurde übergangen oder, wenn es beachtet wurde, lächerlich gemacht.

Er verfügte nicht über das Temperament und das geistige Gleichgewicht, um eine solche Verwüstung glücklich zu überstehen.

Über FitzRoys Aktivitäten in den nächsten vierundzwanzig Monaten ist nichts bekannt. Er schrieb nicht, er bemühte sich um kein weiteres Kommando zur See, und er vollendete keine Arbeit. Mancher finanziell unabhängige, frischverheiratete junge Vater hätte vielleicht nach Jahren auf See, denen einige Jahre intensiver Schreibtischarbeit gefolgt waren, eine Periode der Muße genossen. FitzRoy tat es nicht. Er hatte keine Neigung zum Müßiggang – Seit er vor zweiundzwanzig Jahren mit zwölf in die königliche Kadettenanstalt eingetreten war, trieb er sich selbst zu dem an, was er in seiner persönlichen Interpretation für höchste Leistung hielt. Leistung, Pflicht, eine tiefverwurzelte Wißbegierde und eine tiefschürfende, aber von Scheuklappen behinderte Intelligenz waren für ihn charakteristisch. Entspannung war ihm fremd, sie raubte ihm den Verstand. Die Lücke von zwei Jahren ist verdächtig.

Als er in Chile von der Admiralität für die Überschreitung

seiner Befugnisse gerügt worden war, hatte er einen Zusammenbruch erlitten, »eine morbide Niedergeschlagenheit des Geistes und einen Verlust aller Entschiedenheit«, der schwer genug war, um ihn zu veranlassen, sich selbst des Kommandos zu entheben. Er hatte damals befürchtet, »sein Geist könne in Unordnung geraten« (eingedenk seiner erblichen Disposition).

Diese Disposition, wie sie sich auch im Selbstmord seines Onkels mütterlicherseits gezeigt hatte, war sehr real; ihr verdankte er das unauslotbare Erbe von quecksilbrigen Stimmungsschwankungen, von Depression, Paranoia und ständigem Verdacht, herabgesetzt zu werden, das ihm jedes Polster nahm, um die Stöße des Lebens aufzufangen. Nachdem sein Buch beendet war, seine Schlußfolgerungen belächelt wurden, aller Ruhm an seinen jüngeren und weit weniger fähigen Freund gefallen war, stürzte FitzRoy in eine alles auslöschende Dunkelheit von zwei Jahren.

Wieder wurde er durch einen Onkel gerettet. Im Sommer 1841 trat Premierminister Lord Melbourne, ein Whig, zurück und gab den Weg für allgemeine Neuwahlen frei. Sir Robert Peel führte den Wahlkampf, um die Tories wieder an die Macht zu bringen, und Lord Londonderry, Peels Freund und FitzRoys Onkel (der ältere Bruder des Grafen Castlereagh, des Onkels FitzRoys, der sich die Kehle durchgeschnitten hatte), bot seinem Neffen die Kandidatur für einen Parlamentssitz im County Durham an, wo er den in Ruhestand getretenen Parlamentsabgeordneten der Tories ersetzen sollte. Ob FitzRoy um eine solche Position nachgesucht oder sie auch nur in Erwägung gezogen hatte, sei dahingestellt – jedenfalls griff er nach dem Rettungsring und beschloß zu kandidieren.

Durham war ein Wahlkreis mit zwei Sitzen, einem der Whigs und einem der Tories – beziehungsweise der Liberalen und Konservativen, wie sich die Parteien jetzt selbst zu bezeichnen begannen –, und FitzRoy schien leichtes Spiel zu haben. Londonderry war ein großer Landherr in der Grafschaft, und feudale Treue war immer noch sehr wichtig: Londonderrys Mann würde normalerweise die Stimmen seiner Pächter bekommen.

Aber ein zweiter konservativer Kandidat entschloß sich zu einer Bewerbung. Der sechsundzwanzig Jahre alte William Sheppard stellte für einen Kandidaten, hinter dem Londonderry stand, keine große Bedrohung dar, und anfangs traten er und FitzRoy in einen freundlichen, vornehmen Wettstreit ein. Sheppard schrieb später in der übertriebenen Ausdrucksweise seiner Zeit, daß ihre Zusammenkünfte von »uneingeschränkter Vertraulichkeit« geprägt gewesen seien.

Dann aber plauderte ein Pächter Londonderrys aus, daß er von seinem Landherrn angewiesen worden sei, für FitzRoy zu stimmen, und von diesem Augenblick an war es mit der vornehmen Freundlichkeit vorbei. FitzRoy bestritt hitzig jede Kenntnis eines solchen Beeinflussungsversuches, aber Sheppard glaubte ihm nicht. Statt diese Sache im Wahlkampf gegen FitzRoy auszunutzen, zog Sheppard seine Kandidatur zurück, ließ aber durchblicken, welche Gründe ihn dazu bewogen hatten. FitzRoy wurde vom Zorn übermannt, und in einer Rede in Durham bezeichnete er Sheppards Benehmen als »schändliches Vorkommnis, das in der Geschichte der Wahlen einzigartig dasteht.«

Bittere Briefe gingen zwischen den beiden Kontrahenten hin und her. Bald schon glaubten beide, daß ihre Ehre verletzt worden sei. Sie benannten Sekundanten und verlangten Genugtuung. Unter Aristokraten war das Duellieren durchaus noch üblich; erst im Jahr zuvor hatte sich Lord Cardigan mit einem Gegner duelliert und diesen verwundet, um danach jedes Vergehens in dieser Sache freigesprochen zu werden. Zwölf Jahre zuvor hatte der Herzog von Wellington ein Duell ausgefochten. Und wenn der hitzköpfige FitzRoy Genugtuung verlangte, dann mußte das ernst genommen werden: Sein melancholischer Onkel, Graf Castlereagh, hatte sich zweimal duelliert, bevor er sich schließlich selbst tötete. Es war keine naheliegende Vorstellung, daß politische Streitereien zu einem Treffen auf Pistolen im Morgengrauen führten, aber die Art und Weise, wie man übereinander gesprochen hatte, und die Form erlaubten kein Zurück.

Die Sekundanten trafen sich und verhandelten die Bedingungen. Dabei ging es hauptsächlich um den Wortlaut von persönlichen Briefen mit Klarstellungen dessen, was gesagt und gemeint worden war, die für beide Seiten annehmbar waren. Es war fast Einvernehmen erreicht worden, als dieses wieder in weite Ferne rückte. FitzRoy war zu empfindlich und zu empört, und in Sheppard traf er jemanden, der ihm an Empfindlichkeit und der Zwangsvorstellung, verfolgt zu werden, nicht nachstand. Sheppard beschimpfte ihn als »Lügner und Verleumder … Feigling und Schurke.« Von einer Beilegung konnte keine Rede sein. FitzRoy wurde gewählt. Londonderry riet ihm, die Sache auf sich beruhen zu lassen, und das tat er. Zumindest bis zum fünfundzwanzigsten August, als FitzRoy aus einem Herrenclub in der Mall trat und draußen auf Sheppard traf, der ihn mit einer Peitsche erwartete.

»Captain FitzRoy!«, rief der gekränkte Verlierer. »Ich werde Sie nicht schlagen. Aber betrachten Sie sich als ausgepeitscht!«

FitzRoy ging sofort mit seinem Schirm auf Sheppard los. Der Schirm fiel aufs Pflaster, und die beiden Männer tauschten Schläge aus. Sheppard stürzte, und ein Freund, der ihn begleitet hatte, schrie: »Schlagen Sie ihn nicht, Captain FitzRoy! Er liegt am Boden!« Und FitzRoy ließ von seinem Gegner ab.

Es folgten Briefe an die Presse, in denen jeder der beiden seine Empörung zum Ausdruck brachte und sich zu rechtfertigen versuchte. Colonel Pringle Taylor, der sich für Sheppard verwendet hatte, schrieb einen Leserbrief, in dem er sich auf Captain FitzRoys »verlorene Ehre als Gentleman« bezog. Beide Streithähne veröffentlichten billige Pamphlete, in denen sie ihre Version der Affäre darlegten: »Das Verhalten Captain Robert FitzRoys R.N. im Hinblick auf die Wähler von Durham und die Gesetze der Ehre, dargelegt von William Sheppard, Esquire«; und »Captain FitzRoys Stellungnahme zu dem Zusammenstoß zwischen William Sheppard und dem Verfasser.«

Es war ein Sturm im Wasserglas, außer für Sheppard und FitzRoy. Bald war die Sache vergessen, und FitzRoy wandte sich seiner neuen Stellung als Mitglied des Parlaments zu. Er war sachkundig. Er sprach über koloniale Angelegenheiten, über die Ausstattung der Marine und den Bau von Wellenbrechern. Er entwickelte ein Interesse für Vorhaben, die seinem brennenden christlichen Wunsch entgegenkamen, denjenigen zu helfen, die vom Glück weniger bedacht worden waren als er selbst – wie er es früher den Feuerländern gegenüber praktiziert hatte. Ausdruck dessen war etwa das Gesetz zur Versorgung der Armen, ein Versuch, für die Mittellosen zu sorgen. Er brachte eine Gesetzesvorlage ein, die für Seeleute, die an Bord von Handelsschiffen Steuermann oder Obermaat werden wollten, Prüfungen vorschrieb und deren Einzelheiten regelte. Damit sollten Kapitäns- bzw. Steuermanns- und Offizierspatente, wie sie heute heißen, Pflicht werden. (Die gesetzlichen Regelungen wurden im Mercantile Marine Act von 1850 verabschiedet). Er wurde Beirat des Trinity House, der Organisation, die für die Errichtung und den Unterhalt von Leuchttürmen, Bojen und anderen Hilfen für die Schiffahrt in Großbritannien zuständig war. Er wurde zum amtierenden Verweser des Flusses Mersey ernannt. Aber FitzRoy hatte keinen Parlamentssitz errungen, um seine Tage mit schläfriger, wenn auch ehrenwerter Gesetzgebung zu verbringen. Er sah seine Position als Trittstein zu höherem Ruhm, zu etwas, wozu ihn mehr seine Talente und seine Erfahrung als seine Abkunft prädestinierten. Die wie für ihn geschaffene Gelegenheit ergab sich schon ein Jahr nach seiner Wahl.

1842 lief Herzog Friedrich von Österreich mit seinem Kriegsschiff in den Hafen von Plymouth ein, um dort Reparaturen durchführen zu lassen, und FitzRoy, der immer noch Marineoffizier war, wurde von der Admiralität als Begleiter des Erzherzogs auf einer zweieinhalb Monate langen Tour durch England abgestellt. Unter anderem sollten auch die Werft und das Arsenal besichtigt werden. Die *Times* berichtete ausführlich über diesen Staatsbesuch, und innerhalb weniger Monate hatte es FitzRoy zu einem staatsmännischen Profil gebracht. Als dann Captain Hobson von der Royal Navy, erster Gouverneur von Neuseeland, noch im gleichen Jahr an einem Schlaganfall starb, schien FitzRoy plötzlich die erste Wahl für diesen Posten zu sein. Er war in Neuseeland gewesen – das war 1842 nichts Gewöhnliches. Er hatte im Parlament aktives Interesse an der Kolonialpolitik gezeigt. Und einige meinten, daß er für seine Dienste, die er der Krone als Navigator und Kartograph erwiesen hatte, niemals angemessen belohnt worden sei. Dandeson Coates war immer noch Sekretär der Church Missionary Society, die enge Verbindung zum Kolonialamt unterhielt (er hatte bereits 1830 FitzRoy geholfen, seine drei Feuerländer in Walthamstow unterzubringen, und er hatte vieles von dem zusammengebracht – die Teeservice und modischen Hüte – die den Feuerländern auf dem Weg in ihre Heimat mitgegeben worden waren). Coates‘ hohe Meinung von FitzRoy fiel im Kolonialamt durchaus in die Waagschale. FitzRoys Erfahrung mit schwierigen Eingeborenen war wohlbekannt und galt als beispielhaft. Und schließlich war sein Stand und seine aristokratische Herkunft außerordentlich passend. So wurde er zum Gouverneur von Neuseeland ernannt und beendete seine Laufbahn als Parlamentsabgeordneter.

Die »Situation«, die in Neuseeland vor allem bewältigt werden mußte, war die gleiche wie in jeder anderen Kolonie des neunzehnten Jahrhunderts: Die Beziehung zwischen den weißen Kolonisten und den Eingeborenen. Die Maoris in Neuseeland waren eingefleischte Kannibalen und furchterregende Krieger; die Kolonialmächte hatten zunächst gezögert, sich mit ihnen einzulassen, aber die reichen Jagd- und Fanggründe für Robben und Wale rings um die beiden Inseln machten diese sehr begehrenswert. Die Ankunft einer französischen, katholischen Mission in Neuseeland etwa gleichzeitig mit der ersten Welle britischer Einwanderer hatte die britische Regierung schließlich veranlaßt, zu handeln und sich das Land zu sichern. Sie erklärte, daß die australische Kolonie New South Wales um alle Teile Neuseelands erweitert würde, die man von den Maoris erwerben könne. Die Regierung wollte die Eingeborenen nicht unterwerfen – abgesehen von anderen Gründen fehlten ihr die Truppen dazu –, und die besagte Regelung erkannte die Unabhängigkeit der Maoris an. Captain Hobson war ausgesandt worden, um sie davon zu überzeugen, die britische Oberherrschaft anzuerkennen. Der Hauptanreiz, den er ihnen bieten konnte, waren gesetzlicher Schutz durch die weiße Regierung gegen die Willkür und den Landdiebstahl durch die Weißen. Es war naturgemäß eine delikate Angelegenheit. Um die Maoris – denen »alle Rechte und Privilegien britischer Untertanen« gegeben wurden – zu schützen, bestellte Hobson einen Beauftragten für Landbesitz, der alle Abkommen zum Kauf von Land zwischen den Maoris und den Einwanderern und deren Agenten zu überprüfen hatte. Die Siedler, die inzwischen zu ganzen Schiffsladungen in der Cookstraße eintrafen, mußten Verzögerungen bei der Inbesitznahme »ihres« Landes in den neuen Siedlungen Wellington, Nelson und New Plymouth in Kauf nehmen. Die Verwaltung vor Ort mußte versuchen, zwischen den unvermeidbar kollidierenden Interessen der Eingeborenen und der Neuankömmlinge zu vermitteln. Das Verhältnis zwischen den Weißen, den Eingeborenen und der Verwaltung hatte sich bereits vor Hobsons Tod verschlechtert.

FitzRoy, seine Frau und inzwischen drei kleine Kinder traten im Juli 1843 von England aus die Reise nach Neuseeland an. Die Fahrt – nach Süden über den Atlantik rund um das Kap der Guten Hoffnung und ostwärts am Nordrand der »Brüllenden Vierziger« entlang um die halbe Welt – war weder alltäglich noch sicher. Es dauerte fünfeinhalb Monate, bis sie Auckland erreichten, das Hobson sich als Amtssitz des Gouverneurs ausgewählt hatte. Während sie noch auf See waren, eskalierte im Tal Wairau östlich von Nelson ein Streit über Landbesitz zwischen einem unerfahrenen Kolonialbeamten, einem Mob weißer Einwanderer und zwei Maorihäuptlingen zu einer gewalttätigen Auseinandersetzung. Die Maoris gewannen die Oberhand, die meisten der Weißen flohen, und die Sache wäre vielleicht glimpflich ausgegangen, wenn nicht die Maoris ihre neunzehn weißen Gefangenen totgeschlagen hätten.

Die FitzRoys trafen im Dezember 1843 in Auckland ein. An Land wurden sie von einer fröhlichen Abordnung der »Eingeborenenabteilung, von Kolonialbeamten, Soldaten und einer Kapelle mit zwei Trommlerjungen begrüßt.«

»Ich bin zu Ihnen gekommen, um meine Sache möglichst gut zu machen«, verkündete FitzRoy. Die Kapelle begann zu spielen und begleitete Seine Exzellenz mit Familie zur Residenz des Gouverneurs.

Mary FitzRoy schrieb an FitzRoys Schwester Fanny Rice-Trevor in der englischen Heimat, daß sie von »einer beachtlichen Reihe von Damen« begrüßt worden seien. Die Herausforderung der neuen Position verlieh FitzRoy frische Energie. Robert, so schrieb sie, sei jeden Morgen bereits um fünf Uhr auf den Beinen: »Er wirkt sehr gesund und ist so frohgemut wie man sich denken kann.« Die erst vor kurzem begonnene und noch nicht ganz fertiggebaute Residenz, deren Zustand sich in den Monaten, da sie unbenutzt geblieben war, nicht gebessert hatte, war primitiver als ihr Domizil in London, aber Mrs. FitzRoy versuchte, damit zurechtzukommen.

> Wir werden diese Woche zwei kleine Dinerpartys geben, aber Geselligkeit ist hier nur in eingeschränktem Sinne möglich, da die Leute so weit verstreut sind und keine Kutschen haben: Die nächste Familie wohnt sehr weit von uns entfernt, und außer ihnen weiß ich von niemandem der vornehmeren Art, mit dem man verkehren könnte; aber unter den einfacheren Leuten gibt es einige angenehme, gute Menschen ... Die Eingeborenen sind auf jeden Fall eine sehr intelligente, interessante Rasse – mit vielen von ihnen, die gut europäisch gekleidet waren, haben wir bei verschiedenen Gelegenheiten gespeist, und sie haben sich *tadellos* betragen ... Sie scheinen jede Maßnahme der Verwaltung vollkommen zu verstehen.

Vermutlich dachte ihr Mann ebenso über die Eingeborenen wie sie. Die Maoris standen definitiv eine Stufe höher als die Feuerländer, obwohl sowohl Darwin als auch FitzRoy 1835, als sie von Tahiti kamen, übereinstimmend festgestellt hatten, daß die Neuseeländer es mit den Tahitianern weder an Anmut noch an Intelligenz aufnehmen konnten. Aber 1843 waren viele Maoris schon seit vielen Jahren daran gewöhnt, unter Weißen zu leben und mit ihnen zusammenzuarbeiten, und die Engländer betrachteten sie im großen und ganzen als aufgeschlossene Nachbarn. Syms Covingtons Beschreibungen der Siedlungen von Neuseeland aus dem Jahre 1835 paßt auch auf das Auckland des Jahres 1843. »Hier gibt es viele Engländer und Missionare. Kapellen mit Orgel und viele solide gebaute Häuser stehen Seite an Seite mit den Hütten der Eingeborenen oder Indianer, die aus Binsen usw. errichtet werden.«

Sobald das Haus in Ordnung gebracht und die beiden kleinen Dinnerpartys vorüber waren, segelte FitzRoy an Bord des Royal-Navy-Schiffes *North Star* nach Nelson, um die dort nach dem Massaker von Wairau immer noch schwelende Glut zu löschen. Aber er verpfuschte die Sache gründlich.

In Nelson sprach er mit den Kolonialbeamten. Dann reiste er zusammen mit einer kleinen Gruppe von Weißen – Beamten, Missionaren und Siedlern – zu einem *pas*, einem befestigten Dorf, um dort die beiden Maorihäuptlinge zu treffen, die die neunzehn Weißen umgebracht hatten. Er traf dort an einem Sonntag ein. Einer der Häuptlinge, Te Raupehara, hatte sich vor kurzem taufen lassen, und FitzRoy nahm an einem Gottesdienst in dem *pas* teil.

Das offizielle Treffen zwischen FitzRoy und den Häuptlingen, an dem die Weißen und fünfhundert Maoris teilnahmen, wurde am nächsten Tag abgehalten. FitzRoy hatte eine kleine Ansprache zur Eröffnung vorbereitet:

> [Als ich von dem Massaker erfuhr,] war ich außerordentlich böse; mein Herz war sehr dunkel, und mein Gemüt war voller Düsterkeit. Mein erster Gedanke war, den Tod der … der *paheka*

> [weißen Männer] ... zu rächen und zu diesem Zweck mit vielen Kriegsschiffen zu kommen, Segelschiffen und anderen, die vom Feuer angetrieben werden, und mit vielen Soldaten; und hätte ich das getan, wäret ihr dem zum Opfer gefallen, und euer *pas* wäre zerstört worden. Als ich aber darüber nachdachte, fand ich, daß den *paheka* vor allem eine große Schuld zukommt; und ich beschloß herzukommen, und die genauen Umstände zu ermitteln, um festzustellen, wer wirklich im Unrecht war. Ich ... habe die Geschichte des weißen Mannes gehört; jetzt bin ich hergekommen – erzählt mir eure Geschichte, die Geschichte der Eingeborenen, damit ich mein Urteil fällen kann.

Te Raupehara erklärte, daß die Maoris glaubten, das fragliche Land sei nicht legal erworben worden. Er beschrieb, wie der Bürgermeister von Nelson gekommen sei, ein paar Handschellen geschwenkt und gedroht habe, den Häuptling in Ketten zu legen. Abgesehen von dem Gesichtsverlust, der ihm dadurch entstanden wäre, sagte Te Raupehara, würde er den Tod einer Gefangennahme vorgezogen haben. Er erzählte FitzRoy weiter, daß die Weißen das Feuer eröffnet hätten, und daß Frauen und Kinder der Maori – einschließlich seiner eigenen Tochter – getötet worden seien. Was den Mord an den Gefangenen angehe, so sei es, sagte er, bei den Maori Sitte, gefangene Häuptlinge zu töten.

FitzRoy stellte dem Häuptling zu einigen Punkten weitere Fragen und schwieg dann für eine halbe Stunde, während derer er sich Notizen machte und sein Urteil erwog. Dann ergriff er wieder das Wort.

> Hört, ihr Häuptlinge und Stammesältesten, die ihr hier versammelt seid, meine Worte. Ich habe jetzt die Schilderung der Wairau-Affäre von Seiten der Maori als auch von Seiten der *paheka* gehört, und ich habe meine Entscheidung getroffen. Am An-

> fang waren die Weißen im Unrecht. Sie hatten kein Recht, das Land zu vermessen, das ihr noch nicht verkauft hattet, als Mr. Spain [der Landbeauftragte] seine Untersuchung beendet hatte; sie hatten kein Recht, die Häuser zu bauen, die sie auf diesem Land gebaut haben. Da sie zu dieser Zeit im Unrecht waren, werde ich für ihren Tod keine Vergeltung üben.

Er wiederholte den letzten Satz mehrmals auf Englisch und in Übersetzung.

> Aber obwohl ich keine Vergeltung für den Tod der *pahekas* üben werde, die in Wairau umgebracht wurden, muß ich euch sagen, daß ihr ein furchtbares Verbrechen begangen habt. Ihr habt Männer umgebracht, die sich euch im Vertrauen auf eure Ehre als Häuptlinge ergeben haben. Weiße bringen ihre Gefangenen nie um. Laßt uns in Zukunft friedlich und freundlich zusammenleben – die *paheka* mit den Eingeborenen und die Maori mit den *paheka* –, und laßt uns das Blutvergießen beenden.

Natürlich erzürnte dieses feierliche Urteil die Weißen. Sie hielten den neuen Gouverneur für schwach, für einen Dummkopf und einen Feigling. Die Maoris verachteten ihn wegen seiner Schwäche. Te Raupehara soll gesagt haben, daß er den Gouverneur und sein Schiff verspeisen werde. Und niemandem gefiel sein gespreiztes Auftreten.

FitzRoy sah sich einer Situation gegenüber, die nicht zu bewältigen war. Seine Handlungsweise war nicht unvernünftig: Ein Arrest – wenn er denn möglich gewesen wäre – und ein anschließendes Gerichtsverfahren gegen die beiden Häuptlinge hätte die Spannungen nur verschärft. Die Eingeborenen hätten ihre Feindseligkeiten gegen die Siedler nur verschärft; die in Kriegsschiffen kasernierten britischen Truppen hätten sich als kaum fähig erwiesen, die Siedler zu schützen oder die Maoris zurück in den Dschungel zu jagen. Weitere Scharmützel und offener Krieg wären vielleicht das Resultat gewesen. Das war kein Weg, um die britischen Interessen zu fördern und die Kolonie zu regieren.

Aber FitzRoys Entscheidung in der Wairau-Affäre war richtungsweisend für seine ganze Regierung. Sie war vertrackt und widersprüchlich und machte es niemandem Recht. Die gerade erst entstandene Kolonie erhielt keine Geldmittel aus England, sondern sollte sich selbst tragen. Vor die Notwendigkeit gestellt, sich Staatseinnahmen zu verschaffen, erhöhte FitzRoy die Zölle, nur um sie wieder zu senken, als sich die erstere Maßnahme als außerordentlich unpopulär erwies. Er forderte zusätzliche Truppen aus Sidney an, setzte sie aber nicht ein. Sein Sinn für Fairneß den Maoris gegenüber brachte ihn dazu, eine vom Landbeauftragten gefällte Entscheidung zu revidieren und den Eingeborenen Land zurückzugeben, das offensichtlich legal von der New Zealand Company erworben worden war. Schließlich sandten die Siedler aus den Gebieten ringsum die Cook-Straße eine Bittschrift ans Parlament, man möge ihren Gouverneur absetzen. In Nelson wurde FitzRoys Bild verbrannt. So wurde FitzRoy keine zwei Jahre nach seiner Ankunft aus Neuseeland zurückbeordert.

Für seine Entlassung war aber weniger seine Unbeliebtheit in Neuseeland entscheidend als seine Neigung, die ihm schon früher Schwierigkeiten mit der Admiralität eingebracht hatte: Er handelte ohne Instruktionen oder sogar gegen dieselben. Wie damals, als er die Schoner für seinen Erkundungsauftrag gekauft beziehungsweise gechartert hatte, tat FitzRoy auch jetzt, was er für das Beste hielt, und berichtete erst im Nachhinein darüber in die Heimat. Es zeigt, daß es ihm um die Sache zu tun war –

und das war verständlich angesichts der langen Zeit, die bis zu einer Antwort auf einen entsprechenden Vorschlag verstrichen wäre. Aber es war seiner Karriere abträglich, und es entsprach nicht der Art und Weise, wie die Dinge gewöhnlich gehandhabt wurden.

Sein schwerster Fehler bestand darin, die Regierung im dunkeln zu lassen; so wurden in London nur die Beschwerden der Siedler bekannt, ohne daß es Erklärungen von Seiten FitzRoys dazu gegeben hätte.

Das offizielle Verdikt des Kolonialministeriums über seine Tätigkeit als Gouverneur war vernichtend.

> Er sah sich zahlreichen Schwierigkeiten gegenüber, die unter seinem System des Gouvernements zunahmen, und geriet unter den Druck widerstreitender Interessen, die auszugleichen ihm die Entschlossenheit und Festigkeit fehlten. In einer ständigen Aufgeregtheit und Unrast schien er nie die Kraft, gerechte und dauerhafte Maßnahmen zu ergreifen, noch die Ruhe, den Außenminister über die Tätigkeit seiner Regierung oder die Motive seiner Handlungen zu informieren, gefunden zu haben.

FitzRoy war den Maoris gegenüber zu gerecht gewesen, zu besorgt, daß sie nicht beraubt, betrogen, umgebracht und an den Rand gedrängt wurden, so wie es bei der Inbesitznahme einer Kolonie unvermeidlich der Fall war. Er bevorzugte nicht immer automatisch seine Wähler, deren Regierung im Mutterland ihn berufen hatte. Er war zu idealistisch. Er war zu naiv.

Ein Historiker hat es so ausgedrückt: »Hätte Captain FitzRoy als Gouverneur über sehr großes Geschick verfügt, würde er vermutlich unter den gegebenen Umständen doch gescheitert sein; aber unglücklicherweise machte seine mangelhafte Eignung sein Versagen unvermeidlich und vollständig.«

Ein anderer schrieb: »FitzRoy ... muß alle, die ihm wohlgesonnen waren, zur Verzweiflung gebracht haben, weil er nicht nur nicht wußte, wie man aus Schwierigkeiten herauskommt, sondern noch nicht einmal den Willen dazu aufbrachte.«

Sein Nachfolger im Amt des Gouverneurs, Captain George Grey von der Army, verfügte über einen gesünderen Instinkt. Er überfiel die Maoris sonntags, wenn sie in ihren neuen christlichen Kirchen beteten. Er nahm Te Raupehara gefangen und ließ ihn ins Gefängnis werfen. Er war charmant, skrupellos, politisch geschickt, ein Opportunist. Die Siedler waren ihm dankbar, die Maoris fürchteten und respektierten ihn, und die englische Regierung erhob ihn in den Adelsstand.

Als er mit seiner Familie zurück nach England fuhr – es war eine lange, stürmische Reise nach Osten durch die »Brüllenden Vierziger« und durch das ihm wohlbekannte Gebiet rund um die Magellanstraße – wird FitzRoy bitter aufgestoßen haben, wie vielversprechend seine Karriereaussichten noch vor drei Jahren gewesen waren. Seit seiner Absetzung als Gouverneur war er sich sicher, daß seinem Ruf »großer und nicht wieder gutzumachender Schaden« zugefügt worden war.

Ungeachtet seiner fraglosen Verdienste als Vermesser und Erkunder kann es ihn nur in noch tiefere Grübelei gestürzt haben, daß er nun noch einmal Feuerland wiedersah. Irgendwann hatte er einen Brief seines ehemaligen Lieutenants und engen Freundes Bartholomew Sulivan erhalten, der als Kommandeur von HMS *Philomel* wieder die südamerikanischen Gewässer befuhr und die Falklandinseln erkundete und kartierte. Darwin hatte ebenfalls mit Sulivan korrespondiert, und eine Fußnote in der revidierten Ausgabe seines *Journal of Researches* von 1845 ist der einzige Hinweis darauf, was FitzRoy zweifellos ebenfalls erfahren haben muß.

> Captain Sulivan, der nach seiner Fahrt auf der *Beagle* mit der Erkundung der Falklandinseln beauftragt war, hörte (1842?) [Darwins Klammern] von einem Robbenjäger, der im westlichen Teil der Magellanstraße erstaunt gewesen sei, daß eine Eingeborene, die etwas Englisch sprach, an Bord kam. Zweifellos handelte es sich dabei um Fuegia Basket. Sie habe einige Tage an Bord gewohnt (ich fürchte, der Ausdruck ist vermutlich zweideutig).

Während sie durch die Magellanstraße fuhren, eine Passage von dreihundertzehn Seemeilen, die vielleicht eine Woche gedauert haben mochte, hat FitzRoy vermutlich stundenlang die ihm so wohlvertraute Küste abgesucht, oft mit dem Fernrohr. Er muß sich gefragt haben, ob er sie wohl sehen würde.

Er kann Fuegias Entwicklung nicht gutgeheißen haben: Daß die natürliche Anpassung ihrer freundlichen Gefühligkeit zusammen mit allem, was sie unter seiner Obhut gelernt hatte, ihr jetzt so hervorragend für ihr Überleben an den immer verkehrsreicheren Küsten der Magellanstraße zugute kam. FitzRoy würde nicht verstanden haben, daß für Fuegia Basket der Strich am Strand der pure Darwinismus war.

23

Die Religion nahm im neunzehnten Jahrhundert in Großbritannien eine zentrale Stellung ein. Wie in Vorahnung der vernichtenden wissenschaftlichen Theorien und Erkenntnisse, die sich allerorts vorbereiteten, erreichte ihr soziales Ansehen etwa zur Mitte des Jahrhunderts seinen Zenit. Der Kirchenbesuch und religiöse Gepflogenheiten, die genauso ritualisiert abzulaufen hatten wie eine japanische Teezeremonie, galten als Basis jeder Respektabilität, als angemessener Rahmen für alle alltäglichen Aktivitäten.

Kirche und Staat waren untrennbare Partner. Die Religion war tief in Britanniens koloniales Streben verstrickt, dessen erstaunlicher Erfolg jeden Briten vom moralischen Recht der Macht überzeugte. Unter der Oberfläche disziplinierter Schicklichkeit verbarg sich indessen ein eiserner Chauvinismus. Der britische Protestantismus auf dem Höhepunkt der viktorianischen Ära war ebenso fanatisch entschlossen und tödlich, wie es eine Sekte oder Brigade unserer Zeit nur sein kann – und er verfügte über außerordentliche Mittel und hatte daher einen langen Arm. Er hatte sein Dogma, seine Bigotterie und seinen Pomp klerikaler Mahnpredigten. Er gierte danach, die ganze Welt in seine Arme zu schließen. Er hatte klare geopolitische Vorstellungen und war ungeachtet aller Frömmigkeit und Redlichkeit in deren Verfolgung nicht weniger raubgierig und völkermordend, als es ein Cortez oder Dschingis Khan gewesen waren.

Die Gläubigen in England waren außerordentlich um das Los der Heiden in der Fremde besorgt. Wenn niemand die Eingeborenen ihres weitläufigen Empires »rettete« und sie zum Glauben an den einzig wahren Gott bekehrte, würden diese unglücklichen Seelen zugrunde gehen – dessen war man sich gewiß. Aus dieser Sorge heraus entstand die Missionsbewegung, die ihre eigenen fundamentalistischen Märtyrer hervorbrachte.

Die britischen Missionsgesellschaften mit ihren Arsenalen von Gebetbüchern und Kleidern für die Nackten waren die perfekten Wegbereiter für das Empire. Missionare wie David Livingstone in Afrika öffneten dem Land Territorien und Kontinente und sandten spannende Berichte, Beschreibungen von Bodenschätzen, Karten und Einwohnerzahlen in die Heimat. Ihre Interessen waren mit denen ihrer Regierung gleichgerichtet. Selbst Livingstone, der von aller Welt und auch von seinen afrikanischen Freunden und Dienern verehrt wurde, wußte, was nach ihm kommen würde, und suchte aus pragmatischen Gründen die Allianz von Kirche, Politik und wirtschaftlichen Interessen. »Ich gehe zurück nach Afrika, um dort den Weg frei zu machen für Wirtschaft und Christentum«, erklärte er im Dezember 1857 vor Publikum an der Universität Cambridge. Britanniens Interessen in Indien, Afrika, Australien, Neuseeland und Kanada (wo die französischen Jesuiten ihren britischen Missionarsbrüdern ernsthafte Konkurrenz machten) waren klar, und bis zur Mitte des Jahrhunderts hatte das Land überall in der Welt seine Kolonien errichtet. Und überall im letzten Winkel dieses Reiches waren die Missionare gewesen.

Kein Land schien sich allerdings für Tierra del Fuego zu interessieren. Es gab dort nichts, was irgendjemand gebraucht hätte; nichts als suizidträchtige Öde, scheußliches Wetter und die erbärmlichsten Wilden. Kaum jemand in England verschwendete an diese Seelen auch nur einen Gedanken. Es mußte schon ein ungewöhnlich leidenschaftlicher, masochistischer Missionar sein, der versuchen würde, sie zu retten.

Ein Mann genau dieses Schlags war Allen Gardiner, aber erst nach jahrzehntelanger Suche fand er sein Golgatha am Ende der Welt. Als Offizier der königlichen Marine – elf Jahre älter als Robert FitzRoy – war Gardiner als junger Mann in Polynesien gewesen. Die missionarischen Anstrengungen, die dort unternommen wurden, hatten ihn beeindruckt, und im Alter von zweiunddreißig nahm er seinen Abschied von der Navy, um sich selbst der missionarischen Arbeit zu widmen. Zusammen mit seiner Frau, die ihm fünf Kinder schenkte, bevor sie 1834 starb, ging er nach Afrika. Seine Bemühungen, den Zulu-König Dingaan und dessen Stamm zu retten, stieß auf die Bedenken der weißen Händler und Siedler und endete damit, daß die Zulus eine große Zahl Buren und ihrer eigenen Leute umbrachten. Schwer desillusioniert kehrte Gardiner Afrika den Rücken. Er versuchte erfolglos, in Neu Guinea eine Missionsstation zu gründen, und ebenso ging es ihm an zahlreichen Stellen in Südamerika, wo er auf den Widerstand durch die straff geführte und über große Mittel verfügende katholische Kirche traf. Diese vertrieb ihn schließlich aus einem Land nach dem anderen. Entmutigt kehrte Gardiner nach England zurück. Dort las er von FitzRoys Feuerländern und dem ein Jahrzehnt zurückliegenden Versuch des Kapitäns, in Woollya eine Mission aufzubauen.

Feuerland schien für Gardiner genau das Richtige zu sein. Ihm gefiel, daß es dort nichts gab außer den Eingeborenen, die der Erlösung bedurften. Dort würde die missionarische Tätigkeit von politischen Zielen unbeeinträchtigt bleiben, dort ging es nur um Gotteslohn. 1841 besuchte er kurz die Magellanstraße und kehrte nach England zurück, wo er die Patagonian Missionary Society gründete. Sie verschrieb sich ganz dem Ziel der Missionierung Patagoniens.

Aufruf für Patagonien
Wein! Weine für Patagonien!
Ach, in wie tiefer Dunkelheit
leben seine heidnischen Kinder dahin;
Ist's da zu weinen nicht an der Zeit?
Von des Erlösers Liebe Wort
ward hier noch nicht gehört,
und kostbare Seelen gehen zugrunde,
in Finsternis zerstört.

Aber Feuerlands einmalige Unberührtheit erwies sich als hinderlich. Das Land hatte nichts zu bieten – aus diesem Grund hatte sich schon 1830 die Church Missionary Society, die in Afrika tätig war, nicht in der Lage gesehen, sich FitzRoys Feuerländer anzunehmen. Patagonien mangelt es an Ansehen, und Gardiner war kein Livingstone. Obwohl er so gut wie kein Geld zusammenbekommen hatte, reiste Gardiner 1845 und noch einmal 1848 nach Feuerland in der Hoffnung, dort eine Missionsstation etablieren zu können, zuerst mit einem Gefährten, beim zweiten Mal mit fünfen. Beide Versuche schlugen fehl. Beim zweiten Mal landeten Gardiner und seine Leute mit drei Booten, zwei Wigwams und Vorräten für sechs Monate auf der Insel Picton am Ostende des Beagle-Kanals. Aber schon rasch hatten die Feuerländer ihnen alles gestohlen, und noch in der Woche ihrer Ankunft kehrten die Missionare wieder an Bord des Schiffes zurück, das sie dort hingebracht hatte, und traten die Heimfahrt nach England an.

Gardiner war unverzagt. Für ihn waren seine Mißerfolge ein Zeichen dafür, daß Gott den Einsatz erhöhte. Gardiner war der Mann, der sich solchen Herausforderungen stellte. Je magerer die Aussichten, desto fieberhafter wurden seine Anstrengungen. Er würde sich nicht von seinen Zielen abbringen lassen. Eine Umkehr kam nicht mehr in Frage.

Wieder daheim in England, lernte er Reverend George Packenham Despard kennen, einen harten, anmaßenden Mann. Er war der Direktor einer Privatschule in Bristol (und/oder, je nachdem, welchen Berichten man Glauben schenkt, Pastor in Lenton, Nottinghamshire), und er teilte Gardiners Entschlossenheit, den im südlichsten Winkel der Erde lebenden Seelen Erleuchtung zu bringen. Gemeinsam schmiedeten sie einen Plan: Sie würden eine einhundertundzwanzig Tonnen schwere Brigg kaufen oder bauen lassen, die ihnen in Tierra del Fuego so lange als schwimmende Missionsstation dienen sollte, bis sie auf den Falklandinseln einen dauerhafteren Stützpunkt aufgebaut hatten. Eine Dame in Cheltenham spendete ihnen tausend Pfund. Das genügte nicht, um ein Schiff zu kaufen, aber Gardiner war so ungeduldig, daß er statt dessen zwei sechsundzwanzig Fuß lange Barkassen sowie zwei kleinere Dingis erstand und damit nach Tierra del Fuego zurückkehrte. Er nahm sechs Männer mit. Es hat zu jeder Zeit genug Menschen gegeben, die bereit waren, sich auf ein riskantes Abenteuer einzulassen. Columbus und Magellan zusammen konnten für ihre Reisen ins Nichts (die Leere) acht Schiffe bemannen. Vor hundertfünfzig Jahren waren die Möglichkeiten, die der missionarische Dienst eröffnete, ebenso großartig wie grenzenlos. Später mußten Scott und Shackleton Dutzende von Männern abweisen, nachdem sie die Mannschaften für ihre verzweifelten Antarktisreisen vollständig hatten. 1995, also hundertundneun Jahre nachdem Gardiner zum vierten Mal nach Tierra del Fuego aufgebrochen war, suchte ein anderer Seemann, H. W. Tilman, nach einer Mannschaft für eine Fahrt in einer alten Holzyacht. Das Ziel sollten die südlichen Ozeane sein, und Tilman schaltete folgende Anzeige in der Londoner *Times*: »Matrose (männlich) für lange Reise in kleinem Boot gesucht. Keine Bezahlung, keine Aussichten, nicht viel Vergnügen.« Tilman bekam mehr Bewerbungen, als er durchsehen konnte, eine sogar aus dem fernen Saigon.

Der Interessentenkreis (Bewerberkreis), aus dem Gardiner schöpfen konnte, war noch größer, da sich ihm nicht nur Möchtegernabenteurer anschließen wollten, sondern auch jene, die von religiöser Inbrunst getrieben wurden. Seine Mitstreiter, denen es ebenfalls um Mission und Abenteuer zu tun war, waren drei fromme kornische Fischer, John Pearce, John Badcock und John Bryan; ein Sonntagsschullehrer, John Maidment, den der CVJM ihm empfohlen hatte; ein Arzt, Richard Williams; und Joseph Erwin, ein Zimmermann, der bereits mit Gardiner in Tierra del Fuego gewesen war und den innigsten Wunsch hegte, wieder mit ihm dorthin zurückzukehren. Gardiners Gesellschaft sei, wie Erwin sich ausdrückte, der »Himmel auf Erden«.

Im Dezember 1850 brachte ein Schiff, die *Ocean Queen*, die San Francisco ansteuerte, die Männer, ihre Boote und ihre Vorräte auf die Insel Picton am östlichen Eingang zum Beagle-Kanal. Diese Insel befand sich von Woollya und Buttons Insel aus gesehen direkt gegenüber der Insel Navarin. Gardiner hoffte, daß er dort mit Jemmy Button würde Kontakt aufnehmen können, über den er in den *Narratives of the Surveying Voyages* gelesen hatte. Man hatte nichts mehr von Button gehört, seit FitzRoy ihn vor sechzehneinhalb Jahren, im März 1834, das letzte Mal gesehen hatte und er wieder zu einem vollkommen Wilden geworden war. Dies, so meinte Gardiner, sei ein Mensch, der die erhebende Macht der Rechtschaffenheit erlebt hatte und sich gewiß auf die Möglichkeit stürzen würde, ihrer wieder teilhaftig zu werden, und ihm, Gardiner, auf diese Weise helfen würde, einen Brückenkopf für seine Mission zu errichten.

Praktisch von Anfang an ging alles schief. Feindselige Eingeborene zwangen die Männer, die Insel zu verlassen und wieder auf ihre Boote zu gehen. Sie segelten in Richtung Süden, verloren aber beide Dingis bei rauhem Wetter. Auf der Insel Lennox nahmen die Barkassen Schaden. Die Männer reparierten sie und segelten wieder nach Norden, in die geschützteren Gewässer des Beagle-Kanals, wo sie in den Spanierhafen einliefen. Aber hier wurden bei stürmischer See beide Barkassen irreparabel zerstört. Eine schleiften sie ans Ufer und benutzten sie als Unterschlupf.

Frische Lebensmittel stellten ein Problem dar: Sie hatten vergessen, das Pulver für ihre Gewehre von der *Ocean Queen* mitzunehmen, so daß sie außerstande waren, Vögel oder Guanakos zu schießen. Obwohl drei von ihnen Fischer waren, hatten sie auch in diesem Metier wenig Glück, denn ihnen wurde das Netz von Eis in Fetzen gerissen. Gardiner nahm das alles mit stoischer Gelassenheit.

> So hat es der Allmächtige Vater gefügt, daß uns ein weiteres Hilfsmittel genommen wurde, zweifellos, um uns Seine Macht deutlicher vor Augen zu führen und uns zu zeigen, daß jegliche Hilfe für uns direkt von Ihm kommen wird.

Der Allmächtige ließ ihnen jedoch herzlich wenig an Hilfsgütern zukommen: Muscheln, Algen und hier und da die Kadaver von Fischen, Vögeln und Robben, die an Land gespült wurden. Im März litten sie alle an Skorbut. Im gleichen Maß wie ihr Hunger und ihre Krankheit wuchsen, wurde auch ihre Ekstase größer: »Ah, ich bin glücklich bei Tag und Nacht«, schrieb Richard Williams, der Arzt, der sich, so sollte man meinen, seiner körperlichen Verfassung nur allzu bewußt gewesen sein mußte. »Ob im Schlafen oder Wachen, ich bin allezeit glücklich, und es ist ein Glück von solchen Ausmaßen, daß es sich innerhalb der jämmerlichen Schranken der menschlichen Sprache nicht beschreiben läßt.«

Den Einheimischen war der Ernst ihrer Lage durchaus bewußt. Da gab es nichts zu yammerschoonern. Sie überließen die Engländer ganz gegen ihre sonstige Gewohnheit vollkommen sich selbst.

Gardiner hatte einen Brief an Bartholomew Sulivan geschickt, der sich von der Marine hatte beurlauben lassen, um auf den Falklandinseln Landwirtschaft zu betreiben. Darin hatte er seine Pläne erläutert. Er glaube, daß einmal im Monat ein Regierungsschiff von den Falklandinseln durch den Beagle-Kanal fahre, um Brennholz zu sammeln; dieses Schiff würde ihnen, so vermutete er, Vorräte bringen. Außerdem hatte ein Kaufmann aus Montevideo ihm versichert, daß seine Handelsschiffe ab und zu in seine Gefilde kämen und nach seiner Gruppe Ausschau halten würden. Die Monate vergingen, doch keins dieser Schiffe kam.

Gardiner und seine Männer waren von der Außenwelt abgeschnitten wie Schiffbrüchige, taten aber nichts, um ihre Situation zu ändern. Sie unternahmen keinen Versuch, nach Hilfe zu suchen. Sie hätten aus den Trümmern ihrer Boote eine Art Floß bauen können, um den nur zwei Meilen breiten Beagle-Kanal zu durchqueren und nach Jemmy Button zu suchen, aber ihnen fehlte die Initiative von FitzRoys Mannschaft, die einmal aus Zweigen einen

Korb geflochten, ihn mit Schlamm abgedichtet und darin zwei Mann zum Mutterschiff zurückpaddeln lassen hatte.

Es gibt zahlreiche Fälle von Schiffbrüchigen und gestrandeten Matrosen, die sich in Feuerland über längere Zeit irgendwie durchgeschlagen haben, bevor sie von vorbeifahrenden Schiffen gerettet wurden. Im Dezember 1834 hatte FitzRoy an der Westküste Patagoniens in der Nähe von Cabo Tres Montes – einem unwirtlicheren Ort, als jede Bucht im Beagle Channel es war – fünf amerikanische Seeleute an Bord genommen, die vor mehr als einem Jahr von ihrem Walfänger aus New Bedford desertiert waren. Ihr gestohlenes Walboot war gestrandet und dabei zerstört worden, und sie hatten vierzehn Monate an der Küste festgesessen. »Trotzdem waren diese fünf Männer, als sie an Bord der *Beagle* kamen, gesund, braun und wohlgenährt und alles in allem in besserer Verfassung, als irgendein Mitglied unserer Mannschaft«, schrieb FitzRoy. Sie hatten keine Gewehre bei sich gehabt, nur zwei Beile und ihre Messer, und sie hatten sehr gut gelebt von Seehundfleisch, Schalentieren und wildem Sellerie. Wenige Tage, bevor sie die *Beagle* sichteten, war es ihnen gelungen, neun Seehunde zu töten. Mit Hilfe eines Zündsteins hatten sie Feuer gemacht, indem sie Funken auf dem Stahl ihrer Beile entfacht hatten. Sie hatten nicht erwartet, daß irgendjemand, und erst recht nicht Gott, nach ihnen suchen kommen würde.

Aber mit der seltsamen, leichtfertigen Passivität jener, die sich so ganz und gar in Gottes Hände geben, legten Gardiner und seine ekstatischen Märtyrer sich an dem eisigen Gestade nieder und harrten ihres Schicksals.

> Der himmlische Vater hat uns in seiner Allmacht ein hartes Los auferlegt [schrieb Gardiner], aber alles, was auf Erden geschieht, geschieht in unendlicher Weisheit, Barmherzigkeit und Liebe …

Gott ist voller Erbarmen und unendlicher Güte. Er weiß, wie es um uns bestellt ist. Er schickt uns unser Leiden und bemißt es wohl, und wenn die von Ihm gewährte Zeit sich erfüllt hat, wird Er uns entweder in Sein ewiges und herrliches Königreich berufen oder unseren schmachtenden Körpern die Nahrung zukommen lassen, die wir brauchen.

Im Oktober kam das Handelsschiff aus Montevideo endlich durch den Beagle-Kanal. Von seinen Decks aus war das Wrack des Missionarbootes am Strand deutlich zu erkennen. Die Mannschaft fand drei Leichen in verschiedenen Stadien der Verwesung an verschiedenen Stellen des Ufers, bevor schlechtes Wetter die Männer zwang, wieder in See zu gehen. Man benachrichtigte das Schiff der britischen Kriegsmarine, HMS *Dido*, die sich zu Nachforschungen auf den Weg machte. Die Besatzung entdeckte die Leichen aller sieben Männer. Gardiners Leiche lag neben dem Wrack eines Bootes. In dem Boot befanden sich sein Tagebuch und ein Brief, den Gardiner mit letzter Kraft noch an Richard Williams geschrieben hatte, ohne zu ahnen, daß sein Mitstreiter bereits tot weiter unten am Strand lag.

Mein lieber Mr. Williams,

der Herr hat in seiner Weisheit beschlossen, ein weiteres Mitglied unserer kleinen Schar heimzurufen. Unser lieber, verblichener Bruder [Maidment, der Sonntagsschullehrer] verließ am Dienstagnachmittag das Boot und ist seither nicht wieder zurückgekehrt. Zweifellos weilt er jetzt bei seinem Schöpfer, dem er treulich gedient hat ... Ich selbst leide weder Hunger noch Durst ...

Die Öffentlichkeit reagierte mit Entsetzen, als die Nachricht England erreichte. Aber die *Times* äußerte sich erzürnt und rief zu gesundem Menschenverstand auf.

> Weder die Hingabe an die Sache, um die es ihnen zu tun war, noch Bewunderung für die hehren Eigenschaften des Anführers der Gruppe dürfen uns blind machen gegen die unaussprechliche Torheit, mit der das ganze Unterfangen ausgeführt wurde. Ebensowenig dürfen wir die natürliche Entrüstung über jene verhehlen, die leichtfertig so viele kostbare Menschenleben für eine so hoffnungslose Expedition aufs Spiel setzten ... Die Missionierung Patagoniens darf in Zukunft kein Thema mehr sein!

Aber Gardiner und seine kleine Schar von Märtyrern hatten zu guter Letzt doch einen Durchbruch erzielt. Ihre Geschichte brachte Feuerland und die Patagonienmission ins Bewußtsein der Menschen. Plötzlich begeisterte man sich allenthalben für die missionarische Arbeit in Patagonien. »Mit Gottes Hilfe wird die Missionierung fortgesetzt werden!«, beschoß Reverend Despard, der Sekretär der Gesellschaft, die *Times*, und das Geld begann zu fließen.

Die Öffentlichkeit sah in Gardiners kläglichem Dahinscheiden einen Fehdehandschuh des Schicksals – denselben, den auch Gardiner schon gesehen zu haben glaubte. Das Ereignis verlangte Wiedergutmachung von einem anteilnehmenden Volk. Selbst Bartholomew Sulivan betrachtete die Tode und seine eigene passive Beteiligung an dem Ganzen als das Wirken eines göttlichen Plans. Der Brief, den Gardiner ihm geschickt hatte und in dem er ihm die Situation der Missionare und ihre Hoffnung auf neue Vorräte von den Falklandinseln geschildert hatte, kam erst an, nachdem Sulivan die Inseln verlassen hatte. »Ist dies nicht ein weiterer Beweis dafür, daß der Tod dieser Männer ein Fingerzeig für uns ist, die Mission fortzusetzen?«, ließ er verlauten.

Tausende dachten genau wie er. Patagonien freute sich plötzlich eines ähnlichen Prestiges, wie Tibet es später in

Hollywood genießen sollte. Die patagonische Missionsgesellschaft stand mit einem Mal im Rampenlicht, sie fand Gönner, und Spendengelder flossen. Despard beschloß nun, den früheren Plan in die Tat umzusetzen, den er und Gardiner entwickelt hatten: Er wollte ein Schiff kaufen, einen Missionsstützpunkt auf den Falklandinseln errichten und das Schiff zwischen der Mission und einem versorgbaren Brückenkopf in Feuerland kreuzen lassen. Dies würde vielleicht für die Feuerländer einen Anreiz darstellen, um zu der Mission auf den Falklandinseln zu kommen, wo ihnen eine wohlwollende Unterweisung zuteil werden sollte. Anschließend würden sie dann in ihr Heimatland zurückkehren, um die empfangenen zivilisierenden Einflüsse weiter zu verbreiten – das war bis ins Kleinste FitzRoys ursprünglicher Plan. Despard bat FitzRoy brieflich um dessen Billigung; FitzRoys Name mag in Neuseeland seinen Glanz verloren haben, aber in feuerländischen Angelegenheiten genoß er weiterhin – vor allem, wenn die Religion mit ins Spiel kam – höchste Autorität. Der Kapitän blieb in seiner Antwort bewußt zurückhaltend:

> Ich habe das Anliegen Ihres Briefes gewissenhaft bedacht. Mir scheint, daß Ihr gegenwärtiger Plan praktikabel und vergleichsweise sicher ist und daß er günstigere Erfolgsaussichten bietet, als die meisten missionarischen Unternehmungen es zu Beginn tun und daß es schwierig sein dürfte, einen annehmbareren Plan vorzuschlagen.

Mehr brauchte es nicht. FitzRoys Zustimmung genügte als Segen.

Die Gesellschaft steuerte mit Volldampf voraus. Ein Schiff von achtundachtzig »registrierten Tonnen« (etwa hundertzwanzig Tonnen Verdrängung) wurde gekauft und ausgerüstet. Das Organ der Missionsgesellschaft, *The Voice of Pity* (Stimme des Mitleids), beschreibt die elysische Vision eines neuen Feuerlands. Das war ein ehrgeiziger Plan, der alles weit hinter sich ließ, was Robert FitzRoy sich jemals auch nur vorzustellen gewagt hätte. Es sollte ein Land werden mit

> Gärten, Bauernhöfen und fleißigen Dörfern ... wo die Glocken, die zum Kirchgang riefen, vielleicht die stillen Wälder erweckten; und um ihre fröhlichen Herdstellen und mit ihren freundlichen Lehrern könnte die Sonntagsschule die jetzt so freudlosen Kinder der Insel Navarin versammeln. Der Seemann mag sein zerschundenes Schiff in den Hafen von Lennox steuern und es in die Obhut der feuerländischen Kalfaterer und Zimmerleute stellen; und nachdem er dann durch die Straßen einer blühenden Hafenstadt geschlendert ist, wird er vielleicht den Weg in das Gardiner-Institut finden und die Zeitung lesen, oder vielleicht nimmt er auch an dem allabendlichen Wochentagsgottesdienst in der Richard-Williams-Kapelle teil.

Dies war das verstiegenste viktorianische Hirngespinst, wie man mit dem Opium des Glaubens und der Unwissenheit Kolonisierung betreiben könne. Diese Vorstellung trug in keiner Weise der Tatsache Rechnung, daß eine solche Hafenstadt am unteren Ende der Welt nicht benötigt wurde (in der Magellanstraße *vielleicht,* aber nicht am Beagle-Kanal, wo, wie Gardiner bewiesen hatte, absolut kein Verkehr herrschte). Genauso wenig dachten die Befürworter dieser Art der Kolonisierung darüber nach, wie wahrscheinlich es wohl war, mit den Feuerländern so gut Freund zu werden, daß man sie zu von mysteriösen Beweggründen angetriebenen Zimmerleuten und Kalfaterern würde ausbilden können. Aber es war eine aus der damaligen Zeit geborene Vision, und zumindest fehlte es ihr nicht an Anhängern.

Das neue Schiff der patagonischen Missionsgesellschaft, der Schoner *Allen Gardiner,* ging im Oktober 1854 in Richtung Falklandinseln in See. Sein Kapitän war William Parker Snow, der Sohn eines Leutnants der Königlichen Marine, der an der Schlacht bei Trafalgar teilgenommen hatte. Auch Snow war der Marine beigetreten, hatte jedoch mit sechzehn Jahren seinen Abschied genommen, um eine erstaunlich bewegte Laufbahn an Land wie auf See zu beginnen. In England arbeitete er als Schreiber für Thomas Macaulay, der ihm seine *Geschichte von England* diktierte; in Australien durchwanderte er die Wildnis und führte ein Hotel; in Afrika rettete er einen Schiffskameraden vor einem Hai, und in der Arktis nahm er an einer der vielen erfolglosen Expeditionen teil, die nach dem verschwundenen Sir John Franklin suchten. Snow schrieb später ein Buch über den patagonischen Teil seines tatenreichen Lebens: *A Two Years' Cruise off Tierra del Fuego, the Falkland Islands, Patagonia, and the River Plate: A Narrative of Life in the Southern Seas* (Eine Zwei-Jahres-Kreuzfahrt vor den Küsten Feuerlands, den Falklandinseln, Patagonien und dem Rio de la Plata: Ein Bericht über das Leben in den südlichen Ozeanen). Das Buch beschäftigte sich zu einem guten Teil mit seiner unglücklichen Beziehung zu der patagonischen Missionsgesellschaft, die von Anfang an Auflösungserscheinungen zeigte. Als er das Kommando der *Allen Gardiner* übernahm, war er siebenunddreißig Jahre alt, ungewöhnlich tüchtig und überaus eigensinnig. Er war gläubig, aber er hatte kein gutes Verhältnis zu den Missionaren, die auf seinem Schiff reisten, insbesondere nicht zu dem fanatischen Katecheten Garland Phillips und seiner nicht minder frommen und streitsüchtigen Mannschaft, von denen er zwei Mann in Montevideo entließ.

Im Januar 1855 erreichte das Schiff die Falklandinseln. Snow und seine Missionare machten sich daran, Land zu erwerben und ein Haus auf der Insel Keppel zu bauen. Sie gerieten über alles und jedes in Streit. Der britische Gouverneur, George Rennie, fand sie überaus lästig und sah es als eine persönliche Kränkung an, als man ihm hinterbrachte, daß Reverend Despard die Bewohner der Falklandinseln als »sittenlos, vulgär und unmoralisch« bezeichnet hatte. Snow segelte mehrfach nach Montevideo zurück, wo er hoffte, den Missionsinspekteur der Gesellschaft abholen zu können, einen Mr. Verity, der in England aufgehalten worden war. Im August erfuhr Snow jedoch, daß Verity wegen eines Konkursverfahrens verhaftet worden war. Im Oktober, ein Jahr nach ihrer Abreise aus England, segelten Snow, Phillips und einige der anderen Missionare endlich nach Feuerland.

Anfang November passierte der Schoner die Murray-Meerenge. Als er auf dem Weg nach Woollya – FitzRoys bevorzugtem Standort für eine Mission – an Buttons Insel vorbeikam, legten vom Ufer der Insel zwei Kanus voller winkender Feuerländer ab. Sie hielten auf das Heck der *Allen Gardiner* zu.

> Von meinem Platz auf der erhöhten Poop rief ich den Eingeborenen zu ... [schrieb Snow] »Jemmy Button? Jemmy Button?« Zu meinem Erstaunen und meiner großen Freude – die mich beinahe einen Moment lang sprachlos machte – kam von einem der vier Männer im ersten Kanu eine Antwort: »Ja, ja. Jam-mes Button, Jam-mes Button!« Gleichzeitig zeigte der Mann auf das zweite Kanu, das inzwischen fast längsseits gekommen war.

Als das zweite Kanu das Schiff erreichte, erhob sich ein »stämmiger, verwahrloster Mann« daraus und sagte: »Jammes Button, *ich!*« und fragte nach der Jakobsleiter.

Snow befahl den Matrosen, den Schoner in den Wind zu drehen, die Segel zu kürzen und die Leiter hinunterzulassen. Wenige Sekunden später stand Jemmy Button, fett und nackt, auf dem Deck.

Höchstwahrscheinlich hatte Jemmy während der letzten Jahre mit den Matrosen einiger Segelschiffe gesprochen – wie Fuegia Basket es getan hatte –, aber seit FitzRoy sich im März 1834, also einundzwanzigeinhalb Jahre zuvor, von Jemmy Button an derselben Stelle verabschiedet hatte, war dessen Begegnung mit Snow die erste, über die schriftliche Berichte erhalten geblieben sind.

Während Snow den Anker seines Schiffes hinabließ, umringten mindestens sechzig oder siebzig Feuerländer mit Kanus die *Allen Gardiner.* Einige der Männer in den Kanus, erklärte Jemmy ihm, waren »böse Menschen« – Jemmys Erzfeinde, die Oens-Leute, die er im allgemeinen für jedes Mißgeschick verantwortlich machte. Snow konnte keinen Unterschied zwischen den »bösen Menschen« und den übrigen Feuerländern in ihren Kanus erkennen, wies seine Mannschaft aber dennoch an, wachsam zu sein. Außerdem gestattete er nur Jemmys Onkel, seinen beiden Brüdern und dem Freund von Jemmys Tochter, an Bord des Schiffes zu kommen.

Sobald Jemmy begriffen hatte, daß sich eine Frau an Bord befand (Captain Snows Gattin), bat er um eine Hose, und als er sie angezogen hatte, sagte er:

> »Will Hosenträger«, und er sprach so deutlich, wie ich selbst es getan hätte. Tatsächlich schienen ihm plötzlich viele Dinge wieder einzufallen. Seine Zunge hatte sich gelöst, und nach kurzer Bedenkzeit erinnerte er sich an die richtigen Worte, um auszudrücken, was er zu sagen wünschte. Allerdings kamen keine zusammenhängenden Bemerkungen von ihm, sondern nur bruchstückhafte Sätze, die er abrupt und kraftvoll äußerte. Es waren knappe Fragen und manchmal qualvolle Bemühungen, Dinge in Worte zu fassen, obwohl er unverhohlene Freude dar-

über zeigte, sich wieder einmal mit jemandem in der »englisen Sprache« unterhalten zu können. Daß sie ihm sehr am Herzen lag, zeigt sich in der Tatsache, daß er es nicht versäumt hatte, seine Frau, seine Kinder und seine Verwandten darin zu unterrichten. Ich traute meinen Ohren kaum, als ich vom Kanu aus Mrs. Jemmy Button laut nach ihrem Mann rufen hörte.

Snow begleitete ihn nach unten in seine Kajüte, um ihm weitere Kleidungsstücke zu geben. Er konnte den Blick nicht von Jemmy abwenden.

Ich war in verschiedenen Ländern etlichen Eingeborenen begegnet, aber noch niemals einem, der in die höchsten Gefilde intellektuellen Wissens verpflanzt worden war, um dann zu seinen armseligen Ursprüngen zurückzukehren. Daher betrachtete ich diesen weitgereisten Feuerländer mit erheblicher Neugier ... Er war ein ziemlich korpulenter Mann mit den üblichen breiten Gesichtszügen und einem eher kleinen Wuchs. Er war nicht größer als etwa einen Meter und sechzig. Meine Kleidung war ihm zu klein, aber ich denke, wäre er anständig gekleidet und sauber gewesen, hätte er einem verwegenen, stämmigen Kriegsschiffsmann nicht unähnlich gesehen. Wie die Dinge lagen, drängte sich mir angesichts seines zotteligen Haares und seines schmutzigen Gesichts der Vergleich mit einem gewaltigen, eigens für den Anlaß angekleideten Pavians auf.

Anschließend aß Jemmy mit Captain Snow und dessen Frau zu Abend. Seine Artikulationsfähigkeiten ließen ihn über weite Strecken im Stich, aber Snow zog FitzRoys Bericht aus dem Bücherregal und probierte mehrere der »Tekeenica«-Worte aus, die FitzRoy in der feuerländischen Wortschatzliste im Anhang seines Buches gegeben hatte, und einige dieser Ausdrücke verstand Jemmy. Snow zeigte ihm FitzRoys Buch und erklärte ihm, daß es zu einem großen Teil von ihm, Jemmy, handle.

Die Porträts von ihm und den anderen Feuerländern brachten ihn abwechselnd zum Lachen oder stimmten ihn traurig, während er die beiden Zeichnungen betrachtete, die ihn darstellten, einmal als wilden und dann als zivilisierten Mann. Vielleicht erinnerte er sich an sein gekämmtes Haar, sein gewaschenes Gesicht und die stutzerhafte Kleidung mit den blankpolierten Stiefeln, die ihm angeblich solches Entzücken bereitet hatten.

Jemmy sprach mit offenkundiger Bewegtheit von England, dem »Inglíß conetree« und von »Capen Fitzoy, Byno, Bennet, Wilson und Walamstow«. Aber als Snow ihn fragte, ob er mit ihnen zu der Missionsstation auf den Falklandinseln zurückkehren wolle, antwortete Jemmy mit einer standhaften Weigerung. Dies war eine der wichtigsten Anweisungen gewesen, die Snow erhalten hatte: Jemmy Button und seine Familie dazu zu bringen, einige Zeit in der dortigen Mission zu leben. Aber Jemmy hatte genug von weiten Reisen mit den Engländern. Er lehnte die Einladung ab.

Snow bedrängte ihn nicht. Vielleicht war er sich der ungeheuren Entwurzelung bewußt, die Jemmy bereits erlitten hatte, und beharrte deshalb nicht auf seinem Ansinnen. Er hatte den Anstand, Jemmy in Ruhe zu lassen. Nachdem man den Feuerländer, seine Frau und seine Familie mit Kleidern und Geschenken überhäuft hatte, segelte die *Allen Gardiner* zu den Falklandinseln zurück.

Die patagonische Missionsgesellschaft nahm diesen Rückschlag für ihren Gesamtplan mit einiger Unzufriedenheit auf. Reverend George Packenham Despard beschloß, enttäuscht über die scheinbare Untätigkeit und den Fehlschlag des Unternehmens, die Stelle des betrügerischen Mr. Verity als Leiter und Oberinspekteur der Mission einzunehmen und mit seiner Familie und einer Schiffsladung Möbelstücke zu den Falklandinseln zu segeln. Im August 1856 erreichte er sein Ziel, zusammen mit sechzehn anderen Personen, darunter Allen Gardiner junior, der Sohn des zum Märtyrer gewordenen Begründers der Mission.

Sehr bald gerieten Despard und Snow in Streit, und Despard zögerte nicht, den Kapitän auf der Stelle zu entlassen. Er gab ihm und seiner Frau drei Stunden Zeit, die *Allen Gardiner* zu räumen, die mehr als ein Jahr lang ihr Zuhause gewesen war. Überdies weigerte er sich, Snow eine Entschädigung zu zahlen oder ihm Geld für die Überfahrt des Paares nach Hause zu geben. Snow und seine Frau gingen schon bald an Bord eines anderen Schiffes, und im Dezember waren sie wieder daheim in England, wo Snow sich sofort daran machte, die patagonische Missionsgesellschaft wegen unrechtmäßiger Kündigung zu verklagen. Er begann, sein Buch zu schreiben und veröffentlichte außerdem ein wütendes Pamphlet: *The Patagonian Missionary Society and Some Truth Connected with It* (Die Patagonische Missionsgesellschaft und einige Wahrheiten darüber).

Aber unter Despards Leitung gedieh die Mission. Das Missionshaus auf Keppel Island wurde vergrößert, Hütten darum herum errichtet und Vieh gekauft und gezüchtet; eine Siedlung entstand. Ein neuer Kapitän, Robert Fell, wurde als Kommandant der *Allen Gardiner* ernannt. Im Juni 1858 segelte Despard nach Feuerland, entschlossen, Jemmy Button – den glücklosen Talisman und Schwerpunkt der ernsthaften Ambitionen so vieler Menschen – wieder nach Keppel Island zu locken. Despard, der junge Gardiner und Charles Turpin, ein weiterer Missionar, verwandten eine volle Woche darauf, Jemmy auf Button Island auf Schritt und Tritt zu verfolgen, ihn unter Druck zu setzen und ihn ganz allgemein zu belästigen. Sie boten ihm weiß Gott welche Reichtümer in diesem Leben und ungeheuren Lohn im nächsten an, und Jemmy, den alles, was »Inglíß« war, ungemein faszinierte, konnte ihnen schließlich nicht länger widerstehen. Jemmy selbst, die ältere seiner beiden Ehefrauen und drei seiner Kinder fanden sich bereit, mit Despard auf der *Allen Gardiner* zu den Falklandinseln zurückzukehren, um dort fünf Monate lang zu leben und weitere gesellschaftliche und religiöse Studien zu betreiben.

Es waren keine glücklichen Ferien für die Eingeborenen. Man brachte sie in einer gut drei Meter auf drei Meter großen Ziegelhütte unter, die schon bald als Villa Button bekannt war. Ferner legte man großen Wert darauf, daß sie sich streng an die Regeln des guten Benehmens und der Hausführung hielten: Sie mußten ihre Stiefel abtreten, bevor sie irgendein Haus betraten, sie mußten die Tischsitten beachten und den Fußboden fegen. Die Missionare lehrten sie Kirchenlieder, und sie besuchten jeden Tag den Gottesdienst. Gardiner Junior, Turpin und die anderen unterrichteten die Feuerländer im Englischen und taten ihrerseits ihr Bestes, um Feuerländisch zu lernen. Sie versuchten auch, das Vaterunser ins Feuerländische zu übersetzen, wenn auch mit durchmischten Ergebnissen: »Toter Vater, der du bist im ...« Es gab kein feuerländisches Wort für Himmel.

Die Buttons lebten in dieser Zeit praktisch wie im Gefängnis. Sie bekamen zu essen und zu trinken, sie erhielten Unterricht, und sie putzten, arbeiteten und beteten gemäß einem strengen, erbarmungslosen Stundenplan. Sie wurden in der Mission niemals als gleichberechtigt akzeptiert; man behandelte und feierte sie vielmehr wie dressierte Paviane. Jemmy wurde beständig getadelt für etwas, das man als chronische Faulheit betrachtete. Außerdem standen sie permanent unter Diebstahlverdacht, weil man glaubte, diese Unsitte sei bei den Feuerländern endemisch. Jemmys Frau wurde zu Unrecht bezichtigt, Zaunpfähle gestohlen zu haben, um sie als Feuerholz zu benutzen, und Jemmy war entsprechend wütend darüber. Schon bald wünschten sie sich nichts sehnlicher, als in ihr »contree« zurückzukehren.

Ende November brachte die *Allen Gardiner* sie nach Hause. Das Schiff lag einen Monat lang in Woollya vor Anker, während Despard und seine Mannschaft mit Hilfe der Feuerländer ein kleines Holzhaus bauten, das der Mission als Stützpunkt an den feuerländischen Gestaden dienen sollte – der Grundstein der elysischen feuerländischen Hafenstadt, wie sie der patagonischen Missionsgesellschaft vorschwebte.

Jemmy und seine Familie hatten sich als wenig zufriedenstellende Schüler erwiesen – abgesehen von ihrem Publicitywert in der *Voice of Pity,* die die Abonnenten in England Ausgabe um Ausgabe mit Berichten über die großen Fortschritte der Einheimischen ergötzte. Despard wollte jüngeres, frischeres Blut, und mit dem Versprechen von Kleidern und anderen Geschenken lockte er neun andere Feuerländer auf das Schiff, die mit ihm zu den Falklandinseln zurückkehrten.

Auf Keppel stand diesen Neuankömmlingen die gleiche Gefängnisbehandlung bevor. Sie wurden jeden Morgen um sieben Uhr geweckt und gezwungen, zu fegen und ihr Haus zu putzen, sich zu waschen und anzuziehen. Dann folgten Gebete, und anschließend wies man ihnen Arbeiten in der Siedlung zu. Es handelte sich größtenteils um harte, körperliche Arbeit: Sie gruben Torf, hoben Gartengräben aus, schleppten Steine; den Frauen brachte man bei, wie sie aus Gräsern und Zweigen Körbe flechten konnten. Sie waren die Sklaven der Mission, und die gesellschaftliche Schranke zwischen ihnen und ihren »Wohltätern« war ihnen nur allzu deutlich bewußt.

Diese neun Feuerländer blieben neun Monate auf Keppel Island. Sie waren unglücklich und hatten Heimweh. Man bezichtigte sie regelmäßig des Diebstahls, und obwohl sie häufig schuldig waren, handelte es sich doch nur um Bagatellen: einen Kamm, ein paar Rüben, Dinge ohne großen Wert. Die finsteren Blicke der Missionare, ihre Schelte und das Pochen auf die Bibel erzürnten die Feuerländer, für die die Beschuldigung des Diebstahls – die in ihrer Gesellschaft nur in den schwerwiegendsten Fällen erhoben wurde, wie beim Diebstahl eines Kanus oder einer Ehefrau – eine besonders böse Verleumdung war. Die Beziehungen zwischen den Missionaren und ihren Gästen verschlechterten sich zunehmend bis zum Ende ihres Aufenthalts. Als sie Ende September 1859 an Bord der *Allen Gardiner* gingen, um heimzufahren, wurden sie einer so gründlichen Durchsuchung unterzogen, wie man sie heute auf Flughäfen kennt. Bei dieser Prozedur kamen verschiedene kleine Werkzeuge, Lumpen, Tierknochen und Keksschachteln zutage. Keine große Ausbeute für neun Monate harter Arbeit, aber für Despard war das bereits zu viel; es war eine Sünde, und er würde nicht darüber hinwegsehen. Die Feuerländer waren empört und rissen sich die Kleider vom Leib, um sie von der Laufplanke aus ins Wasser zu werfen. Später holten sie ihre Kleider zurück und zogen sie wieder an; sie waren immer noch empört, aber schließlich ging es heimwärts.

Zur weiteren Entrüstung der Feuerländer dauerte die Überfahrt drei Wochen, statt der drei oder vier Tage, die sie normalerweise hätte in Anspruch nehmen dürfen. Das Schiff machte fünf Tage lang in der Hauptstadt der Falklandinseln Halt, in Port Stanley; nachdem es endlich Feuerland erreicht hatte, gab es an verschiedenen Anlegeplätzen weitere Aufenthalte, und Stürme verzögerten die Reise. Die Feuerländer fanden zu Recht, daß die Engländer ihren nunmehr leidenschaftlich gehegten Wunsch nicht respektierten, wieder auf ihrem eigenen Erdboden zu stehen.

Am 2. November erreichte das Schiff Woollya. Dort erwartete sie Jemmy Button, »nackt und so verwildert wie eh und je«, vermerkte Kapitän Fell in seinem Tagebuch. Er kam in seinem Kanu unverzüglich längsseits und ging in Erwartung von Geschenken an Bord des Schiffes; schließlich war er der wichtigste Botschafter der Feuerländer. Was er bekam, genügte ihm nicht, und er verließ das Schiff voller Wut. Kapitän Fell fehlte das Feingefühl seines Vorgängers Kapitän Snow. Außerdem ließ Fell die neun heimkehrenden Feuerländer noch einmal durchsuchen, bevor sie an Land gehen durften. Zwei von ihnen, Macalwense und Schwaiamugunjiz, oder Squire Muggins, wie er genannt wurde, griffen Fell an, aber er konnte sie abwehren. Abermals warfen die erzürnten Feuerländer ihre Decken und Kisten von sich, rissen sich die Kleider des weißen Mannes vom Leib, kletterten über die Reling und paddelten in den wartenden Kanus davon. Später brachte Fell ihre Habe an Land, zusammen mit weiteren Kleidern und Geschenken für Jemmy Button. Die Missionare bekamen ihre Feuerländer dazu, wieder Holz für neue Gebäude für die Siedlung am Ufer von Woollya zu schlagen. Aber das Unbehagen und die schlechte Stimmung ließen sich nicht zerstreuen.

An Samstag, den 6. November, vier Tage nach der Ankunft des Schiffes, ruderte die gesamte Schiffsbesatzung mit Ausnahme des Kochs, Alfred Coles, an Land, um in ihrem kleinen Holzhaus an einem Gottesdienst teilzunehmen. Etwa dreihundert Feuerländer lagerten um das Gebäude herum am Strand. Als die Stimmen in der Kapelle zu einem Kirchenlied anschwollen, sah Coles von der *Allen Gardiner*, daß Bewegung in die Einheimischen kam. Eine Gruppe von ihnen rannte zum Beiboot des Schiffes und riß die Ruder heraus, um sie in ein Wigwam zu tragen, dann stießen sie das Boot vom Strand ab ins Wasser hinein. Die übrigen Feuerländer verteilten sich mit Knüppeln und Speeren rund um das kleine Gebäude. Als die Türen geöffnet wurden, hörte Coles, daß die Gesänge abbrachen. Er hörte laute Rufe und Schreie. Er sah die Engländer, wie sie sich aus dem Gebäude herauskämpften und mit Knüppeln zu Boden geschlagen oder von dem Mob der Einheimischen mit Speeren durchbohrt wurden. Er beobachtete, wie August Peterson, einer der Matrosen, sich von der Gruppe loskämpfte und zum Wasser rannte. Garland Phillips lief hinter ihm her. Sie kämpften sich durch die Untiefen, in der Hoffnung, das ruderlos treibende Boot zu erreichen. Coles sah auch, daß Tommy Button, Jemmys Bruder, einen Stein schleuderte, der Phillips an der Schläfe traf, so daß er ins Wasser stürzte. Ein anderer Stein traf Peterson. Coles mußte mit ansehen, wie sie beide ertranken. Dann beobachtete er, wie Kapitän Fell und die übrigen Engländer, acht Männer insgesamt, am Strand mit Knüppeln und Speeren getötet wurden.

Coles sprang in das Dingi des Schiffs und ruderte zum Hafen hinüber. Einheimische verfolgten ihn mit ihren Kanus, aber er erreichte das Ufer vor ihnen und verschwand im Wald.

Vier Monate später segelte das amerikanische Schiff *Nancy* unter Kapitän William Smyley in die Bucht von Woollya. Sie war von Reverend Despard gechartert worden, der auf den Falklandinseln saß und sich Sorgen machte, weil die *Allen Gardiner* nicht wieder auftauchte. Das Schiff der Mission lag zertrümmert vor Anker. Die *Nancy* ging längsseits, man rief nach Matrosen, die vielleicht noch dort waren, aber sie bekamen nur Schweigen als Antwort. Schon bald geschah es wie bei jedem anderen Schiff auch: Die *Nancy* fand sich umringt von einheimischen Kanus. Aus einem dieser Kanus kletterte Alfred Coles an Deck. Jemmy Button kam aus einem anderen Kanu aufs Schiff und ging geradewegs in die Kombüse, auf der Suche nach etwas Eßbarem. Während Jemmy mit dem Essen beschäftigt war, erzählte Coles seine Geschichte Smyley, der sie mitschrieb.

Nachdem Coles sich einige Tage nach dem Massaker versteckt gehalten hatte, hatten Einheimische ihn bei sich aufgenommen. Sie behandelten ihn durchaus freundlich; ihr Ärger hatte sich anscheinend gelegt. Die Frauen hatten sich um Coles gekümmert. Er verbrachte vier Monate mit ihnen in Woollya; die Einheimischen hatten ihm sogar die Gewehre eines der Ermordeten gegeben, damit er Gänse schießen konnte. Er war verschiedentlich an Bord der *Allen Gardiner* gegangen, um dort nach allem zu suchen, was ihm von Nutzen sein konnte, aber die Einheimischen hatten bereits alles aus dem Schiff fortgeschafft, das einigermaßen von Wert war. Coles berichtete Smyley, daß er glaubte, Jemmy Button sei wütend über die kümmerlichen Geschenke, die das Schiff ihm mitgebracht hatte – deshalb hatte er das Massaker heraufbeschworen, den Groll angefacht, den Squire Muggins und die anderen, die von den Falklandinseln zurückgekehrt waren, immer noch gegen die Engländer hegten.

Die Jahre der Gefangenschaft, die Almosen und die Demütigung hatten schließlich bei Jemmy Button ihre Wirkung getan. Seine Bewunderung und seine echte Zuneigung zu Robert FitzRoy, der ihm den Aufstieg in solch schwindelnde Höhen ermöglicht hatte, bescherten ihm einen winzigen Blick und einen Vorgeschmack auf das, was er niemals sein konnte, und dann hatte er ihn zurückgestoßen in seine ursprünglichen Lebensumstände. Am Ende waren aus Bewunderung und Zuneigung bitterer Groll und Zorn geworden.

»Die Jungen des Stammes«, sagte Coles zu Smyley, »haben mir erzählt, daß Jemmy Button und die anderen am Abend nach dem Massaker an Bord der *Allen Gardiner* gegangen seien und daß Jemmy in der Kapitänskajüte geschlafen habe.«

24.

Anfang März 1860 las Robert FitzRoy in der britischen Presse von dem Massaker. In seinen Aussagen im Rahmen einer offiziellen Untersuchung auf den Falklandinseln, leugnete Jemmy Button jedwede Beteiligung an dem Blutbad. Er beschuldigte die »Oens-Leute«, die wilden Feuerländer, die bei jedem seiner Mißgeschicke auf der Bildfläche aufgetaucht waren. Er stritt ab, in der Koje des ermordeten Kapitäns geschlafen zu haben. Die Anklagen gegen ihn beruhten auf Hörensagen, nichts war bewiesen. FitzRoy hätte ohnehin nicht geglaubt, daß Jemmy des Mordes fähig sei oder auch nur imstande, daß Massaker auszulösen. Aber die Schande, die das Ganze über seinen Schützling gebracht hatte, traf ihn tief. Er verlor jede Hoffnung für das weitere Schicksal von Jemmy Button und Fuegia Basket.

Auch er selbst war von seinem vorgezeichneten Weg abgekommen. Und in den Jahren seit seiner Rückkehr auf der *Beagle* war es ihm absolut nicht gelungen, Kapital aus diesem triumphalen Erfolg zu schlagen. Er hatte einmal geglaubt, daß Anerkennung und Karrriere das geziemende Erbe seiner unzweifelhaften Gaben und Leistungen sein würde, doch nichts von alledem hatte sich bewahrheitet. In der Zwischenzeit erlebten jedoch viele ihm nahestehende Menschen die Erfüllung ähnlicher Hoffnungen: Sein Halbbruder war Gouverneur von Australien geworden, und man hatte ihn für seine Bemühungen zum Ritter geschlagen.

Freunde, andere Kapitäne der Kriegsmarine seines eigenen Alters, wurden ebenfalls befördert und in den Ritterstand erhoben.

Seit seiner Rückkehr aus Neuseeland hatte er versucht, die Politik und sein Scheitern als Gouverneur hinter sich zu lassen und seine Laufbahn bei der Royal Navy wiederaufzunehmen. Dort glaubte er immer noch Erfolgsaussichten zu haben. Aber es gab für jede Position mehr als genug Kandidaten, und in der Admiralität und andernorts, wo die Entscheidungen darüber fielen, zuckte man unglücklich zusammen, wenn FitzRoys Name fiel. Ein so vielversprechender Anfang, sagte man sich kopfschüttelnd und schnalzte mit der Zunge. Brillante Leistungen als Vermesser und Wissenschaftler; ein herausragender Seemann und Navigator; was er auf der *Beagle* erreicht hatte ... Aber der Mann war schwierig, er handelte zu oft auf eigene Faust – und schlimmer noch, er war »empfindsam, streng, fanatisch.« FitzRoys Vorgesetzte erkannten seine Stärken durchaus, wußten aber nicht, was sie mit dem Mann anfangen sollten. Sie sahen, was auch Darwin gesehen hatte: »Ein Teil seines Gehirns bedarf der Heilung.« Sie kannten ihn nur allzu gut: Die Admiralität und die Regierung, diese eingeschworenen Vereine von Lords, Herzögen, Vicomtes und ihren Busenfreunden, kannten FitzRoys Familie ebensogut wie ihre eigene – über irgendeine entfernte Verbindung war er mit der Hälfte dieser Männer verwandt –, und sie erkannten, daß er die dunklen Erbanlagen in seinem Blut, die seinen Onkel in Wahnsinn und Selbstmord getrieben hatten, nicht überwunden hatte. Der Gedanke, ihn die Zügel schießen zu lassen, machte ihnen Angst. Er war ein überaus unglückseliger Fall; sie wollten ihn einfach nur loswerden.

Nirgendwo wird berichtet, was FitzRoy bei seiner Rückkehr aus Neuseeland nach England empfunden hat, angesichts eines Mißerfolgs, einer Abberufung, die in seinen

Augen eine Schande war. Nichts wird berichtet von den Qualen eines brillanten, aber labilen Mannes, der in den Jahren, die die besten seines Lebens hätten sein sollen, aufs Abstellgleis geschoben wurde. Er war aus der Bahn geraten und litt unter dem schrecklichen Gefühl der Unzulänglichkeit, befand sich in einem unaufhaltsamen freien Fall – um so mehr, als seine Frau Mary 1853 gestorben war. Sie ließ ihn mit vier kleinen Kindern zurück. 1856 starb auch seine älteste Tochter, »ein schönes und bestrickendes Mädchen«, Darwin zufolge. FitzRoys geistige Gesundheit mußte an einem seidenen Faden gehangen haben, und jeder einzelne Tag mußte ihn heroische Anstrengungen gekostet haben.

Sein Vermögen, ein keineswegs unerschöpfliches Erbe, war während seiner Jahre auf der *Beagle* und später in Neuseeland erheblich geschrumpft. Er hatte bereitwillig und mit vollen Händen Geld ausgegeben, wie es ihm notwendig erschienen war, größtenteils im Dienste seiner Regierung und in dem festen Vertrauen darauf, daß man ihn für herausragende Ergebnisse entsprechend entschädigen würde. Außerdem hatte er fest damit gerechnet, zu guter Letzt die Art von Stellung zu erhalten (ein Gouverneursamt zum Beispiel), die ihn mit einem eigenen Gehalt ausstatten würde. Die Dinge hatten sich jedoch anders entwickelt. Aus finanziellen wie aus emotionalen Gründen brauchte FitzRoy eine Stelle.

Seine Suche nach einer geeigneten Beschäftigung führte jedoch nur zu Anstellungen, die für einen Mann von seinem Rang, seinem Alter und seinen Talenten eine einzige Abfolge von unbedeutenden, entwürdigenden Aufgaben ohne jede Zukunft waren. 1848 wurde er zum Oberaufseher der Docks von Woolwich ernannt – dem Heimat- und Indienststellungshafen der *Beagle*. Er kannte diesen Hafen gut, aber für einen Mann, der Gouverneur hatte werden wollen, war die Stellung als Hafenmeister gewiß nicht die erste Wahl gewesen. Nur sechs Monate später bekam er das Kommando über ein neues Schiff. Dies war deutlich besser, und die Bauart des Schiffes ließ das Kommando einigermaßen wichtig erscheinen. Es handelte sich um die sechzig Tonnen schwere HMS *Arogant*, das erste Dampfschiff der Marine, das eigens dazu konstruiert war, von einem Schraubenpropeller angetrieben zu werden. Dem Bau des Schiffes waren lange Streitgespräche zwischen der Admiralität und dem Ingenieur Isambard Kingdom Brunel vorausgegangen, der auch schon die *SS Great Britain* entworfen hatte, das zur Zeit seines Stapellaufs im Jahr 1843 größte Dampfschiff der Welt und das erste, das für einen Schraubenpropeller konstruiert war. Brunel hatte versucht, die bornierten Lordschaften von der Admiralität davon zu überzeugen, daß Propeller seitlichen Schaufelrädern überlegen waren. Zu guter Letzt hatte er sie dazu gebracht, ihm Glauben zu schenken, aber sie verweigerten ihm die öffentliche Anerkennung für sein Werk und zogen sich damit für alle Zeit seinen Abscheu zu. FitzRoy dagegen war bekanntermaßen von Anfang an ein begeisterter Fürsprecher der jüngsten wissenschaftlichen und technischen Fortschritte gewesen, wann immer sie die Leistungen eines Schiffes verbessern konnten – angefangen von den Konservendosen, mit denen er die *Beagle* verproviantiert hatte, bis hin zu deren ultramodernen Blitzableitern. Daher schien er genau der richtige Mann für HMS *Arrogant* zu sein. Aber er kam mit diesem Schiff nicht allzu weit. Nach einigen Probefahrten durch den Kanal zwischen den Docks von Woolwich und Portsmouth und einigen Reparaturen stellte er fest, daß das Kommando unbefriedigend war, und trat zurück.

Als im Jahr 1853 die Türkei und Rußland gegeneinander zu kämpfen begannen und der Krimkrieg sich abzeichnete, arbeitete FitzRoy für wenige Monate als Privatsekretär für Lord Hardinge (einen angeheirateten Onkel), den Oberbefehlshaber des britischen Heeres. Diese Stellung war ein Almosen und obendrein ein Ergebnis reiner Vetternwirtschaft, und vielleicht hatte man sie ihm aus den denkbar freundlichsten Gründen in den Monaten der Trauer nach dem Tod seiner Frau angeboten, aber es war kaum die richtige Position für FitzRoy. Er mußte die Admiralität gewiß um bessere Möglichkeiten gebeten haben, sein Können unter Beweis zu stellen, ein Ansinnen, mit dem er bittererweise ins Leere stieß. Indessen hatte man seinem einstigen rangniedersten Lieutenant von der *Beagle*, Bartholomew Sulivan, ein Kriegsschiff gegeben, mit dem Sulivan eine erfolgreiche Schlacht gegen die Russen bestritt, für die auch er in den Ritterstand erhoben wurde.

FitzRoys Rettung war schließlich ein bescheidenerer, aber angemessenerer Posten. Eine Konferenz der Seemächte in Brüssel hatte den Vorschlag gemacht, der Wissenschaft der Meteorologie größeres Augenmerk zu schenken, woraufhin das Handelsministerium Ausschau nach einem geeigneten Mann dafür hielt. Das Ministerium trat an die Royal Society heran, Englands exklusivsten Wissenschaftlerclub – Darwin, Lyell und FitzRoy zählten zu seinen Mitgliedern – und bat um eine Empfehlung. Die Gesellschaft schlug FitzRoy vor. Man ernannte ihn zum meteorologischen Statistiker der Regierung, gab ihm ein kleines Büro und drei Angestellte sowie die vage Anweisung, das Wetter zu studieren. Dies war der Anfang dessen, was heute das Meteorologische Amt der Regierung ist.

Ein solcher Posten brachte keinerlei Ruhm mit sich; vielleicht war das der Grund, warum FitzRoy versuchte, 1857 zu kündigen und sich um die Stellung des Ersten Marineoffiziers in der maritimen Abteilung des Handelsministeriums zu bewerben. Die Stellung ging jedoch an Sulivan, und FitzRoy kehrte zum Wetter zurück.

In Wahrheit gefiel es ihm recht gut. Die Stelle war ein nebulöses Schlupfloch im gewaltigen Regierungsapparat.

Niemand schenkte ihm besondere Aufmerksamkeit. Er verfaßte jährliche Berichte, man ließ ihn gewähren, mit der schwammigen Stellenbeschreibung, sich um das Wetter zu kümmern, soweit es die Seefahrtsinteressen Großbritanniens betraf. Und FitzRoy entdeckte in sich eine Begeisterung und Neigung für diese Arbeit, die so inbrünstig war wie Darwins Studien der Käfer.

Zunächst einmal trug er Wetterbeobachtungen zusammen – Windgeschwindigkeit und Richtung, Meeresströmungen, atmosphärischen Druck, Luft- und Meerestemperatur. Kapitäne britischer Handels- und Kriegsschiffe gaben ihm diese Informationen, und er begann, indem er sie auf Meereskarten eintrug. Er schuf »Windsterne« – sie sahen aus wie kleine Speichenräder mit ungleicher Speichenlänge, die die Geschwindigkeit und Richtung der vorherrschenden Winde wiedergaben. Diese »Windsterne«, die entsprechend der erhaltenen Informationen geformt waren, klebte er in die Mitte von Zehn-Grad-Quadranten einer Seekarte. Auf diese Weise wollte er, zunächst für die britischen Küstengewässer und später für alle Ozeane der Welt, für jeden Monat des Jahres selbsterklärende Wetterkarten erstellen. Die Informationen, die eine solche Karte bereitstellte, sollten Navigatoren in die Lage versetzen, mit ihren Schiffen zu jeder Jahreszeit die günstigsten und sichersten Routen zu wählen. Es war keine neue Idee. In den Vereinigten Staaten beschäftigte sich der amerikanische Lieutenant der Marine Matthew Maury mit einem beinahe identischen Wetterkartensystem, aber in Großbritannien gab es damals noch nichts Derartiges, und FitzRoy, der Maurys brillante Innovation erkannte, brannte darauf, sie britischen Bedürfnissen anzupassen.

Mehr als die meisten Zeitungsleser (und FitzRoy las mit Sicherheit jene Blätter, die er einst als »Instrumente zur Vernebelung des Geistes« bezeichnet hatte) registrierte

FitzRoy die ständigen Berichte von Todesfällen und Katastrophen, wie sie die Fischer an den stürmischen, flutgepeitschten, felsigen Küsten Großbritanniens erlebten. Selbst heute und trotz aller modernen Navigationshilfen und gut ausgerüsteten Küstenwachen ist die kommerzielle Fischerei sehr wahrscheinlich der gefährlichste Berufszweig der Welt. Im neunzehnten Jahrhundert waren die Verluste mit denen des ständigen Kriegsgemetzels durchaus vergleichbar. FitzRoy glaubte, daß verläßlichere Wetterberichte viele Menschenleben würden retten können. Besonders faszinierten ihn die Voraussagemöglichkeiten von Barometerdeutungen. »Die Vergleiche und die wohlüberlegten Schlußfolgerungen, die man aus diesen Deutungen ziehen kann, geben uns die Mittel an die Hand, für die unmittelbar bevorstehende Zeit Voraussagen über Wind und Wetter zu machen«, schrieb er in einem Bericht.

Aber nur Marineschiffe und große Handelsschiffe waren mit Barometern ausgerüstet; auf kleinen Fischerbooten gab es diese Meßgeräte nicht. Selbst an Land waren sie eine Seltenheit, und fast noch dünner gesät waren die Sachkundigen, die sie abzulesen und zu deuten vermochten; bestenfalls fand sich hier und da ein naturwissenschaftlich bewanderter Pfarrer, der sich darauf verstand. Mit Hilfe der jüngst gebildeten Britischen und Schottischen Meteorologischen Gesellschaften, des Nationalinstituts für Seenotrettung und der finanziellen Unterstützung zahlreicher menschenfreundlicher Bürger gelang es FitzRoy, einen Typus von Barometer zu entwickeln, der schnell als FitzRoy-Barometer bekannt wurde. Dabei handelte es sich um pseudogotische Miniwetterstationen in einem hohen, schmalen, verglasten Rahmen, deren Meßzylinder mit einer sorgfältig beschrifteten, kalibrierten Skala versehen waren und die es gestatteten, neben dem atmosphärischen Druck auch die Temperatur und Feuchtigkeit der Luft abzulesen.[25]

FitzRoy verschickte diese Instrumente an Fischerdörfer überall im Land, zusammen mit einem fünfzigseitigen Handbuch, dem *Barometer Manual.* Die größte Berühmtheit erzielte das Handbuch aufgrund seiner Wetterreime – altehrwürdiger Knittelverse, die über Generationen von Fischern überliefert worden waren und die FitzRoy erstmalig zusammengetragen hatte:

Roter Himmel am Morgen macht dem Seefahrer Sorgen;
Roter Himmel am Abend, für den Seefahrer labend.

Wenn Regen schon vor dem Winde fällt
Achtung an Fallen, Schoten und Brassen!
Wenn der Wind aber vor dem Regen weht, bald das Segel in guter Brise steht!

Mehrere dieser Verse zielten ganz besonders auf Barometerdeutungen ab.

Wenn es nach dem Tief zu steigen beginnt
Rechne mit Böen und klarem Blau.

Und:

Lang angesagt, hält lange an;
Kurz vorgewarnt, schnell vorüber.

Überdies enthielt das Handbuch auch auf simplen Beobachtungen fußende Wetterlehren, deren Wahrheitsgehalt sich im Laufe der Zeiten bewiesen hatte.

Grauer Himmel am Morgen: Schönwetter; hohes Morgengrauen (das erste Licht erscheint gut oberhalb des Horizonts): Wind; flaches Morgengrauen: Schönwetter.

Ein dunkel, düster blauer Himmel ist windig; ein heller, klar blauer Himmel deutet auf Schönwetter hin.

Ein heller, gelber Himmel bei Sonnenaufgang läßt Wind erwarten, ein blaß gelber Himmel dagegen Nässe.

Kleine, tintig wirkende Wolken verheißen Regen; ein heller Zug durch schwere Wolken verkündet Wind und Regen.

Verschwommene oder zarte Wolken lassen gutes Wetter mit mäßigen bis leichten Brisen erwarten; scharf gerandete, ölig wirkende Wolken Wind.

Ganz allgemein bedeuten natürliche, ruhige, zarte Töne und Farben mit weichen, undefinierten Konturen gutes Wetter; grelle Farben dagegen oder ungewöhnliche Formen mit hart begrenztem Umriß kündigen Wind oder Regen an.

FitzRoy war der erste, der solche Wetterlehren verbreitete und veröffentlichte. Die Seeleute von heute sind zunehmend auf ihre Wetterfaxgeräte mit Satellitenempfang fixiert, aber einige von ihnen kennen diese hilfreichen Verse immer noch, und die Verbindung mit älteren Vertretern ihres Gewerbes ist eine der Freuden, die die Benutzung dieser Lehren mit sich bringt.

Es sollte viele Jahre dauern, bevor die Verbreitung von Barometern und dieser Art von Wetterlehren die tiefverwurzelten Gewohnheiten von Fischern beeinflußten, die am Meer lebten. Schließlich machte eine Schiffahrtskatastrophe im Herbst 1859 FitzRoys Bemühungen jäh zu einer nationalen Notwendigkeit. In der Nacht zum 26. Oktober geriet die *Royal Charter*, ein eiserner Klipper mit Hilfsmaschine, in einen Orkan. Das Schiff befand sich am Ende einer langen Überfahrt von Melbourne nach Liverpool und wurde von dem Sturm auf die felsige Küste von Anglesey, nördlich von Wales, geworfen. Sämtliche Passagiere sowie die Mannschaft, mehr als vierhundert Männer, Frauen und Kinder, ertranken. Seeunglücke waren nichts

Ungewöhnliches, aber das Schiff war sehr groß, und die Zahl der Toten – kein einziger konnte gerettet werden – entsetzte die Öffentlichkeit. Vergleichbar war das Ereignis vielleicht mit dem ersten Absturz eines Jumbojets; die ungeheure Anzahl der Opfer war schockierend. Mit Hilfe eines Barometers hätte man das Heraufziehen des Orkans erkennen können, und auch wenn Orkantiefs sich mit solcher Plötzlichkeit bewegen können, daß jede Warnung für die *Royal Charter* möglicherweise zu spät gekommen wäre, wurde die Sicherheit auf See vor den Unbilden des Wetters auf der Stelle zu einem brandheißen Thema. Es wurde auch bei der Jahresversammlung der britischen Gesellschaft für die Beförderung der Wissenschaften diskutiert, deren Vorsitz Königin Victorias Gemahl hatte, der Prinzgemahl Albert, der die Diskussion später bei zwei weiteren Sitzungen im Buckingham Palace wieder aufnahm. FitzRoy spielte eine herausragende Rolle bei diesen Zusammenkünften und fand sich plötzlich in einer überaus günstigen Position, um einen neuen Plan zu verwirklichen.

Er ließ achtzehn, durch Telegraphen mit seinem Büro in London verbundene Wetterstationen längs der britischen Küste errichten. Weitere sechs Stationen entstanden an der europäischen Küste zwischen Portugal und Skandinavien. Tag für Tag und Stunde für Stunde telegraphierten diese Wetterstationen ihm ihre Beobachtungen, aufgrund deren FitzRoy Karten zeichnete, die eine visuelle Übersicht über die bestehenden und *vorausgesagten* Wetterverhältnisse für die Küstengebiete in der Nähe dieser vierundzwanzig Stationen lieferten. FitzRoy bezeichnete diese Zusammenschauen als »synoptische Karten«, und so werden sie noch heute genannt. Anschließend konnte er den Wetterstationen Voraussagen für den nächsten Tag übermitteln. Im Zusammenhang damit entwickelte er ein visuelles Warnsystem mit Kegeln, die bei Aufkommen von schwerem Wetter in Häfen aufgezogen werden konnten. All diese Informationen waren nicht nur für Küstenorte von großem Nutzen, und schon bald schickte FitzRoy seine synoptischen Karten an die Zeitungen, die nun zum ersten Mal tägliche Wettervoraussagen abdruckten.

Dies war eine wichtige, historisch bedeutsame Arbeit, obwohl man sie seinerzeit nicht als solche erkannte. Aber FitzRoy, der sich in seinem Büro abrackerte, wurde in den Rang eines Konteradmirals erhoben und konnte zum ersten Mal seit zwanzig Jahren einen beruflichen Erfolg verzeichnen. Er verheiratete sich wieder, mit Maria Smyth, der Tochter eines entfernten Cousins. Für eine gewisse Zeit faßte er Fuß im Leben.

Aber außerhalb der Mauern seines tadellos geordneten Heims und seines produktiven kleinen Büros veränderte sich die Welt. Unheilige Strömungen lagen allenthalben in der Luft, und die unheiligste davon schlängelte sich direkt auf ihn zu.

25

»Im Oktober 1838 ... las ich beiläufig zur Zerstreuung Malthus' über die *Bevölkerung*«, vermerkte Darwin in der schmalen Autobiographie, die er kurz vor dem Ende seines Lebens für seine Familie niederschrieb.

Gemeint war *An Essay on the Principle of Population* (*Versuch über die Bedingung und die Folgen der Volksvermehrung*), den Thomas Robert Malthus 1798 veröffentlicht hatte. Malthus war einer jener naturwissenschaftlich interessierten englischen Landpfarrer, von denen Darwin vielleicht einer geworden wäre, wäre er Robert FitzRoy nicht begegnet. Er begann mit der Lektüre des Essays am 28. September und beendete sie am 3. Oktober. Es war eine grimmige und kaum erheiternde Monographie. Malthus erklärte darin, daß die menschliche Bevölkerung, wenn sie nicht durch irgendetwas im Zaume gehalten würde, sich verdoppeln, sich vervierfachen und geometrisch anwachsen könnte, bis sie, und zwar schon sehr bald, Ausmaße erreichen würde, die es unmöglich machten, so viele Menschen zu ernähren. Denn, so erklärte er ferner, der Nahrungsmittelvorrat könne nur arithmetisch zunehmen und würde daher niemals genügen, um mit der Nachfrage Schritt zu halten. Das einzig denkbare mathematische Ergebnis sei eine fortgesetzte globale Hungersnot.

Aber Malthus bemerkte auch, daß diese Entwicklung nicht eintrat, daß natürliche »Dezimierungen« – Krankheit, Krieg, periodisch auftretende, lokal begrenzte Hungersnöte, sexuelle Abstinenz und früher Tod – die Bevölkerungszahlen annäherungsweise auf einem erträglichen Niveau hielten, das gerade noch die Ernährung der meisten zuließ.

Genau auf diese Lektüre hatte Darwin bei all seinem Gegrübel gewartet. In seinem Gehirn öffneten sich die Schleusentore.

> Mir kam sofort der Gedanke, daß sich unter diesen Umständen vielversprechende Variationen durchsetzen würden, während ungünstige untergingen. Das Ergebnis wäre dann die Herausbildung einer neuen Spezies. Hier hatte ich also endlich eine Theorie, mit der sich arbeiten ließ; aber ich war so sehr darauf bedacht, mich nicht von Vorurteilen leiten zu lassen, daß ich beschloß, vorerst nicht einmal eine noch so kurze Studie darüber niederzuschreiben.

Diese Theorie unterstützte seine sich entwickelnden Ideen zur Transmutation der Spezies: Daß die Anpassung an eine feindselige Umwelt, die die Populationsgröße in einer Art Zermürbungskrieg konstant hielt, mit der Zeit besser angepaßte, überlebensfähigere Spezies hervorbringen würde. Aber die Implikationen einer solchen Theorie – eine gottlose Schöpfung und Menschen, die von Affen abstammten – waren so aufrührerisch, daß es Darwin widerstrebte, seine Gedanken schriftlich festzuhalten, bevor er nicht ein möglichst schlüssiges Argument zur Unterstützung dieser Theorie hatte.

Es ist heute fast unmöglich, daß Widerstreben zu verstehen, das Darwin angesichts einer Veröffentlichung seiner Ideen empfand. Während Wissenschaftler, geistliche und liberale Denker sich über die buchstäbliche oder metaphorische Länge der »Tage« der Schöpfung im Buch Genesis streiten mochten, so war doch die öffentliche und private Akzeptanz von Gottesverantwortung für das alles absolut, ob es nun sechs Tage oder sechs Millionen Jahre gedauert hatte. Eine davon abweichende Theorie würde die Selbstwahrnehmung der Menschheit verändern, insbesondere, wenn diese Theorie auf gut begründeten, wissenschaftlichen Argumenten fußte. Ob die Menschen es glauben wollten oder nicht, Darwins Argument drohte, selbst die tiefste Gläubigkeit zu unterminieren. Der Gedanke, seinen Ideen Ausdruck zu verleihen, kam ihm vor »wie das Geständnis eines Mordes«, schrieb Darwin an Joseph Hooker, einen bedeutenden Botaniker, den er zu seiner Theorie befragte.

Statt dessen machte er sich lediglich Notizen. Jahre vergingen, in denen er Rankenfußkrebse und andere Lebewesen und Naturphänomene studierte und seine Ergebnisse veröffentlichte. Gleichzeitig feilte er an seinen Ideen zu dieser Malthusischen natürlichen Erhaltung oder diesem Überleben der fittesten, der bestangepaßten Individuen einer jeden Art.

Darwin hatte es nicht eilig. Obwohl seine Bücher eines Tages zu Bestsellern werden und ihm ein beneidenswertes Einkommen eintragen würden, sah er keine finanzielle Notwendigkeit, zu veröffentlichen. Er hatte ein gutes Einkommen von seinem Vater, und 1839 heiratete er seine Cousine, Emma Wedgewood, die Tochter seines Lieblingsonkels Josiah, des Wedgewood-Porzellanmagnaten. Es war derselbe Onkel, der sich in Darwins Jugend als so einflußreich erwiesen hatte, insbesondere, indem er ihn zu seiner Reise an Bord der *Beagle* ermutigte, während sein Vater das Unternehmen mißbilligt hatte. Emma brachte echten Wohlstand mit in die Ehe und enthob Darwin für alle Zeit jeder finanziellen Sorge. Dies setzte ihn in die Lage, sich einzig auf sein Werk zu konzentrieren, auf die Arbeit um ihrer selbst willen. Er konnte es sich leisten, seine Schlußfolgerungen aufzuschreiben – oder auch nicht –, ohne irgendeinem Zeitplan folgen zu müssen. Um dies abseits der Ablenkungen und der Forderungen Londons tun zu können, zogen die Darwins nach Downe, einem kleinen Dorf in Kent. Heute liegt es am südlichen Rand des Großraums London; damals jedoch war es ein recht ländlicher Zufluchtsort gewesen. Dort ließ Darwin sich nieder, um zu arbeiten, mit einem Einkommen, das heute dem eines Millionärs entspräche, und fünfzehn Bediensteten im Haus.

Später begab er sich fast niemals mehr irgendwo anders hin, es sei denn, aus gesundheitlichen Gründen in Kurorte. Obwohl er sich während seiner fünfjährigen Reise rund um die Welt durch eine robuste Konstitution ausgezeichnet hatte, begann Darwin merkwürdigerweise schon bald zu kränkeln, wie man es von vielen herausragenden Viktorianern weiß: Er litt an chronischer Übelkeit, Erbrechen, Kopfschmerzen, Verdauungsstörungen, Schwindel und Schlaflosigkeit. Trotz eingehender Untersuchungen zu seinen Lebzeiten sowie auch später sind die Ursachen seines Leidens unklar geblieben. Möglich, daß er sich mit einem Virus oder Parasiten infiziert hatte; vielleicht hatte er sich bei seinen ausgedehnten Reisen die Chagas-Krankheit zugezogen. Schließlich hatte er sich lange Zeit in Südamerika aufgehalten, wo er leichtsinnigerweise in der Wildnis gegessen und getrunken hatte und von allen möglichen Insekten gestochen worden war. Seine Krankheit könnte indes auch psychosomatische Ursachen gehabt haben. Darwin machte sich stets große Sorgen um die Gesundheit seiner Familie, und mit seiner eigenen Gesundheit ging es eindeutig nach dem Tod seiner zehnjährigen

Tochter Annie im Jahr 1851 bergab. Seine Ausbildung und Erfahrung auf medizinischem Gebiet führte zu einer überaus einfallsreichen Hypochondrie. Auswärtige Besucher und Gäste, die in seinem Haus in Downe weilten, verschlechterten seinen Gesundheitszustand noch, und nach seinem Umzug aufs Land 1842 verfiel Darwin allmählich in die Lebensgewohnheiten eines Invaliden. Er unternahm Spaziergänge in seinem Garten und wagte sich bisweilen auch ein wenig weiter fort, aber meistens blieb er im Haus, in seinem vollgestopften Arbeitszimmer.

Von dort aus hielt er mittels einer ungeheuer umfangreichen Korrespondenz Kontakt mit der Außenwelt. Seine Arbeit hing zur Gänze von dieser Korrespondenz ab, und vielleicht profitierte niemand mehr als er von der bemerkenswerten Effizienz des britischen Postwesens; in der Mitte der viktorianischen Ära bewältigten fünfundzwanzigtausend Postboten mehr als sechshundert Millionen Briefe im Jahr. Zeitungen, Bücher, Päckchen und Geldsendungen reisten mit der gleichen Geschwindigkeit durchs Land, wie Dampflokomotiven sie befördern konnten. In London gab es bis zu elf Auslieferungen am Tag (wie rückschrittlich wir heute doch sind). Den Telegraphen hat man als das viktorianische Internet bezeichnet, aber seine Benutzung beschränkte sich auf spezielle Dienstleistungen. Es war das Postwesen, billig, geradezu fantastisch effizient und für jedermann verfügbar, das einen erheblich größeren Einfluß auf das Leben der Menschen und ihre Wahrnehmung der Welt hatte.

Darwin nutzte diese unglaubliche Kommunikationsmaschinerie, um Daten, Meinungen und Belegexemplare zu sammeln. Für ihn war es praktisch eine gewaltige Handbibliothek. Es gewann dieselbe Bedeutung für seine Arbeit und seine daraus resultierenden Schlußfolgerungen wie die große Reise, die an ihrem Anfang gestanden hatte.

In seiner Einsiedelei wandte Darwin sich von der Welt ab und widmete sein Leben der Forschung und dem Studium. Die eingehende Weiterentwicklung seiner Ideen bezüglich der Spezies und der Naturgesetze führte unausweichlich zu einer Neubewertung seiner religiösen Überzeugungen.

> An Bord der *Beagle* war ich recht strenggläubig, und ich erinnere mich daran, daß mich mehrere Offiziere (obwohl selbst orthodox) irgendwann einmal herzlich auslachten, weil ich die Bibel als eine unanfechtbare Autorität ins Feld führte ... Aber ich war nach und nach zu der Erkenntnis gekommen ... daß dem Alten Testament mit seiner augenscheinlich falschen Historie der Welt ... und mit seiner Definition Gottes als eines rachsüchtigen Tyrannen nicht mehr zu trauen war als den heiligen Büchern der Hindus oder den Glaubensüberzeugungen irgendeines Wilden ... indem ich weiter darüber nachsann, daß die klarsten Beweise vonnöten wären, damit ein Mensch, der seines Verstandes Herr ist, an die Wunder glauben könnte, auf die sich das Christentum stützt ..., daß Wunder desto unglaubwürdiger werden, je mehr wir über die fest gefügten Gesetze der Natur wissen ... vermag ich allmählich nicht mehr, an das Christentum als göttliche Offenbarung zu glauben.
>
> Es widerstrebte mir zutiefst, von meinem Glauben abzulassen ... Obwohl ich meiner Einbildungskraft die größte Freiheit gewährte, fand ich es immer schwieriger, Beweise zu erfinden, die hinreichen würden, um mich zu überzeugen. Und so hielt, sehr langsam zwar, der Unglaube Einzug in mein Denken, bis ich schließlich ganz ungläubig wurde.

Darwin hatte sich am Ende zu »einem Menschen entwickelt, der an nichts glaubte, das seine eigene Vernunft überstieg«.

Sein daraus folgender Atheismus mag ihm geholfen haben, seine Skrupel, seine Ideen über die Spezies zu Papier zu bringen, abzuschwächen. Im Juni 1842 »gestattete ich mir erstmalig die Befriedigung, auf fünfunddreißig Seiten mit Bleistift einen sehr kurzen Abriß niederzuschreiben«. Zwei Jahre später erweiterte Darwin diese Abhandlung auf zweihundertdreißig Seiten. Aber er unternahm noch immer keine Anstalten, sie zu veröffentlichen – er schrieb lediglich einen Brief an Emma, indem er ihr sehr genaue Anweisungen für die Publikation im Falle seines Todes gab. Aber zunächst einmal hatte er es auf unbestimmte Zeit nicht eilig damit.

Noch mehr Jahre verstrichen, während derer Darwin sich weiter Notizen machte und sich mit anderen Publikationen beschäftigte – Büchern über die Zoologie der *Beagle*-Reise (als Herausgeber), neue Ausgaben seines *Journal of Researches*, Bücher und Monographien über Geologie, Vulkaninseln, Korallenriffs und Rankenfußkrebse. Was seine Idee zu der »Speziesfrage« anging, schrieb er darüber lediglich in Briefen an Freunde, Wissenschaftler wie Lyell und Joseph Hooker.

Ende der fünfziger Jahre des 19. Jahrhunderts widmete man indes der Frage, auf welche Weise die Spezies entständen, beträchtliche Aufmerksamkeit. Eine große Zahl von Naturkundlern und Wissenschaftlern erörterte das Thema von allen möglichen Standpunkten aus, und Lyell war soweit mit Darwins Arbeiten vertraut, daß er ihm riet, an die Öffentlichkeit zu gehen und sich zu der Frage zu äußern. 1856 begann Darwin schließlich auf Lyells Drängen hin, die entscheidende Erörterung seiner Ideen über die Transmutation der Spezies niederzuschreiben.

Seine Behandlung des Themas war so erschöpfend, daß er vielleicht noch ein ganzes Jahrzehnt daran gearbeitet hätte, wäre da nicht das dünne Päckchen gewesen, das ihm eines Tages im Juni 1858 der Postbote brachte. Es kam von einem von Darwins fernen Briefpartnern, Alfred Russel Wallace, aufgegeben in Ternate, einem entlegenen Flecken auf den Gewürzinseln oder Molukken auf der anderen Seite der Welt. Es war datiert auf Februar 1858 und hatte vier Monate gebraucht, um Darwin zu erreichen.

Wallace, ein fünfunddreißigjähriger englischer Naturkundler, befand sich auf einer achtjährigen Wanderung durch den Malaiischen Archipel, einem gewaltigen Wurf großer und kleiner Inseln, der sich quer über den Äquator erstreckte, über fünfundvierzig Längengrade und drei Zeitzonen, und ungefähr dem Gebiet der heutigen Republik Indonesien entspricht. Wallace war eine ganz andere Art Reisender als Charles Darwin. Er kam aus ärmlichen Verhältnissen, und niemand finanzierte ihm seine Reisen. Er hatte zuvor vier Jahre in Brasilien verbracht und sich mit dem Verkauf und Versand von zoologischen und botanischen Belegexemplaren nach England durchgeschlagen. Die Stücke gingen über einen Agenten an Museen und Sammler. 1852 verlor er all seine eigenen Pflanzen und Tiere, seine Notizen sowie seine Ausrüstung, als das Schiff, mit dem er von Brasilien nach England reiste, in Brand geriet und sank (darauf beruht die Idee für A.S. Byatts Geschichte und den daraus hervorgegangenen Film *Angels and Insects).* In England veröffentlichte Wallace ein Buch *A Narrative of Travels on the Amazon and Rio Negro* (*Reisen am Amazonenstrom und Rio Negro: Naturwissenschaftliche Berichte*), das niemanden beeindruckte, sich schlecht verkaufte und schon bald verramscht wurde. Unverzagt ging er nach Südostasien. Sir Roderick Murchison von der Königlichen Geographischen Gesellschaft vermittelte ihm eine kostenlose Überfahrt an Bord eines Schiffes der Regierung, das ihn nach Singapur brachte. Von Singapur führte ihn sein Weg weiter nach Borneo, wo er abermals begann, botanische und zoologische Belegexemplare gegen Bezahlung nach England zu versenden. Seine Bestseller (Wortspiel) waren Orang-Utan-Felle, aber das begehrteste Stück unter seinen Waren war der seltene und unglaublich prächtige Paradiesvogel.

Während Wallace' Reisen durch die Dschungel von Borneo, über die Vulkaninsel Java, durch die Celebes- und Bandasee und auf die Gewürzinseln, die Molukken, stieß er auf eine unvorstellbare Vielfalt von Pflanzen- und Tierspezies. Er nahm mit scharfen Sinnen die geographischen und physikalischen Unterschiede zwischen ihnen wahr, ebenso wie ihm die Unterschiede zwischen den Eingeborenen von Asien, Malaysia und Polynesien nicht verborgen blieben. Nach seinen Beobachtungen zeichnete er auf einer Karte Südostasiens eine Linie ein, die die Indo- und die Austro-Malaiische Region mit jeweils eigenem Pflanzen-, Tier- und sogar Menschenreich trennte. Bis auf den heutigen Tag nennt man diese Grenze die Wallace-Linie.

Wallace hatte auch Malthus gelesen, und seine Beobachtungen führten ihn schon bald zu Überlegungen, die heute (die Geschichte wird stets von den Siegern geschrieben) als darwinistisch bezeichnet werden. Einige dieser Gedanken hielt er in einem Aufsatz fest, den er nach England schickte und der im September 1855 in den *Annals and Magazine auf Natural History* veröffentlicht wurde. Wallace faßte die Schlußfolgerungen dieses Aufsatzes später folgendermaßen zusammen:

> Vor allem ausgehend von den wohlbekannten Tatsachen der geographischen Verteilung und der geologischen Abfolge, schloß ich auf das Gesetz oder die Verallgemeinerung, nach der »jede Art in engem räumlichen und zeitlichen Zusammenhang mit einer bereits existierenden, nahe verwandten Art entstanden ist«; und ich zeigte, wie viele Besonderheiten bezüglich der Verwandtschaft, der Abfolge und der Verbreitung der mannigfaltigen Lebensformen sich durch diese Hypothese erklären ließen und daß keine wichtigen Fakten ihr entgegenstehen.

Wallace' Abhandlung provozierte unterschiedliche Reaktionen. Eine Reihe von Naturwissenschaftlern war der Meinung, es handele sich um sinnloses Theoretisieren. Darwin las den Aufsatz und beschied Wallace in einem Brief: »Ich sehe, daß wir ähnliche Überlegungen angestellt haben und bis zu einem gewissen Maß auch zu ähnlichen Schlußfolgerungen gelangt sind.« Überdies erwähnte Darwin, daß Lyell besagten Aufsatz ebenfalls mit Vergnügen gelesen habe. Wallace, dessen Wander- und Sammellust unmittelbar von Lyells *Principles of Geology* (*Lehrbuch der Geologie*) und Darwins *Journal of Researches* inspiriert worden war, faßte dies als Ermutigung auf. Es war Lob von allerhöchster Stelle. Er setzte seine Korrespondenz mit Darwin fort und schickte ihm ein javanesisches Huhn und andere Bälge.

Im Februar 1858 erkrankte Wallace an Malaria. Zitternd und schwitzend von Fieber lag er in einem mit Palmblättern gedeckten Haus in Ternate in seinem Bett. Um ihn herum standen Schachteln mit aufgespießten Schmetterlingen, den Bälgen von Tieren und Vögeln, mit seinen Büchern, seinen Fernrohren, einem Gewehr und seiner von Schweißflecken übersäten Kleidung. Die Malthusische Frage: »Warum überleben manche, während andere sterben?« ließ seinen fiebrigen Geist nicht los. Wie entkommen manche den natürlichen Bevölkerungsdezimierungen – und warum? Hungrig, benommen, aber auch zunehmend klarsichtig, fügten sich die Fäden all seiner Überlegungen zu einer eleganten Schlußfolgerung zusammen. Er erhob sich von seinem durchnäßten Bett, taumelte zu seinem Tisch hinüber und begann zu schreiben:

> Die Antwort war eindeutig die, daß im großen und ganzen die Besten am ehesten zum Leben taugten. Die Gesündesten entgingen am ehesten der vernichtenden Wirkung einer Seuche;

die Stärksten, die Schnellsten oder die Scharfsinnigsten entkamen ihren Feinden; eine Hungersnot überstanden die besten Jäger oder jene, die die beste Verdauung hatten, und so weiter. Dann kam mir plötzlich blitzartig die Erkenntnis, daß dieser Automatismus eine Rasse zwangsläufig verbessern mußte, denn in jeder Generation würden die Unterlegenen unausweichlich getötet werden, während die Überlegenen sich hielten – das bedeutet, daß nur die Fittesten, die Stärksten überlebten.

Wallace arbeitete drei Tage lang an seiner Abhandlung und formulierte sie so klar und einfach, wie er nur konnte. Schließlich hatte er einen Aufsatz von viertausend Worten produziert, der ihn in Erregung versetzte. »Je mehr ich darüber nachdachte«, schrieb er viel später, »um so größer wurde meine Überzeugung, daß ich endlich das lange gesuchte Naturgesetz gefunden hatte, mit dem sich das Problem des Ursprungs der Arten erklären ließ.

Er unterzeichnete und datierte seine Abhandlung und schickte sie an Darwin, zusammen mit einem Brief, in dem er Darwin darum bat, seine Thesen zu lesen und sie, wenn er es für lohnend hielt, an Lyell weiterzuleiten und ihm vielleicht bei einer Veröffentlichung behilflich zu sein.

Vier Monate später zitterten die Seiten, die Wallace in seiner Hütte niedergeschrieben hatte, in Darwins Händen. Darwin war sprachlos. Er konnte kaum glauben, was er las. »Ein verblüffenderer Zufall ist mir noch nie untergekommen«, schrieb er entgeistert an einen Freund. »Wenn Wallace meine 1842 niedergeschriebenen Manuskriptskizzen vorgelegen hätten, hätte er keine bessere Zusammenfassung machen können. Selbst die Begriffe, die er benutzt, bilden jetzt die Überschriften meiner Kapitel.«

Darwin war niedergeschmettert. Die Arbeit, die ihn zwanzig Jahre lang beschäftigt hatte, die Theorie, die er für seine eigene gehalten hatte und die zu publizieren er solange gezögert hatte, war jetzt akkurat von einem Niemand am anderen Ende der Welt zusammengefaßt worden. Er wußte nicht, was er tun sollte. Er war unentschlossen, wie gelähmt. Also schickte er Wallace‘ Aufsatz, wie dieser es erbeten hatte, an Lyell weiter.

Lyell schrieb unverzüglich zurück und bestand darauf, daß Darwin etwas von seinen eigenen Arbeiten, eine sehr kurze Zusammenfassung, unverzüglich drucken ließ. Darwin sperrte sich dagegen. »Ich wäre *ungeheuer* froh, *sofort* einen Abriß meiner grundlegenden Idee auf etwa einem Dutzend Seiten zu veröffentlichen«, antwortete er. »Aber ich kann mich des Gedankens nicht erwehren, daß das unehrenhaft wäre.« Außerdem lenkte ihn zu dieser Zeit die plötzliche Erkrankung zweier seiner Kinder ab, seiner fünfzehnjährigen Tochter Henrietta und seines Sohnes Charles, seinem und Emmas zehntem Kind. Beide litten an einem hohen Fieber. Darwin überließ Lyell die Lösung seines Dilemmas.

Einen besseren Mann konnte es nicht geben. Nach dreißig Jahren im wissenschaftlichen Rampenlicht, während derer er seine eigenen revolutionären Ideen verteidigt und sich Ansehen erworben hatte, wußte Lyell alles, was es über die Welt der Wissenschaft und den Ruf eines Wissenschaftlers zu wissen gab. Er besprach sich mit Joseph Hooker, der ebenfalls mit Darwins Werk vertraut war. Gemeinsam bedacht, die Interessen des Freundes zu schützen, ersannen die beiden Männer eine scheinbar faire Lösung. Bei der nächsten Zusammenkunft der Linneischen Gesellschaft wollten sie neben Wallace‘ Essay Auszüge aus Darwins Notizen und datierten Briefen vorlesen, in denen er seine Ideen skizziert hatte. Die Gesellschaft war die bedeutendste naturwissenschaftliche Vereinigung ihrer Zeit – Darwin, Lyell und Hooker waren Mitglied –

und zugleich jene Art von erlauchtem Altherrenclub, die normalerweise niemals Notiz von Wallace‘ Arbeit genommen hätte. Durch diese Taktik würden sie Darwins in jahrelanger Arbeit entstandene Studie zu dem Thema Geltung verschaffen, und Wallace bekäme die Art von Anerkennung, auf die er unter anderen Umständen niemals hätte hoffen dürfen.

Am 1. Juli 1858 fand besagte Sitzung statt. Darwins kleiner Sohn war soeben gestorben, und er nahm nicht daran teil. Auch Wallace war natürlich nicht zugegen, der zu dieser Zeit in Neuguinea weilte und von der ganzen Angelegenheit nichts wußte. Die Aufsätze wurden verlesen. Darwins Anspruch auf seine Ideen wurde bekräftigt, ohne Wallace‘ Verdienste unerwähnt zu lassen, und die Welt drehte sich weiter wie zuvor.

Darwin warf seine priesterliche Bedächtigkeit über Bord und machte sich eilends daran, das zu tun, was er, wie ihm jetzt klar geworden war, schon vor vielen Jahren hätte tun sollen. Er begann, seine Theorien veröffentlichungsreif zu machen.

Die Welt geriet nicht plötzlich aus dem Gleichgewicht, als Darwins und Wallace‘ Aufsätze in der Linneischen Gesellschaft verlesen wurden. Weder Empörung noch Verdammung wurden laut. Vielmehr erregten sie kaum Aufmerksamkeit. Rückblickend hat die Geschichte diesen Dokumenten und dem Augenblick ihres Erscheinens verzückte Aufmerksamkeit gewidmet, aber an jenem Julitag waren es einfach wissenschaftliche Abhandlungen, die routinemäßig und mit monotonen Stimmen einem schläfrigen Publikum vorgetragen wurden. Darwin war, sozusagen, noch nicht Darwin – sondern lediglich ein angesehener, einsiedlerischer Naturwissenschaftler, der für seine Arbeiten über seine Reise, über Zoologie und Entenmuscheln bekannt war. Wallace war ein unbekannter Sammler. Was immer sich daraus entwickeln würde, diese Entwicklung mußte erst noch folgen.

Tatsächlich war der Kreationismus, die andere Seite der Münze, die da Spezies hieß, noch nie zuvor so gut im Gespräch gewesen. Sie nahm den Fehdehandschuh auf, den die kalte Wissenschaft hingeworfen hatte – vor allem durch die Lyellschen Ansichten zur Geologie und zur weltweiten Verbreitung von Fossilienfunden, die mit zunehmendem Nachdruck auf ein ungeheures Alter der Erde schließen ließen und auf eine Schöpfung, die keineswegs abgeschlossen war. Als Reaktion darauf erschienen in den fünfziger Jahren des 19. Jahrhunderts ungezählte Bücher, die Erklärungen und Beweise für eine göttliche Schöpfung anboten. Das bekannteste und radikalste unter diesen Büchern war *Omphalos*, das 1857 von Philip Henry Gosse veröffentlicht wurde.

Gosse war ein Naturwissenschaftler, der in jener Zeit zunehmend von sich Reden machte. Er hatte bereits etliche Artikel und mehr als zwanzig Bücher (es waren schließlich vier pro Jahr) über Naturgeschichte veröffentlicht, von denen die meisten sich um die Küste und die dort lebenden Tiere drehten. Sein von ihm selbst illustriertes Buch, *A Naturalist's Rambles on the Devonshire Coast* (1853, Wanderungen eines Naturforschers an der Küste von Devonshire), war ein sensationeller Bestseller.

Gosses *Rambles* trieb Zehntausende von Viktorianern an die Küste und löste eine echte Leidenschaft für das Sammeln von Muscheln und kleinen Meerestieren aus. Während sich das Studium der Naturgeschichte zu einer landesweiten Besessenheit entwickelte, wurde Gosses Einfluß schließlich so groß, daß man davon sprach, England sei »gossifiziert«. Er war der David Attenborough seiner

Zeit. Sein Sohn, Edmund Gosse, vermerkte in seiner Biographie über seinen Vater einen Zwischenfall an der steinigen Küste in der Nähe von Torbay, Devon. Auf einem seiner Streifzüge dort traf Gosse auf eine Gruppe von Damen, die glaubten, eine seltene Spezies von Meeresgeschöpfen gefunden zu haben. Neugierig, aber ohne sich zu erkennen zu geben, fragte Gosse, ob er ihre Beute sehen dürfe. Als sie sie ihm zeigten, widersprach er ihnen höflich und beschied ihnen, daß es sich um etwas anderes, weitaus Gewöhnlicheres handele. Die Damen reagierten entrüstet und eröffneten ihm, daß er sich im Irrtum befinde. »Gosse ist unsere Autorität«, erklärten sie ihm vernichtend.

Gosse war der Erfinder des Aquariums. Als Junge hatte er versucht, in einem Krug mit Meereswasser Seeanemonen zu halten, aber das Wasser war trüb geworden und hatte begonnen zu stinken, und die Anemonen waren eingegangen. Seither hatte er Jahre damit verbracht, in felsige Teiche an der Küste zu blicken, manchmal sogar nachts mit einer Laterne oder einer Kerze. Er begriff, daß »Tiere« Sauerstoff aufnehmen und Kohlendioxid ausatmen oder ausscheiden. Er machte Experimente, um festzustellen, wie lange er gefangene Meerestiere und Pflanzen zusammen in künstlichen, gläsernen Behältnissen halten konnte. 1854 veröffentlichte er *The Aquarium* (ein Begriff, den Gosse selbst geprägt hatte). Das Buch enthielt wunderschöne, kostspielig reproduzierte Illustrationen und Anweisungen für den Bau »eines Marineaquariums für das Wohnzimmer oder den Wintergarten«. Außerdem handelte es von Gosses weiteren Streifzügen an der Küste. Die Kritiker gerieten ins Schwärmen.

> Wer bei seinen vormaligen Streifzügen in den Genuß der Seelenverwandtschaft mit Mr. Gosse gekommen ist, kann sich nun mit großer Freude wieder an seiner Seite einfinden … Er be-

herrscht die Kunst, das »purpurne Licht« des Lebens über die marmorne Form der Wissenschaft zu werfen ... Dieser Band sollte auf dem Tische eines jeden intelligenten Küstenbesuchers liegen. *(Globe,* 22. Juni 1854)

Jetzt war er auch ein Jacques Cousteau geworden. Das Buch wurde abermals ein Bestseller und erwies sich in finanzieller Hinsicht als sehr lohnend für Gosse. Mehr konnte kein Autor verlangen.

Die Kritiker äußerten sich indes nicht zu den religiösen Passagen in *The Aquarium*. Gosse präsentierte viele seiner Naturbeobachtungen als Beweis für die Existenz Gottes, für dessen »wunderbare Fügung seiner Pläne« und die »stabile Ordnung des Universums«. Die überwältigende Mehrheit von Gosses Lesern und Kritikern teilte derartige Anschauungen, die eine natürliche Ergänzung der blumigen Prosa der viktorianischen Ära waren.

Darwin und Gosse nahmen einander sehr deutlich wahr. Beide bewunderten das Werk des anderen, und sie korrespondierten regelmäßig miteinander. Beide waren Mitglieder der Royal Society. Im Herbst 1855 lernten sie einander bei der Linneischen Gesellschaft endlich persönlich kennen; bei dieser Gelegenheit las Gosse einen Aufsatz über Seeanemonen vor, und Darwin begeisterte sich derart für Gosses Experimente mit Aquarien, daß er mit dem Gedanken spielte, sich selbst eins zu bauen.

Gosse wußte wenig oder gar nichts über Darwins Beschäftigung mit den Spezies, aber auch er hatte Wallace' Schlußfolgerungen in den *Annals and Magazine of Natural History* gelesen, nach denen »jede Art in engem räumlichen und zeitlichen Zusammenhang mit einer bereits existierenden, nahe verwandten Art entstanden ist«. Natürlich hatte er Lyell gelesen, wie die meisten Naturkundigen, Amateure oder Fachleute, es getan hatten, aber Gosses

Kenntnisse der Geologie waren ungewöhnlich breit gefächert und tiefgehend. Er hatte das Thema mit höchstpersönlichem Interesse studiert, und ihn hatte der dem Thema innewohnende Trend zu einem Glauben an die natürliche, wenn auch noch nicht in allen Einzelheiten genau beschriebene und bestimmte Evolution der Arten gestört.

Gosse und FitzRoy müssen einander aus denselben Gründen gut gekannt haben, und sie werden sich auch verschiedentlich begegnet sein: Sie waren Mitglieder derselben Gesellschaften und verkehrten in denselben kleinen Wissenschaftlerkreisen, zu denen auch Lyell und Darwin gehörten – und in denen Darwin aufgrund seiner einsiedlerischen Lebensweise ein Außenseiter war. Bis Gosse 1857 endgültig nach Devon zog, lebten er und FitzRoy in London, wo sie sich stark am intellektuellen Leben beteiligten. Sie besuchten regelmäßig Konferenzen, Lesungen und Zusammenkünfte ihrer Gesellschaften und Clubs, wo sie ihre Ideen mit Gleichgesinnten austauschten. Beide waren sehr belesen und verfügten über erschöpfende Kenntnisse der Naturwissenschaften, insbesondere der Geologie und der Meereswissenschaften. Gosse war ein aufgehender Stern, was FitzRoy bewußt gewesen sein muß. Aber da sein eigener Stern zwanzig Jahre lang im Sinken begriffen gewesen war, hat wohl niemand einen Grund gesehen, etwas über die Begegnungen der beiden Männer niederzuschreiben.

Gosse und FitzRoy hatten jedoch noch etwas anderes gemeinsam. Gosse war ein fanatischer, fundamentalistischer Christ. Für ihn waren Gott und Natur untrennbar: »Ich kann nicht mit einem Auge die Bibel und mit dem anderen die Natur betrachten. Ich muß beide zusammen in den Blick nehmen«, schrieb er. Er war Laienprediger einer Fundamentalistengruppe, die sich die Plymouth Brethren nannte. Er lebte in der alltäglichen Erwartung des unmittelbar bevorstehenden zweiten Erscheinens Christi auf Erden.

Die Ehe mit Mary O'Brien hatte FitzRoys Glauben bestärkt, und ähnlich erging es Gosse, dessen eigene Frau eine inbrünstige Anhängerin der christlichen Lehren war. Emily Gosse verfaßte religiöse Traktakte, die von einem breiten Publikum gelesen wurden. Begegnet waren die beiden sich bei einer Versammlung der Brethren, und ihr Sohn, Edmund Gosse, schrieb in seinem Buch *Vater und Sohn* über die Strenggläubigkeit seiner Eltern:

> Sie [Emily] hatte sich die feste Meinung gebildet, daß jedes Wort der Bibel von absoluter, unveränderter historischer Wahrheit sei, und zwar im direkten, buchstäblichen und offensichtlichen Sinne. Für sie und meinen Vater gab es nirgendwo in den Schriften etwas Symbolisches, etwas Allegorisches oder Verbrämtes ... Als sie [in der Offenbarung] von gebrochenen Siegeln und ausgegossenen Phiolen lasen und vom Stern namens Wermut, der vom Himmel fiel, gaben sie keinen Augenblick lang zu, daß diese lebhaften geistigen Bilder einen poetischen Charakter hatten, sondern betrachteten sie als positive Aussagen, die in zurückhaltender Form Ereignisse beschrieben, die stattfinden würden.

Gosse und seine Frau hatten eine überaus zärtliche, liebevolle und körperlich intime Beziehung. Als Edmund noch ein kleines Kind war und Gosse seine Studien an der Küste betrieb, während Emily mit ihrem Sohn zu Hause blieb, schrieben die beiden einander täglich Briefe, die von ihrer Sehnsucht nacheinander zeugten. »Oh, meine süße Geliebte, mein Beistand, meine Trösterin, meine Freude, meine Liebe«, schrieb Gosse an Emily, »ich wünschte, ich könnte in diesem Augenblick die Arme um deinen Hals schlingen und deinen lieben Mund küssen.« Und er unterschrieb seine Briefe mit: »Für immer dein treuer, hingebungsvoller, von Sehnsucht erfüllter Geliebter und Ehemann, P. H. Gosse.«

Und Emily schrieb zurück:

> Mein Liebster, wie einsam du dich heute abend fühlen mußt ... Ich denke unaufhörlich an dich ... Ich sehne den morgigen Tag herbei, weil er mir einen Brief von dir bringen wird. Vergiß mich keine Sekunde lang und schreibe mir, daß du mich gerade so liebst, wie ich dich liebe. Ich möchte gar nicht zu Bett gehen. Ich werde so einsam sein. Ich wünschte, du wärest hier, um mit mir zu beten und mich zu küssen.

Vielleicht lag es daran, daß sie erst spät geheiratet hatten (jedenfalls für die damalige Zeit) – Philip mit achtunddreißig und Emily, die dreieinhalb Jahre älter war als er, mit zweiundvierzig Jahren –, daß sie so ungeheuer dankbar für das waren, was sie beieinander gefunden hatten. Diese Dankbarkeit vertiefte sich noch, als Emily mit dreiundvierzig Jahren ihren Sohn zur Welt brachte. Sie konnten nicht fassen, welches Geschenk ihnen so spät im Leben zuteil geworden war. »Wie ungeheuer glücklich wir sind!«, schrieb und sagte Emily häufig. »Ein solches Glück kann nicht von Dauer sein!«

Und das war es auch nicht. 1856, nachdem sie acht Jahre miteinander verheiratet gewesen waren, entdeckte Emily einen harten Knoten in ihrer Brust. Nach einer zehnmonatigen, qualvollen Behandlung starb sie.

Philips Trauer war bodenlos. Aber er war nicht untröstlich: Er wußte mit Gewißheit, wohin Emily gegangen war. »Er, der an mich glaubt, wird leben, auch wenn er tot war.« Er wußte, daß er eines Tages wieder mit Emily vereint sein würde, und als wolle er jeden Zweifel an dieser Gewißheit auslöschen, wandte er sich mit größerer Inbrunst als je zuvor seinem Gott zu.

Er schrieb ein dünnes Büchlein mit dem Titel: *A Memorial of the Last Days on Earth of Emily Gosse* (Erinnerungen an Emily Gosses letzte Tage auf Erden). Emilys religiöse Schriften hatten ein großes Publikum erreicht, daher war dieses Unternehmen ihres Mannes mehr als eine Katharsis.

Dann begann er, etwas anderes zu schreiben. Durch die Entdeckungen der Geologie stand der Glaube unter Beschuß, und Gosse machte sich mit dem Gefühl, einer göttlichen Mission zu folgen, daran, derartige Ketzerei für alle Zeiten auszumerzen. Er stützte sich auf seine Kenntnisse der Naturgeschichte, seine ungeheure Belesenheit und seinen Ruf, um dieses Ziel zu erreichen. Das Buch, das aus diesem Bemühen entstand, trug den Titel *Omphalos: An Attempt to Untie the Geological Knot. (Omphalos: Ein Versuch, den geologischen Knoten zu lösen. Omphalos* ist das griechische Wort für Nabel.)

Das Buch hätte von FitzRoy geschrieben worden sein können. Gosses Argumente und »Beweise« ähnelten auffallend dem Jonglieren mit Geologie und Heiliger Schrift, das FitzRoy in den beiden letzten Kapiteln seines großen Berichts über die Fahrten der *Beagle* vorgeführt hatte. Beide benutzten die gleiche Technik: Wissenschaftliche Tatsachen, die beeindruckende Kenntnisse zeigten, wurden mit der gleichen ansprechenden Feld-Wald-und-Wiesen-Logik geordnet und erklärt, die die Sintflut mit einer hauchdünnen Lackschicht gleichsetzte.

Gosse stellte die ewige Rätselfrage: Was war zuerst da, das Huhn oder das Ei? Der Embryo oder die Kuh? Keins von beidem, lautete seine Antwort. Alle organische Natur besteht aus einem endlosen Kreisprozeß: vom Huhn zum Ei zum Huhn, vom Samen zum Baum zum Samen, vom Regen zum Ozean zur Wolke zum Regen, vom Säugling zum Mann zum Säugling.

> Dies also ist die Ordnung aller organischen Natur. Wenn wir uns einmal in irgendeinem Teil des Kreislaufs befinden, bewegen wir uns in einer vertieften Kreisbahn wie das blinde Pferd, das ein Mühlrad antreibt. Es ist offenkundig, daß es keinen Punkt in der Geschichte eines einzelnen Lebewesens gibt, der als legitimer Beginn seiner Existenz angesehen werden kann ...
> Die Schöpfung jedoch löst das Dilemma ... Die Schöpfung, das souveräne »Werde« der Allmacht, gibt uns einen Anfangspunkt, den wir in der Natur vergebens suchen. Aber was ist die Schöpfung? Sie ist *das plötzliche Bersten in einem Kreislauf* ... Die Lebensgeschichte jedes Organismus begann an irgendeinem Punkt seines Kreislaufes. Aber einmal in den Kreislauf des Lebens eingetreten, eine Nanosekunde nach seiner Schöpfung, weist die dem ersten Ei innewohnende Natur bereits die offensichtliche Geschichte ihrer eigenen kreislaufbedingten Erstrekkung in die Vergangenheit auf.
> Seine gesamte Struktur zeigt eine Entwicklungsfolge ... frühere Zustände ... Aber welche früheren Zustände? ... [Seine] Geschichte war bis zum Augenblick der Schöpfung ein völlig unbeschriebenes Blatt. Die früheren Zustände oder Existenzformen können ... durch legitime Deduktion aus der Gegenwart ... erschlossen werden ...; sie sind bis aufs I-Tüpfelchen die gleichen – außer in der einen Hinsicht, daß sie *unwirklich* waren.

Diese früheren »unwirklichen« Entwicklungsphasen eines Organismus, die unmittelbar nach dem Schöpfungsereignis sichtbar werden, nannte Gosse *prochronisch*. Sie *erschienen* wirklich, sie konnten ohne weiteres aus einer genaueren Untersuchung der gegenwärtigen Natur des betreffenden Organismus erschlossen werden. Sehen Sie diese Kuh? Offensichtlich muß sie einmal ein Kalb gewesen sein. Wir können in unserem Glauben an die Existenz der prochronischen Zustände dem Blick zurück nicht widerstehen, obwohl diese Zustände illusorisch sind.

Sie existierten vor dem Augenblick der Schöpfung nicht, diesem »souveränen Machtakt, diesem Ausbruch in den Kreislauf.«

Auch der allererste Mensch trat in seine Existenz mit scheinbar unwiderstehlichen Beweisen eines Seins, das sich in unermeßliche Vergangenheit erstreckt.

> Was bedeutet die merkwürdige Vertiefung mitten auf dem Bauch und der zerfurchte Knoten, der sich in dieser Vertiefung befindet? Es ist der NABEL. Die Furchung ist die Narbe, die dort geblieben ist, wo einst die Nabelschnur saß. ... So vergeht das Leben eines einzelnen Menschen vor unseren Augen – durch eine notwendigen Rückentwicklung hin zum Leben eines anderen einzelnen Menschen, aus dessen Substanz seine Substanz geformt worden ist.

Sowohl Gosse als auch FitzRoy glaubten, daß der Mensch als Erwachsener geschaffen worden sei: »Daß der Mensch zurerst als Kind erschaffen worden sei, erscheint nach meinem Verständnis unmöglich«, hatte FitzRoy geschrieben, »denn wenn es ein Kind gewesen wäre, wer hätte es pflegen, füttern und beschützen sollen, bevor es in der Lage war, allein zu bestehen?«

Gosse pflichtete dem bei. Wenn Gott einen Organismus erschaffen hatte, dann befand sich dieser im Vollbesitz all seiner Kräfte und einer offensichtlichen Entwicklungsgeschichte, eines endlosen, immerwährenden Kreislaufs, der den Gesetzen der Natur und seiner eigenen Struktur folgte. Gosses Adam war ein Mann von »fünfundzwanzig bis dreißig Jahren«.

Und genauso verhielt es sich mit den Fischen und Vögeln, mit der gesamten Tier- und Pflanzenwelt der Erde. Der erste himmelragende Mammutbaum war mit seinen Jahresringen geschaffen worden, die auf eine fünfhundertjährige Geschichte hindeuteten, und ebenso war auch die Erde selbst, wie geologische Forschungen gezeigt hatten, mit den Fossilien in ihrer Kruste in einem Augenblick entstanden. Nach Gosse war alles Natürliche auf der Welt mit diesem »Phänomen der Rückschau« geschaffen worden.

Hinter diesen Vorstellungen stand eine bizarre Logik. Nach dem Prinzip dieses Rückschau-Kniffs, dem Gesetz des Prochronismus, konnte die ganze Welt wie ein riesiges, florierendes Unternehmen urplötzlich dagewesen sein, ohne daß irgendjemand vorher etwas davon geahnt hätte.

> Nehmen wir an, das jetzige Jahr 1857 sei genau der Zeitpunkt in der projezierten Lebensgeschichte der Welt, den der Schöpfer als deren tatsächlichen Beginn ausgewählt hätte. Auf sein »Werde!« hin erscheint sie; aber in welchem Zustand? Ihr Zustand in genau diesem Moment wäre: Was immer jetzt existiert, würde genau so erscheinen, wie es uns jetzt tatsächlich erscheint. Es gäbe Städte voller Menschen; es gäbe halb fertig gebaute Häuser, verfallene Schlösser, soeben beendete Skizzen auf den Staffeleien der Künstler, Kleiderschränke voller abgenutzter Kleider, Schiffe auf hoher See, Spuren von Vogelfüßen im Schlamm, Skelette, die in der Sonne verbleichen, Leichname in jedem Stadium der Verwesung auf den Friedhöfen ... Diese Phänomene gehören untrennbar zum Zustand der Welt zum ausgesuchten Zeitpunkt ihres Einbruchs in ihre Geschichte – denn sie bilden ihren Zustand, sie machen sie zu dem, was sie ist.

Die Schöpung könnte sich vor fünf Minuten vollzogen haben, und all unsere Erinnerung wäre ein prochronisches Phänomen. Die Schöpfung könnte sogar ein Palimpsest auf einer unechten Schöpfung sein.

Gosses Theorie schien für die, die sie ihm abkauften, das große Paradoxon des Zeitalters zu lösen: das der Geologie und der Schöpfung als eines Mosaiks mit vielen Steinchen. Aber es stellte die Geologie in Frage. Wo sollte man noch Halt finden, wenn sie nur Illusion war? Gosse bot Hoffnung.

> Die Annahme der Prinzipien [des Prochronismus] ... würde das Studium der Geologie aber auch nicht im Mindesten berühren. Die Merkmale und Ordnung der Schichten, ihre Unterbrechungen, Verwerfungen und Faltungen, die Abfolge der verschiedenen Floren und Faunen und all die anderen Erscheinungen blieben nach wie vor *Tatsachen*. Sie wären immer noch genau wie jetzt legitime Studien- und Forschungsobjekte. Ich wüßte nicht, daß auch nur eine einzige Schlußfolgerung, die jetzt akzeptiert wird, aufgegeben werden müßte außer der aktuellen Chronologie. Und selbst in bezug auf letztere handelte es sich mehr um eine Modifizierung als um die Aufgabe dessen, was man zur Zeit für wahr hält. Wir würden immer noch von einer unvorstellbar langen Zeitdauer der fraglichen Vorgänge sprechen, vorausgesetzt, wir bezögen uns auf die *ideale* statt auf die *wirkliche* Zeit und darauf, daß die Dauer in den Geist Gottes projeziert werden und nicht wirklich existieren würde.

Mit anderen Worten, jedwede wissenschaftliche Forschung war sinnlos, machte aber trotzdem Spaß.

Als es im Herbst 1857 erschien, fand *Omphalos,* ein neues Buch eines Bestseller-Autors, allgemein Beachtung und wurde häufig rezensiert. Das Wort, das immer wieder in den Kritiken auftauchte, war »einfallsreich«: »Das Argument ist verblüffend. Aber es wird so einfallsreich dargeboten ... Diese überaus einfallsreiche Analogie ... Wir können den Einfallsreichtum des Autors nicht in Abrede stellen.« – »Seine Argumente sind sehr einfallsreich.« – »Mr. Gosses These erscheint uns sowohl einfallsreich als auch bedeutend.«

FitzRoy muß einer der empfänglichsten Leser des *Omphalos* gewesen sein. Hier stand ein angesehener Autor auf festem wissenschaftlichen Grund, so wie er es einst getan hatte, der sein Wissen dazu benutzte – genauso wie FitzRoy selbst es versucht hatte –, um Wissenschaft und Heilige Schrift miteinander zu versöhnen.

Gosse schrieb für FitzRoy.

Aber die überwältigende Reaktion auf seinen Einfallsreichtum war vernichtend. Kritiker bezeichneten die Logik des Buches als »unverantwortbar« und unüberprüfbar, die Theorie als »zu monströs, um glaubhaft zu sein«. Die *Natural History Review (Naturgeschichtliche Besprechungen)* erklärte, das Buch sei voller »müßiger Spekulationen, die nur dazu taugten, einen Philosophen in seiner Freizeit zu erheitern, aber kaum geeignet für die ernsthafte Beachtung durch irgendeinen ernstzunehmenden Menschen, sei er nun wissenschaftlich gebildet oder nicht«.

Selbst gläubige Christen waren nicht glücklich darüber. In der Aprilausgabe der *Review* bezichtigte ein Mann namens J. Beete Jukes Gosse des respektlosen Umgangs mit dem »ehrfurchtgebietenden Mysterium« der Schöpfung.

> Für einen Menschen von wahrhaft ernsthafter und religiöser Gesinnung ist diese Abhandlung noch weitaus abstoßender, als es selbst die ... der Lamarckschen Schule sind. Beide Begründungsversuche sprechen eher unsere Ignoranz an denn unsere Sachkenntnis und maßen es sich an, definitive Aussagen über Dinge zu machen, über die kein Mensch etwas weiß, über die vielleicht kein Mensch jemals etwas wissen *soll* oder *darf;* aber die sogenannte religiöse Schule, der Mr. Gosse angehört, ist überdies geschmacklos genug, sich den Anschein zu geben, als stünde sie wahrlich auf vertrautem Fuße mit dem Schöpfer selbst.

Mr. Jukes beklagte die gleiche Vermessenheit, die FitzRoy in seiner eigenen, wissenschaftlich gestützten Argumentation zur Sintflut an den Tag gelegt hatte: die Vermessenheit eines Menschen, Gott und sein Wirken erklären zu wollen.

Gosse war entsetzt.

> Während jenes elenden Winters [schrieb sein Sohn Edmund], in dem die Post private Briefe brachte – gering an Zahl und kühl – sowie öffentliche Kritiken – zahlreich und verächtlich –, hoffte mein Vater vergeblich auf die Billigung durch die Kirchen, ebenso wie er vergeblich auf die Anerkennung durch die wissenschaftlichen Gesellschaften wartete und auf die Dankbarkeit jener »Tausende denkender Menschen«, von denen er irrigerweise geglaubt hatte, daß sein Buch sie erreichen würde. Während seine Versöhnung von biblischen Aussagen und geologischen Schlußfolgerungen nirgendwo willkommen geheißen wurde ... legte sich eine düstere, kalte Trostlosigkeit über unsere morgendlichen Teestunden ... Er war der verwöhnte Liebling der Öffentlichkeit gewesen, der unbestrittene Favorit der Presse, und jetzt ... konnte er sich nicht von der überraschenden Erkenntnis erholen, daß er mit einem Unternehmen, daß der universalen Versöhnung hatte dienen sollen, die Öffentlichkeit vor den Kopf gestoßen hatte.

Am tiefsten traf ihn die Reaktion seines alten Freundes, des Reverend Charles Kingsley, des Verfassers von *Westward Ho!* (Nach Westen!) und *The Water Babies (Die Wasserkinder),* der Gosse und sein Werk schon wohlwollend unterstützt hatte, bevor dessen Bücher allseits bekannt waren. *Omphalos* hat »mich erschüttert und verwirrt«, schrieb er ihm. Kingsley glaubte gleichfalls fest an die göttliche Schöpfung, aber Gosses Werk war das erste, das ihn dazu brachte, genau daran zu zweifeln.

Ihr Buch hat die Neigung, dies zu beweisen – daß Gott, wenn wir die Tatsache absoluter Schöpfung akzeptieren, zu einem *Deus quidam deceptor* wird ... Dies kann ich nicht glauben von einem Gott der Wahrheit, von Ihm, der Licht ist und niemals Dunkelheit, von Ihm, der den denkenden Menschen nach Seinem eigenen Bild geschaffen hat, damit er das Werk Seines Vaters begreife und preise ... Ich kann unmöglich die qualvollen und langsamen Schlußfolgerungen aus fünfundzwanzig Jahren des Studiums der Geologie aufgeben und glauben, daß Gott eine einzige gewaltige, überflüssige Lüge für die gesamte Menschheit auf die Felsen geschrieben hat ...

Ich würde Ihr Buch niemals in die Hände meiner Kinder geben, nicht für tausend Pfund.

Gosse hatte Kingsley beinahe davon überzeugt, daß man die biblische Schöpfungsgeschichte und die Geologie nur dann in Einklang bringen konnte, wenn man seinem Gesetz der Prochronie folgte. Dies war für Kingsley und viele andere das Hauptproblem des Buches. Er fand Gosses Theorie so ungeheuerlich und so töricht, daß es ihm um ein Haar das letzte Bollwerk gegen die Ungläubigkeit raubte. Das Buch hatte ihn in einen bodenlosen Abgrund blicken lassen.

Kaum jemand kaufte *Omphalos*. Die meisten Exemplare wurden als Altpapier verkauft.

Für jene, deren buchstäblicher Glaube an die Bibel unter dem Gewicht wissenschaftlicher Argumente ins Wanken geriet, fiel das letzte Bollwerk des Glaubens am 24. November 1859, als Darwin endlich sein Buch über die Transmutation der Arten veröffentlichte. Es war nicht das ungeheuer lange Werk, das er im Sinn gehabt hatte und mit dem er auf Lyells Drängen hin vor einigen Jahren begonnen hatte, sondern, inspiriert durch die Klarheit von Wallace' kurzer Abhandlung, ein weniger umfangreiches, schlichteres Werk (obwohl es immer noch fünfhundertundzwei Seiten umfaßte). Es trug den Titel *On the Origin of Species by Means of Natural Selection or the Preservation of Favored Races in the Struggle for Life (Über die Entstehung der Arten im Thier- und Pflanzenreich durch natürliche Züchtung oder Erhaltung der vervollkommneten Rassen im Kampfe um's Daseyn).* Die erste Ausgabe von tausendzweihundertfünfzig Exemplaren verkaufte sich zu einem Preis von vierzehn Schilling bereits am ersten Tag der Veröffentlichung.

26

Ende Juni 1860 fuhr FitzRoy mit dem Zug nach Oxford, um auf dem jährlichen Kongreß der British Association for the Advancement of Science eine Abhandlung über britische Stürme vorzutragen. Diese einwöchige Zusammenkunft der Wissenschaftsgemeinde Großbritanniens bot Ausstellungen, Vorträge und zwanglose Versammlungen für qualifizierte Wissenschaftler, begeisterte Amateure und interessierte Mitglieder der Öffentlichkeit an. Viele Besucher brachten ihre Familien mit, stiegen in Gasthäusern im Ort ab und veranstalteten Picknicks und Stocherkahnfahrten auf der Themse.

FitzRoy kam allein; er hatte Maria mit seinen Kindern zu Hause in London gelassen. Ihm stand der Sinn nicht nach Amüsement. Erst sechs Wochen zuvor hatte er in der Presse von dem Massaker in Woollya gelesen, das angeblich von Jemmy Button angestiftet worden war. Alles, was mit Feuerland zu tun hatte, ging ihm gegen den Strich. Fast genauso schrecklich wie die nach dem Massaker war FitzRoys Stimmung nach Erscheinen von Darwins neuem Buch. In den sechs Monaten seit seiner Veröffentlichung war die *Entstehung der Arten* zu einer Sensation geworden.

Darwin hatte ein Exemplar an FitzRoy geschickt, in Anerkennung ihrer Bekanntschaft und der Tatsache, daß es ohne FitzRoy kein Buch gegeben hätte – keinen Darwin, wie die Geschichte ihn gerade wahrzunehmen begann. Dies war beiden Männern klar, und für FitzRoy war diese Einsicht furchtbar. Er hatte Darwin die Möglichkeit zu seinen Schlußfolgerungen geliefert. Die Reise an Bord der *Beagle* war der eigentliche Motor hinter allem, was sein einstiger Freund, der »liebe Philos«, seit seiner Rückkehr nach England vor dreiundzwanzig Jahren geleistet hatte.

FitzRoy war das Buch zuwider. »Mein lieber, alter Freund«, schrieb er an Darwin. »Ich zumindest kann nichts ›Erhebendes‹ an dem Gedanken finden, ein Nachfahre selbst des ältesten *Affen* zu sein.« Darwin hatte in seinem Buch gewissenhaft jede Erwähnung der Beziehung zwischen Mensch und Affen vermieden, aber es war eine Schlußfolgerung, die sich jedem Leser aufdrängte. Es war das Image, das die Theorie verkaufte.

Die Entstehung der Arten verstörte FitzRoy derart, daß er sich auf jede Gelegenheit stürzte, um deren Ergebnisse oder seinen Autor zu verunglimpfen. So reagierte er zum Beispiel prompt auf einen Artikel des Antiquars Sir John Evans, der wenige Tage nach der Veröffentlichung von Darwins Buch in der *Times* erschienen war. Sir John Evans berichtete über vierzehntausend Jahre alte Handäxte aus der Altsteinzeit, die an den Ufern der Somme gefunden worden waren. FitzRoy schrieb einen Brief an die *Times,* in dem er Evans' Schlußfolgerungen scharf kritisierte. Die Äxte, erklärte er, seien nicht vierzehntausend Jahre alt, sondern lediglich die Hinterlassenschaft weitaus jüngerer Wilder, die sich von ihrer eigenen Zivilisation entfernt und diese verloren hätten – dasselbe Argument, das er in bezug auf Noahs umherstreifende Nachfahren vorgebracht hatte. »In welche Schwierigkeiten verstricken sich nicht jene, die nach einem weitaus höheren Alter der Menschheit streben, als es die Gelehrten und die Weisen aus den

Schriften und der besten Tradition geschlossen haben!« FitzRoy unterschrieb den Brief nicht mit seinem eigenen Namen, sondern mit dem Pseudonym Senex (alter Mann). Evans und Senex führten eine kurze, streitsüchtige Korrespondenz in der *Times,* in deren Verlauf Senex »Mr. Darwin« als einen Komplizen von Evans' »schwacher Argumentation« bezeichnete. Darwin las dies und durchschaute sofort, wer sich hinter dem Pseudonym Senex verbarg. »Es ist ein Jammer, daß er seine Theorie, das Mastodon sei ausgestorben, weil es nicht durch den Eingang der Arche gepaßt habe, nicht hinzugefügt hat«, schrieb Darwin an Lyell.

Es waren nicht nur religiöse Fundamentalisten, die Darwin widersprachen. Viele Naturwissenschaftler und Geologen – einschließlich enger Freunde wie Charles Lyell – konnten seine Theorie über eine mutierende Evolution, die nicht von einem Schöpfer überwacht wurde, niemals gänzlich akzeptieren. Aber Lyell und andere erkannten die Bedeutung von Darwins Werk und fanden ihre eigenen Wege, sich damit zu arrangieren. Auch Charles Kingsley bekam ein Exemplar der *Entstehung der Arten.* »Ihr Buch erfüllt mich mit Ehrfurcht«, bedankte Kingsley sich dafür bei Darwin, »zum einen aufgrund der ungeheuren Zahl an Fakten, zum anderen aufgrund des Prestiges Ihres Namens und der klaren Erkenntnis, daß ich, wenn Sie Recht haben, viel von dem aufgeben muß, was ich geglaubt und geschrieben habe.«

Dennoch begriff Kingsley nicht zur Gänze, wie vollkommen Darwin sich von der heiligen Lehre abgewandt hatte. Welche ausgeklügelte Methode auch immer die Evolution der Arten ermöglicht hatte, Kingsley glaubte immer noch, daß all das vom Schöpfer geplant und durchgeführt worden sei. Aber Darwin hatte aufgezeigt, daß die Spezies sich durch einen automatischen Mechanismus entwickeln konnten und daß dieser Mechanismus unabhängig von irgendeiner planenden Gottheit funktionieren konnte – und funktioniert hatte, seit es Leben auf der Erde gab. Auch wenn es Charles Kingsley mißlang – viele andere hatten Darwins klare atheistische Botschaft begriffen: Es gab keinen Schöpfer.

Was der *Entstehung der Arten* seinen Antrieb verlieh und dem *Omphalos* Spott einbrachte – was FitzRoy und andere Gegenstimmen verzweifelt und schrill klingen ließ –, war der Umstand, daß Darwins Idee einer gottlosen Schöpfung denkbar geworden war. Bis zur Mitte des 19. Jahrhunderts hatte Gott einen Prestigeverlust erlebt, wie ihn die englische Königsfamilie in der jetzigen Epoche erleidet. Gott mochte zwar existieren, aber er wurde zunehmend überflüssig.

Der Mensch war ungeheuer mächtig geworden. Er wetteiferte mit Gotteswerken und übertraf diese sogar. Sir Isaac Newtons griffige Festlegung der biblischen Elle auf zwanzigeinhalb Zoll hatte ergeben, daß Noahs Arche fünfhundertsiebenunddreißig Fuß lang war und achtzehntausendzweihundertunddreißig Tonnen wog, Ausmaße, die einst genügten, um alles Leben auf Erden zu beherbergen. Aber in den fünfziger Jahren des 19. Jahrhunderts erhob sich am Ufer der Themse in Ostlondon ein Schiff, das größer war als das Gottes. Es war die *Great Eastern,* die Isambard Kingdom Brunel entworfen hatte, der kleine Mann, der in einem Zeitalter gewaltiger Werke große Träume verfolgte. Das Schiff, mit dessen Bau 1854 begonnen wurde und das 1858 vom Stapel lief, war sechshundertdreiundneunzig Fuß lang und verdrängte zweiundzwanzigtausend Tonnen. Es war das großartigste Schiff, das die Welt je gekannt hatte, das größte bewegliche Objekt auf dem Planeten (und beinahe zu groß, um vom Stapel laufen zu können; es dauerte viele Monate und kostete Hunderttausende von Pfund, um es ein paar hundert Fuß weit über das schlammige Ufer in die Themse zu befördern). Die *Great Eastern* war zum Transport von viertausend Passagieren und rund fünfzehntausend Tonnen Kohle konstruiert; sie konnte, ohne unterwegs neuen Brennstoff aufnehmen zu müssen, rund um den Globus nach Tricomalee auf Ceylon und zurück nach London fahren und so mit einer einzigen Fahrt den orientalischen Teehandel monopolisieren. Voll beladen wog sie mehr als die Gesamttonnage der einhundertsiebenundneunzig Eichenschiffe, die der spanischen Armada entgegengesegelt waren. Sie war gewaltiger als die apokalyptischen Baumstammflöße auf dem Rhein, die im Mittelalter mit dem Hochwasser aus Deutschland stromabwärts gebraust waren und alles an Städten, Brücken, Booten und Menschen vernichtet hatten, was ihnen im Weg gewesen war. Als sie nun wie ein Zeppelin auf dem flachen Sumpfgelände auf der Isle of Dogs lag und sich Männer auf ihr bewegten wie Ameisen auf einem toten Büffel, wirkte die *Great Eastern* übernatürlich groß und monströs, wie eine Vision aus dem Buch der Offenbarung, der gefallene Stern namens Wermut. Bei ihrem Anblick stellten sich den Betrachtern die Nackenhaare auf. (Tatsächlich war die *Great Eastern* zu groß für ihre Zeit und konnte ihr erträumtes Potential niemals ausschöpfen; ihre nützlichste Aufgabe fand sie darin, Telegraphenkabel über den Atlantik zu spannen, bevor sie 1888 verschrottet wurde.)

Nichts jedoch erschien gottloser als das allgegenwärtige und allgemein beliebte wissenschaftliche Wunder jener Epoche, die Dampflokomotive. Die Maschine selbst war schlicht und einfach dämonisch: »Wie ein gewaltiges Ungeheuer in Todesqualen, dessen Eingeweide wie brennende Kohlen sind«; es flog »schneller als Feen, schneller als Hexen«. Thomas Carlyles halluzinatorische Beschreibung einer nächtlichen Zugfahrt liest sich wie eine Szene aus Harry Potter:

> Das Brausen durch die verschwommene Dunkelheit auf jenen dampfgetriebenen Schwingen ... zischend und dahinjagend, ohne das Ziel der Reise zu kennen ... wir sahen das Glitzern von Städten in der Ferne – unbekannten Städten. Wir flogen über Hausdächer ... Schornsteine, die sich vergeblich uns entgegenreckten – wir reisten unter den Sternen, nicht unter den Wolken, sondern zwischen ihnen hindurch ... schnaubend und tosend flogen wir: eine Fahrt, die an einen faustischen Flug auf Mephistos Mantel gemahnte oder an einen riesigen, dampfbetriebenen Nachtvogel, der uns auf seinen Rücken geschleudert hatte und nun mit uns durch unbekannten Raum jagte.

Der Teufel würde, wenn er denn reiste, mit dem Zug fahren, sagte Lord Shaftesbury, nachdem die Eisenbahn ihn von Manchester nach Liverpool gebracht hatte. Ingenieure nannten ihre Lokomotiven *Wildfire, Dragon, Zentaur.* Hin und her schaukelnd in halboffenen Waggons, rochen die Passagiere den Rauch des Feuers, während die kreischenden Pfeifen und das Brausen vor ihnen sie halbtaub machten. Die Tunnel, in die sie hineinjagten, erschienen ihnen wie die Portale zur Hölle. Dies war die moderne Art zu reisen. Sie hatte nichts von dem Liebreiz der Meere oder der Schiffe, von der kontemplativen Freude eines Spaziergangs oder dem Miteinander von Mensch und Tier bei einem Ritt zu Pferde oder einer Kutschfahrt.

Von Menschenhand geschaffen, zerstörte die Eisenbahn Menschen wie Natur. Arbeiter zogen unansehnliche, zig Meter tiefe Furchen in die Erde für die Gleisführung; zu einem Preis von sechs Komma zwei fünf Millionen Pfund und hundert Menschenleben gruben sie einen über drei Kilometer langen Tunnel durch den Felsen einer

Küste, den »monströsen und höchst außergewöhnlichen« Tunnel der Great Western Railway bei Box in Wiltshire (wiederum nach Brunels Plänen). Zusammenstöße und Entgleisungen führten zu furchtbaren Unglücken. Und doch breitete sich die den Menschen zerstörende Wissenschaft aus wie eine ansteckende Krankheit, spann ihr schwarzes Schienennetz über die Landschaft, und immer mehr Passagiere zwängten sich in Züge, die immer schneller fuhren.

Diese Geschwindigkeit ließ die entlegensten Randgebiete Britanniens unendlich viel näher rücken. Die Grafschaften der Midlands waren »nur mehr Vororte von London«. Aber die neue Geschwindigkeit des Eisenbahnverkehrs hatte, wie die spätere Beschleunigung von Information und Kommunikation, eine paradoxe Wirkung auf die den Menschen zur Verfügung stehende Zeit: es schien immer weniger davon zu geben. Die Menschen begannen zu rennen, um Züge noch zu erwischen. Plötzlich waren sie erpicht darauf, »zur rechten Zeit« irgendwo anzukommen. Das Leben beschleunigte sich.

Die Eisenbahn regte die viktorianische Phantasie an wie nichts anderes. Architekten bauten Bahnhöfe wie eiserne Kathedralen des Industriezeitalters. Künstler produzierten eine endlose Zahl von Gemälden und Zeichnungen, auf denen sich Menschen in Bahnhöfen drängten, Ansichten aus fahrenden Zügen, von tiefen Landschaftseinschnitten und Tunneleingängen. Außerdem sahen sie auch bald in der Eisenbahn apokalyptische Visionen, angefangen von J. M. W. Turners *Rain, Steam, and Speed – the Great Western Railway* (1845; Regen, Dampf und Tempo – die Great Western Railway), auf dem ein qualmender Zug auf dem Weg über eine Brücke einen flüchtenden Hasen vor sich hin jagt, bis hin zu John Martins *The Last Judgement* (1853, Das jüngste Gericht), das Engel über einem auf einen schwarzen Abgrund zujagenden Zug zeigt. Diese Bilder sprachen aus, was die Menschen bereits wußten: Es würde kein Zurück mehr geben, wie hoch der Preis auch immer sein mochte.

Darwins mechanistisches Weltbild traf nur zufällig mit diesen Fortschritten zusammen, fügte sich jedoch harmonisch in das Denken seiner Epoche ein; das Leben hatte den Entwicklungsstand erreicht, auf dem eine solche Theorie akzeptiert werden konnte. Die Theorie der Evolution verbreitete sich nun wie ein Saatkorn der Wahrheit über die Erde, und ironischerweise erinnerte diese Entwicklung an nichts mehr als an die frühe Ausbreitung des Christentums, wenn auch mit um ein Vielfaches höherer Geschwindigkeit. Darwins Erkenntnisse markierten den Augenblick, da eine Welt mit all ihren kostbaren Mutmaßungen und Wahrheiten zerstört wurde und eine andere, neue, verlockende und erschreckende ihren Anfang nahm.

Während FitzRoys Zug schnaubend in Richtung Oxford durch die Chiltern Hills fuhr (mit einer Dauergeschwindigkeit von siebzig bis achtzig Kilometern pro Stunde und einer Spitzengeschwindigkeit von fünfundneunzig Kilometern), konnte er keinen Zweifel daran haben, daß Darwins Buch und seine Theorie in aller Munde waren. Es würde *das* Gesprächsthema sein. Überall würde er davon zu hören bekommen. Der Gedanke war furchtbar niederschmetternd für ihn. Die Präsentation seines eigenen Werks, das er für wichtig und für lebensrettend hielt, würde dagegen nur ein schläfriger Pausenfüller sein.

FitzRoy verlas seine Abhandlung am Freitag, den 19. Juni. Er beschrieb darin einige der schrecklichen Stürme, die im Laufe der vergangenen hundert Jahre an der britischen Küste Menschenleben gekostet hatten. Er ging auch auf die Katastrophe der *Royal Charter* ein, skizzierte die Voraussagemöglichkeiten der Barometer und beschrieb, auf welche Weise seine Wetterstation Daten empfing und per Telegraphen Voraussagen lieferte. Ferner ließ er einfließen, daß seine Arbeit französische Meteorologen hinreichend beeindruckt habe, um ein ähnliches Programm ins Leben zu rufen.

Aus welchem Grund auch immer – vielleicht begegnete er Freunden und Bekannten oder hatte sich bereits mit ihnen verabredet; vielleicht wollte er auch hören, was alle anderen bei dieser Gelegenheit hören wollten – kehrte FitzRoy an diesem Abend nicht nach London zurück. Er blieb in Oxford. Am nächsten Tag ging er in die Aula des Universitätsmuseums für Naturgeschichte. Dort stand ein Vortrag von John William Draper auf dem Programm, einem Chemiker und Historiker, der aus Liverpool stammte und jetzt der medizinischen Fakultät der Städtischen Universität von New York vorstand. Draper vermischte die Dinge gern miteinander. Der Titel des Vortrags, den er an diesem Samstag halten wollte, lautete: »Über die intellektuelle Entwicklung Europas ...«, und dann kam der Querschläger: »... unter Berücksichtigung der Ansichten von Mr. Darwin.«

Darwin war nicht nach Oxford gekommen. Er war wieder unpäßlich; möglicherweise lag der Grund für diese Unpäßlichkeit in seinem Widerstreben, in der Öffentlichkeit seine inzwischen spektakulär kontroversen Ideen zu verteidigen. Es war kein Vortrag angesetzt, der sich eigens mit dem »Darwinismus« beschäftigte (der Ausdruck wurde in Hunderten von Gesprächen Ende 1859 bis 1860 geprägt und wurde ab dem Jahr 1861 allenthalben benutzt), daher machte Drapers Erwähnung der »Ansichten von Mr. Darwin« seinen Vortrag zu einem Forum für die Debatte, die alle führen wollten. Befürworter und Gegner von Darwins These und jene, die sie diskutiert hören wollten, waren eigens für diesen Vortrag nach Oxford gekommen, und Gerüchten zufolge wollte Samuel Wilberforce, der Bischof von Oxford, der ebenfalls zugegen sein würde, die Gelegenheit nutzen, um die *Enstehung der Arten* öffentlich zu verurteilen.

Als FitzRoy die Aula erreichte, war sie bis zum Bersten gefüllt mit Wissenschaftlern, Professoren aus Oxford und Cambridge, Journalisten und einer lärmenden Schar von Studenten. Die Organisatoren verlegten den Vortrag schon bald in einen viel größeren Saal im gleichen Gebäude. Etwa tausend Menschen strömten hinein, ergatterten sich einen Sitzplatz oder standen an den Seiten. In einer Atmosphäre gespannter Erwartung nahm Draper seinen Vortrag auf. Er war bekannt für seine Abneigung gegen die organisierte Religion und begann vielversprechend mit einer Anspielung auf die »Ansichten« im Titel seines Vortrags, indem er erklärte, daß menschlicher Fortschritt nur dann möglich sei, wenn die Wissenschaft die Theologie beiseite schöbe. Aber seine Zuhörer, die auf Brillanz hofften, wurden enttäuscht. Draper schwafelte anderthalb Stunden lang über den Intellekt der alten Griechen. »Leeres Gewäsch«, so urteilte Joseph Hooker, der im Publikum saß.

Als Draper endlich zu seinem Platz zurückkehrte, erhob sich John Henslow, Darwins alter Professor aus Cambridge, der den Vortrag moderierte, und fragte, ob jemand aus dem Publikum etwas zu sagen wünsche. Das war der Augenblick, in dem alle Anwesenden erwarteten, daß Wilberforce sich erheben und Darwin verdammen werde, aber statt dessen stand ein Mr. Dingle auf und sagte: »Lassen Sie uns einmal annehmen, daß Punkt A der Mensch sei und Punkt B der Affe.« Mr. Dingle hatte einen merkwürdigen Akzent, der das Wort »Affe« mit einigen zusätzlichen As ausstattete.

»Aaaffe! Aaaffe!«, begannen die Studenten zu rufen, bis Mr. Dingle nicht weitersprechen konnte.

Jetzt erhob sich Bischof Wilberforce in der ganzen Pracht seiner Amtsroben. Er war ein großer, selbstbewußter Mann. Stille senkte sich über den Saal. Wilberforce hatte eine vernichtende, aber noch immer unveröffentlichte Kritik der *Entstehung der Arten* verfaßt, die er jetzt als Grundlage für seine dreißigminütige Ansprache benutzte.

Darwins Buch sei voller Irrtümer, dröhnte er. Seine »Fakten« seien Mutmaßungen, keine Beweise, und könnten seine Schlußfolgerungen nicht unterstützen.

»Ist jemals auch nur ein einziges Beispiel für die Existenz einer durch natürliche Auslese entstandenen Art entdeckt worden? Wir erklären unerschrocken, daß es nicht einen einzigen solchen Fall gibt.«

Wilberforce, ein erfahrener, ja sogar theatralischer Redner, Prediger, Streitredner, Essayist und Schriftsteller, hatte sein Publikum fest in der Hand. Er beendete seine Ansprache mit einem vernichtenden Scherz: »Ist es glaubhaft, daß eine Rübe danach trachtet, ein Mensch zu werden?«

Während schallendes Gelächter ausbrach, drehte Wilberforce sich um und sah Thomas Huxley an, einen fünfunddreißig Jahre alten Zoologen, der in den letzten sechs Monaten Darwins größter Anhänger in der Presse geworden war und für eine Anzahl einflußreicher Zeitschriften und Magazine Kritiken zur *Entstehung der Arten* verfaßt hatte. Seine Bemühungen hatten ihm den Spitznamen »Darwins Bulldogge« eingetragen. Jetzt beschloß Wilberforce, ihn herauszufordern. Ob er großmütterlicherseits oder großväterlicherseits von einem Affen abstamme, wollte Wilberforce von Huxley wissen.

Während das Publikum abermals lachte, soll Huxley einem Freund zugeflüstert haben: »Der Herr hat ihn in meine Hände geliefert.« Er erhob sich und antwortete mit wohlerwogenen, sachlichen Argumenten. Aber das einzige, was von seiner Ansprache erhalten geblieben ist, ist seine letzte Bemerkung, seine Antwort auf Wilberforces Frage nach seiner Herkunft:

> Wenn ich vor die Wahl gestellt werde, ob ich lieber einen jämmerlichen Affen als Großvater hätte oder einen von der Natur mit reichen Gaben und großem Einfluß ausgestatteten Mann, der diese seine Möglichkeiten jedoch einzig zu dem Zweck benutzt, ein Element der Lächerlichkeit in eine ernsthafte wissenschaftliche Diskussion zu tragen – dann entscheide ich mich, ohne zu zögern, für den Affen.

Die Zusammenkunft wurde praktisch sofort zur Legende. Niemand hatte wörtlich mitgeschrieben, was gesagt worden war, dennoch gab unmittelbar danach jeder Teilnehmer seine Version des großen Schlagabtausches zwischen Wilberforce und Huxley zum besten, seine Ansicht darüber, wer von beiden den Sieg davongetragen habe. Die Quintessenz aller Versionen war am Ende jedoch die gleiche: Es war die große viktorianische Konfrontation zwischen Wissenschaft und Religion, zwischen Mensch und Affe; der Moment, da diese Frage nicht länger nur Philosophen, Wissenschaftler, Akademiker und Geistliche anging, sondern in das öffentliche Bewußtsein vordrang und zu der zentralen Frage jener Epoche wurde. Ausnahmsweise einmal hat die Geschichte die Sieger ermittelt, statt daß die Sieger die Geschichte nach ihrem Gutdünken geschrieben hätten, aber zunächst einmal tobte die Schlacht grimmig weiter. Fünfundsechzig Jahre später wurde der Lehrer John Thomas Scopes aus Tennessee in dem berühmten »Affenprozeß« für schuldig befunden und mit einer Geldstrafe von hundert Dollar belegt, weil er in einem Biologiekursus der High School die Darwinsche Evolution gelehrt hatte, und die Debatte zwischen Kreationisten und Evolutionisten dauert bis auf den heutigen Tag an.

Draper, dessen einschläfernder Vortrag die Debatte ausgelöst hatte, ist inzwischen vergessen, eine historische Fußnote.

Ebenso vergessen ist der Mann, der sich von seinem Platz erhob und versuchte, den Lärm zu übertönen, der nach Huxleys Vortrag den Saal erfüllte. Eine Woche vor seinem fünfundfünfzigsten Geburtstag, sah er um mindestens ein Jahrzehnt älter aus; sein Gesicht war bleich von Mangel an Sonne, gefurcht von Sorgen und der nimmer endenden Anstrengung seines Bemühens, aufgewühlte Wogen zu glätten, Kräfte, gegen die er sein Leben lang angekämpft hatte. Er trug die Marineuniform eines Konteradmirals.

Er stand auf und schwenkte eine Bibel über seinem Kopf. Später schrieben mehrere Personen nieder, was ihnen von seinen Bemerkungen im Gedächtnis geblieben war: Er bedauerte die Veröffentlichung von Mr. Darwins Buch; Mr. Huxleys Erklärung, es handle sich um eine logische Anordnung von Fakten, beruhe auf einem Irrtum; er habe seinem alten Freund an Bord der *Beagle* häufig Vorhaltungen wegen seiner Ideen gemacht, die dem ersten Kapitel der Genesis widersprächen …

Kaum jemand beachtete ihn. Zuhörer, die Robert Fitz-Roy erkannt hätten, wären um seinetwillen peinlich berührt gewesen. Seine Kommentare trugen nichts zur Diskussion bei, weder für die eine, noch für die andere Seite. Die tosende Flut der Debatte strömte an ihm vorbei. Er gab eine traurige Gestalt ab, die zu Spott, wenn nicht gar zu Mitleid herausforderte.

Er verließ den Saal und machte sich auf den Weg zum Bahnhof. FitzRoy fühlte sich alt, übergangen. Das Leben um ihn herum schien (abgesehen von der jüngsten Ausdehnung des Eisenbahnnetzes) genauso weiterzugehen, wie es das immer getan hatte: Noch immer klapperten Droschken den Piccadilly hinunter, noch immer schlenderten Männer in ihre Clubs, die Kirchengemeinden waren größer denn je, mit Tweedanzügen angetane Jägertrupps stellten noch immer das Wild und schossen die Tiere mit eleganten Pistolen. Schnelle Klipper nahmen die mühselige Fahrt nach Ceylon auf sich und kehrten vollbeladen mit Tee nach Hause zurück, und die Moden wechselten nur in kleinem und vernünftigem Maße (Fischbeinreifen ersetzten die vielen Schichten der Krinoline unter den Kleidern der Damen, was das Leben für alle Beteiligten angenehmer machte). Die große Ausstellung von 1851 legte Zeugnis ab für Großbritanniens unbestreitbare Vorherrschaft über die Erde. Aber FitzRoy nahm eine dunkle Veränderung in der Welt wahr. Er war Wissenschaftler; sein Leben lang hatte er an die Wissenschaft geglaubt. Für ihn offenbarte sie, wie sie es einst auch für Darwin getan hatte, in jedem Aspekt ihrer Gestaltung den sicheren Hinweis auf einen allwissenden Schöpfer. Aber jetzt bewegte sich die Wissenschaft in eine Richtung, der er nicht länger folgen konnte, und dieser Umstand zog ihm den Boden unter den Füßen weg.

Er wandte sich wieder seiner Beschäftigung mit dem Wetter zu. 1862 veröffentlichte Longmans sein *Weather Book (Wetterbuch),* in dem FitzRoy auf vierhundertvierzig Seiten seine Ideen und Schlußfolgerung in bezug auf die Meteorologie darstellte und sein ewiges Mantra: »Man sollte nie vergessen, daß der Zustand der Luft das *kommende* Wetter *voraus-*

sagt, statt Rückschlüsse auf das Wetter zuzulassen, das *gegenwärtig* herrscht.« In dem Buch findet sich eine Bemerkung über das Unvermögen »eines sehr jungen Kommandanten«, vor der Küste von Südamerika die Warnsignale eines heraufziehenden *pampero*-Sturms zu deuten, was zum Verlust zweier Männer führte, die über Bord gespült wurden. Ferner fand sich in dem Buch auch ein Bericht über die Unternehmungen »des Autors« als Passagier an Bord eines Schiffes auf einer »quälend langsamen« Überfahrt von Neuseeland nach England im Jahr 1846 (seine unrühmliche Heimfahrt, nachdem er als Gouverneur abberufen worden war). Als er bei dieser Gelegenheit vor einer »wilden« Küste in einer Flaute lag, warnten FitzRoys Barometer ihn vor einem herannahenden Sturm. Der Kapitän des Schiffes glaubte ihm nicht, daher ließ FitzRoy mit Hilfe mehrerer Offiziere einen zweiten Anker fallen, gab reichlich Kette und wartete. Einige Stunden später kamen abrupt heftige Winde auf. »Hätte das Unwetter das Schiff unvorbereitet getroffen, keine Menschenseele wäre gerettet worden.« Eine zweite Ausgabe des *Weather Book* wurde 1863 veröffentlicht, und Longmans Unterlagen zeigen, daß FitzRoy zweihundert Pfund für das Copyright bekommen hatte.

Aber den Wechsel des Windes, der sich jetzt gegen ihn richtete, konnte er nicht voraussagen. Nachdem seine täglichen Wetterberichte den Reiz des Neuen verloren hatten, wurden ihm bald die Irrtümer in seinen »Prophezeiungen« angelastet. Seine Bemühungen wurden immer häufiger verspottet. Selbst die *Times,* die seine täglichen Voraussagen abdruckte, überhäufte ihn mit Ironie.

> Die Öffentlichkeit hat mit Interesse und, wie wir stark befürchten, mit einer boshaften Erheiterung vermerkt, daß wir inzwischen allmorgendlich das Wetter für die nächsten beiden Tage

vorhersagen. Während wir alles Lob für die gelegentlichen Erfolge einheimsen, müssen wir jedoch nachdrücklich verlangen, daß man uns nicht für die allzu häufigen Fehlschläge verantwortlich macht, die mit diesen Prognosen einhergehen. In der letzten Woche scheint die Natur ein besonderes Vergnügen daran gefunden zu haben, die Voraussagen der Wissenschaft Lügen zu strafen.

FitzRoy erduldete diese Kritiken und Scherze und tat weiter sein Bestes, aber am 18. Juni 1864 stellte die *Times* den Abdruck seiner Voraussagen ein. Am Tag seiner letzten veröffentlichten Voraussage attackierte die Zeitung ihren eigenen, nunmehr gekündigten Mitarbeiter:

»Wie weit«, sagt ein Korrespondent, »die Fortschritte der Wissenschaften auch reichen mögen, niemals wird ein Beobachter, der vertrauenswürdig und auf seinen Ruf bedacht ist, es wagen, den Zustand des Wetters vorauszusagen.« Admiral FitzRoy muß die Öffentlichkeit erst noch von seinem Tun überzeugen, und an diesem Unterfangen arbeitet er alljährlich mit rühmlicher Unverdrossenheit! ... Wenn Admiral FitzRoy (seine Voraussagen) durchtelegraphiert, kann es keinen Zweifel daran geben, daß das Wetter mit ziemlicher Sicherheit so oder anders eintreten wird.

Und mit diesem boshaften Spott feuerte die *Times* ihn.

FitzRoy fuhr nach Hause und verfiel in »einen schweren Anfall von Erschöpfung, von drohender Lähmung«, wie seine Frau Maria an eine Freundin schrieb. Sie zog verschiedene Ärzte zu Rate, »in Hinblick auf die Gesundheit seines armen Verstandes.«

Kurz darauf zogen sie um seiner Gesundheit willen vom Onslow Square in South Kensington nach Upper Norwood, einem südlich von London gelegenen Ort zwischen

Lambeth und Croyden am Rand der North Downs: nur fünfzehn Kilometer von Darwin in Downe entfernt. FitzRoy arbeitete, wie seine Gesundheit es gerade zuließ, mit Unterbrechungen weiter in seinem Meteorologischen Institut, was eine Zugfahrt in die Stadt nötig machte.

Seine Handschrift wurde jetzt, wie man es an Briefen an seine Freunde erkennen kann, sehr raumgreifend.

Im Frühling 1865 verschlechterte sein Zustand sich. Maria FitzRoy schrieb einen Bericht über diese Zeit.

> Freitag, 21. April. Hat den ganzen Tag sehr krank im Bett verbracht ... Sonntag – ist aufgestanden, war schwach und krank und nicht in der Lage, das Haus zu verlassen, ist jedoch nach unten gekommen und hat um seine Bibel und sein Gebetbuch gebeten, während wir in die Kirche gingen ... Montag, der 24., immer noch sehr schwach, konnte jedoch eine kurze Fahrt mit Ad'l Cary unternehmen, was ihm gut tat, und saß dann mit mir draußen im Garten, während die Mädchen Krocket spielten.
>
> Dienstag, der 25. Es geht ihm viel besser. Ist nach London gefahren – hat in seinem Büro nichts erledigt, ist am frühen Nachmittag zurückgekommen ... hat am Abend Whist mit uns gespielt, was ihm zu gefallen schien ...
>
> Donnerstag, der 27., ein heißer Tag. Er ist direkt nach dem Frühstück nach London gefahren ... kam kurz nach zwölf sehr erschöpft zurück, legte sich ein wenig nieder, ist zum Essen heruntergekommen ... am Abend wirkte er ruhig und fröhlich, unterhielt sich gelassen mit mir und schien sich durchgerungen zu haben, zu Hause zu bleiben und sich ernsthaft um seine Genesung zu bemühen. Kurz vor dem Zubettgehen bekam er einen Brief von Mr. Tremplett, in dem dieser uns beide zu einem Besuch von Samstag bis Montag einlud, um Capt. Maury, einen amerikanischen Marineoffizier, der ebenfalls Wetterkarten entwickelte, ein letztes Mal zu sehen. Dieser Brief schien ihn vollkommen aus dem Gleichgewicht zu bringen; er war hin und her

gerissen zwischen seinem Wunsch, der Einladung Folge zu leisten, und seinem soeben erklärten Vorsatz, sich Ruhe zu gönnen. Natürlich schlief er in jener Nacht nicht gut; ich konnte ihm nur raten, zu tun, was seiner Gemütsverfassung am dienlichsten wäre.

Am Freitagmorgen fuhr er nach London in sein Büro und kehrte erleichtert zurück, da er Mr. Trempletts Einladung brieflich ausgeschlagen habe, wie er mir erzählte. Nach dem Mittagessen ging er zum Schreiben in sein Zimmer und rief mich kurz darauf zu sich ... Ich fand ihn in einem Zustand höchster Erregung vor, ausgelöst durch die große Zahl unbeantworteter Briefe und Einladungen zu öffentlichen Essen, die schon vor langer Zeit hätten beantwortet werden müssen. Ich sprach ihm Mut zu und half ihm, zwei oder drei der dringlichsten Schreiben zu verfassen.

Am Samstagmorgen kam er nach dem Frühstück zu mir und erklärte, er habe den starken Wunsch, Maury wiederzusehen; ich erwiderte, daß er dem Wunsch besser nachgeben solle; er sagte, daß er zu keiner Anstrengung fähig sei und sich nur niederlegen könne, um sich auszuruhen. Er bat mich, es ihm bequem zu machen, was ich tat. Nach dem Mittagessen fühlte er sich ein wenig besser und unternahm mit den beiden ältesten Mädchen einen Spaziergang, während ich eine Ausfahrt machte ... Bei meiner Heimkehr erfuhr ich, daß er die beiden allein gelassen hatte und nach London gefahren war. Erst kurz vor acht Uhr kam er zurück, erschöpft von Müdigkeit und Erregung und in einem Zustand nervöser Rastlosigkeit, der schlimmer war, als ich es seit unserer Abreise aus London und dem Umzug nach Upper Norwood bei ihm erlebt hatte. Er war vollkommen außerstande, seine Gedanken zu sammeln oder eine zusammenhängende Antwort zu geben. Nach dem Abendessen erholte er sich ein wenig ...

Ich lag bereits im Bett, als er ins Schlafzimmer kam; er trat neben mich, fragte mich, ob ich es bequem hätte, küßte mich, wünschte mir eine gute Nacht und stieg dann ins Bett. Es war gerade Mitternacht. Ich schlief bald ein ...

... am Morgen sagte ich, ich hoffte, daß er besser geschlafen hätte, da ich nichts von ihm gehört hätte. Er meinte, daß er wohl geschlafen habe, der Schlaf aber nicht erholsam gewesen sei ... in diesem Augenblick schlug es sechs. Von sechs bis sieben Uhr sprach keiner von uns ein Wort, da wir beide noch halb schliefen, wie ich annehme. Kurz nachdem die Uhr sieben schlug, fragte er, ob das Hausmädchen nicht eigentlich schon nach uns hätte rufen müssen. Ich erwiderte, es sei Sonntag, und da käme sie im allgemeinen später, da das Frühstück keine Eile habe, wie es an anderen Tagen wegen des Zehnuhrzuges der Fall war. Das Mädchen rief uns um halb acht. Er stand vor mir auf – ich erinnere mich nicht genau daran, um wieviel Uhr, aber es muß etwa Viertel vor acht gewesen sein. Er verließ vor mir das Bett, ging in sein Ankleidezimmer und küßte Laura noch, als er durch ihr kleines Zimmer kam.

Kurz vor acht Uhr an jenem Sonntagmorgen, dem 30. April 1865, holte ihn in seinem Ankleidezimmer die Familiengeschichte – mütterlicherseits – und der Darwinismus schließlich ein. FitzRoy griff nach seiner Rasierklinge und schnitt sich die Kehle durch.

Epilog

Ende 1863, zwei Jahre vor FitzRoys Tod, segelte Reverend Whait Stirling, der neue Direktor der Mission auf den Falklandinseln, auf dem Missionsschiff *Allen Gardiner* nach Feuerland. Seit dem Massaker im Jahre 1859 hatten sich die Beziehungen zwischen den Missionaren und den Einheimischen abgekühlt, wobei letztere nach wie vor irgendeine offizielle Aktion oder eine Bestrafung fürchteten. Diese kam jedoch nie, und die Hoffnungen der Missionare waren ungebrochen. Sie suchten weiter nach einer neuen Ernte junger Feuerländer, die sie bekehren konnten.

Thomas Bridges, der Adoptivsohn von Reverend Despard und Verfasser des Yamana-englischen Wörterbuchs, begleitete Stirling auf dieser Reise als dessen Übersetzer. Er erfuhr von den Feuerländern, daß Jemmy Button in diesem Jahr einer Epidemie zum Opfer gefallen war, die in Feuerland wütete.

Die Missionare und die Einheimischen nahmen ihre Beziehungen wieder auf, die sich schließlich bei weitem freundschaftlicher gestalteten. Im Laufe der nächsten Jahre besuchten mindestens fünfzig Yamanas Keppel, eine der Falklandinseln. Stirling nahm vier von ihnen, einschließlich eines Sohnes von Jemmy Button, Threeboys, nach England mit. Dort brachten es zwei von ihnen zu jener Art von Unabhängigkeit, wie FitzRoys Schützlinge sie sich nicht hätten vorstellen können; sie reisten, manchmal allein, mit der Eisenbahn durch Großbritannien, um bei Kirchenversammlungen zu sprechen. Sie blieben ein Jahr lang in England, ein erfolgreicher PR-Besuch für die Missionarsgesellschaft, aber Threeboys und ein anderer junger Feuerländer, Uroopa, starben auf ihrer Heimreise beide an einer Krankheit.

1867 errichteten Reverend Stirling und Thomas Bridges endlich einen Missionsstützpunkt in Feuerland, in Ushuaia am Nordufer des Beagle-Kanals gegenüber der Murray-Meerenge. Dort traf Bridges 1873 Fuegia Basket, die, damals Mitte fünfzig, mit einer Gruppe von Einheimischen die Mission besuchte. Bridges (wie sein Sohn Lucas in *Uttermost Part of the Earth* berichtete) erklärte, die Frau sei »klein, untersetzt und mit vielen Zahnlücken im Mund, der selbst für eine Feuerländerin sehr groß war«. Sie hatte sich offensichtlich etwas von ihrem einst beträchtlichen Charme bewahrt, denn sie kam in Begleitung ihres derzeitigen Ehemannes, eines achtzehnjährigen Jungen. Sie erinnerte sich an einige englische Worte: »Messer«, »Gabel«, »kleiner Junge, kleines Mädchen«, aber für eine Unterhaltung reichte es nicht. Bridges sprach mit ihr auf Yamana und erfuhr, daß ihr erster Ehemann, York Minster, vor langer Zeit getötet worden war, ein Akt der Vergeltung für seinen Mord an einem anderen Mann.

Zehn Jahre später, in Februar 1883, begegnete Bridges ihr im westlichen Teil von Feuerland wieder – zum letzten Mal. Fuegia »näherte sich ihrem Ende ... sie war sehr geschwächt und niedergeschlagen.« Ihr junger Ehemann war fort, aber »sie hatte zwei Brüder mit eigenen Kindern, und es würde ihr an nichts mangeln, was zu beschaffen ihren Brüdern möglich war.« Bridges versuchte, sie mit »den wunderbaren biblischen Versprechen, an die er selbst so fest glaubte«, zu trösten.

Im Laufe der Jahre wuchs die Missionsstation in Ushuaia stetig von einer vorgefertigten Hütte zu einer ganzen Anzahl von Gebäuden; gleichzeitig jedoch wurden die Feuerländer von Krankheiten fast bis zum Aussterben dezimiert. Im Jahre 1888 hatten Masernepidemien, Lungenentzündung und Tuberkulose jeden Einheimischen in einem Umkreis von dreißig Meilen um die Mission herum ausgelöscht. Aber die ferne »Zivilisation« in Ushuaia gefiel der argentinischen Regierung, die in diesem abgeschiedenen Ort einen perfekten Platz für ein Gefängnis sah. (Heute ist Ushuaia eine sich immer schneller ausdehnende Touristenstadt am Rande des argentinischen Parque Nacional Tierra del Fuego, ein Stützpunkt für Trecker und Charteryachten.

Thomas Bridges kehrte der Mission den Rücken und nahm vierzig Meilen östlich der Stadt eine Schafzucht auf. Weitere Europäer kamen, mit noch mehr Schafen. Riesige Farmen breiteten sich über Feuerland aus, und die Feuerländer gingen unausweichlich den Weg der Indianer in Nordamerika: Sie wurden zu einer Last, sie wurden vertrieben, sie wurden gejagt und getötet. Im Jahr 1910 gab es keine tausendfünfhundert Einheimische mehr in ganz Feuerland. Seither sind die Bevölkerungszahlen noch weiter gesunken. Heute sind die Feuerländer praktisch ausgestorben.

Unter neuen Kommandanten unternahm HMS *Beagle* zwei weitere lange Erkundungsfahrten nach Australien und Südostasien. Nach ihrer Rückkehr in heimische Gewässer wurde sie 1845 an die Küstenwache verkauft, ihres Namens beraubt und als Wachschiff umgerüstet. Man entfernte die oberen Masten und baute auf dem Deck ein »Kabäuschen« für die Wache. Fünfundzwanzig Jahre lang lag HMS *Beagle* auf den Flüssen Croach und Roach in Essex vertäut.

1870 wurde das Schiff für fünfhundertfünfundzwanzig Pfund bei einer öffentlichen Versteigerung verkauft. In diesem Jahr oder kurz darauf wurde es abgewrackt. Eine Quelle gibt an, die japanische Marine habe es gekauft und bis 1881 als Ausbildungsschiff benutzt, bevor sie es 1888 abwracken ließ.

Jene, die am besten wußten, was Konteradmiral Robert FitzRoy getan hatte, behielten ihn in Erinnerung und trauerten um ihn. Admiral George Henry Richards, zum Zeitpunkt von FitzRoys Tod der Hydrograph der Marine, äußerte sich sehr klar über FitzRoys Beitrag.

> Kein Marineoffizier hat je mehr für den praktischen Nutzen von Navigation und Handel getan als er, und er tat es mit Mitteln und zu Kosten für das Land, die man heutzutage als absolut unangemessen bezeichnen würde ... In einem kleinen Schiff von kaum mehr als zweihundert Tonnen erkundete und vermaß er den Kontinent Südamerika, unterstützt von tüchtigen, leidenschaftlichen Offizieren unter seinem Kommando, von denen er viele selbst ausgebildet hatte und die zu einem großen Teil in bedeutende Stellungen aufgestiegen sind ...
> Die Magellanstraße, bis dato beinahe ein Buch mit sieben Siegeln, hat sich seither, vor allem durch FitzRoys Anstrengungen, zu einer der großen Handelsstraßen der Welt entwickelt – ein Weg, dem ungezählte Schiffe aller Nationen folgen. Es war eine harte und kräftezehrende Arbeit, die beredtes Zeugnis über die geistige sowie die körperliche Konstitution der Beteiligten ablegt. Der praktische Nutzen dieser Bemühungen für die Navigation zeigt sich in der Veröffentlichung von fast hundert Karten, die die Namen von FitzRoy und seinen Offizieren tragen. Überdies hat FitzRoy die vielleicht bewundernswertesten Wegweiser für die Seefahrt vorgelegt, die je zusammengetragen wurden und die fünf Auflagen erlebt haben ...

> Seine Werke ... werden sein dauerhaftestes Denkmal sein, denn man wird sie an Generationen weiterreichen, die noch nicht geboren sind.

Sir Roderick Murchison, der Präsident der Royal Geographic Society, der dem heimkehrenden Kapitän der *Beagle* fast dreißig Jahre zuvor die Goldmedaille der Gesellschaft überreicht hatte, erklärte den Mitgliedern der Gesellschaft:

> Ich beklage den Verlust dieses herausragenden Mannes, den sein ehemaliger Vorgesetzter Sir Francis Beaufort, der Prinz aller Navigatoren, ebenso hoch geschätzt hat, wie dessen Nachfolger es taten. An dieser Stelle darf ich vielleicht die Vermutung äußern, daß FitzRoys kostbares Leben vielleicht hätte gerettet werden können, hätte man ihm nicht die schwere und ärgerliche Verantwortung aufgebürdet, daß keine seiner zahlreichen Vorhersagen von Stürmen in unserem überaus wechselhaften Klima jemals fehlgehen dürfe.

Abgesehen von derartigen Anerkennungen wurde FitzRoy andernorts schnell vergessen, und wenn man sich überhaupt an ihn erinnerte, dann um des Namens willen, den er einem überaus nützlichen Barometertyp geliehen hatte; und vielleicht hielten die Seeleute ihn wegen der Reime in seinem *Weather Book* im Gedächtnis. Er starb verschuldet; von seinem Vermögen war nichts übrig geblieben. Man veranstaltete eine Sammlung für Maria FitzRoy, zu der Darwin hundert Pfund beitrug.

Die Geschichte – allzu häufig der verkleinernde Blick durch das falsche Ende eines Teleskops – hat FitzRoy bis vor kurzem nur als den Wegbereiter für die revolutionäre Idee eines weitaus berühmteren Mannes anerkannt, eine Idee, die FitzRoy zutiefst verhaßt war.

Doch einhundertsiebenunddreißig Jahre nach seinem Tod hat das Meteorologische Amt der britischen Regierung (das FitzRoy selbst geschaffen hat) endlich FitzRoys Werk anerkannt – seine einsame, hartnäckige, viel verspottete Besessenheit, mit der er die Wettervoraussage vorantrieb. Am Montag, den 4. Februar 2002, wurde gegen Mittag das Meeresgebiet Finisterre vor der Nordwestküste Spaniens – eines der vierundzwanzig Meeresgebiete, die FitzRoy für seine telegraphischen Wetterberichte eingerichtet hatte – in FitzRoy umbenannt. Die BBC sendet heute drei Mal binnen vierundzwanzig Stunden Wetterberichte, die für die Schifffahrt lebenswichtig sind.

Die Seeleute lauschen jeden Tag auf FitzRoys Namen.

Anhang

Dank

Viele Personen haben mir bei diesem Buch geholfen und andere bei meinem Leben als Schriftsteller – auf mannigfaltigere Weise, als hier genauer auszuführen Raum ist. Ich stehe zu tief in ihrer aller Dankesschuld, um es auf diesem begrenzten Raum zusammenfassen zu können.

Es sind im einzelnen: Sloan Harris, meine Freundin und Agentin; Katharine Cluverius und Teri Steinberg beim ICM. Mein Lektor bei HarperCollins, Dan Conaway, und – ebenfalls bei HarperCollins – Cathy Hemming, Nikola Scott, Justin Loeber, Jane Passberger, Jason Curran, Martha Cameron und Jill Schwartzman; Andrew Franklin, Kate Griffin und alle anderen bei Profile Books in London; Anita und David Burdett – Anita vor allem für ihre Hilfe beim PRO in Kew; Marion und Jeric Perth; Lucy Waitt vom Nationalen Marinemuseum in Greewich, London; Helen Harrison von der Staatsbibliothek Neu-Süd-Wales, Australien; und Barbara Brownlie von der Alexander Turnbull Library in Wellington, Neuseeland.

Sam Manning danke ich wiederum für seine schönen Karten und Susan Manning für ihren nicht unwesentlichen Anteil daran.

Elizabeth Hightower von der Zeitschrift *Outside* schulde ich Dank für mehr, als sie sich jemals vorgestellt hat; ferner danke ich Hal Jaspen beim gleichen Magazin, Elaine Lembo und Herb McCormick bei der *Cruising World* sowie Judith Miller und Beth Epstein an der New York University in Paris.

Fraser Heston hat ein gutes Wort für mich eingelegt. Danke.

Mein Dank auch meiner Mutter, Barbara Nichols, David Nichols, Liz und Tony Sharp, Cynthia Hartshorn, Matt deGarmo, Penny und Robert Germaux, Peter Landesman, Doug Grant und Kathryn Van Dyke.

Josephine Franzheimer, Kenneth Franzheim, sowie Gay und Tony Brown danke ich für ihre geradezu spektakuläre Gastfreundschaft und Großzügigkeit.

Dank auch an alle Buchhändler, die mich im Laufe der Jahre in ihre jeweils sehr individuellen Läden eingeladen und sich für meine Bücher eingesetzt haben – es wäre unfair, einzelne Händler oder Läden besonders hervorzuheben, ohne auch die anderen alle zu nennen. Nur Booksense und alle, die mit diesem wunderbaren Unternehmen assoziiert sind, will ich besonders erwähnen. Ich bin Ihnen allen in tiefem Dank verbunden.

Dann danke ich Bennett Scheuer, einem sehr wahren Freund,

Und meiner Frau, Roberta, für ihr Vertrauen, ihre Ermutigung und ihre Intelligenz, die es mir immer wieder gestatten, nach Höherem zu greifen und die richtigen Bücher zu schreiben.

Quellen

Mein beständigster Führer war Robert FitzRoy selbst in seinem monumentalen, vierbändigen *Narrative of the Surveying Voyages of His Majesty's Ship* Adventure *and* Beagle *Between the Years 1826 and 1836 Describing Their Examination of the Southern Shores of South America and the* Beagle's *Circumnavigation of the Globe* (Geschichte der Vermessungsfahrten Seiner Majestät Schiffe *Adventure* und *Beagle* zwischen den Jahren 1826 und 1836 mit einer Beschreibung ihrer Untersuchung der Südküsten Südamerikas und der Erdumseglung der *Beagle*), verfaßt von FitzRoy, Captain Phillip Parker King, Captain Pringle Stokes und (Band 3) Charles Darwin. Dieses Werk – sicherlich einer der vollständigsten und umfassendsten Berichte einer (eigentlich zweier) Schiffsreisen, die je zu Papier gebracht wurden – ist nicht nur eine reiche Fundgrube für Beobachtungen von Wind, Wetter, Seeverhältnissen und Küsten, der an den Küsten vorgefundenen Natur und jedes anderen Aspekts einer langen Schiffsreise zur Erderkundung im frühen neunzehnten Jahrhundert, sondern heute vor allem für die Weltsicht seines Hauptautors, Captain Robert FitzRoys. All sein Tun und Schreiben war gekennzeichnet durch die offensichtlichen Vorurteile seines Zeitalters, und das verleiht seiner *Geschichte* ihren großen Wert als historisches Dokument. Der Verleger Henry Colburn druckte davon 1839 nur einige tausend Exemplare. Darwins dritter Band, der später umbenannt wurde in *Voyage of the Beagle* (Die Reise der Beagle), stieß auf dauerhaftes Leserinteresse, wurde ständig nachgedruckt und war seither niemals vergriffen[26]; das vollständige, vierbändige Werk dagegen ist eine Rarität und wird für $ 50.000 oder mehr verkauft, wenn es denn einmal im Handel auftaucht. Ich hatte das Glück, einen vollständigen, praktisch neuen, leinengebundenen, faksimilierten Nachdruck der AMR Press, New York, aus dem Jahr 1966, komplett mit Karten, für $ 350 zu bekommen.

Janet Brownes zweibändige Biographie Charles Darwins (ihre Magisterarbeit), *Charles Darwin: Voyaging* (London: Jonathan Cape 1995; Charles Darwin: Auf Reisen) und *Charles Darwin: The Power of Place* (New York: Knopf 2002; Charles Darwin: Die Macht des Ortes) war fast ebenso hilfreich. Browne verfügt über enzyklopädisches Wissen zu Darwin und der Welt, in der er lebte, und kann in dieser Hinsicht als absolute Autorität gelten. Ihr Buch mit seiner Bibliographie war für mich eine wahre Schatztruhe. Anfangs war auch die Einleitung, die Janet Browne zusammen mit Michael Neve zur Penguin-Ausgabe von Darwins *Voyage of the Beagle* (1989) geschrieben hat, für mich sehr nützlich.

Dann kam natürlich Charles Darwin selbst zu Wort: in den Ausgaben seiner *Voyage* von 1839 (*Narrative,* Bd. 3, Colburn) und 1845 (John Murray, London; 1907, 1937, Collier/Harvard, New York) und seinem *Beagle Diary*, das als Grundlage seiner *Voyage* diente – ich habe es in der Ausgabe der Cambridge University Press (Paperback, Cambridge 2001) verwendet, die über nützliche, von Darwins Urenkel Richard Darwin Keynes herausgegebene Anhänge verfügt.

Des weiteren habe ich von Darwin verwendet verschiedene Ausgaben des *Origin of Species* (*Die Entstehung der Arten*), Darwins Briefe aus der Folio-Society-Ausgabe der *Narrative of the Voyage of H.M.S.* Beagle, herausgegeben von David Stanbury (1977, U.K.), und *The Autobiography of Charles Darwin* in der ungekürzten, von Nora Barlow herausgegebenen Fassung (London: Collins 1958; *Mein Leben 1809-1882,* hrsg. von Nora Barlow, mit einem Vorw. von Ernst Mayr, aus dem Engl. von Christa Krüger, Frankfurt am Main [u.a.]: Insel-Verl. 1993).

Darüber hinaus habe ich zahlreiche historische Dokumente aus dem Public Records Office (Amt für öffentliche Aufzeichnungen), Kew Gardens, London, benutzt: unter anderem ADM 1/1818, 1/2031, 51/3026, 51/3053, 52/3965 und 53/239; hinter diesen Nummern verbergen sich die Logbücher von H.M.S. *Beagle*, Briefe der Kapitäne FitzRoy, Philip Parker King und Pringle Stokes, vor allem hier der besonders faszinierende Brief Kings an seine Vorgesetzten in der Admiralität, in denen er die Umstände und Einzelheiten des Todes von Stokes, dem ersten Kommandanten der *Beagle*, mitteilt (ADM 1/2031). Diese Dokumente eine Stunde lang in Händen zu halten und die reich verzierte Handschrift dieser präviktorianischen Kapitäne zu lesen, ist monatelange Recherche wert.

Für die meisten Ereignisse aus Robert FitzRoys Leben habe ich *FitzRoy of the Beagle* (FitzRoy von der *Beagle*) von H. E. L. Mellersh, London: Rupert Hart-Davis 1968 benutzt. Und außerdem:

Ackroyd, Peter: *London*. London: Chatto & Windus 2000. – *London: die Biographie.* Aus dem Engl. von Holger Fliessbach. 1. Aufl., München: Knaus 2002.

Annan, Noel: *The Dons.* Chicago: University of Chicago Press 1999.

Beaglehole, J. C.: *The Life of Captain James Cook.* London: A&C Black 1974.

Bridges, E. Lucas: *Uttermost Part of the Earth.* London: Hodder & Stoughton 1951.

Caldwell, John: *Desperate Voyage.* London: Victor Gollancz 1952. – *Liebe setzt die Segel.* Übers.: Hilde-Maria Martens. Nürnberg: Nest-Verl. 1951.

Dugan, James: *The Great Iron Ship.* New York: Harper Brothers 1953.

Fowles, John: *The French Lieutenant's Woman.* New York: Little, Brown 1969. – *Dies Herz für Liebe nicht gezähmt.* Aus dem Engl. von Reinhard Federmann. 2. Aufl., Berlin [u.a.]: Ullstein 1970.

Freeman, Michael: *Railways and the Victorian Imagination.* New Haven: Yale University Press 1999.

Gosse, Edmund: *Father and Son*. London: Penguin 1986. – *Vater und Sohn: Eine Darstellung zweier Temperamente.* Aus dem Engl. übertr.

von Meret und Hans Ehrenzeller. Nachwort von Hans Ehrenzeller. Zürich: Manesse-Verl. 1973 (Manesse-Bibliothek der Weltliteratur).

Gosse, Philip Henry: *Omphalos.* London: John Van Voorst 1857.

Hazlewood, Nick: *Savage.* London: Hodder & Stoughton 2001. – Der Mann, der für einen Knopf verkauft wurde: Die unglaubliche Geschichte des Jemmy Button. Aus dem Engl. von Astrid Becker und Elvira Willems. Berlin: Rütten und Loening 2003.

Hayter, Alethea: *A Sultry Month.* London: Robin Clark 1992.

Hiscock, Eric: *Cruising Under Sail.* Oxford: Oxford University Preß 1950. – *Segeln in Küstengewässern: Die Kunst des Fahrtensegelns.* Übertr. von Wolfgang Rittmeister. Bielefeld [u.a.]: Delius, Klasing 1962.

Hughes-Hallet, Penelope: *The Immortal Dinner.* London: Viking 2000.

Hydrographer of the Navy: *South America Pilot,* Volume 2. United Kingdom: Hydrographic Office of the British Royal Navy 1993.

Inwood, Stephen: *A History of London.* New York: Carroll & Graf 1998.

Marquardt, Karl Heinz: *H.M.S.* Beagle. London: Conway Maritime Press 1997.

Morris, James: *Heaven's Command. Pax Britannica.* New York: Harcourt Brace 1973.

Moorehead, Alan: *Darwin and the Beagle.* London: Hamish Hamilton 1969. – *Darwins große Reise.* Köln: Hohenheim-Verl. 1982 (Edition Maschke).

Pakenham, Thomas: *The Scramble for Africa.* London: Abacus 1992. – *Der kauernde Löwe: Die Kolonialisierung Afrikas 1876-1912.* Düsseldorf [u.a.]: ECON-Verl. 1993.

Reisenberg, Felix: *Cape Horn.* New York: Dodd, Mead 1939.

Rich, Louise Dickenson: *The Coast of Maine.* Maine: Down East Books 1993.

Ritchie, Rear-Admiral G. S.: *The Admiralty Chart.* London: Pentland Press 1995.

Robinson, W. A.: *10,000 Leagues Over the Sea.* New York: Harcourt Brace 1932.

Rodger, N. A. M.: *The Wooden World.* New York: Norton 1996.

Severin, Tim: *The Spice Islands Voyage.* London: Little, Brown 1997.

Slocum, Joshua: *Sailing Alone Around the World.* New York: The Century Company 1900. – *Erdumseglung - ganz allein!* Aus d. Engl. v. Christian Sundsval. Leipzig: Brockhaus 1937.

Thwaite, Ann: *Glimpses of the Wonderful. The Life of Philip Henry Gosse.* London: Faber & Faber 2002.

Vaughan, Adrian: *Brunel.* London: John Murray 1993.

Wallace, Alfred Russell: *The Malay Archipelago.* London: Macmillan 1869. – *Der Malayische Archipel: Die Heimath des Orang-Utan und des Paradiesvogels. Reiseerlebnisse und Studien über Land und Leute.* Autoris. dt. Ausg. von Adolf Bernhard Meyer. Braunschweig: Westermann 1869.

--- *My Life.* London: Chapman and Hall 1905.

Zimmer, Carl: *Evolution.* New York: HarperCollins 2001.

Abbildungen

Die Abbildungen und Karten wurden aus der englischen Originalausgabe übernommen. Die Druckvorlagen dafür stellte freundlicherweise die Staats- und Universitätsbibliothek Göttingen zur Verfügung, der hiermit herzlichst gedankt sei.

Fußnoten

[1] Zit. nach der Übers. von Richard Zoozmann in der Bearb. von Inge Schneider (Goldmann Klassiker KL 724), Wilhelm Goldmann Verlag: München, S. 165.

[2] Charles Darwin: *Erinnerungen an die Entwicklung meines Geistes und Charakters (Autobiographie) 1876-1881*, Deutsch von Rolf Feurich, Leipzig, Jena u. Berlin: Urania 1982, S. 60.

[3] Darwin: *Erinnerungen*, S. 68 f., 56.

[4] Darwin: *Erinnerungen*, S. 78 f.

[5] Darwin: *Erinnerungen*, S. 78.

[6] Zit. nach der Übers. von Reinhard Federmann: *Dies Herz für Liebe nicht gezähmt …*, Frankfurt am Main: Ullstein 1970, S. 54 f.

[7] Zit. nach der Übersetzung von J. Victor Carus: *Charles Darwins gesammelte Werke*, Bd. 14, Abteilung 2, *Leben und Briefe von Charles Darwin mit einem seine Autobiographie enthaltenden Capitel*, 2. Aufl., Stuttgart: Schweizerbart 1899, S. 177 f.

[8] *Leben und Briefe von Charles Darwin*, S. 179.

[9] *Leben und Briefe von Charles Darwin*, S. 180 f.

[10] *Leben und Briefe von Charles Darwin*, S. 184 ff.

[11] *Leben und Briefe von Charles Darwin*, S. 188.

[12] Scherzhafte Bezeichnung der Phrenologie, nach ihrer Orientierung an den Knochenauswüchsen (*bumps*) des Schädels.

[13] Darwin verwendete sein Tagebuch als Hauptquelle für seinen Reisebericht, der zuerst 1839 als dritter Band der *Narrative of the Surveying Voyages of His Majesty's Ships Adventure and Beagle Between the Years 1826 and 1836* mit dem Untertitel *Journal & Remarks, 1832-36* erschien; noch im gleichen Jahr wurde er als Einzelband mit dem Titel *Journal of Researches into the Geology and Natural History of the Various Countries Visited by H.M.S. Beagle, Under the Command of Captain FitzRoy, R.N., from 1832 to 1836* neu gedruckt. Eine deutsche Übersetzung dieser Ausgabe ist *Charles Darwin's, Secretair's der geologischen Gesellschaft in London, Naturwissenschaftliche Reisen nach den Inseln des grünen Vorgebirges, Südamerika, dem Feuerlande, den Falkland-Inseln, Chiloe-Inseln, Galapagos-Inseln, Otaheiti, Neuholland, Van Diemen's Land, Keeling-Inseln, Mauritius, St. Helena, den Azoren &c.,* in zwei Theilen, mit einer Karte und Holzschnitten, Deutsch und mit Anmerkungen von Ernst Dieffenbach, Braunschweig: Vieweg 1844. 1845 erschien in London eine zweite, korrigierte und ergänzte Auflage des Reiseberichts unter leicht geändertem Titel: *Journal of Researches into the Natural History and Geology of the Countries Visited During the Voyage of H.M.S. Beagle Round the World, Under the Command of Capt. FitzRoy, R.N.* Diese Ausgabe ist seither immer wieder nachgedruckt worden. Ihre meistbenutzte deutsche Übersetzung ist die *Reise eines Naturforschers um die Welt*, autoris. dt. Ausg., erschienen als Bd. 1 von *Charles Darwin's gesammelte Werke,* aus dem Engl. übers. von J. Victor Carus, Stuttgart: Schweizerbart 1875. Spätere englische Ausgaben erschienen mit dem führenden Titelzusatz: *A Naturalist's Voyage* oder *Voyage of the Beagle*. In allen bisher angeführten Ausgaben ist die ursprüngliche chronologische Anordnung des auf der *Beagle* geführten Tagebuchs zugunsten einer nach den (teilweise ja mehrfach) besuchten Orten aufgegeben. Eine Ausgabe des Originaltagebuchs in der ursprünglichen Reihenfolge hat zuerst Darwins Enkeltochter, Nora Barlow, aufgrund einer Transkription der Orignalhandschriften herausgegeben. Darauf fußt wiederum die kritische Ausgabe ihres Patensohnes und Darwins Urenkel, R. D. Keynes: *Charles Darwin's Beagle Diary*, Cam-

bridge: Cambridge University Press 1988, das neben dem Text des Tagebuches auch Auszüge aus den teilweise zeitnäher geführten geologischen und biologischen Notizbüchern von Darwin enthält.

[14] Darwin: *Erinnerungen*, S. 98.

[15] Darwin: *Erinnerungen*, S. 92 f.

[16] Darwin: *Erinnerungen*, S.90f.

[17] Der Fuchs schweift immer noch auf den Falklandinseln umher.

[18] Zitiert nach der Übersetzung von J. Victor Carus.

[19] Joshua Slocum: *Allein um die Welt. Er wagte es als erster.* Übers. Jürgen Hassel. Berlin: Ullstein 2000. S. 90 f.

[20] Darwin: *Erinnerungen*, S. 93.

[21] Darwin: *Erinnerungen*, S. 100.

[22] Darwin: *Erinnerungen*, S. 94.

[23] Zitiert nach der Übersetzung von *Carus*, S. 277f.

[24] Zu deutschen Übersetzungen s. Fußnote 13.

[25] Am 31. Oktober 2002 habe ich bei Christie's in London ein schlecht erhaltenes FitzRoy-Barometer für fünfundzwanzig Pfund über den Tisch gehen sehen. Modelle, die sich in besserem Zustand befinden, würden überall einen Preis zwischen meh reren hundert bis zu mehreren tausend Dollar erzielen.

[26] Siehe dazu Fußnote 13.